D0356588

BERLITZ RESEGUIDER

En världsomspännande serie resehandböcker som blivit storsäljare. Passar både ficka och kassa. 128 sidor lättläst text. Alla bilder och kartor i färg. Vad man kan se och göra, vad som finns att äta och köpa. Res med Berlitz.

Australien (256 s.)

Cypern

Danmark
Köpenhamn

Egypten *

Finland
Helsingfors
  och södra Finland

Fjärran Östern
Japan (256 s.)
Sri Lanka

Frankrike
Frankrike (256 s.)
Franska rivieran
Loiredalen
Paris

Grekland
Athen
Grekiska öivärlden
Korfu
Kreta
Rhodos

Irland

Israel
Jerusalem

Italien
Florens
Italien (256 s.)
Italienska rivieran
Rom
Sicilien
Venedig

Jugoslavien
Dubrovnik och södra
  Dalmatien
Istrien och den
  kroatiska kusten
Jugoslavien (256 s.)
Split och Dalmatien

Malta

Nederländerna
Amsterdam

Norge
Oslo och Bergen

Portugal
Algarve
Lissabon
Madeira

Sovjetunionen
Moskva och Leningrad

Spanien
Barcelona och
  Costa Dorada
Costa Brava
Costa del Sol
  och Andalusien
Ibiza och Formentera
Kanarieöarna
Madrid
Mallorca
  och Menorca

Storbritannien
London
Skottland

Sverige
Stockholm

Tjeckoslovakien
Prag

Tunisien

Turkiet (192 s.)

Ungern
Budapest

USA
Florida
Kalifornien
New York
USA (256 s.)

Västtyskland
Rhendalen

Österrike
Wien

* utkommer inom kort

Berlitz Dictionaries

Dansk	Engelsk, Fransk, Italiensk, Spansk, Tysk
Deutsch	Dänisch, Englisch, Finnisch, Französisch, Italienisch, Niederländisch, Norwegisch, Portugiesisch, Schwedish, Spanisch
English	Danish, Dutch, Finnish, French, German, Italian, Norwegian, Portuguese, Spanish, Swedish, Turkish
Español	Alemán, Danés, Finlandés, Francés, Holandés, Inglés, Noruego, Sueco
Français	Allemand, Anglais, Danois, Espagnol, Finnois, Italien, Néerlandais, Norvégien, Portugais, Suédois
Italiano	Danese, Finlandese, Francese, Inglese, Norvegese, Olandese, Svedese, Tedesco
Nederlands	Duits, Engels, Frans, Italiaans, Portugees, Spaans
Norsk	Engelsk, Fransk, Italiensk, Spansk, Tysk
Português	Alemão, Francês, Holandês, Inglês, Sueco
Suomi	Englanti, Espanja, Italia, Ranska, Ruotsi, Saksa
Svenska	Engelska, Finska, Franska, Italienska, Portugisiska, Spanska, Tyska

BERLITZ®

engelsk-svensk
svensk-engelsk
ordbok

english-swedish
swedish-english
dictionary

By the Staff of Berlitz Guides

Revised edition 1981
Library of Congress Catalog Card Number: 78-78087

14th printing 1993
Printed in The Netherlands

Innehållsförteckning   Contents

Förord

När vi på Berlitz valt ut 12 500 ord och uttryck för varje språk har vi framför allt tänkt på resenärens behov. Ordboken blir säkert ovärderlig för alla tusentals resenärer, turister och affärsfolk som uppskattar en liten, tillförlitlig och praktisk bok. Men inte bara resenärer utan även de som studerar och nybörjare kan ha nytta av det basordförråd som ordboken erbjuder.

Vi hoppas att den här boken – som har utarbetats med hjälp av en databank – liksom våra parlörer och guideböcker genom sitt behändiga format skall tilltala dagens resenär.

Utöver det ni vanligen hittar i ordböcker kan Berlitz erbjuda:

● en ljudskrift som följer det internationella fonetiska alfabetet (IPA)

● en gastronomisk ordlista som gör det lättare för er att tolka matsedeln på restauranger utomlands

● praktiska upplysningar om hur man anger klockslag, räkneord, oregelbundna verb, vanliga förkortningar och några användbara uttryck.

Ingen ordbok i detta format kan anses vara fullständig, men vi hoppas ändå att ni känner er väl rustad att göra en resa utomlands. Vi vill gärna höra av er om ni har någon kommentar, kritik eller ett förslag som ni tror kan hjälpa oss när vi förbereder framtida upplagor.

Preface

In selecting the 12.500 word-concepts in each language for this dictionary, the editors have had the traveller's needs foremost in mind. This book will prove invaluable to all the millions of travellers, tourists and business people who appreciate the reassurance a small and practical dictionary can provide. It offers them—as it does beginners and students—all the basic vocabulary they are going to encounter and to have to use, giving the key words and expressions to allow them to cope in everyday situations.

Like our successful phrase books and travel guides, these dictionaries—created with the help of a computer data bank—are designed to slip into pocket or purse, and thus have a role as handy companions at all times.

Besides just about everything you normally find in dictionaries, there are these Berlitz bonuses:

- imitated pronunciation next to each foreign-word entry, making it easy to read and enunciate words whose spelling may look forbidding

- a unique, practical glossary to simplify reading a foreign restaurant menu and to take the mystery out of complicated dishes and indecipherable names on bills of fare

- useful information on how to tell the time and how to count, on conjugating irregular verbs, commonly seen abbreviations and converting to the metric system, in addition to basic phrases.

While no dictionary of this size can pretend to completeness, we expect the user of this book will feel well armed to affront foreign travel with confidence. We should, however, be very pleased to receive comments, criticism and suggestions that you think may be of help in preparing future editions.

engelsk-svensk

english-swedish

Inledning

Vid utarbetandet av denna ordbok har vi framför allt strävat efter att göra den så praktisk och användbar som möjligt. Mindre viktiga språkliga upplysningar har utelämnats. Uppslagsorden står i alfabetisk ordning oavsett om uppslagsordet skrivs i ett, två eller flera ord eller med bindestreck. Det enda undantaget från denna regel är några få idiomatiska uttryck som i stället står under huvudordet i uttrycket. När ett uppslagsord följs av flera sammansättningar och uttryck har dessa också satts i alfabetisk ordning.

Varje huvuduppslagsord följs av ljudskrift (se Uttal) och i de flesta fall av ordklass. Då uppslagsordet kan tillhöra mer än en ordklass står de olika betydelserna efter respektive ordklass. Oregelbundna plural-former av substantiv har angivits och vi har också satt ut pluralformen i en del fall där tvekan kan uppstå. I stället för att upprepa uppslags-ordet vid oregelbundna pluralformer eller i sammansättningar och uttryck används en symbol (~) som står för hela uppslagsordet i fråga.

Vid oregelbundna pluralformer av sammansatta ord skrivs endast den del ut som förändras, medan den oförändrade delen ersätts med ett streck (–).

En asterisk (*) före ett verb anger att detta är oregelbundet och att dess böjningsmönster återfinns i listan över oregelbundna verb. Ord-boken är baserad på brittisk engelska. Amerikanska ord och uttryck har markerats med Am.

Förkortningar

adj	adjektiv	pl	pluralis
adv	adverb	plAm	pluralis
Am	amerikanska		(amerikanska)
art	artikel	pp	perfekt particip
c	realgenus	pr	presens
conj	konjunktion	pref	prefix (förstavelse)
n	substantiv	prep	preposition
nAm	substantiv (amerikanska)	pron	pronomen
nt	neutrum	suf	suffix (ändelse)
num	räkneord	v	verb
p	imperfektum	vAm	verb (amerikanska)

Uttal

I denna del av ordboken anges uttalet av huvuduppslagsorden med internationell ljudskrift (IPA). Varje tecken i ljudskriften står för ett bestämt ljud. De tecken som inte närmare förklaras här uttalas ungefär som motsvarande svenska ljud.

Konsonanter

ð	tonande läspljud, dvs. med tungspetsen mot övre framtändernas baksida
g	alltid som i gå
k	alltid som i kall
ŋ	som ng i lång
r	som slappt r i rar (ung. som r uttalas i Stockholmstrakten)
ʃ	tonlöst sje-ljud (ung. som i mellansvenskt uttal av rs i fors)
θ	tonlöst läspljud, dvs. med tungspetsen mot övre framtändernas baksida
w	mycket kort o-ljud (ung. som oä i oändlig)
z	tonande s-ljud
ʒ	som g i gelé, men tonande

Obs! [sj] skall läsas som [s] följt av ett [j]-ljud och *inte* som sj i sjö.

Vokaler

ɑ:	som a i dag
æ	som ä i smärre
ʌ	ung. som a i katt
e	som i bett
ɛ	som ä i källa
ə	som e i gosse (med dragning åt ö)
i	som i sitt
ɔ	som å i fått
u	som o i bott

1) Kolon [:] efter vokalljudstecknet anger lång vokal.

2) Ett fåtal franska låneord innehåller nasala vokaler, vilket anges med en til [˜] över vokalen (t.ex.[ɑ̃]). Nasala vokaler uttalas samtidigt genom munnen och näsan.

Diftonger

En diftong är en förening av två vokaler, varav en är starkare (betonad) och en svagare (obetonad). De uttalas tillsammans "glidande", ung. som **au** i mj**au**. I engelska språket är alltid andra vokalen svagare.

Betoning

Tecknet ['] står framför betonad stavelse och [,] framför stavelse med biaccent.

Amerikanskt uttal

Vår ljudskrift återger brittiskt-engelskt riksspråk. Det amerikanska uttalet skiljer sig från engelska på några punkter (det finns även en mängd lokala variationer, som vi inte tar upp här).

1) I motsats till brittiskt-engelskt uttal uttalas **r** även före en konsonant och i slutet av ett ord.

2) I många ord som t. ex. *ask, castle, laugh* osv. blir [ɑ:] till [æ:].

3) En amerikan uttalar [ɔ]-ljudet som [ɑ] eller också ofta som [ɔ:].

4) I ord som *duty, tune, new* osv. bortfaller ofta [j]-ljudet framför [u:].

5) Många ord betonas annorlunda.

A

a [ei,ə] *art* (an) en *art*
abbey ['æbi] *n* kloster *nt*
abbreviation [ə,bri:vi'eiʃən] *n* förkort-
ning *c*
aberration [,æbə'reiʃən] *n* avvikelse *c*
ability [ə'biləti] *n* skicklighet *c;* för-
måga *c*
able ['eibəl] *adj* i stånd att; duglig;
•be ~ to *vara i stånd till; *kun-
na
abnormal [æb'nɔ:məl] *adj* onaturlig,
abnorm
aboard [ə'bɔ:d] *adv* ombord
abolish [ə'bɔliʃ] *v* avskaffa
abortion [ə'bɔ:ʃən] *n* abort *c*
about [ə'baut] *prep* om; beträffande,
angående; *adv* ungefär, omkring
above [ə'bʌv] *prep* ovanför; *adv* ovan
abroad [ə'brɔ:d] *adv* utomlands
abscess ['æbses] *n* böld *c*
absence ['æbsəns] *n* frånvaro *c*
absent ['æbsənt] *adj* frånvarande
absolutely ['æbsəlu:tli] *adv* absolut
abstain from [əb'stein] *avstå från,
*avhålla sig från
abstract ['æbstrækt] *adj* abstrakt
absurd [əb'sə:d] *adj* orimlig, absurd
abundance [ə'bʌndəns] *n* överflöd *nt*
abundant [ə'bʌndənt] *adj* riklig

abuse [ə'bju:s] *n* missbruk *nt*
abyss [ə'bis] *n* avgrund *c*
academy [ə'kædəmi] *n* akademi *c*
accelerate [ək'seləreit] *v* öka farten
accelerator [ək'seləreitə] *n* gaspedal *c*
accent ['æksənt] *n* accent *c;* tonvikt *c*
accept [ək'sept] *v* acceptera, *motta
access ['ækses] *n* tillträde *nt*
accessary [ək'sesəri] *n* medbrottsling
c
accessible [ək'sesəbəl] *adj* tillgänglig
accessories [ək'sesəriz] *pl* tillbehör *pl*
accident ['æksidənt] *n* olycksfall *nt*,
olycka *c*
accidental [,æksi'dentəl] *adj* slumpar-
tad
accommodate [ə'kɔmədeit] *v* härbär-
gera, logera
accommodation [ə,kɔmə'deiʃən] *n*
husrum *nt*, logi *nt*
accompany [ə'kʌmpəni] *v* åtfölja;
följa; ackompanjera
accomplish [ə'kʌmpliʃ] *v* fullborda
in accordance with [in ə'kɔ:dəns wið] i
enlighet med
according to [ə'kɔ:diŋ tu:] enligt
account [ə'kaunt] *n* konto *nt;* redogö-
relse *c; ~ for redovisa; on ~ of på
grund av
accountable [ə'kauntəbəl] *adj* ansva-
rig
accurate ['ækjurət] *adj* noggrann

accuse [ə'kju:z] v beskylla; anklaga

accused [ə'kju:zd] n anklagad person

accustom [ə'kʌstəm] v *vänja; accustomed van

ache [eik] v värka; n värk c

achieve [ə'tʃi:v] v uppnå; prestera

achievement [ə'tʃi:vmənt] n prestation c

acid ['æsid] n syra c

acknowledge [ək'nɔlidʒ] v erkänna; bekräfta

acne ['ækni] n finnar

acorn ['eikɔ:n] n ekollon nt

acquaintance [ə'kweintəns] n bekant c

acquire [ə'kwaiə] v skaffa sig

acquisition [ˌækwi'ziʃən] n förvärv nt

acquittal [ə'kwitəl] n frikännande nt

across [ə'krɔs] prep över; adv på andra sidan

act [ækt] n handling c; akt c; nummer nt; v handla, uppträda; uppföra sig; spela

action ['ækʃən] n handling c

active ['æktiv] adj aktiv

activity [æk'tivəti] n aktivitet c

actor ['æktə] n aktör c, skådespelare c

actress ['æktris] n skådespelerska c, aktris c

actual ['æktʃuəl] adj faktisk, verklig

actually ['æktʃuəli] adv faktiskt

acute [ə'kju:t] adj akut

adapt [ə'dæpt] v anpassa

add [æd] v addera; *lägga till

adding-machine ['ædiŋməʃi:n] n räknemaskin c

addition [ə'diʃən] n addition c; tillägg nt

additional [ə'diʃənəl] adj extra; ytterligare

address [ə'dres] n adress c; v adressera; vända sig till

addressee [ˌædre'si:] n adressat c

adequate ['ædikwət] adj tillräcklig; passande, adekvat

adjective ['ædʒiktiv] n adjektiv nt

adjourn [ə'dʒə:n] v *uppskjuta

adjust [ə'dʒʌst] v justera; anpassa

administer [əd'ministə] v dela ut

administration [ədˌmini'streiʃən] n administration c; förvaltning c

administrative [əd'ministrativ] adj administrativ; förvaltande; ~ law förvaltningsrätt c

admiral ['ædmərəl] n amiral c

admiration [ˌædmə'reiʃən] n beundran c

admire [əd'maiə] v beundra

admission [əd'miʃən] n inträde nt; intagning c

admit [əd'mit] v *ta in, släppa in; erkänna, *medge; rymma

admittance [əd'mitəns] n tillträde nt; no ~ tillträde förbjudet

adopt [ə'dɔpt] v adoptera

adorable [ə'dɔ:rəbəl] adj bedårande

adult ['ædʌlt] n vuxen c; adj vuxen

advance [əd'vɑ:ns] n framsteg nt; förskott nt; v *göra framsteg; förskottera; in ~ i förväg, på förhand

advanced [əd'vɑ:nst] adj avancerad

advantage [əd'vɑ:ntidʒ] n fördel c

advantageous [ˌædvən'teidʒəs] adj fördelaktig

adventure [əd'ventʃə] n äventyr nt

adverb ['ædvə:b] n adverb nt

advertisement [əd'və:tismənt] n annons c

advertising ['ædvətaiziŋ] n reklam c

advice [əd'vais] n råd nt

advise [əd'vaiz] v råda

advocate ['ædvəkət] n försvarare c, förespråkare c

aerial ['ɛəriəl] n antenn c

aeroplane ['ɛərəplein] n flygplan nt

affair [ə'fɛə] n angelägenhet c; för-

hållande *nt*, kärleksaffär *c*
affect [ə'fekt] *v* påverka; beröra
affected [ə'fektid] *adj* tillgjord
affection [ə'fekʃən] *n* tillgivenhet *c*
affectionate [ə'fekʃənit] *adj* kärleksfull, tillgiven
affiliated [ə'filieitid] *adj* ansluten
affirmative [ə'fəːmətiv] *adj* jakande
affliction [ə'flikʃən] *n* lidande *nt*
afford [ə'fɔːd] *v* *ha råd med
afraid [ə'freid] *adj* rädd, ängslig; *be ~ *vara rädd
Africa ['æfrikə] Afrika
African ['æfrikən] *adj* afrikansk; *n* afrikan *c*
after ['ɑːftə] *prep* efter; *conj* sedan
afternoon [ɑːftə'nuːn] *n* eftermiddag *c*; **this** ~ i eftermiddag
afterwards ['ɑːftəwədz] *adv* sedan; efteråt
again [ə'gen] *adv* igen; åter; ~ **and again** gång på gång
against [ə'genst] *prep* mot
age [eidʒ] *n* ålder *c*; ålderdom *c*; **of** ~ myndig; **under** ~ minderårig
aged ['eidʒid] *adj* åldrig; gammal
agency ['eidʒənsi] *n* agentur *c*; byrå *c*
agenda [ə'dʒendə] *n* dagordning *c*
agent ['eidʒənt] *n* agent *c*, representant *c*
aggressive [ə'gresiv] *adj* aggressiv
ago [ə'gou] *adv* för ... sedan
agrarian [ə'greəriən] *adj* jord-, lantbruks-
agree [ə'griː] *v* *vara enig; instämma; stämma överens
agreeable [ə'griːəbl] *adj* angenäm
agreement [ə'griːmənt] *n* kontrakt *nt*; avtal *nt*, överenskommelse *c*
agriculture ['ægrikʌltʃə] *n* jordbruk *nt*
ahead [ə'hed] *adv* framför; ~ **of** före; ***go** ~ *fortsätta; **straight** ~ rakt fram
aid [eid] *n* hjälp *c*; *v* *bistå, hjälpa

ailment ['eilmənt] *n* lidande *nt*; krämpa *c*
aim [eim] *n* syfte *nt*; ~ **at** sikta, sikta på; sträva efter
air [eə] *n* luft *c*; *v* lufta
air-conditioning ['eəkəndiʃəniŋ] *n* luftkonditionering *c*; **air-conditioned** *adj* luftkonditionerad
aircraft ['eəkrɑːft] *n* (pl ~) flygplan *nt*; flygmaskin *c*
airfield ['eəfiːld] *n* flygfält *nt*
air-filter ['eəfiltə] *n* luftfilter *nt*
airline ['eəlain] *n* flygbolag *nt*
airmail ['eəmeil] *n* flygpost *c*
airplane ['eəplein] *nAm* flygplan *nt*
airport ['eəpɔːt] *n* flygplats *c*
air-sickness ['eəsiknəs] *n* flygsjuka *c*
airtight ['eətait] *adj* lufttät
airy ['eəri] *adj* luftig
aisle [ail] *n* sidoskepp *nt*; gång *c*
alarm [ə'lɑːm] *n* alarm *nt*; *v* larma, oroa
alarm-clock [ə'lɑːmklɔk] *n* väckarklocka *c*
album ['ælbəm] *n* album *nt*
alcohol ['ælkəhɔl] *n* alkohol *c*
alcoholic [ˌælkə'hɔlik] *adj* alkoholhaltig
ale [eil] *n* öl *nt*
algebra ['ældʒibrə] *n* algebra *c*
Algeria [æl'dʒiəriə] Algeriet
Algerian [æl'dʒiəriən] *adj* algerisk; *n* algerier *c*
alien ['eiliən] *n* utlänning *c*; främling *c*; *adj* utländsk
alike [ə'laik] *adj* likadan, lik; *adv* på samma sätt
alimony ['æliməni] *n* underhåll *c*
alive [ə'laiv] *adj* levande
all [ɔːl] *adj* all; ~ **in** allt inkluderat; ~ **right!** fint!; **at** ~ överhuvudtaget
allergy ['ælədʒi] *n* allergi *c*
alley ['æli] *n* gränd *c*

alliance [ə'laiəns] *n* allians *c*

Allies ['ælaiz] *pl* (de) allierade

allot [ə'lɔt] *v* tilldela

allow [ə'lau] *v* *tillåta, bevilja; ~ to *låta; *be allowed *vara tillåten; *be allowed to *få

allowance [ə'lauəns] *n* fickpengar *pl*, underhåll *nt*

all-round [,ɔ:l'raund] *adj* mångsidig

almanac ['ɔ:lmənæk] *n* almanacka *c*

almond ['ɑ:mənd] *n* mandel *c*

almost ['ɔ:lmoust] *adv* nästan

alone [ə'loun] *adv* endast; *adj* ensam, för sig själv

along [ə'lɔŋ] *prep* längs

aloud [ə'laud] *adv* högt

alphabet ['ælfəbet] *n* alfabet *nt*

already [ɔ:l'redi] *adv* redan

also ['ɔ:lsou] *adv* också; dessutom, även

altar ['ɔ:ltə] *n* altare *nt*

alter ['ɔ:ltə] *v* förändra, ändra

alteration [,ɔ:ltə'reiʃən] *n* ändring *c*, förändring *c*

alternate [ɔ:l'tə:nət] *adj* alternerande

alternative [ɔ:l'tə:nətiv] *n* alternativ *nt*

although [ɔ:l'ðou] *conj* fastän, även om

altitude ['æltitju:d] *n* höjd *c*

alto ['æltou] *n* (pl ~s) alt *c*

altogether [,ɔ:ltə'geðə] *adv* helt och hållet

always ['ɔ:lweiz] *adv* alltid

am [æm] *v* (pr be)

amaze [ə'meiz] *v* förbluffa, förvåna

amazement [ə'meizmənt] *n* förvåning *c*

ambassador [æm'bæsədə] *n* ambassadör *c*

amber ['æmbə] *n* bärnsten *c*

ambiguous [æm'bigjuəs] *adj* tvetydig

ambitious [æm'biʃəs] *adj* ambitiös; ärelysten

ambulance ['æmbjuləns] *n* ambulans *c*

ambush ['æmbuʃ] *n* bakhåll *nt*

America [ə'merikə] Amerika

American [ə'merikən] *adj* amerikansk; *n* amerikan *c*

amethyst ['æmiθist] *n* ametist *c*

amid [ə'mid] *prep* bland; mitt ibland, mitt i

ammonia [ə'mouniə] *n* ammoniak *c*

amnesty ['æmnisti] *n* amnesti *c*

among [ə'mʌŋ] *prep* bland; mellan, ibland; ~ other things bland annat

amount [ə'maunt] *n* mängd *c*; summa *c*, belopp *nt*; ~ to *uppgå till

amuse [ə'mju:z] *v* roa, *underhålla

amusement [ə'mju:zmənt] *n* nöje *nt*, förströelse *c*

amusing [ə'mju:ziŋ] *adj* lustig

anaemia [ə'ni:miə] *n* blodbrist *c*

anaesthesia [,ænis'θi:ziə] *n* bedövning *c*

anaesthetic [,ænis'θetik] *n* bedövningsmedel *nt*

analyse ['ænəlaiz] *v* analysera

analysis [ə'næləsis] *n* (pl -ses) analys *c*

analyst ['ænəlist] *n* analytiker *c*; psykoanalytiker *c*

anarchy ['ænəki] *n* anarki *c*

anatomy [ə'nætəmi] *n* anatomi *c*

ancestor ['ænsestə] *n* förfader *c*

anchor ['æŋkə] *n* ankare *nt*

anchovy ['æntʃəvi] *n* sardell *c*, ansjovis *c*

ancient ['einʃənt] *adj* gammal; forntida

and [ænd, ənd] *conj* och

angel ['eindʒəl] *n* ängel *c*

anger ['æŋgə] *n* ilska *c*, vrede *c*

angle ['æŋgəl] *v* meta; *n* vinkel *c*

angry ['æŋgri] *adj* vred, arg

animal ['æniməl] *n* djur *nt*

ankle ['æŋkəl] *n* ankel *c*

annex¹ ['æneks] n annex nt; bilaga c
annex² ['ɔ'neks] v annektera
anniversary [ˌæni'vɔːsəri] n årsdag c
announce [ə'nauns] v *tillkännage, *offentliggöra
announcement [ə'naunsmənt] n tillkännagivande nt, kungörelse c
annoy [ə'nɔi] v förarga, irritera; reta
annoyance [ə'nɔiəns] n förargelse c
annoying [ə'nɔiiŋ] adj förarglig, retsam
annual ['ænjuəl] adj årlig; n årsbok c
per annum [pər 'ænəm] per år
anonymous [ə'hɔniməs] adj anonym
another [ə'nʌðə] adj en till; en annan
answer ['ɑːnsə] v svara; besvara; n svar nt
ant [ænt] n myra c
anthology [æn'θɔlədʒi] n antologi c
antibiotic [ˌæntibai'ɔtik] n antibiotikum nt
anticipate [æn'tisipeit] v *förutse, *föregripa; *förekomma
antifreeze ['æntifriːz] n frostskyddsvätska c
antipathy [æn'tipəθi] n motvilja c
antique [æn'tiːk] adj antik; n antikvitet c; ~ dealer antikvitetshandlare c
antiquity [æn'tikwəti] n Antiken; antiquities pl antikviteter
antiseptic [ˌænti'septik] n antiseptiskt medel
antlers ['æntləz] pl hjortdjurshorn nt
anxiety [æŋ'zaiəti] n bekymmer nt
anxious ['æŋkʃəs] adj ivrig; orolig
any ['eni] adj någon
anybody ['enibɔdi] pron vem som helst
anyhow ['enihau] adv hur som helst
anyone ['eniwʌn] pron varje
anything ['eniθiŋ] pron vad som helst
anyway ['eniwei] adv i varje fall
anywhere ['eniweə] adv var som helst

apart [ə'pɑːt] adv isär, var för sig; ~ from bortsett från
apartment [ə'pɑːtmənt] nAm våning c, lägenhet c; ~ house Am hyreshus nt
aperitif [ə'perətiv] n aperitif c
apologize [ə'pɔlədʒaiz] v *be om ursäkt
apology [ə'pɔlədʒi] n ursäkt c
apparatus [ˌæpə'reitəs] n anordning c, apparat c
apparent [ə'pærənt] adj uppenbar; tydlig
apparently [ə'pærəntli] adv tydligen
apparition [ˌæpə'riʃən] n uppenbarelse c
appeal [ə'piːl] n vädjan c
appear [ə'piə] v verka, tyckas; *framgå; synas; framträda
appearance [ə'piərəns] n utseende nt; framträdande nt
appendicitis [əˌpendi'saitis] n blindtarmsinflammation c
appendix [ə'pendiks] n (pl -dices, -dixes) blindtarm c
appetite ['æpətait] n aptit c, matlust c
appetizer ['æpətaizə] n aptitretare c
appetizing ['æpətaiziŋ] adj aptitlig
applause [ə'plɔːz] n applåd c
apple ['æpəl] n äpple nt
appliance [ə'plaiəns] n apparat c, anordning c
application [ˌæpli'keiʃən] n användning c; ansökan c
apply [ə'plai] v tillämpa, *lägga på; använda; ansöka; gälla
appoint [ə'pɔint] v anställa, utnämna
appointment [ə'pɔintmənt] n avtalat möte, avtal nt; utnämning c
appreciate [ə'priːʃieit] v uppskatta, *värdesätta
appreciation [əˌpriːʃi'eiʃən] n värdestegring c; uppskattning c

approach [ə'prout∫] v närma sig; n tillvägagångssätt nt; närmande nt

appropriate [ə'proupriət] adj rätt, lämplig, ändamålsenlig

approval [ə'pru:vəl] n gillande nt; bifall nt; on ~ till påseende

approve [ə'pru:v] v gilla; ~ of godkänna

approximate [ə'prɔksimət] adj ungefärlig

approximately [ə'prɔksimətli] adv ungefär, cirka

apricot ['eiprikɔt] n aprikos c

April ['eiprəl] april

apron ['eiprən] n förkläde nt

Arab ['ærəb] adj arabisk; n arab c

arbitrary ['ɑ:bitrəri] adj godtycklig

arcade [ɑ:'keid] n pelargång c, arkad c

arch [ɑ:t∫] n valvbåge c; valv nt

archaeologist [,ɑ:ki'ɔlədʒist] n arkeolog c

archaeology [,ɑ:ki'ɔlədʒi] n arkeologi c

archbishop [,ɑ:t∫'bi∫əp] n ärkebiskop c

arched [ɑ:t∫t] adj bågformig

architect ['ɑ:kitekt] n arkitekt c

architecture ['ɑ:kitekt∫ə] n byggnadskonst c, arkitektur c

archives ['ɑ:kaivz] pl arkiv nt

are [ɑ:] v (pr be)

area ['ɛəriə] n område nt; yta c; ~ code riktnummer nt

Argentina [,ɑ:dʒən'ti:nə] Argentina

Argentinian [,ɑ:dʒən'tiniən] adj argentinsk; n argentinare c

argue ['ɑ:gju:] v argumentera, diskutera, debattera; gräla

argument ['ɑ:gjumənt] n argument nt; diskussion c; ordväxling c

arid ['ærid] adj torr

*arise [ə'raiz] v *uppstå

arithmetic [ə'riθmətik] n räkning c

arm [ɑ:m] n arm c; vapen nt; armstöd nt; v beväpna

armchair ['ɑ:mt∫ɛə] n fåtölj c

armed [ɑ:md] adj beväpnad; ~ forces beväpnade styrkor

armour ['ɑ:mə] n rustning c

army ['ɑ:mi] n armé c

aroma [ə'roumə] n arom c

around [ə'raund] prep omkring; adv runt

arrange [ə'reindʒ] v ordna; arrangera

arrangement [ə'reindʒmənt] n arrangemang nt; avtal nt; åtgärd c

arrest [ə'rest] v arrestera; n arrestering c

arrival [ə'raivəl] n ankomst c

arrive [ə'raiv] v anlända

arrow ['ærou] n pil c

art [ɑ:t] n konst c; skicklighet c; list c; ~ collection konstsamling c; ~ exhibition konstutställning c; ~ gallery konstgalleri nt; ~ history konsthistoria c; arts and crafts konstindustri c; ~ school konstakademi c

artery ['ɑ:təri] n pulsåder c

artichoke ['ɑ:tit∫ouk] n kronärtskocka c

article ['ɑ:tikəl] n artikel c

artifice ['ɑ:tifis] n knep nt

artificial [,ɑ:ti'fi∫əl] adj konstgjord

artist ['ɑ:tist] n konstnär c; konstnärinna c

artistic [ɑ:'tistik] adj artistisk, konstnärlig

as [æz] conj liksom, som; lika; därför att, eftersom; ~ from från; från och med; ~ if som om

asbestos [æz'bestɔs] n asbest c

ascend [ə'send] v *stiga; *stiga uppåt; *bestiga

ascent [ə'sent] n stigning c; bestigning c

ascertain [,æsə'tein] v konstatera; förvissa sig om, fastställa

ash [æʃ] n aska c
ashamed [ə'ʃeimd] adj skamsen; *be ~ skämmas
ashore [ə'ʃɔ:] adv i land
ashtray ['æʃtrei] n askkopp c
Asia ['eiʃə] Asien
Asian ['eiʃən] adj asiatisk; n asiat c
aside [ə'said] adv åt sidan
ask [ɑ:sk] v fråga; *be; *inbjuda
asleep [ə'sli:p] adj sovande
asparagus [ə'spærəgəs] n sparris c
aspect ['æspekt] n aspekt c
asphalt ['æsfælt] n asfalt c
aspire [ə'spaiə] v sträva
aspirin ['æspərin] n aspirin nt
ass [æs] n åsna c
assassination [ə,sæsi'neiʃən] n mord nt
assault [ə'sɔ:lt] v *angripa; *våldta
assemble [ə'sembəl] v samla; *sätta ihop, montera
assembly [ə'sembli] n församling c, sammankomst c
assignment [ə'sainmənt] n uppdrag nt
assign to [ə'sain] tilldela; *överlåta
assist [ə'sist] v hjälpa, *bistå; ~ at *vara närvarande vid
assistance [ə'sistəns] n hjälp c; bistånd nt, understöd nt
assistant [ə'sistənt] n assistent c
associate[1] [ə'souʃiət] n kompanjon c, delägare c; kollega c; medlem c
associate[2] [ə'souʃieit] v associera; ~ with *umgås med
association [ə,sousi'eiʃən] n förening c, sammanslutning c
assort [ə'sɔ:t] v sortera
assortment [ə'sɔ:tmənt] n urval nt, sortiment c
assume [ə'sju:m] v *anta, förmoda
assure [ə'ʃuə] v försäkra
asthma ['æsmə] n astma c
astonish [ə'stɔniʃ] v förvåna
astonishing [ə'stɔniʃiŋ] adj förvånansvärd

astonishment [ə'stɔniʃmənt] n förvåning c
astronomy [ə'strɔnəmi] n astronomi c
asylum [ə'sailəm] n asyl c; mentalsjukhus nt, vårdanstalt c
at [æt] prep på, hos, i
ate [et] v (p eat)
atheist ['eiθiist] n ateist c
athlete ['æθli:t] n atlet c
athletics [æθ'letiks] pl friidrott c
Atlantic [ət'læntik] Atlanten
atmosphere ['ætməsfiə] n atmosfär c; stämning c
atom ['ætəm] n atom c
atomic [ə'tɔmik] adj atom-; kärn-
atomizer ['ætəmaizə] n sprayflaska c; spray c
attach [ə'tætʃ] v fästa; bifoga; attached to fäst vid
attack [ə'tæk] v *anfalla; n anfall nt
attain [ə'tein] v uppnå
attainable [ə'teinəbəl] adj uppnåelig; åtkomlig
attempt [ə'tempt] v försöka, pröva; n försök nt
attend [ə'tend] v *vara närvarande vid; ~ on uppassa; ~ to *ta hand om, *se till; beakta, uppmärksamma
attendance [ə'tendəns] n deltagande nt
attendant [ə'tendənt] n vaktmästare c
attention [ə'tenʃən] n uppmärksamhet c
attentive [ə'tentiv] adj uppmärksam
attic ['ætik] n vindsrum nt
attitude ['ætitju:d] n inställning c
attorney [ə'tə:ni] n advokat c
attract [ə'trækt] v *tilldra sig
attraction [ə'trækʃən] n attraktion c; lockelse c
attractive [ə'træktiv] adj tilldragande
auburn ['ɔ:bən] adj kastanjebrun

auction ['ɔːkʃən] n auktion c
audible ['ɔːdibəl] adj hörbar
audience ['ɔːdiəns] n publik c
auditor ['ɔːditə] n åhörare c
auditorium [ˌɔːdiˈtɔːriəm] n hörsal c
August ['ɔːgəst] augusti
aunt [ɑːnt] n tant c, moster c, faster c
Australia [ɔˈstreiliə] Australien
Australian [ɔˈstreiliən] adj australisk; n australier c
Austria ['ɔstriə] Österrike
Austrian ['ɔstriən] adj österrikisk; n österrikare c
authentic [ɔːˈθentik] adj autentisk; äkta
author ['ɔːθə] n författare c
authoritarian [ɔːˌθɔriˈteəriən] adj auktoritär
authority [ɔːˈθɔrəti] n auktoritet c; maktbefogenhet c; authorities pl myndigheter pl
authorization [ˌɔːθəraiˈzeiʃən] n tillåtelse c
automatic [ˌɔːtəˈmætik] adj automatisk
automation [ˌɔːtəˈmeiʃən] n automatisering c
automobile ['ɔːtəməbiːl] n bil c; ~ club automobilklubb c
autonomous [ɔːˈtɔnəməs] adj autonom
autopsy ['ɔːtɔpsi] n obduktion c
autumn ['ɔːtəm] n höst c
available [əˈveiləbəl] adj disponibel, tillgänglig, i lager
avalanche ['ævəlɑːnʃ] n lavin c
avenue ['ævənjuː] n aveny c
average ['ævəridʒ] adj genomsnittlig; n genomsnitt nt; on the ~ i genomsnitt
averse [əˈvəːs] adj obenägen, ovillig
aversion [əˈvəːʃən] n motvilja c
avert [əˈvəːt] v vända bort

avoid [əˈvɔid] v *undgå; *undvika
await [əˈweit] v vänta på, vänta sig
awake [əˈweik] adj vaken
*awake [əˈweik] v väcka
award [əˈwɔːd] n pris nt; v tilldela
aware [əˈweə] adj medveten
away [əˈwei] adv bort; *go ~ åka bort
awful ['ɔːfəl] adj fruktansvärd, ryslig
awkward ['ɔːkwəd] adj brydsam; tafatt, klumpig
awning ['ɔːniŋ] n markis c
axe [æks] n yxa c
axle ['æksəl] n hjulaxel c

B

baby ['beibi] n baby c; ~ carriage Am barnvagn c
babysitter ['beibiˌsitə] n barnvakt c
bachelor ['bætʃələ] n ungkarl c
back [bæk] n rygg c; adv tillbaka; *go ~ åka tillbaka
backache ['bækeik] n ryggvärk c
backbone ['bækboun] n ryggrad c
background ['bækgraund] n bakgrund c; utbildning c
backwards ['bækwədz] adv bakåt
bacon ['beikən] n bacon nt
bacterium [bækˈtiːriəm] n (pl -ria) bakterie c
bad [bæd] adj dålig, allvarlig; stygg
bag [bæg] n påse c; väska c, handväska c; resväska c
baggage ['bægidʒ] n bagage nt; ~ deposit office Am bagageinlämning c; hand ~ handbagage nt
bail [beil] n borgen c
bailiff ['beilif] n fogde c
bait [beit] n bete nt
bake [beik] v baka
baker ['beikə] n bagare c

bakery ['beikəri] n bageri nt
balance ['bæləns] n jämvikt c; våg c; saldo nt
balcony ['bælkəni] n balkong c
bald [bɔ:ld] adj flintskallig
ball [bɔ:l] n boll c; bal c
ballet ['bælei] n balett c
balloon [bə'lu:n] n ballong c
ballpoint-pen ['bɔ:lpɔintpen] n kulspetspenna c
ballroom ['bɔ:lru:m] n balsal c
bamboo [bæm'bu:] n (pl ~s) bambu c
banana [bə'nɑ:nə] n banan c
band [bænd] n band nt
bandage ['bændidʒ] n förband nt
bandit ['bændit] n bandit c
bangle ['bæŋgəl] n armband nt
banisters ['bænistəz] pl trappräcke nt
bank [bæŋk] n flodbank c; bank c; v deponera, *sätta in; ~ account bankkonto nt
banknote ['bæŋknout] n sedel c
bank-rate ['bæŋkreit] n diskonto nt
bankrupt ['bæŋkrʌpt] adj konkursmässig, bankrutt
banner ['bænə] n baner nt
banquet ['bæŋkwit] n bankett c
banqueting-hall ['bæŋkwitiŋhɔ:l] n bankettsal c
baptism ['bæptizəm] n dop nt
baptize [bæp'taiz] v döpa
bar [bɑ:] n bar c; stång c; fönstergaller nt
barber ['bɑ:bə] n herrfrisör c
bare [beə] adj naken, bar; kal
barely ['beəli] adv nätt och jämt
bargain ['bɑ:gin] n fynd nt; v *köpslå, pruta
baritone ['bæritoun] n baryton c
bark [bɑ:k] n bark c; v skälla
barley ['bɑ:li] n korn nt
barmaid ['bɑ:meid] n kvinnlig bartender c

barman ['bɑ:mən] n (pl -men) bartender c
barn [bɑ:n] n lada c
barometer [bə'rɔmitə] n barometer c
baroque [bə'rɔk] adj barock
barracks ['bærəks] pl kasern c
barrel ['bærəl] n tunna c, fat nt
barrier ['bæriə] n barriär c; bom c
barrister ['bæristə] n advokat c
bartender ['bɑ:ˌtendə] n bartender c
base [beis] n bas c; grundval c; v basera
baseball ['beisbɔ:l] n baseboll c
basement ['beismənt] n källarvåning c
basic ['beisik] adj grundläggande
basilica [bə'zilikə] n basilika c
basin ['beisən] n balja c, skål c
basis ['beisis] n (pl bases) basis c, grundprincip c
basket ['bɑ:skit] n korg c
bass[1] [beis] n bas c
bass[2] [bæs] n (pl ~) abborre c
bastard ['bɑ:stəd] n bastard c; tölp c
batch [bætʃ] n parti nt; hop c
bath [bɑ:θ] n bad nt; ~ salts badsalt nt; ~ towel badhandduk c
bathe [beið] v bada
bathing-cap ['beiðiŋkæp] n badmössa c
bathing-suit ['beiðiŋsu:t] n baddräkt c; badbyxor pl
bathrobe ['bɑ:θroub] n badrock c
bathroom ['bɑ:θru:m] n badrum nt; toalett c
batter ['bætə] n smet c
battery ['bætəri] n batteri nt
battle ['bætəl] n slag nt; kamp c, strid c; v kämpa
bay [bei] n vik c; v skälla
*be [bi:] v *vara
beach [bi:tʃ] n strand c; nudist ~ nudistbadstrand c
bead [bi:d] n pärla c; beads pl pärl-

halsband *nt;* radband *nt*
beak [bi:k] *n* näbb *c*
beam [bi:m] *n* stråle *c;* bjälke *c*
bean [bi:n] *n* böna *c*
bear [bɛə] *n* björn *c*
*****bear** [bɛə] *v* *bära; tåla; *utstå
beard [biəd] *n* skägg *nt*
beast [bi:st] *n* djur *nt;* ~ **of prey**
rovdjur *nt*
*****beat** [bi:t] *v* *slå; besegra
beautiful [ˈbju:tifəl] *adj* vacker
beauty [ˈbju:ti] *n* skönhet *c;* ~ **par-
lour** skönhetssalong *c;* ~ **salon**
skönhetssalong *c;* ~ **treatment**
skönhetsvård *c*
beaver [ˈbi:və] *n* bäver *c*
because [biˈkɔz] *conj* därför att; ef-
tersom; ~ **of** på grund av
*****become** [biˈkʌm] *v* *bli; klä
bed [bed] *n* säng *c;* ~ **and board** hel-
pension *c,* mat och logi; ~ **and
breakfast** rum med frukost
bedding [ˈbediŋ] *n* sängkläder *pl*
bedroom [ˈbedru:m] *n* sovrum *nt*
bee [bi:] *n* bi *nt*
beech [bi:tʃ] *n* bok *c*
beef [bi:f] *n* oxkött *nt*
beehive [ˈbi:haiv] *n* bikupa *c*
been [bi:n] *v* (pp be)
beer [biə] *n* öl *nt*
beet [bi:t] *n* beta *c*
beetle [ˈbi:təl] *n* skalbagge *c*
beetroot [ˈbi:tru:t] *n* rödbeta *c*
before [biˈfɔ:] *prep* före; framför;
conj innan; *adv* förut; innan
beg [beg] *v* tigga; *bönfalla; *be
beggar [ˈbegə] *n* tiggare *c*
*****begin** [biˈgin] *v* begynna, börja
beginner [biˈginə] *n* nybörjare *c*
beginning [biˈginiŋ] *n* begynnelse *c;*
början *c*
on behalf of [biˈhɑ:f] på ... vägnar
behave [biˈheiv] *v* uppföra sig
behaviour [biˈheivjə] *n* uppförande *nt*

behind [biˈhaind] *prep* bakom; *adv*
bakom
beige [beiʒ] *adj* beige
being [ˈbi:iŋ] *n* varelse *c*
Belgian [ˈbeldʒən] *adj* belgisk; *n* bel-
gare *c*
Belgium [ˈbeldʒəm] Belgien
belief [biˈli:f] *n* tro *c*
believe [biˈli:v] *v* tro
bell [bel] *n* klocka *c;* ringklocka *c*
bellboy [ˈbelbɔi] *n* hotellpojke *c*
belly [ˈbeli] *n* buk *c*
belong [biˈlɔŋ] *v* tillhöra
belongings [biˈlɔŋiŋz] *pl* tillhörighe-
ter *pl*
beloved [biˈlʌvd] *adj* älskad
below [biˈlou] *prep* nedanför; under;
adv nedan
belt [belt] *n* bälte *nt;* **garter** ~ *Am*
strumpebandshållare *c*
bench [bentʃ] *n* bänk *c*
bend [bend] *n* kurva *c,* böjning *c;*
krök *c*
*****bend** [bend] *v* böja; ~ **down** böja
sig
beneath [biˈni:θ] *prep* under; *adv* ne-
danför
benefit [ˈbenifit] *n* vinst *c,* nytta *c;*
förmån *c; v* *dra nytta
bent [bent] *adj* (pp bend) böjd
beret [ˈberei] *n* basker *c*
berry [ˈberi] *n* bär *nt*
berth [bə:θ] *n* sovbrits *c;* koj *c*
beside [biˈsaid] *prep* bredvid
besides [biˈsaidz] *adv* dessutom; för-
resten; *prep* utom
best [best] *adj* bäst
bet [bet] *n* vad *nt;* insats *c*
*****bet** [bet] *v* *slå vad
betray [biˈtrei] *v* förråda
better [ˈbetə] *adj* bättre
between [biˈtwi:n] *prep* mellan
beverage [ˈbevəridʒ] *n* dryck *c*
beware [biˈwɛə] *v* akta sig

bewitch [bi'witʃ] v förhäxa
beyond [bi'jɔnd] prep bortom; på andra sidan om; utöver; adv bortom
bible ['baibəl] n bibel c
bicycle ['baisikəl] n cykel c
big [big] adj stor; omfångsrik; tjock; viktig
bile [bail] n galla c
bilingual [bai'liŋgwəl] adj tvåspråkig
bill [bil] n räkning c; nota c; v fakturera
billiards ['biljədz] pl biljard c
***bind** [baind] v *binda
binding ['baindiŋ] n band nt; bård c
binoculars [bi'nɔkjələz] pl kikare c
biology [bai'ɔlədʒi] n biologi c
birch [bə:tʃ] n björk c
bird [bə:d] n fågel c
birth [bə:θ] n födelse c
birthday ['bə:θdei] n födelsedag c
biscuit ['biskit] n kex nt
bishop ['biʃəp] n biskop c
bit [bit] n bit c; smula c
bitch [bitʃ] n tik c
bite [bait] n munsbit c; bett nt
***bite** [bait] v *bita
bitter ['bitə] adj bitter
black [blæk] adj svart; ~ market svarta börsen
blackberry ['blækbəri] n björnbär nt
blackbird ['blækbə:d] n koltrast c
blackboard ['blækbɔ:d] n svarta tavlan
black-currant [,blæk'kʌrənt] n svarta vinbär
blackmail ['blækmeil] n utpressning c; v utpressa pengar
blacksmith ['blæksmiθ] n smed c
bladder ['blædə] n urinblåsa c
blade [bleid] n knivblad nt; ~ of grass grässtrå nt
blame [bleim] n klander nt; v förebrå, klandra

blank [blæŋk] adj blank
blanket ['blæŋkit] n filt c
blast [blɑ:st] n explosion c
blazer ['bleizə] n blazer c
bleach [bli:tʃ] v bleka
bleak [bli:k] adj karg, kal
***bleed** [bli:d] v blöda
bless [bles] v välsigna
blessing ['blesiŋ] n välsignelse c
blind [blaind] n persienn c, rullgardin c; adj blind; v blända
blister ['blistə] n blåsa c, vattenblåsa c
blizzard ['blizəd] n snöstorm c
block [blɔk] v blockera, spärra; n kloss c; ~ of flats hyreshus nt
blonde [blɔnd] n blondin c
blood [blʌd] n blod nt; ~ pressure blodtryck nt
blood-poisoning ['blʌd,pɔizəniŋ] n blodförgiftning c
blood-vessel ['blʌd,vesəl] n blodkärl nt
blot [blɔt] n fläck c; blotting paper läskpapper nt
blouse [blauz] n blus c
blow [blou] n örfil c, slag nt; vindpust c
***blow** [blou] v blåsa
blow-out ['blouaut] n punktering c
blue [blu:] adj blå; nedstämd
blunt [blʌnt] adj slö; trubbig
blush [blʌʃ] v rodna
board [bɔ:d] n bräda c; tavla c; pension c; styrelse c; ~ and lodging mat och logi, helpension c
boarder ['bɔ:də] n internatselev c, inackordering c
boarding-house ['bɔ:diŋhaus] n pensionat c
boarding-school ['bɔ:diŋsku:l] n internatskola c
boast [boust] v *skryta
boat [bout] n båt c, skepp nt

body [ˈbɒdi] *n* kropp *c*

bodyguard [ˈbɒdigɑːd] *n* livvakt *c*

bog [bɒg] *n* träsk *nt*

boil [bɔil] *v* koka; *n* spikböld *c*

bold [bould] *adj* djärv, fräck

Bolivia [bəˈliviə] Bolivia

Bolivian [bəˈliviən] *adj* boliviansk; *n* bolivian *c*

bolt [boult] *n* regel *c*; bult *c*

bomb [bɒm] *n* bomb *c*; *v* bombardera

bond [bɒnd] *n* obligation *c*

bone [boun] *n* ben *nt*; fiskben *nt*; *v* urbena

bonnet [ˈbɒnit] *n* motorhuv *c*

book [buk] *n* bok *c*; *v* boka, reservera; bokföra, *skriva in

booking [ˈbukiŋ] *n* beställning *c*, reservation *c*

bookmaker [ˈbukˌmeikə] *n* vadhållningsagent *c*

bookseller [ˈbukˌselə] *n* bokhandlare *c*

bookstand [ˈbukstænd] *n* bokstånd *nt*

bookstore [ˈbukstɔː] *n* bokhandel *c*, boklåda *c*

boot [buːt] *n* stövel *c*; bagageutrymme *nt*

booth [buːð] *n* bod *c*; hytt *c*

border [ˈbɔːdə] *n* gräns *c*; kant *c*

bore¹ [bɔː] *v* tråka ut; borra; *n* tråkmåns *c*

bore² [bɔː] *v* (p bear)

boring [ˈbɔːriŋ] *adj* tråkig, långtråkig

born [bɔːn] *adj* född

borrow [ˈbɔrou] *v* låna

bosom [ˈbuzəm] *n* barm *c*; bröst *nt*

boss [bɒs] *n* chef *c*

botany [ˈbɒtəni] *n* botanik *c*

both [bouθ] *adj* båda; **both ... and** både ... och

bother [ˈbɒðə] *v* besvära, störa; *göra sig besvär; *n* besvär *nt*

bottle [ˈbɒtəl] *n* flaska *c*; ~ **opener** flasköppnare *c*; **hot-water** ~ varmvattensflaska *c*

bottleneck [ˈbɒtəlnek] *n* flaskhals *c*

bottom [ˈbɒtəm] *n* botten *c*; bakdel *c*, stjärt *c*; *adj* nedersta

bough [bau] *n* gren *c*

bought [bɔːt] *v* (p, pp buy)

boulder [ˈbouldə] *n* stenblock *nt*

bound [baund] *n* gräns *c*; ***be** ~ **to** *måste; ~ **for** på väg till

boundary [ˈbaundəri] *n* gränslinje *c*; landgräns *c*

bouquet [buˈkei] *n* bukett *c*

bourgeois [ˈbuəʒwɑː] *adj* kälkborgerlig

boutique [buˈtiːk] *n* boutique *c*

bow¹ [bau] *v* bocka

bow² [bou] *n* båge *c*; ~ **tie** fluga *c*

bowels [bauəlz] *pl* inälvor *pl*, tarmar *pl*

bowl [boul] *n* skål *c*

bowling [ˈbouliŋ] *n* kägelspel *nt*, bowling *c*; ~ **alley** bowlingbana *c*

box¹ [bɒks] *v* boxas; **boxing match** boxningsmatch *c*

box² [bɒks] *n* ask *c*

box-office [ˈbɒksˌɒfis] *n* biljettlucka *c*, biljettkassa *c*

boy [bɔi] *n* pojke *c*; tjänare *c*; ~ **scout** scout *c*

bra [brɑː] *n* behå *c*

bracelet [ˈbreislit] *n* armband *nt*

braces [ˈbreisiz] *pl* hängslen *pl*

brain [brein] *n* hjärna *c*; förstånd *nt*

brain-wave [ˈbreinweiv] *n* snilleblixt *c*

brake [breik] *n* broms *c*; ~ **drum** bromstrumma *c*; ~ **lights** bromsljus *nt*

branch [brɑːntʃ] *n* gren *c*; filial *c*

brand [brænd] *n* märke *nt*; brännmärke *nt*

brand-new [ˌbrændˈnjuː] *adj* splitterny

brass [brɑːs] *n* mässing *c*; ~ **band** mässingsorkester *c* brassiere ['bræziə] *n* bysthållare *c*

brassware ['brɑːsweə] *n* mässingsföremål *nt*

brave [breiv] *adj* tapper, modig

Brazil [brə'zil] Brasilien

Brazilian [brə'ziljən] *adj* brasiliansk; *n* brasilianare *c*

breach [briːtʃ] *n* rämna *c*; brott *nt*

bread [bred] *n* bröd *nt*; wholemeal ~ fullkornsbröd *nt*

breadth [bredθ] *n* bredd *c*

break [breik] *n* brytning *c*; rast *c*

*break [breik] *v* *bryta; ~ down *gå sönder; *bryta samman; analysera

breakdown ['breikdaun] *n* sammanbrott *nt*, motorstopp *nt*

breakfast ['brekfəst] *n* frukost *c*

bream [briːm] *n* (pl ~) braxen *c*

breast [brest] *n* bröst *nt*

breaststroke ['breststrouk] *n* bröstsim *nt*

breath [breθ] *n* anda *c*

breathe [briːð] *v* andas

breathing ['briːðiŋ] *n* andning *c*

breed [briːd] *n* ras *c*; art *c*

*breed [briːd] *v* uppföda

breeze [briːz] *n* bris *c*

brew [bruː] *v* brygga

brewery ['bruːəri] *n* bryggeri *nt*

bribe [braib] *v* muta

bribery ['braibəri] *n* mutning *c*

brick [brik] *n* tegelsten *c*

bricklayer ['brikleiə] *n* murare *c*

bride [braid] *n* brud *c*

bridegroom ['braidgruːm] *n* brudgum *c*

bridge [bridʒ] *n* bro *c*; bridge *c*

brief [briːf] *adj* kort; kortfattad

briefcase ['briːfkeis] *n* portfölj *c*

briefs [briːfs] *pl* trosor *pl*, kalsonger *pl*

bright [brait] *adj* glänsande; strålande; kvicktänkt, skärpt

brill [bril] *n* slätvar *c*

brilliant ['briljənt] *adj* briljant; begåvad

brim [brim] *n* brädd *c*

*bring [briŋ] *v* *ta med, medföra; *ha med sig; ~ back återföra; ~ up uppfostra; *ta upp

brisk [brisk] *adj* pigg

British ['britiʃ] *adj* brittisk

Briton ['britən] *n* britt *c*

broad [brɔːd] *adj* bred; utsträckt, vidsträckt; allmän

broadcast ['brɔːdkɑːst] *n* utsändning *c*

*broadcast ['brɔːdkɑːst] *v* utsända

brochure ['brouʃuə] *n* broschyr *c*

broke¹ [brouk] *v* (p break)

broke² [brouk] *adj* pank

broken ['broukən] *adj* (pp break) sönder; trasig

broker ['broukə] *n* mäklare *c*

bronchitis [brɔŋ'kaitis] *n* luftrörskatarr *c*

bronze [brɔnz] *n* brons *c*; *adj* bronsfärgad

brooch [broutʃ] *n* brosch *c*

brook [bruk] *n* bäck *c*

broom [bruːm] *n* kvast *c*

brothel ['brɔθəl] *n* bordell *c*

brother ['brʌðə] *n* bror *c*; broder *c*

brother-in-law ['brʌðərinlɔː] *n* (pl brothers-) svåger *c*

brought [brɔːt] *v* (p, pp bring)

brown [braun] *adj* brun

bruise [bruːz] *n* blodutgjutning *c*, blåmärke *nt*; *v* *slå gul och blå

brunette [bruː'net] *n* brunett *c*

brush [brʌʃ] *n* borste *c*; pensel *c*; *v* borsta

brutal ['bruːtəl] *adj* brutal

bubble ['bʌbəl] *n* bubbla *c*

bucket ['bʌkit] *n* hink *c*

buckle ['bʌkəl] *n* spänne *nt*

bud [bʌd] *n* knopp *c*

budget ['bʌdʒit] *n* budget *c*

buffet ['bufei] n gående bord

bug [bʌg] n vägglus c; skalbagge c; nAm insekt c

*build [bild] v bygga

building ['bildiŋ] n byggnad c

bulb [bʌlb] n blomlök c; light ~ glödlampa c

Bulgaria [bʌl'gɛəriə] Bulgarien

Bulgarian [bʌl'gɛəriən] adj bulgarisk; n bulgar c

bulk [bʌlk] n volym c; massa c; största delen

bulky ['bʌlki] adj omfångsrik, skrymmande

bull [bul] n tjur c

bullet ['bulit] n kula c

bullfight ['bulfait] n tjurfäktning c

bullring ['bulriŋ] n tjurfäktningsarena c

bump [bʌmp] v stöta; sammanstöta; dunka; v duns c, slag nt, stöt c

bumper ['bʌmpə] n kofångare c

bumpy ['bʌmpi] adj gropig

bun [bʌn] n bulle c

bunch [bʌntʃ] n bukett c; hop c

bundle ['bʌndəl] n bunt c; v bunta ihop

bunk [bʌŋk] n koj c

buoy [bɔi] n boj c

burden ['bəːdən] n börda c

bureau ['bjuərou] n (pl ~x, ~s) skrivbord nt; nAm byrå c

bureaucracy [bjuə'rɔkrəsi] n byråkrati c

burglar ['bəːglə] n inbrottstjuv c

burgle ['bəːgəl] v *göra inbrott

burial ['beriəl] n begravning c, gravsättning c

burn [bəːn] n brännsår nt

*burn [bəːn] v *brinna; bränna; vidbränna

*burst [bəːst] v *spricka; *brista

bury ['beri] v begrava

bus [bʌs] n buss c

bush [buʃ] n buske c

business ['biznəs] n affärer pl, handel c; affär c, affärsverksamhet c; sysselsättning c; ~ hours kontorstid c, affärstid c; ~ trip affärsresa c; on ~ i affärer

business-like ['biznislaik] adj affärsmässig

businessman ['biznəsmən] n (pl -men) affärsman c

bust [bʌst] n byst c

bustle ['bʌsəl] n jäkt nt

busy ['bizi] adj upptagen; livlig

but [bʌt] conj men; dock; prep utom

butcher ['butʃə] n slaktare c

butter ['bʌtə] n smör nt

butterfly ['bʌtəflai] n fjäril c; ~ stroke fjärilsim nt

buttock ['bʌtək] n skinka c

button ['bʌtən] n knapp c; v knäppa

buttonhole ['bʌtənhoul] n knapphål nt

*buy [bai] v köpa; anskaffa

buyer ['baiə] n köpare c

by [bai] prep av; med; vid

by-pass ['baipaːs] n omfartsled c; v *fara förbi; *undvika

C

cab [kæb] n taxi c

cabaret ['kæbərei] n kabaré c; nattklubb c

cabbage ['kæbidʒ] n kål c

cab-driver ['kæbˌdraivə] n taxichaufför c

cabin ['kæbin] n kabin c; hydda c; hytt c; kajuta c

cabinet ['kæbinət] n skåp nt; regering c

cable ['keibəl] n kabel c; telegram nt; v telegrafera

cadre ['kɑːdə] n stamanställd c; stamtrupp c

café ['kæfei] n kafé nt

cafeteria [ˌkæfə'tiəriə] n kafeteria c

caffeine ['kæfiːn] n koffein nt

cage [keidʒ] n bur c

cake [keik] n kaka c; bakverk nt, tårta c

calamity [kə'læməti] n katastrof c, olycka c

calcium ['kælsiəm] n kalcium nt

calculate ['kælkjuleit] v räkna ut, beräkna

calculation [ˌkælkju'leiʃən] n beräkning c

calendar ['kæləndə] n kalender c

calf [kɑːf] n (pl calves) kalv c; vad c; ~ skin kalvskinn nt

call [kɔːl] v ropa; kalla; ringa; n rop nt; besök nt; påringning c; *be called heta; ~ names skymfa; ~ on besöka; ~ up Am ringa upp

callus ['kæləs] n valk c

calm [kɑːm] adj stilla, lugn; ~ down lugna

calorie ['kæləri] n kalori c

Calvinism ['kælvinizəm] n kalvinism c

came [keim] v (p come)

camel ['kæməl] n kamel c

cameo ['kæmiou] n (pl ~s) kamé c

camera ['kæmərə] n kamera c; filmkamera c; ~ shop fotoaffär c

camp [kæmp] n läger nt; v kampa

campaign [kæm'pein] n kampanj c

camp-bed [ˌkæmp'bed] n tältsäng c, fältsäng c

camper ['kæmpə] n kampare c

camping ['kæmpiŋ] n kamping c; ~ site kampingplats c

camshaft ['kæmʃɑːft] n kamaxel c

can [kæn] n konservburk c; ~ opener konservöppnare c

*can [kæn] v *kunna

Canada ['kænədə] Kanada

Canadian [kə'neidiən] adj kanadensisk; n kanadensare c

canal [kə'næl] n kanal c

canary [kə'neəri] n kanariefågel c

cancel ['kænsəl] v annullera; avbeställa

cancellation [ˌkænsə'leiʃən] n annullering c

cancer ['kænsə] n cancer c

candelabrum [ˌkændə'lɑːbrəm] n (pl -bra) kandelaber c

candidate ['kændidət] n kandidat c

candle ['kændəl] n stearinljus nt

candy ['kændi] nAm karamell c; snask nt, godis nt; ~ store Am gottaffär c

cane [kein] n rör nt; käpp c

canister ['kænistə] n bleckburk c

canoe [kə'nuː] n kanot c

canteen [kæn'tiːn] n kantin c

canvas ['kænvəs] n smärting c

cap [kæp] n skärmmössa c, mössa c

capable ['keipəbəl] adj kapabel, duglig

capacity [kə'pæsəti] n kapacitet c; förmåga c

cape [keip] n cape c; udde c

capital ['kæpitəl] n huvudstad c; kapital nt; adj huvudsaklig, huvud-; ~ letter stor bokstav

capitalism ['kæpitəlizəm] n kapitalism c

capitulation [kəˌpitju'leiʃən] n kapitulation c

capsule ['kæpsjuːl] n kapsyl c

captain ['kæptin] n kapten c

capture ['kæptʃə] v *tillfångata; *inta; n tillfångatagande nt; erövring c

car [kɑː] n bil c; ~ hire biluthyrning c; ~ park parkeringsplats c; ~ rental Am biluthyrning c

carafe [kə'ræf] n karaff c

caramel ['kærəməl] n karamell c

carat ['kærət] n karat c
caravan ['kærəvæn] n husvagn c
carburettor [ˌkɑːbjuˈretə] n förgasare c
card [kɑːd] n kort nt; brevkort nt
cardboard ['kɑːdbɔːd] n papp c; adj papp-
cardigan ['kɑːdigən] n kofta c
cardinal ['kɑːdinəl] n kardinal c; adj huvudsaklig, huvud-
care [kɛə] n vård c; bekymmer nt; ~ about bry sig om; ~ for *vilja ha; tycka om; *take ~ of sköta om, *ta hand om
career [kəˈriə] n karriär c
carefree ['kɛəfriː] adj sorglös
careful ['kɛəfəl] adj försiktig; omsorgsfull
careless ['kɛələs] adj vårdslös, slarvig
caretaker ['kɛəˌteikə] n vaktmästare c
cargo ['kɑːgou] n (pl ~es) last c, laddning c
carnival ['kɑːnivəl] n karneval c
carp [kɑːp] n (pl ~) karp c
carpenter ['kɑːpintə] n snickare c
carpet ['kɑːpit] n matta c
carriage ['kæridʒ] n järnvägsvagn c; vagn c, ekipage nt
carriageway ['kæridʒwei] n körbana c
carrot ['kærət] n morot c
carry ['kæri] v *bära; föra; ~ on *fortsätta; ~ out genomföra
carry-cot ['kærikɔt] n babykorg c
cart [kɑːt] n kärra c
cartilage ['kɑːtilidʒ] n brosk nt
carton ['kɑːtən] n kartong c; cigarrettlimpa c
cartoon [kɑːˈtuːn] n tecknad film
cartridge ['kɑːtridʒ] n patron c
carve [kɑːv] v *skära; *utskära, snida
carving ['kɑːviŋ] n snideri nt

case [keis] n fall nt; resväska c; etui nt; attaché ~ dokumentportfölj c; in ~ ifall; in ~ of i händelse av
cash [kæʃ] n kontanter pl; v lösa in, inkassera
cashier [kæˈʃiə] n kassör c; kassörska c
cashmere ['kæʃmiə] n kaschmir c
casino [kəˈsiːnou] n (pl ~s) kasino nt
cask [kɑːsk] n tunna c
cast [kɑːst] n kast nt
*cast [kɑːst] v kasta; cast iron gjutjärn nt
castle ['kɑːsəl] n slott nt, borg c
casual ['kæʒuəl] adj informell; flyktig, oförmodad, tillfällig
casualty ['kæʒuəlti] n offer nt; olycksfall nt
cat [kæt] n katt c
catacomb ['kætəkoum] n katakomb c
catalogue ['kætəlɔg] n katalog c
catarrh [kəˈtɑː] n katarr c
catastrophe [kəˈtæstrəfi] n katastrof c
*catch [kætʃ] v fånga; *gripa; överrumpla; *hinna
category ['kætigɔri] n kategori c
cathedral [kəˈθiːdrəl] n domkyrka c, katedral c
catholic ['kæθəlik] adj katolsk
cattle ['kætəl] pl boskap c
caught [kɔːt] v (p, pp catch)
cauliflower ['kɔliflauə] n blomkål c
cause [kɔːz] v orsaka; vålla; n orsak c; grund c, anledning c; sak c; ~ to förmå att
caution ['kɔːʃən] n försiktighet c; v varna
cautious ['kɔːʃəs] adj försiktig
cave [keiv] n grotta c
cavern ['kævən] n håla c
caviar ['kæviɑː] n kaviar c
cavity ['kævəti] n hålighet c
cease [siːs] v upphöra
ceiling ['siːliŋ] n innertak nt

celebrate ['selibreit] v fira
celebration [,seli'breiʃən] n firande nt
celebrity [si'lebrəti] n berömdhet c
celery ['seləri] n selleri nt
celibacy ['selibəsi] n celibat nt
cell [sel] n cell c
cellar ['selə] n källare c
cellophane ['seləfein] n cellofan nt
cement [si'ment] n cement nt
cemetery ['semitri] n kyrkogård c,
   begravningsplats c
censorship ['sensəʃip] n censur c
centimetre ['sentimi:tə] n centimeter
   c
central ['sentrəl] adj central; ~ heat-
   ing centralvärme c; ~ station cen-
   tralstation c
centralize ['sentrəlaiz] v centralisera
centre ['sentə] n centrum nt; medel-
   punkt c
century ['sentʃəri] n århundrade nt
ceramics [si'ræmiks] pl keramik c,
   lergods nt
ceremony ['serəməni] n ceremoni c
certain ['sə:tən] adj säker; viss
certificate [sə'tifikət] n certifikat nt;
   intyg nt, handling c, diplom nt, at-
   test c
chain [tʃein] n kedja c
chair [tʃeə] n stol c
chairman ['tʃeəmən] n (pl -men) ord-
   förande c
chalet ['ʃælei] n alpstuga c
chalk [tʃɔ:k] n krita c
challenge ['tʃæləndʒ] v utmana; n ut-
   maning c
chamber ['tʃeimbə] n kammare c
chambermaid ['tʃeimbəmeid] n städer-
   ska c
champagne [ʃæm'pein] n champagne
   c
champion ['tʃæmpjən] n mästare c;
   förkämpe c
chance [tʃɑ:ns] n slump c; chans c,

tillfällighet c; risk c; by ~ av en
   slump
change [tʃeindʒ] v förändra, ändra;
   växla; klä om sig; byta; n föränd-
   ring c; småpengar pl
channel ['tʃænəl] n kanal c; English
   Channel Engelska kanalen
chaos ['keiɔs] n kaos nt
chaotic [kei'ɔtik] adj kaotisk
chap [tʃæp] n karl c
chapel ['tʃæpəl] n kapell nt
chaplain ['tʃæplin] n kaplan c
character ['kærəktə] n karaktär c
characteristic [,kærəktə'ristik] adj be-
   tecknande, karakteristisk; n kän-
   netecken nt; karaktärsdrag nt
characterize ['kærəktəraiz] v karakte-
   risera
charcoal ['tʃɑ:koul] n träkol nt
charge [tʃɑ:dʒ] v *ta betalt; *ålägga;
   anklaga; lasta; n avgift c; laddning
   c, börda c, belastning c; anklagelse
   c; ~ plate Am kreditkort nt; free
   of ~ kostnadsfri; in ~ of ansvarig
   för; *take ~ of *ta hand om
charity ['tʃærəti] n välgörenhet c
charm [tʃɑ:m] n tjusning c, charm c;
   amulett c
charming ['tʃɑ:miŋ] adj charmerande
chart [tʃɑ:t] n tabell c; diagram nt;
   sjökort nt; conversion ~ omräk-
   ningstabell c
chase [tʃeis] v förfölja; *fördriva, ja-
   ga bort; n jakt c
chasm ['kæzəm] n klyfta c
chassis ['ʃæsi] n (pl ~) chassi nt
chaste [tʃeist] adj kysk
chat [tʃæt] v prata, småprata; n prat-
   stund c, prat nt, småprat nt
chatterbox ['tʃætəbɔks] n pratmakare
   c
chauffeur ['ʃoufə] n chaufför c
cheap [tʃi:p] adj billig; förmånlig
cheat [tʃi:t] v lura, fuska; *bedra

check [tʃek] v kolla, kontrollera; n rutigt mönster; nota c; *nAm* check c; check! schack!; ~ in checka in, *skriva in sig; ~ out lämna

check-book [ˈtʃekbuk] *nAm* checkhäfte nt

checkerboard [ˈtʃekəbɔːd] *nAm* schackbräde nt

checkers [ˈtʃekəz] *plAm* damspel nt

checkroom [ˈtʃekruːm] *nAm* garderob c

check-up [ˈtʃekʌp] n undersökning c

cheek [tʃiːk] n kind c

cheek-bone [ˈtʃiːkboun] n kindben nt

cheer [tʃiə] v heja, hälsa med jubel; ~ up muntra upp

cheerful [ˈtʃiəfəl] adj munter, glad

cheese [tʃiːz] n ost c

chef [ʃef] n kökschef c

chemical [ˈkemikəl] adj kemisk

chemist [ˈkemist] n apotekare c; chemist's apotek nt; kemikalieaffär c

chemistry [ˈkemistri] n kemi c

cheque [tʃek] n check c

cheque-book [ˈtʃekbuk] n checkhäfte nt

chequered [ˈtʃekəd] adj rutig

cherry [ˈtʃeri] n körsbär nt

chess [tʃes] n schack nt

chest [tʃest] n bröst nt; bröstkorg c; kista c; ~ of drawers byrå c

chestnut [ˈtʃesnʌt] n kastanj c

chew [tʃuː] v tugga

chewing-gum [ˈtʃuːiŋɡʌm] n tuggummi nt

chicken [ˈtʃikin] n kyckling c

chickenpox [ˈtʃikinpɔks] n vattkoppor pl

chief [tʃiːf] n chef c; adj huvud-, över-

chieftain [ˈtʃiːftən] n hövding c

chilblain [ˈtʃilblein] n frostknöl c

child [tʃaild] n (pl children) barn nt

childbirth [ˈtʃaildbəːθ] n förlossning c

childhood [ˈtʃaildhud] n barndom c

Chile [ˈtʃili] Chile

Chilean [ˈtʃiliən] adj chilensk; n chilenare c

chill [tʃil] n rysning nt

chilly [ˈtʃili] adj kylig

chimes [tʃaimz] pl klockspel nt

chimney [ˈtʃimni] n skorsten c

chin [tʃin] n haka c

China [ˈtʃainə] Kina

china [ˈtʃainə] n porslin nt

Chinese [tʃaiˈniːz] adj kinesisk; n kines c

chink [tʃiŋk] n spricka c

chip [tʃip] n flisa c; spelmark c; v kantstöta, tälja; chips pommes frites

chiropodist [kiˈrɔpədist] n fotspecialist c

chisel [ˈtʃizəl] n mejsel c

chives [tʃaivz] pl gräslök c

chlorine [ˈklɔːriːn] n klor c

chock-full [tʃɔkˈful] adj fullpackad, proppfull

chocolate [ˈtʃɔklət] n choklad c; chokladpralin c

choice [tʃɔis] n val nt; urval nt

choir [kwaiə] n kör c

choke [tʃouk] v kvävas; *strypa, kväva; n choke c

*choose [tʃuːz] v *välja

chop [tʃɔp] n kotlett c; v hacka

Christ [kraist] Kristus

christen [ˈkrisən] v döpa

christening [ˈkrisəniŋ] n dop nt

Christian [ˈkristʃən] adj kristen; ~ name förnamn nt

Christmas [ˈkrisməs] jul c

chromium [ˈkroumiəm] n krom c

chronic [ˈkrɔnik] adj kronisk

chronological [ˌkrɔnəˈlɔdʒikəl] adj kronologisk

chuckle [ˈtʃʌkəl] v småskratta

chunk [tʃʌŋk] n stycke nt
church [tʃəːtʃ] n kyrka c
churchyard [ˈtʃəːtʃjɑːd] n kyrkogård c
cigar [siˈgɑː] n cigarr c; ~ **shop** cigarraffär c
cigarette [ˌsigəˈret] n cigarrett c
cigarette-case [ˌsigəˈretkeis] n cigarrettetui nt
cigarette-holder [ˌsigəˈretˌhouldə] n cigarrettmunstycke nt
cigarette-lighter [ˌsigəˈretˌlaitə] n cigarrettändare c
cinema [ˈsinəmə] n biograf c
cinnamon [ˈsinəmən] n kanel c
circle [ˈsəːkəl] n cirkel c; krets c; balkong c; v *omge, *omsluta
circulation [ˌsəːkjuˈleiʃən] n cirkulation c; blodcirkulation c; omlopp nt
circumstance [ˈsəːkəmstæns] n omständighet c
circus [ˈsəːkəs] n cirkus c
citizen [ˈsitizən] n stadsbo c
citizenship [ˈsitizənʃip] n medborgarskap nt
city [ˈsiti] n stad c
civic [ˈsivik] adj medborgar-
civil [ˈsivəl] adj medborgerlig; hövlig; ~ **law** civilrätt c; ~ **servant** statstjänsteman c
civilian [siˈviljən] adj civil; n civilist c
civilization [ˌsivəlaiˈzeiʃən] n civilisation c
civilized [ˈsivəlaizd] adj civiliserad
claim [kleim] v kräva, fordra; *påstå; n anspråk nt, fordran c
clamp [klæmp] n klämma c; krampa c
clap [klæp] v applådera
clarify [ˈklærifai] v *klargöra
class [klɑːs] n klass c
classical [ˈklæsikəl] adj klassisk
classify [ˈklæsifai] v indela
class-mate [ˈklɑːsmeit] n klasskamrat c

classroom [ˈklɑːsruːm] n klassrum nt
clause [klɔːz] n klausul c
claw [klɔː] n klo c
clay [klei] n lera c
clean [kliːn] adj ren; v städa, *rengöra
cleaning [ˈkliːniŋ] n rengöring c; ~ **fluid** rengöringsmedel nt
clear [kliə] adj klar; tydlig; v röja
clearing [ˈkliəriŋ] n uthuggning c
cleft [kleft] n skreva c
clergyman [ˈkləːdʒimən] n (pl -men) präst c
clerk [klɑːk] n kontorist c; bokhållare c; sekreterare c
clever [ˈklevə] adj intelligent; skicklig, klok
client [ˈklaiənt] n kund c; klient c
cliff [klif] n klippa c
climate [ˈklaimit] n klimat nt
climb [klaim] v klättra; n klättring c
clinic [ˈklinik] n klinik c
cloak [klouk] n cape c
cloakroom [ˈkloukruːm] n kapprum nt
clock [klɔk] n ur nt; **at ... o'clock** klockan ...
cloister [ˈkloistə] n kloster nt
close[1] [klouz] v stänga, *sluta; **closed** adj stängd, sluten
close[2] [klous] adj nära
closet [ˈklɔzit] n skåp nt; garderob c
cloth [klɔθ] n tyg nt; trasa c
clothes [klouðz] pl kläder pl
clothes-brush [ˈklouðzbrʌʃ] n klädborste c
clothing [ˈklouðiŋ] n beklädnad c
cloud [klaud] n moln nt
cloud-burst [ˈklaudbəːst] n skyfall nt
cloudy [ˈklaudi] adj mulen, molnig
clover [ˈklouvə] n klöver c
clown [klaun] n clown c
club [klʌb] n klubb c, förening c; påk c, klubba c
clumsy [ˈklʌmzi] adj klumpig

clutch [klʌtʃ] *n* koppling *c*; grepp *nt*

coach [koutʃ] *n* buss *c*; vagn *c*; kaross *c*; tränare *c*

coachwork ['koutʃwə:k] *n* karosseri *nt*

coagulate [kou'ægjuleit] *v* koagulera

coal [koul] *n* kol *nt*

coarse [kɔ:s] *adj* grov

coast [koust] *n* kust *c*

coat [kout] *n* överrock *c*, kappa *c*

coat-hanger ['kout,hæŋə] *n* galge *c*

cobweb ['kɔbweb] *n* spindelnät *nt*

cocaine [kou'kein] *n* kokain *c*

cock [kɔk] *n* tupp *c*

cocktail ['kɔkteil] *n* cocktail *c*

coconut ['koukənʌt] *n* kokosnöt *c*

cod [kɔd] *n* (pl ~) torsk *c*

code [koud] *n* kod *c*

coffee ['kɔfi] *n* kaffe *nt*

cognac ['kɔnjæk] *n* konjak *c*

coherence [kou'hiərəns] *n* sammanhang *nt*

coin [kɔin] *n* mynt *nt*; slant *c*

coincide [,kouin'said] *v* *sammanfalla

cold [kould] *adj* kall; *v* kyla *c*; förkylning *c*; *catch a ~* *bli förkyld

collapse [kə'læps] *v* kollapsa, *bryta samman

collar ['kɔlə] *n* halsband *nt*; krage *c*; ~ *stud* kragknapp *c*

collarbone ['kɔləboun] *n* nyckelben *nt*

colleague ['kɔli:g] *n* kollega *c*

collect [kə'lekt] *v* samla; hämta; samla in

collection [kə'lekʃən] *n* samling *c*; brevlådstömning *c*; kollekt *c*, insamling *c*

collective [kə'lektiv] *adj* kollektiv

collector [kə'lektə] *n* samlare *c*; insamlare *c*

college [kɔlidʒ] *n* högre läroanstalt; högskola *c*

collide [kə'laid] *v* kollidera

collision [kə'liʒən] *n* sammanstötning *c*, kollision *c*; ombordläggning *c*

Colombia [kə'lɔmbiə] Colombia

Colombian [kə'lɔmbiən] *adj* colombiansk; *n* colombian *c*

colonel ['kɔ:nəl] *n* överste *c*

colony ['kɔləni] *n* koloni *c*

colour ['kʌlə] *n* färg *c*; *v* färga; ~ *film* färgfilm *c*

colourant ['kʌlərənt] *n* färgämne *nt*

colour-blind ['kʌləblaind] *adj* färgblind

coloured ['kʌləd] *adj* färgad

colourful ['kʌləfəl] *adj* färgrik, färgstark

column ['kɔləm] *n* pelare *c*; kolumn *c*; rubrik *c*

coma ['koumə] *n* koma *c*

comb [koum] *v* kamma; *n* kam *c*

combat ['kɔmbæt] *n* kamp *c*, strid *c*; *v* bekämpa, kämpa

combination [,kɔmbi'neiʃən] *n* kombination *c*

combine [kəm'bain] *v* kombinera

*come [kʌm] *v* *komma; ~ *across* råka träffa, stöta på; *få tag i

comedian [kə'mi:diən] *n* skådespelare *c*; komiker *c*

comedy ['kɔmədi] *n* lustspel *nt*, komedi *c*; *musical* ~ musikalisk komedi

comfort ['kʌmfət] *n* komfort *c*, bekvämlighet *c*; tröst *c*; *v* trösta

comfortable ['kʌmfətəbəl] *adj* bekväm, komfortabel

comic ['kɔmik] *adj* komisk

comics ['kɔmiks] *pl* tecknad serie

coming ['kʌmiŋ] *n* ankomst *c*

comma ['kɔmə] *n* kommatecken *nt*

command [kə'mɑ:nd] *v* befalla; *n* befallning *c*

commander [kə'mɑ:ndə] *n* befälhavare *c*

commemoration [kə,memə'reiʃən] *n* minnesfest *c*

commence [kə'mens] *v* börja

comment ['kɔment] n kommentar c; v
kommentera
commerce ['kɔmə:s] n handel c
commercial [kə'mə:ʃəl] adj kommer-
siell, handels-; n reklamsändning c;
~ law handelsrätt c
commission [kə'miʃən] n kommission
c
commit [kə'mit] v anförtro, överläm-
na; *begå, föröva
committee [kə'miti] n kommitté c,
utskott nt
common ['kɔmən] adj gemensam; all-
män, vanlig; simpel
commune ['kɔmju:n] n kommun c
communicate [kə'mju:nikeit] v med-
dela
communication [kə,mju:ni'keiʃən] n
kommunikation c; meddelande nt
communiqué [kə'mju:nikei] n kommu-
niké c
communism ['kɔmjunizəm] n kommu-
nism c
communist ['kɔmjunist] n kommunist
c
community [kə'mju:nəti] n gemen-
skap c, samhälle nt
commuter [kə'mju:tə] n pendlare c
compact ['kɔmpækt] adj kompakt
companion [kəm'pænjən] n följeslaga-
re c
company ['kʌmpəni] n sällskap nt;
bolag nt; företag nt, firma c
comparative [kəm'pærətiv] adj relativ
compare [kəm'peə] v jämföra
comparison [kəm'pærisən] n jämförel-
se c
compartment [kəm'pɑ:tmənt] n kupé
c; fack nt
compass ['kʌmpəs] n kompass c
compel [kəm'pel] v tvinga
compensate ['kɔmpənseit] v kompen-
sera
compensation [,kɔmpən'seiʃən] n

kompensation c; skadeersättning c
compete [kəm'pi:t] v tävla
competition [,kɔmpə'tiʃən] n tävlan c;
tävling c
competitor [kəm'petitər] n medtävla-
re c
compile [kəm'pail] v sammanställa,
samla ihop
complain [kəm'plein] v klaga
complaint [kəm'pleint] n reklamation
c, klagomål nt; complaints book
reklamationsbok c
complete [kəm'pli:t] adj fullkomlig,
komplett; v avsluta
completely [kəm'pli:tli] adv fullkom-
ligt, totalt, fullständigt
complex ['kɔmpleks] n komplex nt;
adj invecklad
complexion [kəm'plekʃən] n hy c
complicated ['kɔmplikeitid] adj kom-
plicerad, invecklad
compliment ['kɔmplimənt] n kompli-
mang c; v komplimentera, gratule-
ra
compose [kəm'pouz] v sammanställa
composer [kəm'pouzə] n kompositör
c
composition [,kɔmpə'ziʃən] n kompo-
sition c; sammansättning c
comprehensive [,kɔmpri'hensiv] adj
omfattande, innehållsrik
comprise [kəm'praiz] v *inbegripa,
omfatta
compromise ['kɔmprəmaiz] n kom-
promiss c
compulsory [kəm'pʌlsəri] adj obliga-
torisk
comrade ['kɔmreid] n kamrat c
conceal [kən'si:l] v *dölja
conceited [kən'si:tid] adj egenkär
conceive [kən'si:v] v avla; tänka ut;
fatta
concentrate ['kɔnsəntreit] v koncen-
trera

concentration [ˌkɔnsən'treiʃən] n koncentration c

conception [kən'sepʃən] n uppfattning c; befruktning c

concern [kən'sɔ:n] v beträffa, *angå; n oro c; angelägenhet c; koncern c, företag nt

concerned [kən'sɔ:nd] adj bekymrad; inblandad

concerning [kən'sɔ:niŋ] prep angående, beträffande

concert ['kɔnsət] n konsert c; ~ hall konsertsal c

concession [kən'seʃən] n koncession c; beviljande nt

concierge [ˌkɔ̃si'eəʒ] n portvakt c

concise [kən'sais] adj kortfattad, koncis

conclusion [kən'klu:ʒən] n slut nt, slutsats c

concrete ['kɔŋkri:t] adj konkret; n betong c

concurrence [kəŋ'kʌrəns] n sammanträffande nt

concussion [kəŋ'kʌʃən] n hjärnskakning c

condition [kən'diʃən] n villkor nt; tillstånd nt, kondition c; omständighet c

conditional [kən'diʃənəl] adj villkorlig

conduct[1] ['kɔndʌkt] n uppförande nt

conduct[2] [kən'dʌkt] v ledsaga; dirigera

conductor [kən'dʌktə] n förare c; dirigent c

confectioner [kən'fekʃənə] n konditor c

conference ['kɔnfərəns] n konferens c

confess [kən'fes] v erkänna; bikta sig; bekänna

confession [kən'feʃən] n bekännelse c; bikt c

confidence ['kɔnfidəns] n förtroende nt

confident ['kɔnfidənt] adj tillitsfull

confidential [ˌkɔnfi'denʃəl] adj konfidentiell

confirm [kən'fə:m] v bekräfta

confirmation [ˌkɔnfə'meiʃən] n bekräftelse c

confiscate ['kɔnfiskeit] v konfiskera

conflict ['kɔnflikt] n konflikt c

confuse [kən'fju:z] v förvirra

confusion [kən'fju:ʒən] n förvirring c

congratulate [kəŋ'grætʃuleit] v lyckönska, gratulera

congratulation [kəŋˌgrætʃu'leiʃən] n lyckönskning c, gratulation c

congregation [ˌkɔŋgri'geiʃən] n församling c; kongregation c

congress ['kɔŋgres] n kongress c

connect [kə'nekt] v *förbinda, koppla; koppla till, *anknyta; *ansluta

connection [kə'nekʃən] n förbindelse c; sammanhang nt, anknytning c

connoisseur [ˌkɔnə'sə:] n kännare c

connotation [ˌkɔnə'teiʃən] n bibetydelse c

conquer ['kɔŋkə] v erövra; besegra

conqueror ['kɔŋkərə] n erövrare c

conquest ['kɔŋkwest] n erövring c

conscience ['kɔnʃəns] n samvete nt

conscious ['kɔnʃəs] adj medveten

consciousness ['kɔnʃəsnəs] n medvetande nt

conscript ['kɔnskript] n värnpliktig c

consent [kən'sent] v samtycka; n samtycke nt, bifall nt

consequence ['kɔnsikwəns] n verkan c, följd c

consequently ['kɔnsikwəntli] adv följaktligen

conservative [kən'sə:vətiv] adj samhällsbevarande, konservativ

consider [kən'sidə] v betrakta; överväga; *anse

considerable [kən'sidərəbəl] adj betydlig; avsevärd, betydande

considerate [kən'sidərət] *adj* hänsynsfull

consideration [kən‚sidə'reiʃən] *n* övervägande *nt;* hänsyn *c,* hänsynsfullhet *c*

considering [kən'sidəriŋ] *prep* med hänsyn till

consignment [kən'sainmənt] *n* försändelse *c*

consist of [kən'sist] *bestå av

conspire [kən'spaiə] *v* *sammansvärja sig

constant ['konstənt] *adj* ständig

constipated ['konstipeitid] *adj* förstoppad

constipation [‚konsti'peiʃən] *n* förstoppning *c*

constituency [kən'stitʃuənsi] *n* valkrets *c*

constitution [‚konsti'tju:ʃən] *n* grundlag *c;* sammansättning *c*

construct [kən'strʌkt] *v* konstruera; bygga, uppföra

construction [kən'strʌkʃən] *n* konstruktion *c;* uppförande *nt;* bygge *nt,* byggnad *c*

consul ['konsəl] *n* konsul *c*

consulate ['konsjulət] *n* konsulat *nt*

consult [kən'sʌlt] *v* rådfråga

consultation [‚konsəl'teiʃən] *n* konsultation *c;* ~ **hours** mottagningstid *c*

consumer [kən'sju:mə] *n* konsument *c*

contact ['kontækt] *n* kontakt *c,* beröring *c; v* kontakta; ~ **lenses** kontaktlinser *pl*

contagious [kən'teidʒəs] *adj* smittosam, smittande

contain [kən'tein] *v* *innehålla; rymma

container [kən'teinə] *n* behållare *c;* container *c*

contemporary [kən'tempərəri] *adj* samtida; nutida; *n* samtida person

contempt [kən'tempt] *n* förakt *nt,* ringaktning *c*

content [kən'tent] *adj* nöjd

contents ['kontents] *pl* innehåll *nt*

contest ['kontest] *n* strid *c;* tävling *c*

continent ['kontinənt] *n* kontinent *c,* världsdel *c*

continental [‚konti'nentəl] *adj* kontinental

continual [kən'tinjuəl] *adj* ständig; **continually** *adv* oupphörligen

continue [kən'tinju:] *v* *fortsätta, *fortgå

continuous [kən'tinjuəs] *adj* oavbruten, kontinuerlig

contour ['kontuə] *n* kontur *c*

contraceptive [‚kontrə'septiv] *n* preventivmedel *nt*

contract[1] ['kontrækt] *n* kontrakt *nt*

contract[2] [kən'trækt] *v* *ådraga sig

contractor [kən'træktə] *n* entreprenör *c*

contradict [‚kontrə'dikt] *v* *motsäga

contradictory [‚kontrə'diktəri] *adj* motsägande

contrary ['kontrəri] *n* motsats *c; adj* motsatt; **on the** ~ däremot

contrast ['kontra:st] *n* kontrast *c*

contribution [‚kontri'bju:ʃən] *n* bidrag *nt*

control [kən'troul] *n* kontroll *c; v* kontrollera

controversial [‚kontrə'və:ʃəl] *adj* omtvistad, omstridd

convenience [kən'vi:njəns] *n* bekvämlighet *c*

convenient [kən'vi:njənt] *adj* bekväm; lämplig, passande

convent ['konvənt] *n* kloster *nt*

conversation [‚konvə'seiʃən] *n* konversation *c,* samtal *nt*

convert [kən'və:t] *v* omvända; omräkna

convict[1] [kən'vikt] *v* förklara skyldig

convict[2] ['konvikt] *n* brottsling *c*

conviction [kən'vikʃən] n övertygelse c; fällande dom

convince [kən'vins] v övertyga

convulsion [kən'vʌlʃən] n kramp c

cook [kuk] n kock c; v laga mat; tillaga

cookbook ['kukbuk] nAm kokbok c

cooker ['kukə] n spis c; gas ~ gasspis c

cookery-book ['kukəribuk] n kokbok c

cookie ['kuki] nAm kex nt

cool [ku:l] adj kylig; cooling system kylsystem nt

co-operation [kouˌɔpə'reiʃən] n samarbete nt; samverkan c

co-operative [kou'bpərətiv] adj kooperativ; samarbetsvillig; n kooperation c

co-ordinate [kou'b:dineit] v samordna

co-ordination [kouˌɔ:di'neiʃən] n samordning c

copper ['kɔpə] n koppar c

copy ['kɔpi] n kopia c; avskrift c; exemplar nt; v kopiera; härma; carbon ~ karbonkopia c

coral ['kɔrəl] n korall c

cord [kɔ:d] n rep nt; lina c

cordial ['kɔ:diəl] adj hjärtlig

corduroy ['kɔ:dərɔi] n manchester c

core [kɔ:] n kärna c; kärnhus nt

cork [kɔ:k] n kork c

corkscrew ['kɔ:kskru:] n korkskruv c

corn [kɔ:n] n korn nt; spannmål c, säd c; liktorn c; ~ on the cob majskolv c

corner ['kɔ:nə] n hörn nt

cornfield ['kɔ:nfi:ld] n sädesfält nt

corpse [kɔ:ps] n lik nt

corpulent ['kɔ:pjulənt] adj korpulent; tjock

correct [kə'rekt] adj riktig, korrekt, rätt; v rätta, rätta till

correction [kə'rekʃən] n rättelse c

correctness [kə'rektnəs] n riktighet c

correspond [ˌkɔri'spɔnd] v korrespondera; överensstämma, motsvara

correspondence [ˌkɔri'spɔndəns] n överensstämmelse c, brevväxling c

correspondent [ˌkɔri'spɔndənt] n korrespondent c

corridor ['kɔridɔ:] n korridor c

corrupt [kə'rʌpt] adj korrumperad; v korrumpera

corruption [kə'rʌpʃən] n korruption c

corset ['kɔ:sit] n korsett c

cosmetics [kɔz'metiks] pl skönhetsmedel pl, kosmetika pl

cost [kɔst] n kostnad c; pris nt

*cost [kɔst] v kosta

cosy ['kouzi] adj mysig, hemtrevlig

cot [kɔt] nAm turistsäng c

cottage ['kɔtidʒ] n stuga c

cotton ['kɔtən] n bomull c

cotton-wool ['kɔtənwul] n bomull c

couch [kautʃ] n soffa c

cough [kɔf] n hosta c; v hosta

could [kud] v (p can)

council ['kaunsəl] n rådsförsamling c

councillor ['kaunsələ] n rådsmedlem c

counsel ['kaunsəl] n överläggning c, råd nt

counsellor ['kaunsələ] n rådgivare c

count [kaunt] v räkna; räkna ihop; medräkna; *anse; n greve c

counter ['kauntə] n disk c

counterfeit ['kauntəfi:t] v förfalska

counterfoil ['kauntəfɔil] n talong c

counterpane ['kauntəpein] n sängöverkast nt

countess ['kauntis] n grevinna c

country ['kʌntri] n land nt; landsbygd c; ~ house lantställe nt

countryman ['kʌntrimən] n (pl -men) landsman c

countryside ['kʌntrisaid] n landsbygd c

county ['kaunti] n grevskap nt

couple ['kʌpəl] n par nt
coupon ['ku:pɔn] n kupong c, biljett c
courage ['kʌridʒ] n tapperhet c, mod nt
courageous [kə'reidʒəs] adj modig, tapper
course [kɔ:s] n kurs c; rätt c; lopp nt; intensive ~ snabbkurs c; of ~ givetvis, naturligtvis
court [kɔ:t] n domstol c; hov nt
courteous ['kɔ:tiəs] adj artig
cousin ['kʌzən] n kusin c
cover ['kʌvə] v täcka; n skydd nt; lock nt; pärm c; ~ charge kuvertavgift c
cow [kau] n ko c
coward ['kauəd] n ynkrygg c
cowardly ['kauədli] adj feg
crab [kræb] n krabba c
crack [kræk] n smäll c; spricka c; v smälla; *spricka, spräcka
cracker ['krækə] nAm kex nt
cradle ['kreidəl] n vagga c
cramp [kræmp] n kramp c
crane [krein] n lyftkran c
crankcase ['kræŋkkeis] n vevhus nt
crankshaft ['kræŋkʃɑ:ft] n vevaxel c
crash [kræʃ] n kollision c; v kollidera; störta; ~ barrier vägräcke nt
crate [kreit] n spjällåda c
crater ['kreitə] n krater c
crawl [krɔ:l] v *krypa; n crawlsim nt
craze [kreiz] n mani c
crazy ['kreizi] adj galen; vansinnig, tokig
creak [kri:k] v gnissla
cream [kri:m] n kräm c; grädde c; adj gräddfärgad
creamy ['kri:mi] adj grädd-
crease [kri:s] v skrynkla; n veck nt; skrynkla c
create [kri'eit] v skapa
creature ['kri:tʃə] n varelse c
credible ['kredibəl] adj trovärdig

credit ['kredit] n kredit c; v kreditera; ~ card kreditkort nt
creditor ['kreditə] n fordringsägare c
credulous ['kredjuləs] adj godtrogen
creek [kri:k] n vik c
*creep [kri:p] v *krypa
creepy ['kri:pi] adj kuslig
cremate [kri'meit] v kremera
cremation [kri'meiʃən] n kremering c
crew [kru:] n besättning c
cricket ['krikit] n kricket nt; syrsa c
crime [kraim] n brott nt
criminal ['kriminəl] n förbrytare c, brottsling c; adj kriminell, brottslig; ~ law strafflag c
criminality [ˌkrimi'næləti] n brottslighet c
crimson ['krimzən] adj karmosinröd
crippled ['kripəld] adj invalidiserad
crisis ['kraisis] n (pl crises) kris c
crisp [krisp] adj knaprig, frasig
critic ['kritik] n kritiker c
critical ['kritikəl] adj kritisk, farlig
criticism ['kritisizəm] n kritik c
criticize ['kritisaiz] v kritisera
crochet ['krouʃei] v virka
crockery ['krɔkəri] n lergods nt, porslin nt
crocodile ['krɔkədail] n krokodil c
crooked ['krukid] adj krokig, vriden; oärlig
crop [krɔp] n skörd c
cross [krɔs] v *gå över; adj vresig, arg; n kors nt
cross-eyed ['krɔsaid] adj skelögd
crossing ['krɔsiŋ] n överfart c; korsning c; övergångsställe nt
crossroads ['krɔsroudz] n gatukorsning c
crosswalk ['krɔswɔ:k] nAm övergångsställe nt
crow [krou] n kråka c
crowbar ['kroubɑ:] n bräckjärn nt
crowd [kraud] n folkmassa c, hop c

crowded ['kraudid] *adj* fullpackad; överfull

crown [kraun] *n* krona *c; v* kröna

crucifix ['kru:sifiks] *n* krucifix *nt*

crucifixion [,kru:si'fikʃən] *n* korsfästelse *c*

crucify ['kru:sifai] *v* korsfästa

cruel [kruəl] *adj* grym

cruise [kru:z] *n* kryssning *c*

crumb [krʌm] *n* smula *c*

crusade [kru:'seid] *n* korståg *nt*

crust [krʌst] *n* skorpa *c*

crutch [krʌtʃ] *n* krycka *c*

cry [krai] *v* *gråta; *skrika; ropa; *n* skrik *nt*; rop *nt*

crystal ['kristəl] *n* kristall *c; adj* kristall-

Cuba ['kju:bə] Kuba

Cuban ['kju:bən] *adj* kubansk; *n* kuban *c*

cube [kju:b] *n* kub *c*; tärning *c*

cuckoo ['kuku:] *n* gök *c*

cucumber ['kju:kəmbə] *n* gurka *c*

cuddle ['kʌdəl] *v* krama, kela med

cudgel ['kʌdʒəl] *n* påk *c*

cuff [kʌf] *n* manschett *c*

cuff-links ['kʌfliŋks] *pl* manschettknappar *pl*

cul-de-sac ['kʌldəsæk] *n* återvändsgränd *c*

cultivate ['kʌltiveit] *v* odla

culture ['kʌltʃə] *n* kultur *c*

cultured ['kʌltʃəd] *adj* kultiverad

cunning ['kʌniŋ] *adj* listig

cup [kʌp] *n* kopp *c*; pokal *c*

cupboard ['kʌbəd] *n* skåp *nt*

curb [kə:b] *n* trottoarkant *c; v* tygla, kuva

cure [kjuə] *v* bota; *n* kur *c*; tillfrisknande *nt*

curio ['kju:riou] *n* (pl ~s) raritet *c*

curiosity [,kju:ri'ɔsəti] *n* nyfikenhet *c*

curious ['kju:riəs] *adj* vetgirig, nyfiken; märkvärdig

curl [kə:l] *v* locka; krusa; *n* lock *c*

curler ['kə:lə] *n* papiljott *c*

curling-tongs ['kə:liŋtɔŋz] *pl* locktång *c*

curly ['kə:li] *adj* lockig

currant ['kʌrənt] *n* korint *c*; vinbär *nt*

currency ['kʌrənsi] *n* valuta *c;* foreign ~ utländsk valuta

current ['kʌrənt] *n* ström *c; adj* nuvarande, gällande; alternating ~ växelström *c;* direct ~ likström *c*

curry ['kʌri] *n* curry *c*

curse [kə:s] *v* *svära; förbanna; *n* svordom *c*

curtain ['kə:tən] *n* gardin *c*; ridå *c*

curve [kə:v] *n* kurva *c*; krökning *c*

curved [kə:vd] *adj* böjd

cushion ['kuʃən] *n* kudde *c*

custodian [kʌ'stoudiən] *n* vaktmästare *c*

custody ['kʌstədi] *n* häkte *nt;* förvaring *c;* förmynderskap *nt*

custom ['kʌstəm] *n* vana *c*; bruk *nt*

customary ['kʌstəməri] *adj* vanlig, sedvanlig, bruklig

customer ['kʌstəmə] *n* kund *c;* klient *c*

Customs ['kʌstəmz] *pl* tull *c;* ~ duty tull *c;* ~ officer tulltjänsteman *c*

cut [kʌt] *n* snitt *nt;* skärsår *nt*

*cut [kʌt] *v* *skära, klippa; *skära ned; ~ off *skära av; klippa av; stänga av

cutlery ['kʌtləri] *n* bestick *nt*

cutlet ['kʌtlət] *n* kotlett *c*

cycle ['saikəl] *n* cykel *c;* kretslopp *nt*

cyclist ['saiklist] *n* cyklist *c*

cylinder ['silində] *n* cylinder *c;* ~ head topplock *nt*

cystitis [si'staitis] *n* blåskatarr *c*

Czech [tʃek] *adj* tjeckoslovakisk; *n* tjeckoslovak *c*

Czechoslovakia [,tʃekəslə'va:kiə] Tjeckoslovakien

D

dad [dæd] n pappa c

daddy ['dædi] n pappa c

daffodil ['dæfədil] n påsklilja c

daily ['deili] adj daglig; n dagstidning c

dairy ['dɛəri] n mejeri nt

dam [dæm] n damm c; jordvall c

damage ['dæmidʒ] n skada c; v förstöra

damp [dæmp] adj fuktig; n fukt c; v fukta

dance [dɑ:ns] v dansa; n dans c

dandelion ['dændilaiən] n maskros c

dandruff ['dændrəf] n mjäll nt

Dane [dein] n dansk c

danger ['deindʒə] n fara c

dangerous ['deindʒərəs] adj farlig

Danish ['deiniʃ] adj dansk

dare [dɛə] v våga; utmana

daring ['dɛəriŋ] adj djärv, oförskräckt

dark [dɑ:k] adj mörk; n mörker nt

darling ['dɑ:liŋ] n älskling c

darn [dɑ:n] v stoppa

dash [dæʃ] v rusa; n tankstreck nt

dashboard ['dæʃbɔ:d] n instrumentbräda c

data ['deitə] pl data pl

date[1] [deit] n datum nt; träff c; v datera; **out of** ~ omodern

date[2] [deit] n dadel c

daughter ['dɔ:tə] n dotter c

dawn [dɔ:n] n gryning c; dagning c

day [dei] n dag c; **by** ~ om dagen; ~ **trip** dagsutflykt c; **per** ~ per dag; **the** ~ **before yesterday** i förrgår

daybreak ['deibreik] n dagbräckning c

daylight ['deilait] n dagsljus nt

dead [ded] adj död

deaf [def] adj döv

deal [di:l] n affärsuppgörelse c, affärstransaktion c

***deal** [di:l] v dela ut; ~ **with** befatta sig med; *göra affärer med

dealer ['di:lə] n agent c, -handlare

dear [diə] adj kär; dyr; dyrbar

death [deθ] n död c; ~ **penalty** dödsstraff nt

debate [di'beit] n debatt c

debit ['debit] n debet c

debt [det] n skuld c

decaffeinated [di:'kæfineitid] adj koffeinfri

deceit [di'si:t] n bedrägeri nt

deceive [di'si:v] v *bedra

December [di'sembə] december

decency ['di:sənsi] n anständighet c

decent ['di:sənt] adj anständig

decide [di'said] v *besluta, bestämma, *avgöra

decision [di'siʒən] n avgörande nt, beslut nt

deck [dek] n däck nt; ~ **cabin** däckshytt c; ~ **chair** vilstol c

declaration [,deklə'reiʃən] n förklaring c; deklaration c

declare [di'klɛə] v förklara; *uppge; förtulla

decoration [,dekə'reiʃən] n dekoration c

decrease [di:'kri:s] v *skära ned, minska; *avta; n minskning c

dedicate ['dedikeit] v ägna

deduce [di'dju:s] v härleda

deduct [di'dʌkt] v *dra av

deed [di:d] n handling c, gärning c

deep [di:p] adj djup

deep-freeze [,di:p'fri:z] n frys c

deer [diə] n (pl ~) hjort c

defeat [di'fi:t] v besegra; n nederlag nt

defective [di'fektiv] adj bristfällig

defence [di'fens] n försvar nt

defend [di'fend] v försvara

deficiency [di'fiʃənsi] *n* brist *c*

deficit ['defisit] *n* underskott *nt*

define [di'fain] *v* definiera, bestämma

definite ['definit] *adj* bestämd

definition [ˌdefi'niʃən] *n* definition *c*

deformed [di'fɔ:md] *adj* vanskapt, vanställd

degree [di'gri:] *n* grad *c*

delay [di'lei] *v* försena, *uppskjuta; *n* försening *c*; uppskov *nt*

delegate ['deligət] *n* delegat *c*

delegation [ˌdeli'geiʃən] *n* deputation *c*, delegation *c*

deliberate[1] [di'libəreit] *v* *överlägga, överväga

deliberate[2] [di'libərət] *adj* överlagd

deliberation [diˌlibə'reiʃən] *n* överläggning *c*

delicacy ['delikəsi] *n* delikatess *c*

delicate ['delikət] *adj* fin; ömtålig; känslig

delicatessen [ˌdelikə'tesən] *n* delikatessaffär *c*

delicious [di'liʃəs] *adj* utsökt, läcker

delight [di'lait] *n* förtjusning *c*, njutning *c*; *v* *glädja; **delighted** förtjust

delightful [di'laitfəl] *adj* härlig, förtjusande

deliver [di'livə] *v* leverera, avlämna; frälsa

delivery [di'livəri] *n* leverans *c*; förlossning *c*; frälsning *c*; ~ **van** varubil *c*

demand [di'mɑ:nd] *v* fordra, kräva; *n* begäran *c*; efterfrågan *c*

democracy [di'mɔkrəsi] *n* demokrati *c*

democratic [ˌdemə'krætik] *adj* demokratisk

demolish [di'mɔliʃ] *v* *riva

demolition [ˌdemə'liʃən] *n* rivning *c*

demonstrate ['demənstreit] *v* bevisa; demonstrera

demonstration [ˌdemən'streiʃən] *n* demonstration *c*

den [den] *n* lya *c*

Denmark ['denmɑ:k] Danmark

denomination [diˌnɔmi'neiʃən] *n* benämning *c*

dense [dens] *adj* tät

dent [dent] *n* buckla *c*

dentist ['dentist] *n* tandläkare *c*

denture ['dentʃə] *n* tandprotes *c*

deny [di'nai] *v* förneka; neka, *bestrida, vägra

deodorant [di:'oudərənt] *n* deodorant *c*

depart [di'pɑ:t] *v* avresa, avlägsna sig; *avlida

department [di'pɑ:tmənt] *n* avdelning *c*, departement *nt*; ~ **store** varuhus *nt*

departure [di'pɑ:tʃə] *n* avgång *c*, avresa *c*

dependant [di'pendənt] *adj* beroende

depend on [di'pend] bero på; *vara beroende av

deposit [di'pɔzit] *n* inbetalning *c*; handpenning *c*, pant *c*; avlagring *c*, sediment *nt*; *v* deponera

depository [di'pɔzitəri] *n* förvaringsrum *nt*

depot ['depou] *n* depå *c*; *nAm* station *c*

depressed [di'prest] *adj* deprimerad

depressing [di'presiŋ] *adj* nedslående

depression [di'preʃən] *n* depression *c*; lågtryck *nt*

deprive of [di'praiv] beröva

depth [depθ] *n* djup *nt*

deputy ['depjuti] *n* deputerad *c*; ställföreträdare *c*

descend [di'send] *v* *stiga ned

descendant [di'sendənt] *n* ättling *c*

descent [di'sent] *n* nedstigning *c*

describe [di'skraib] *v* *beskriva

description [di'skripʃən] *n* beskrivning

c; signalement *nt*

desert[1] ['dezət] *n* öken *c; adj* öde

desert[2] [di'zə:t] *v* desertera; *överge

deserve [di'zə:v] *v* förtjäna

design [di'zain] *v* *planlägga; *n* utkast *nt;* mönster *nt*

designate ['dezigneit] *v* bestämma

desirable [di'zaiərəbəl] *adj* önskvärd, åtråvärd

desire [di'zaiə] *n* önskan *c;* lust *c,* begär *nt; v* önska, längta

desk [desk] *n* skrivbord *nt;* talarstol *c;* skolbänk *c*

despair [di'speə] *n* förtvivlan *c; v* förtvivla

despatch [di'spætʃ] *v* avsända

desperate ['despərət] *adj* desperat

despise [di'spaiz] *v* förakta

despite [di'spait] *prep* trots

dessert [di'zə:t] *n* dessert *c*

destination [,desti'neiʃən] *n* bestämmelseort *c*

destine ['destin] *v* *avse, bestämma

destiny ['destini] *n* öde *nt*

destroy [di'strɔi] *v* förstöra

destruction [di'strʌkʃən] *n* förstörelse *c;* undergång *c*

detach [di'tætʃ] *v* avskilja

detail ['di:teil] *n* detalj *c*

detailed ['di:teild] *adj* detaljerad, utförlig

detect [di'tekt] *v* upptäcka

detective [di'tektiv] *n* detektiv *c;* ~ story detektivroman *c*

detergent [di'tə:dʒənt] *n* rengöringsmedel *nt*

determine [di'tə:min] *v* bestämma, fastställa

determined [di'tə:mind] *adj* beslutsam

detour ['di:tuə] *n* omväg *c*

devaluation [,di:vælju'eiʃən] *n* devalvering *c*

devalue [,di:'vælju:] *v* devalvera

develop [di'veləp] *v* utveckla; framkalla

development [di'veləpmənt] *n* utveckling *c;* framkallning *c*

deviate ['di:vieit] *v* *avvika

devil ['devəl] *n* djävul *c*

devise [di'vaiz] *v* uttänka

devote [di'vout] *v* ägna, offra

dew [dju:] *n* dagg *c*

diabetes [,daiə'bi:ti:z] *n* sockersjuka *c,* diabetes *c*

diabetic [,daiə'betik] *n* diabetiker *c,* sockersjuk *c*

diagnose [,daiəg'nouz] *v* ställa en diagnos

diagnosis [,daiəg'nousis] *n* (pl -ses) diagnos *c*

diagonal [dai'ægənəl] *n* diagonal *c; adj* diagonal

diagram ['daiəgræm] *n* diagram *nt;* grafisk framställning

dialect ['daiəlekt] *n* dialekt *c*

diamond ['daiəmənd] *n* diamant *c*

diaper ['daiəpə] *nAm* blöja *c*

diaphragm ['daiəfræm] *n* diafragma *c;* bländare *c*

diarrhoea [daiə'riə] *n* diarré *c*

diary ['daiəri] *n* fickalmanacka *c;* dagbok *c*

dictaphone ['diktəfoun] *n* diktafon *c*

dictate [dik'teit] *v* diktera

dictation [dik'teiʃən] *n* diktamen *c;* rättskrivning *c*

dictator [dik'teitə] *n* diktator *c*

dictionary ['dikʃənəri] *n* ordbok *c*

did [did] *v* (p do)

die [dai] *v* *dö

diesel ['di:zəl] *n* diesel *c*

diet ['daiət] *n* diet *c*

differ ['difə] *v* *vara olik

difference ['difərəns] *n* skillnad *c*

different ['difərənt] *adj* olik; annan

difficult ['difikəlt] *adj* svår; kinkig

difficulty ['difikəlti] *n* svårighet *c*

*dig [dig] *v* gräva

digest [di'dʒest] *v* smälta maten

digestible [di'dʒestəbəl] *adj* lättsmält

digestion [di'dʒestʃən] *n* matsmält-ning *c*

digit ['didʒit] *n* siffra *c*

dignified ['dignifaid] *adj* värdig

dike [daik] *n* fördämning *c*

dilapidated [di'læpideitid] *adj* förfallen

diligence ['dilidʒəns] *n* nit *nt*, flit *c*

diligent ['dilidʒənt] *adj* ihärdig, flitig, arbetsam

dilute [dai'lju:t] *v* förtunna, utspäda

dim [dim] *adj* matt, dunkel; vag, oklar

dine [dain] *v* *äta middag

dinghy ['diŋgi] *n* jolle *c*

dining-car ['dainiŋka:] *n* restaurang-vagn *c*

dining-room ['dainiŋru:m] *n* matsal *c*

dinner ['dinə] *n* middag *c*, lunch *c*

dinner-jacket ['dinəˌdʒækit] *n* smoking *c*

dinner-service ['dinəˌsə:vis] *n* matservis *c*

diphtheria [dif'θiəriə] *n* difteri *c*

diploma [di'ploumə] *n* diplom *nt*

diplomat ['dipləmæt] *n* diplomat *c*

direct [di'rekt] *adj* direkt; *v* rikta; vägleda; leda; regissera

direction [di'rekʃən] *n* riktning *c*; instruktion *c*; regi *c*; styrelse *c*, direktion *c*; **directional signal** *Am* körriktningsvisare *c*; **directions for use** bruksanvisning *c*

directive [di'rektiv] *n* direktiv *nt*

director [di'rektə] *n* direktör *c*; regissör *c*

dirt [də:t] *n* smuts *c*

dirty ['də:ti] *adj* smutsig

disabled [di'seibəld] *adj* invalidiserad, handikappad

disadvantage [ˌdisəd'va:ntidʒ] *n* nack-del *c*

disagree [ˌdisə'gri:] *v* *vara oenig, *vara oense

disagreeable [ˌdisə'gri:əbəl] *adj* obehaglig

disappear [ˌdisə'piə] *v* *försvinna

disappoint [ˌdisə'pɔint] *v* *göra besviken; ***be disappointing** *vara en besvikelse

disappointment [ˌdisə'pɔintmənt] *n* besvikelse *c*

disapprove [ˌdisə'pru:v] *v* ogilla

disaster [di'za:stə] *n* katastrof *c*, olycka *c*

disastrous [di'za:strəs] *adj* katastrofal

disc [disk] *n* kota *c*, skiva *c*; grammofonskiva *c*; **slipped ~** diskbråck *nt*

discard [di'ska:d] *v* kassera

discharge [dis'tʃa:dʒ] *v* lossa; urladda; **~ of** *frita från

discipline ['disiplin] *n* disciplin *c*

discolour [di'skʌlə] *v* urbleka, avfärga; **discoloured** missfärgad

disconnect [ˌdiskə'nekt] *v* åtskilja; stänga av; *ta loss

discontented [ˌdiskən'tentid] *adj* missbelåten

discontinue [ˌdiskən'tinju:] *v* sluta, *avbryta

discount ['diskaunt] *n* rabatt *c*, avdrag *nt*

discover [di'skʌvə] *v* upptäcka

discovery [di'skʌvəri] *n* upptäckt *c*

discuss [di'skʌs] *v* diskutera; debattera

discussion [di'skʌʃən] *n* diskussion *c*; överläggning *c*, debatt *c*, samtal *nt*

disease [di'zi:z] *n* sjukdom *c*

disembark [ˌdisim'ba:k] *v* *landstiga, *gå i land

disgrace [dis'greis] *n* skam *c*

disguise [dis'gaiz] *v* förklä sig; *n* förklädnad *c*

disgusting [dis'gʌstiŋ] adj äcklig, vidrig

dish [diʃ] n tallrik c; serveringsfat nt, fat nt; maträtt c

dishonest [di'sɔnist] adj oärlig

disinfect [ˌdisin'fekt] v desinfektera

disinfectant [ˌdisin'fektənt] n desinfektionsmedel nt

dislike [di'slaik] v inte tycka om, tycka illa om; n antipati c, motvilja c

dislocated ['disləkeitid] adj ur led

dismiss [dis'mis] v skicka bort; avskeda

disorder [di'sɔ:də] n oreda c

dispatch [di'spætʃ] v avsända

display [di'splei] v utställa; visa; n utställning c

displease [di'spli:z] v misshaga, förarga

disposable [di'spouzəbəl] adj engångs-

disposal [di'spouzəl] n förfogande nt

dispose of [di'spouz] *göra sig av med

dispute [di'spju:t] n dispyt c; gräl nt, tvist c; v tvista, *bestrida

dissatisfied [di'sætisfaid] adj missnöjd

dissolve [di'zɔlv] v upplösa

dissuade from [di'sweid] avråda

distance ['distəns] n avstånd nt; ~ in kilometres kilometeravstånd nt

distant ['distənt] adj avlägsen

distinct [di'stiŋkt] adj tydlig; olik

distinction [di'stiŋkʃən] n skillnad c

distinguish [di'stiŋgwiʃ] v urskilja, *göra skillnad

distinguished [di'stiŋgwiʃt] adj framstående

distress [di'stres] n nöd c; ~ signal nödsignal c

distribute [di'stribju:t] v utdela

distributor [di'stribjutə] n distributör c; strömfördelare c

district ['distrikt] n distrikt nt; område

de nt; stadsdel c

disturb [di'stə:b] v störa

disturbance [di'stə:bəns] n störning c; oro c

ditch [ditʃ] n dike nt

dive [daiv] v *dyka

diversion [dai'və:ʃən] n trafikomläggning c; förströelse c

divide [di'vaid] v dela; indela; åtskilja

divine [di'vain] adj gudomlig

division [di'viʒən] n delning c; avdelning c

divorce [di'vɔ:s] n skilsmässa c; v skiljas, skilja sig

dizziness ['dizinəs] n yrsel c

dizzy ['dizi] adj yr

*do [du:] v *göra; *vara nog

dock [dɔk] n docka c; kaj c; v docka

docker ['dɔkə] n hamnarbetare c

doctor ['dɔktə] n doktor c, läkare c

document ['dɔkjumənt] n handling c, intyg nt

dog [dɔg] n hund c

dogged ['dɔgid] adj envis

doll [dɔl] n docka c

dome [doum] n kupol c

domestic [də'mestik] adj hem-; inhemsk; n tjänare c

domicile ['dɔmisail] n hemort c

domination [ˌdɔmi'neiʃən] n herravälde nt

dominion [də'minjən] n makt c

donate [dou'neit] v donera

donation [dou'neiʃən] n donation c

done [dʌn] v (pp do)

donkey ['dɔŋki] n åsna c

donor ['dounə] n donator c

door [dɔ:] n dörr c; revolving ~ svängdörr c; sliding ~ skjutdörr c

doorbell ['dɔ:bel] n dörrklocka c

door-keeper ['dɔ:ˌki:pə] n dörrvaktmästare c

doorman ['dɔ:mən] n (pl -men) dörrvaktmästare c

dormitory ['dɔ:mitri] *n* sovsal *c*
dose [dous] *n* dos *c*
dot [dɔt] *n* punkt *c*
double ['dʌbəl] *adj* dubbel
doubt [daut] *v* tvivla, betvivla; *n* tvivel *nt*; **without ~** utan tvivel
doubtful ['dautfəl] *adj* tvivelaktig; oviss
dough [dou] *n* deg *c*
down¹ [daun] *adv* ned; omkull, ner, nedåt; *adj* nedstämd; *prep* nedåt, nedför; **~ payment** handpenning *c*
down² [daun] *n* dun *nt*
downpour ['daunpɔ:] *n* störtregn *nt*
downstairs [,daun'stɛəz] *adv* där nere, ner
downstream [,daun'stri:m] *adv* medströms
down-to-earth [,dauntu'ə:θ] *adj* omdömesgill
downwards ['daunwədz] *adv* nedåt
dozen ['dʌzən] *n* (pl ~, ~s) dussin *nt*
draft [drɑ:ft] *n* växel *c*
drag [dræg] *v* släpa
dragon ['drægən] *n* drake *c*
drain [drein] *v* dränera, *torrlägga; *n* avlopp *nt*
drama ['drɑ:mə] *n* drama *nt;* skådespel *nt*
dramatic [drə'mætik] *adj* dramatisk
dramatist ['dræmətist] *n* dramatiker *c*
drank [dræŋk] *v* (p drink)
draper ['dreipə] *n* manufakturhandlare *c*
draught [drɑ:ft] *n* drag *nt;* **draughts** damspel *nt*
draught-board ['drɑ:ftbɔ:d] *n* damspelsbräde *nt*
draw [drɔ:] *n* dragplåster *nt*, oavgjord match; dragning *c*
***draw** [drɔ:] *v* rita; *dra; *ta ut; **~ up** avfatta, redigera
drawbridge ['drɔ:bridʒ] *n* vindbrygga

c
drawer ['drɔ:ə] *n* låda *c*, byrålåda *c;* **drawers** kalsonger *pl*
drawing ['drɔ:iŋ] *n* teckning *c*
drawing-pin ['drɔ:iŋpin] *n* häftstift *nt*
drawing-room ['drɔ:iŋru:m] *n* salong *c*
dread [dred] *v* frukta; *n* fruktan *c*
dreadful ['dredfəl] *adj* förskräcklig, förfärlig
dream [dri:m] *n* dröm *c*
***dream** [dri:m] *v* drömma
dress [dres] *v* klä på, klä sig; *förbinda; *n* klänning *c*
dressing-gown ['dresiŋgaun] *n* morgonrock *c*
dressing-room ['dresiŋru:m] *n* påklädningsrum *nt*
dressing-table ['dresiŋ,teibəl] *n* toalettbord *nt*
dressmaker ['dres,meikə] *n* sömmerska *c*
drill [dril] *v* borra; träna; *n* borr *c*
drink [driŋk] *n* drink *c*, dryck *c*
***drink** [driŋk] *v* *dricka
drinking-water ['driŋkiŋ,wɔ:tə] *n* dricksvatten *nt*
drip-dry [,drip'drai] *adj* strykfri
drive [draiv] *n* väg *c*; biltur *c*
***drive** [draiv] *v* köra
driver ['draivə] *n* förare *c*
drizzle ['drizəl] *n* duggregn *c*
drop [drɔp] *v* tappa; *n* droppe *c*
drought [draut] *n* torka *c*
drown [draun] *v* dränka; ***be drowned** drunkna
drug [drʌg] *n* drog *c*; medicin *c*
drugstore ['drʌgstɔ:] *nAm* apotek *nt*, kemikalieaffär *c;* varuhus *nt*
drum [drʌm] *n* trumma *c*
drunk [drʌŋk] *adj* (pp drink) berusad, full
dry [drai] *adj* torr; *v* torka
dry-clean [,drai'kli:n] *v* kemtvätta

dry-cleaner's [ˌdrai'kli:nəz] n kem-
tvätt c
dryer ['draiə] n torktumlare c
duchess [dʌtʃis] n hertiginna c
duck [dʌk] n anka c
due [dju:] adj väntad; *bör betalas;
betalbar
dues [dju:z] pl avgifter
dug [dʌg] v (p, pp dig)
duke [dju:k] n hertig c
dull [dʌl] adj tråkig, långtråkig;
matt, dov; slö
dumb [dʌm] adj stum; dum
dune [dju:n] n dyn c
dung [dʌŋ] n dynga c
dunghill ['dʌŋhil] n gödselstack c
duration [dju'reiʃən] n varaktighet c
during ['djuəriŋ] prep under
dusk [dʌsk] n skymning c
dust [dʌst] n damm nt
dustbin ['dʌstbin] n soptunna c
dusty ['dʌsti] adj dammig
Dutch [dʌtʃ] adj holländsk, neder-
ländsk
Dutchman ['dʌtʃmən] n (pl -men)
holländare c, nederländare c
dutiable ['dju:tiəbəl] adj tullpliktig
duty ['dju:ti] n plikt c; tullavgift c;
Customs ~ tullavgift c
duty-free [ˌdju:ti'fri:] adj tullfri
dwarf [dwɔ:f] n dvärg c
dye [dai] v färga; n färg c
dynamo ['dainəmou] n (pl ~s) dyna-
mo c
dysentery ['disəntri] n dysenteri c

E

each [i:tʃ] adj varje, var; ~ other
varandra
eager ['i:gə] adj ivrig, otålig
eagle ['i:gəl] n örn c

ear [iə] n öra nt
earache ['iəreik] n örsprång nt
ear-drum ['iədrʌm] n trumhinna c
earl [ə:l] n greve c
early ['ə:li] adj tidig
earn [ə:n] v tjäna, förtjäna
earnest ['ə:nist] n allvar nt
earnings ['ə:niŋz] pl inkomster, in-
täkter pl
earring ['iəriŋ] n örhänge nt
earth [ə:θ] n jord c; mark c
earthenware ['ə:θənweə] n lergods nt
earthquake ['ə:θkweik] n jordbävning
c
ease [i:z] n lätthet c; välbefinnande
nt
east [i:st] n öster c, öst
Easter ['i:stə] påsk c
easterly ['i:stəli] adj östlig
eastern ['i:stən] adj ostlig, östra
easy ['i:zi] adj lätt; bekväm; ~ chair
fåtölj c
easy-going ['i:ziˌgouiŋ] adj avspänd,
sorglös
*eat [i:t] v *äta
eavesdrop ['i:vzdrɔp] v tjuvlyssna
ebony ['ebəni] n ebenholts c
eccentric [ik'sentrik] adj excentrisk
echo ['ekou] n (pl ~es) genljud nt,
eko nt
eclipse [i'klips] n förmörkelse c
economic [ˌi:kə'nɔmik] adj ekonomisk
economical [ˌi:kə'nɔmikəl] adj spar-
sam, ekonomisk
economist [i'kɔnəmist] n ekonom c
economize [i'kɔnəmaiz] v spara
economy [i'kɔnəmi] n ekonomi c
ecstasy ['ekstəzi] n extas c
Ecuador ['ekwədɔ:] Ecuador
Ecuadorian [ˌekwə'dɔ:riən] n ecuado-
rian c
eczema ['eksimə] n eksem nt
edge [edʒ] n kant c
edible ['edibəl] adj ätbar

edition [i'dɪʃən] *n* upplaga *c;* **morning ~** morgonupplaga *c*

editor ['edɪtə] *n* redaktör *c*

educate ['edʒukeɪt] *v* uppfostra, utbilda

education [,edʒu'keɪʃən] *n* uppfostran *c;* utbildning *c*

eel [iːl] *n* ål *c*

effect [i'fekt] *n* verkan *c; v* *åstadkomma; **in ~** faktiskt

effective [i'fektɪv] *adj* verksam, effektiv

efficient [i'fɪʃənt] *adj* effektiv, duglig, verksam

effort ['efət] *n* ansträngning *c*

egg [eg] *n* ägg *nt*

egg-cup ['egkʌp] *n* äggkopp *c*

eggplant ['egplɑːnt] *n* äggplanta *c*

egg-yolk ['egjouk] *n* äggula *c*

egoistic [,egou'ɪstɪk] *adj* egoistisk

Egypt ['iːdʒɪpt] Egypten

Egyptian [i'dʒɪpʃən] *adj* egyptisk; *n* egypter *c*

eiderdown ['aɪdədaun] *n* duntäcke *nt*

eight [eɪt] *num* åtta

eighteen [,eɪ'tiːn] *num* arton

eighteenth [,eɪ'tiːnθ] *num* artonde

eighth [eɪtθ] *num* åttonde

eighty ['eɪti] *num* åttio

either ['aɪðə] *pron* endera; **either ... or** antingen ... eller

elaborate [i'læbəreɪt] *v* utarbeta

elastic [i'læstɪk] *adj* elastisk; tänjbar; **~ band** resårband *nt*

elasticity [,elæ'stɪsəti] *n* elasticitet *c*

elbow ['elbou] *n* armbåge *c*

elder ['eldə] *adj* äldre

elderly ['eldəli] *adj* äldre

eldest ['eldɪst] *adj* äldst

elect [i'lekt] *v* *välja

election [i'lekʃən] *n* val *nt*

electric [i'lektrɪk] *adj* elektrisk; **~ cord** sladd *c;* **~ razor** rakapparat *c*

electrician [,ilek'trɪʃən] *n* elektriker *c*

electricity [,ilek'trɪsəti] *n* elektricitet *c*

electronic [ilek'trɔnɪk] *adj* elektronisk

elegance ['eligəns] *n* elegans *c*

elegant ['eligənt] *adj* elegant

element ['elimənt] *n* element *nt,* beståndsdel *c*

elephant ['elifənt] *n* elefant *c*

elevator ['eliveɪtə] *nAm* hiss *c*

eleven [i'levən] *num* elva

eleventh [i'levənθ] *num* elfte

elf [elf] *n* (pl elves) älva *c,* alf *c*

eliminate [i'limineɪt] *v* eliminera

elm [elm] *n* alm *c*

else [els] *adv* annars

elsewhere [,el'sweə] *adv* någon annanstans

elucidate [i'luːsideɪt] *v* belysa, förklara

emancipation [i,mænsi'peɪʃən] *n* frigörelse *c*

embankment [im'bæŋkmənt] *n* vägbank *c*

embargo [em'bɑːgou] *n* (pl ~es) embargo *nt*

embark [im'bɑːk] *v* *gå ombord

embarkation [,embɑː'keɪʃən] *n* embarkering *c*

embarrass [im'bærəs] *v* genera, *göra förlägen; hindra; **embarrassed** förlägen; **embarrassing** pinsam

embassy ['embəsi] *n* ambassad *c*

emblem ['embləm] *n* emblem *nt*

embrace [im'breis] *v* krama, omfamna; *n* omfamning *c*

embroider [im'brɔidə] *v* brodera

embroidery [im'brɔidəri] *n* broderi *nt*

emerald ['emərəld] *n* smaragd *c*

emergency [i'məːdʒənsi] *n* nödsituation *c;* nödläge *nt;* **~ exit** nödutgång *c*

emigrant ['emigrənt] *n* utvandrare *c*

emigrate ['emigreɪt] *v* utvandra

emigration [,emi'greɪʃən] *n* utvandring *c*

emotion [i'mouʃən] *n* sinnesrörelse *c*, känsla *c*
emperor ['empərə] *n* kejsare *c*
emphasize ['emfəsaiz] *v* betona
empire ['empaiə] *n* imperium *nt*, kejsardöme *nt*
employ [im'plɔi] *v* *sysselsätta, anställa; använda
employee [,emplɔi'i:] *n* anställd *c*, löntagare *c*
employer [im'plɔiə] *n* arbetsgivare *c*
employment [im'plɔimənt] *n* anställning *c*, arbete *nt;* ~ **exchange** arbetsförmedling *c*
empress ['empris] *n* kejsarinna *c*
empty ['empti] *adj* tom; *v* tömma
enable [i'neibəl] *v* *möjliggöra
enamel [i'næməl] *n* emalj *c*
enamelled [i'næməld] *adj* emaljerad
enchanting [in'tʃɑ:ntiŋ] *adj* förtrollande, bedårande
encircle [in'sə:kəl] *v* inringa, omringa; *innesluta
enclose [iŋ'klouz] *v* bifoga
enclosure [iŋ'klouʒə] *n* bilaga *c*
encounter [iŋ'kauntə] *v* möta, träffa; *n* sammanträffande *nt*
encourage [iŋ'kʌridʒ] *v* uppmuntra
encyclopaedia [en,saiklə'pi:diə] *n* uppslagsbok *c*
end [end] *n* ände *c*, slut *nt;* *v* sluta
ending ['endiŋ] *n* slut *nt*
endless ['endləs] *adj* oändlig
endorse [in'dɔ:s] *v* endossera
endure [in'djuə] *v* *stå ut med
enemy ['enəmi] *n* fiende *c*
energetic [,enə'dʒetik] *adj* energisk
energy ['enədʒi] *n* energi *c;* kraft *c*
engage [iŋ'geidʒ] *v* anställa; förplikta sig; **engaged** förlovad; upptagen
engagement [iŋ'geidʒmənt] *n* förlovning *c;* förpliktelse *c;* avtalat möte; ~ **ring** förlovningsring *c*
engine ['endʒin] *n* maskin *c*, motor *c;*

lokomotiv *nt*
engineer [,endʒi'niə] *n* ingenjör *c*
England ['iŋglənd] England
English ['iŋgliʃ] *adj* engelsk
Englishman ['iŋgliʃmən] *n* (pl -men) engelsman *c*
engrave [iŋ'greiv] *v* gravera
engraver [iŋ'greivə] *n* gravör *c*
engraving [iŋ'greiviŋ] *n* gravyr *c*
enigma [i'nigmə] *n* gåta *c*
enjoy [in'dʒɔi] *v* *njuta, *njuta av
enjoyable [in'dʒɔiəbəl] *adj* rolig, trevlig
enjoyment [in'dʒɔimənt] *n* nöje *nt*
enlarge [in'lɑ:dʒ] *v* förstora; utvidga
enlargement [in'lɑ:dʒmənt] *n* förstoring *c*
enormous [i'nɔ:məs] *adj* väldig, enorm
enough [i'nʌf] *adv* nog; *adj* tillräcklig
enquire [iŋ'kwaiə] *v* underrätta sig, förhöra sig; undersöka
enquiry [iŋ'kwaiəri] *n* undersökning *c;* förfrågan *c*
enter ['entə] *v* *gå in, inträda; *skriva in
enterprise ['entəpraiz] *n* företag *nt*
entertain [,entə'tein] *v* *underhålla, roa; *mottaga som gäst
entertainer [,entə'teinə] *n* underhållare *c*
entertaining [,entə'teiniŋ] *adj* underhållande, roande
entertainment [,entə'teinmənt] *n* underhållning *c*
enthusiasm [in'θju:ziæzəm] *n* entusiasm *c*
enthusiastic [in,θju:zi'æstik] *adj* entusiastisk
entire [in'taiə] *adj* hel
entirely [in'taiəli] *adv* helt
entrance ['entrəns] *n* ingång *c;* tillträde *nt;* inträde *nt*
entrance-fee ['entrənsfi:] *n* inträdes-

avgift c

entry ['entri] n ingång c; tillträde nt; anteckning c; **no** ~ tillträde förbjudet

envelope ['envəloup] n kuvert nt

envious ['enviəs] adj avundsjuk, avundsam

environment [in'vaiərənmənt] n miljö c; omgivning c

envoy ['envɔi] n envoyé c

envy ['envi] n avundsjuka c; v avundas

epic ['epik] n epos nt; adj episk

epidemic [,epi'demik] n epidemi c

epilepsy ['epilepsi] n epilepsi c

epilogue ['epilɔg] n epilog c

episode ['episoud] n episod c

equal ['i:kwəl] adj lika; v *vara likvärdig

equality [i'kwɔləti] n jämlikhet c

equalize ['i:kwəlaiz] v utjämna

equally ['i:kwəli] adv lika

equator [i'kweitə] n ekvatorn

equip [i'kwip] v utrusta, ekipera

equipment [i'kwipmənt] n utrustning c

equivalent [i'kwivələnt] adj motsvarande, likvärdig

eraser [i'reizə] n radergummi nt

erect [i'rekt] v uppbygga, upprätta; adj upprättstående, upprätt

err [ə:] v *ta fel, *missta; irra

errand ['erənd] n ärende nt

error ['erə] n misstag nt, fel nt

escalator ['eskəleitə] n rulltrappa c

escape [i'skeip] v *undslippa; *undgå, fly; n flykt c

escort¹ ['eskɔ:t] n eskort c

escort² [i'skɔ:t] v eskortera

especially [i'speʃəli] adv särskilt, i synnerhet

esplanade [,esplə'neid] n esplanad c

essay ['esei] n essä c; uppsats c

essence ['esəns] n essens c; väsen nt,

kärna c

essential [i'senʃəl] adj oumbärlig; väsentlig

essentially [i'senʃəli] adv väsentligen

establish [i'stæbliʃ] v etablera; fastställa

estate [i'steit] n lantegendom c

esteem [i'sti:m] n aktning c, respekt c; v uppskatta

estimate¹ ['estimeit] v värdera

estimate² ['estimət] n beräkning c

estuary ['estʃuəri] n flodmynning c

etcetera [et'setərə] och så vidare

etching ['etʃiŋ] n etsning c

eternal [i'tə:nəl] adj evig

eternity [i'tə:nəti] n evighet c

ether ['i:θə] n eter c

Ethiopia [iθi'oupiə] Etiopien

Ethiopian [iθi'oupiən] adj etiopisk; n etiopier c

Europe ['juərəp] Europa

European [juərə'pi:ən] adj europeisk; n europé c

evacuate [i'vækjueit] v evakuera

evaluate [i'væljueit] v värdera

evaporate [i'væpəreit] v avdunsta

even ['i:vən] adj jämn, plan, lika; adv till och med

evening ['i:vniŋ] n kväll c; ~ **dress** aftonklädsel c

event [i'vent] n händelse c

eventual [i'ventʃuəl] adj slutlig

ever ['evə] adv någonsin; alltid

every ['evri] adj varje

everybody ['evri,bɔdi] pron var och en

everyday ['evridei] adj daglig

everyone ['evriwʌn] pron envar, var och en

everything ['evriθiŋ] pron allting

everywhere ['evriweə] adv överallt

evidence ['evidəns] n bevis nt

evident ['evidənt] adj tydlig

evil ['i:vəl] n ondska c; adj ond, elak

evolution [,i:və'lu:ʃən] n utveckling c

exact [ig'zækt] *adj* exakt

exactly [ig'zæktli] *adv* exakt

exaggerate [ig'zædʒəreit] *v* *överdriva

examination [ig,zæmi'neiʃən] *n* examen *c*; undersökning *c*; förhör *nt*

examine [ig'zæmin] *v* undersöka

example [ig'zɑ:mpəl] *n* exempel *nt*; for ~ till exempel

excavation [,ekskə'veiʃən] *n* utgrävning *c*

exceed [ik'si:d] *v* *överskrida; överträffa

excel [ik'sel] *v* utmärka sig

excellent ['eksələnt] *adj* förträfflig

except [ik'sept] *prep* med undantag av, utom

exception [ik'sepʃən] *n* undantag *nt*

exceptional [ik'sepʃənəl] *adj* enastående, ovanlig

excerpt ['eksə:pt] *n* utdrag *nt*

excess [ik'ses] *n* överdrift *c*

excessive [ik'sesiv] *adj* överdriven

exchange [iks'tʃeindʒ] *v* växla, utbyta, byta ut; *n* byte *nt*; börs *c*; ~ office växelkontor *nt*; ~ rate växelkurs *c*

excite [ik'sait] *v* upphetsa

excitement [ik'saitmənt] *n* uppståndelse *c*, spänning *c*

exciting [ik'saitiŋ] *adj* spännande

exclaim [ik'skleim] *v* utropa

exclamation [,eksklə'meiʃən] *n* utrop *nt*

exclude [ik'sklu:d] *v* *utesluta

exclusive [ik'sklu:siv] *adj* exklusiv

exclusively [ik'sklu:sivli] *adv* enbart, uteslutande

excursion [ik'skə:ʃən] *n* utflykt *c*

excuse[1] [ik'skju:s] *n* ursäkt *c*

excuse[2] [ik'skju:z] *v* ursäkta

execute ['eksikju:t] *v* utföra

execution [,eksi'kju:ʃən] *n* avrättning *c*; utförande *nt*

executioner [,eksi'kju:ʃənə] *n* bödel *c*

executive [ig'zekjutiv] *adj* verkställande; *n* verkställande myndighet; direktör *c*

exempt [ig'zempt] *v* *frita, frikalla, befria; *adj* befriad

exemption [ig'zempʃən] *n* befrielse *c*

exercise ['eksəsaiz] *n* övning *c*; skriftligt prov; *v* öva; utöva

exhale [eks'heil] *v* utandas

exhaust [ig'zɔ:st] *n* avgas *c*; *v* utmatta; ~ gases avgaser *pl*

exhibit [ig'zibit] *v* ställa ut; förevisa, uppvisa

exhibition [,eksi'biʃən] *n* utställning *c*

exile ['eksail] *n* landsflykt *c*; landsflykting *c*

exist [ig'zist] *v* existera

existence [ig'zistəns] *n* existens *c*

exit ['eksit] *n* utgång *c*; utfart *c*

exotic [ig'zɔtik] *adj* exotisk

expand [ik'spænd] *v* utvidga; utbreda

expect [ik'spekt] *v* vänta sig

expectation [,ekspek'teiʃən] *n* förväntan *c*

expedition [,ekspə'diʃən] *n* expedition *c*; snabbhet *c*

expel [ik'spel] *v* utvisa

expenditure [ik'spenditʃə] *n* utgifter, åtgång *c*

expense [ik'spens] *n* utgift *c*; expenses *pl* omkostnader *pl*

expensive [ik'spensiv] *adj* dyrbar, dyr; kostsam

experience [ik'spiəriəns] *n* erfarenhet *c*; *v* *erfara, uppleva; **experienced** erfaren

experiment [ik'sperimənt] *n* experiment *nt*, försök *nt*; *v* experimentera

expert ['ekspə:t] *n* fackman *c*, expert *c*; *adj* sakkunnig

expire [ik'spaiə] *v* utlöpa, *förfalla; utandas; **expired** ogiltig

expiry [ik'spaiəri] *n* förfallodag *c*, utgång *c*

explain [ik'splein] *v* förklara

explanation [,eksplə'neiʃən] *n* förklaring *c*

explicit [ik'splisit] *adj* tydlig, uttrycklig

explode [ik'sploud] *v* explodera

exploit [ik'sploit] *v* *utsuga, utnyttja

explore [ik'splɔ:] *v* utforska

explosion [ik'splouʒən] *n* explosion *c*

explosive [ik'splousiv] *adj* explosiv; *n* sprängämne *nt*

export[1] [ik'spɔ:t] *v* exportera

export[2] ['ekspɔ:t] *n* export *c*

exportation [,ekspɔ:'teiʃən] *n* utförsel *c*

exports ['ekspɔ:ts] *pl* export *c*

exposition [,ekspə'ziʃən] *n* utställning *c*

exposure [ik'spouʒə] *n* utsättande *nt;* exponering *c;* ~ **meter** exponeringsmätare *c*

express [ik'spres] *v* uttrycka; *ge uttryck åt; adj* snabbgående; uttrycklig; ~ **train** expresståg *nt*

expression [ik'spreʃən] *n* uttryck *nt;* yttrande *nt*

exquisite [ik'skwizit] *adj* utsökt

extend [ik'stend] *v* förlänga; utvidga; bevilja

extension [ik'stenʃən] *n* förlängning *c;* utvidgande *nt;* anknytningslinje *c;* ~ **cord** förlängningssladd *c*

extensive [ik'stensiv] *adj* omfångsrik; vidsträckt, omfattande

extent [ik'stent] *n* utsträckning *c,* omfång *nt*

exterior [ek'stiəriə] *adj* yttre; *n* yttre *nt*

external [ek'stə:nəl] *adj* utvändig

extinguish [ik'stingwiʃ] *v* släcka

extort [ik'stɔ:t] *v* utpressa

extortion [ik'stɔ:ʃən] *n* utpressning *c*

extra ['ekstrə] *adj* extra

extract[1] [ik'strækt] *v* *utdra

extract[2] ['ekstrækt] *n* utdrag *nt*

extradite ['ekstrədait] *v* utlämna

extraordinary [ik'strɔ:dənri] *adj* utomordentlig

extravagant [ik'strævəgənt] *adj* överdriven, extravagant, slösaktig

extreme [ik'stri:m] *adj* extrem; ytterlig, yttersta; *n* ytterlighet *c*

exuberant [ig'zju:bərənt] *adj* översvallande

eye [ai] *n* öga *nt*

eyebrow ['aibrau] *n* ögonbryn *nt*

eyelash ['ailæʃ] *n* ögonfrans *c*

eyelid ['ailid] *n* ögonlock *nt*

eye-pencil ['ai,pensəl] *n* ögonbrynspenna *c*

eye-shadow ['ai,ʃædou] *n* ögonskugga *c*

eye-witness ['ai,witnəs] *n* ögonvittne *nt*

F

fable ['feibəl] *n* fabel *c*

fabric ['fæbrik] *n* tyg *nt;* struktur *c*

façade [fə'sɑ:d] *n* fasad *c*

face [feis] *n* ansikte *nt; v* konfrontera, *vara vänd mot; ~ **massage** ansiktsmassage *c;* **facing** mittemot

face-cream ['feiskri:m] *n* ansiktskräm *c*

face-pack ['feispæk] *n* ansiktsmask *c*

face-powder ['feis,paudə] *n* ansiktspuder *nt*

facility [fə'siləti] *n* lätthet *c*

fact [fækt] *n* faktum *nt;* **in** ~ i själva verket

factor ['fæktə] *n* faktor *c*

factory ['fæktəri] *n* fabrik *c*

factual ['fæktʃuəl] *adj* faktisk

faculty ['fækəlti] n förmåga c; fallenhet c, talang c; fakultet c

fad [fæd] n infall nt; mani c

fade [feid] v blekna

faience [fai'ɑ:s] n fajans c

fail [feil] v misslyckas; fattas; försumma; kuggas; **without** ~ helt säkert

failure ['feiljə] n misslyckande nt

faint [feint] v svimma; adj vag, svag

fair [fɛə] n marknad c; varumässa c; adj just, rättvis; ljushårig, blond; fager

fairly ['fɛəli] adv tämligen, ganska

fairy ['fɛəri] n fe c

fairytale ['fɛəriteil] n saga c

faith [feiθ] n tro c; tillit c

faithful ['feiθful] adj trogen

fake [feik] n förfalskning c

fall [fɔ:l] n fall nt; nAm höst c

***fall** [fɔ:l] v *falla

false [fɔ:ls] adj falsk; fel, oäkta; ~ **teeth** löständer pl

falter ['fɔ:ltə] v vackla; stamma

fame [feim] n ryktbarhet c, berömmelse c; rykte nt

familiar [fə'miljə] adj välkänd; familjär

family ['fæməli] n familj c; släkt c; ~ **name** efternamn nt

famous ['feiməs] adj berömd

fan [fæn] n fläkt c; solfjäder c; beundrare c; ~ **belt** fläktrem c

fanatical [fə'nætikəl] adj fanatisk

fancy ['fænsi] v *ha lust att, tycka om; tänka sig, föreställa sig; n nyck c; fantasi c

fantastic [fæn'tæstik] adj fantastisk

fantasy ['fæntəzi] n fantasi c

far [fɑ:] adj lång; adv mycket; **by** ~ på långt när; **so** ~ hittills

far-away ['fɑ:rəwei] adj långt bort

farce [fɑ:s] n fars c

fare [fɛə] n biljettpris nt; mat c, kost c

farm [fɑ:m] n lantbruk nt

farmer ['fɑ:mə] n lantbrukare c; **farmer's wife** lantbrukarhustru c

farmhouse ['fɑ:mhaus] n lantgård c

far-off ['fɑ:rɔf] adj avlägsen

fascinate ['fæsineit] v fascinera

fascism ['fæʃizəm] n fascism c

fascist ['fæʃist] adj fascistisk; n fascist c

fashion ['fæʃən] n mode nt; sätt nt

fashionable ['fæʃənəbəl] adj modern

fast [fɑ:st] adj snabb, hastig

fast-dyed [,fɑ:st'daid] adj tvättäkta, färgäkta

fasten ['fɑ:sən] v fästa, spänna fast; stänga

fastener ['fɑ:sənə] n spänne nt

fat [fæt] adj tjock, fet; n fett nt

fatal ['feitəl] adj ödesdiger, fatal, dödlig

fate [feit] n öde nt

father ['fɑ:ðə] n far c; pater c

father-in-law ['fɑ:ðərinlɔ:] n (pl fathers-) svärfar c

fatherland ['fɑ:ðələnd] n fosterland nt

fatness ['fætnəs] n fetma c

fatty ['fæti] adj fet

faucet ['fɔ:sit] nAm vattenkran c

fault [fɔ:lt] n fel nt; defekt c

faultless ['fɔ:ltləs] adj felfri; oklanderlig

faulty ['fɔ:lti] adj bristfällig

favour ['feivə] n välvilja c, tjänst c; v favorisera, gynna

favourable ['feivərəbəl] adj gynnsam

favourite ['feivərit] n favorit c, gunstling c; adj älsklings-

fawn [fɔ:n] adj gulbrun; n rådjurskalv c, hjortkalv c

fear [fiə] n rädsla c, oro c; v frukta

feasible ['fi:zəbəl] adj utförbar

feast [fi:st] n fest c

feat [fi:t] n bragd c, prestation c

feather ['feðə] n fjäder c
feature ['fi:tʃə] n kännemärke nt; ansiktsdrag nt
February ['februəri] februari
federal ['fedərəl] adj förbunds-
federation [,fedə'reiʃən] n federation c; förbundsstat c
fee [fi:] n arvode nt
feeble ['fi:bəl] adj svag
*feed [fi:d] v mata; fed up with utled på
*feel [fi:l] v känna; känna på; ~ like *ha lust att
feeling ['fi:liŋ] n känsla c; känsel c
fell [fel] v (p fall)
fellow ['felou] n karl c
felt¹ [felt] n filt c
felt² [felt] v (p, pp feel)
female ['fi:meil] adj hon- pref
feminine ['feminin] adj feminin
fence [fens] n stängsel nt; staket nt; v fäkta
fender ['fendə] n stötfångare c
ferment [fə'ment] v jäsa
ferry-boat ['feribout] n färja c
fertile ['fə:tail] adj fruktbar
festival ['festivəl] n festival c
festive ['festiv] adj festlig
fetch [fetʃ] v hämta
feudal ['fju:dəl] adj feodal
fever ['fi:və] n feber c
feverish ['fi:vəriʃ] adj febrig
few [fju:] adj få
fiancé [fi'ã:sei] n fästman c
fiancée [fi'ã:sei] n fästmö c
fibre ['faibə] n fiber c
fiction ['fikʃən] n skönlitteratur c, fiktion c
field [fi:ld] n fält nt, åker c; ~ glasses fältkikare c
fierce [fiəs] adj vild, häftig
fifteen [,fif'ti:n] num femton
fifteenth [,fif'ti:nθ] num femtonde
fifth [fifθ] num femte

fifty ['fifti] num femtio
fig [fig] n fikon nt
fight [fait] n slagsmål nt; kamp c, strid c
*fight [fait] v *strida, *slåss, kämpa
figure ['figə] n figur c; siffra c
file [fail] n fil c; brevpärm c, dossié c; rad c
Filipino [,fili'pi:nou] n filippinare c
fill [fil] v fylla; ~ in fylla i; filling station bensinstation c; ~ out Am fylla i; ~ up tanka
filling ['filiŋ] n plomb c; fyllning c
film [film] n film c; v filma
filter ['filtə] n filter nt
filthy ['filθi] adj lortig, smutsig
final ['fainəl] adj slutlig
finance [fai'næns] v finansiera
finances [fai'nænsiz] pl finanser pl
financial [fai'nænʃəl] adj finansiell
finch [fintʃ] n bofink c
*find [faind] v hitta, *finna
fine [fain] n böter pl; adj fin; skön; härlig, utmärkt; ~ arts de sköna konsterna
finger ['fiŋgə] n finger nt; little ~ lillfinger nt
fingerprint ['fiŋgəprint] n fingeravtryck nt
finish ['finiʃ] v avsluta, sluta; fullborda; n slut nt; mållinje c; finished färdig
Finland ['finlənd] Finland
Finn [fin] n finländare c
Finnish ['finiʃ] adj finsk
fire [faiə] n eld c; eldsvåda c; v *skjuta; avskeda
fire-alarm ['faiərə,la:m] n brandalarm c
fire-brigade ['faiəbri,geid] n brandkår c
fire-escape ['faiəri,skeip] n brandstege c
fire-extinguisher ['faiərik,stiŋgwiʃə] n

brandsläckare *c*

fireplace ['faiəpleis] *n* öppen spis

fireproof ['faiəpru:f] *adj* brandsäker; eldfast

firm [fə:m] *adj* fast; solid; *n* firma *c*

first [fə:st] *num* första; **at** ~ först; i början; ~ **name** förnamn *nt*

first-aid [,fə:st'eid] *n* första hjälpen; ~ **kit** förbandslåda *c*; ~ **post** hjälpstation *c*

first-class [,fə:st'klɑ:s] *adj* förstklassig

first-rate [,fə:st'reit] *adj* förstklassig

fir-tree ['fə:tri:] *n* gran *c*, barrträd *nt*

fish[1] [fiʃ] *n* (pl ~, ~es) fisk *c*; ~ **shop** fiskaffär *c*

fish[2] [fiʃ] *v* fiska; meta; **fishing gear** fiskredskap *nt;* **fishing hook** metkrok *c;* **fishing industry** fiskerinäring *c;* **fishing licence** fiskekort *nt;* **fishing line** metrev *c;* **fishing net** fisknät *nt;* **fishing rod** metspö *nt;* **fishing tackle** fiskedon *nt*

fishbone ['fiʃboun] *n* fiskben *nt*

fisherman ['fiʃəmən] *n* (pl -men) fiskare *c*

fist [fist] *n* knytnäve *c*

fit [fit] *adj* lämplig; *n* anfall *nt; v* passa; **fitting room** provrum *nt*

five [faiv] *num* fem

fix [fiks] *v* laga

fixed [fikst] *adj* fästad, orörlig

fizz [fiz] *n* brus *nt*

fjord [fjɔ:d] *n* fjord *c*

flag [flæg] *n* flagga *c*

flame [fleim] *n* låga *c*

flamingo [flə'miŋgou] *n* (pl ~s, ~es) flamingo *c*

flannel ['flænəl] *n* flanell *c*

flash [flæʃ] *n* blixt *c*, glimt *c*

flash-bulb ['flæʃbʌlb] *n* blixtlampa *c*

flash-light ['flæʃlait] *n* ficklampa *c*

flask [flɑ:sk] *n* plunta *c*; **thermos** ~ termos *c*

flat [flæt] *adj* flat, platt; *n* lägenhet *c;* ~ **tyre** punktering *c*

flavour ['fleivə] *n* smak *c; v* smaksätta, krydda

fleet [fli:t] *n* flotta *c*

flesh [fleʃ] *n* kött *nt*

flew [flu:] *v* (p fly)

flex [fleks] *n* sladd *c*

flexible ['fleksibəl] *adj* böjlig; smidig

flight [flait] *n* flygresa *c*; **charter** ~ charterflyg *nt*

flint [flint] *n* flintsten *c*

float [flout] *v* *flyta; *n* flöte *nt*, flottör *c*

flock [flɔk] *n* hjord *c*

flood [flʌd] *n* översvämning *c*; flod *c*

floor [flɔ:] *n* golv *nt*; våning *c*

florist ['flɔrist] *n* blomsterhandlare *c*

flour [flauə] *n* mjöl *nt*, vetemjöl *nt*

flow [flou] *v* *flyta, strömma

flower [flauə] *n* blomma *c*

flowerbed ['flauəbed] *n* rabatt *c*

flower-shop ['flauəʃɔp] *n* blomsterhandel *c*

flown [floun] *v* (pp fly)

flu [flu:] *n* influensa *c*

fluent ['flu:ənt] *adj* flytande

fluid ['flu:id] *adj* flytande; *n* vätska *c*

flute [flu:t] *n* flöjt *c*

fly [flai] *n* fluga *c*; gylf *c*

***fly** [flai] *v* *flyga

foam [foum] *n* skum *nt; v* skumma

foam-rubber ['foum,rʌbə] *n* skumgummi *nt*

focus ['foukəs] *n* brännpunkt *c*

fog [fɔg] *n* dimma *c*

foggy ['fɔgi] *adj* dimmig

foglamp ['fɔglæmp] *n* dimlykta *c*

fold [fould] *v* *vika; *n* veck *nt*

folk [fouk] *n* folk *nt;* ~ **song** folkvisa *c*

folk-dance ['foukdɑ:ns] *n* folkdans *c*

folklore ['fouklɔ:] *n* folklore *c*

follow ['fɔlou] *v* följa efter; **following**

adj nästa, följande

*be fond of [bi: fɔnd ɔv] tycka om

food [fu:d] *n* mat *c*; föda *c*; ~ **poisoning** matförgiftning *c*

foodstuffs ['fu:dstʌfs] *pl* matvaror *pl*

fool [fu:l] *n* dumbom *c*, dåre *c*; *v* skoja, lura

foolish ['fu:liʃ] *adj* löjlig, dåraktig; dum

foot [fut] *n* (pl feet) fot *c*; ~ **powder** fotpuder *nt*; **on** ~ till fots

football ['futbɔ:l] *n* fotboll *c*; ~ **match** fotbollsmatch *c*

foot-brake ['futbreik] *n* fotbroms *c*

footpath ['futpɑ:θ] *n* gångstig *c*

footwear ['futweə] *n* skodon *nt*

for [fɔ:, fə] *prep* till; i; av, på grund av, för; *conj* för

*forbid [fə'bid] *v* *förbjuda

force [fɔ:s] *v* tvinga; forcera; *n* makt *c*, kraft *c*; våld *nt*; **by** ~ med tvång; **driving** ~ drivkraft *c*

ford [fɔ:d] *n* vadställe *nt*

forecast ['fɔ:kɑ:st] *n* förutsägelse *c*; *v* *förutsäga

foreground ['fɔ:graund] *n* förgrund *c*

forehead ['fɔred] *n* panna *c*

foreign ['fɔrin] *adj* utländsk; främmande

foreigner ['fɔrinə] *n* utlänning *c*

foreman ['fɔ:mən] *n* (pl -men) förman *c*

foremost ['fɔ:moust] *adj* förnämst

foresail ['fɔ:seil] *n* fock *c*

forest ['fɔrist] *n* skog *c*

forester ['fɔristə] *n* skogvaktare *c*

forge [fɔ:dʒ] *v* förfalska

*forget [fə'get] *v* glömma

forgetful [fə'getfəl] *adj* glömsk

*forgive [fə'giv] *v* *förlåta

fork [fɔ:k] *n* gaffel *c*; vägskäl *nt*; *v* förgrenas, dela sig

form [fɔ:m] *n* form *c*; formulär *nt*; klass *c*; *v* forma

formal ['fɔ:məl] *adj* formell

formality [fɔ:'mæləti] *n* formalitet *c*

former ['fɔ:mə] *adj* förutvarande; före detta; **formerly** förr, förut

formula ['fɔ:mjulə] *n* (pl ~e, ~s) formel *c*

fort [fɔ:t] *n* fort *nt*

fortnight ['fɔ:tnait] *n* fjorton dagar

fortress ['fɔ:tris] *n* fästning *c*

fortunate ['fɔ:tʃənət] *adj* lycklig

fortune ['fɔ:tʃu:n] *n* förmögenhet *c*; öde *nt*, lycka *c*

forty ['fɔ:ti] *num* fyrtio

forward ['fɔ:wəd] *adv* fram, framåt; *v* eftersända

foster-parents ['fɔstə,peərənts] *pl* fosterföräldrar *pl*

fought [fɔ:t] *v* (p, pp fight)

foul [faul] *adj* osnygg; gemen

found¹ [faund] *v* (p, pp find)

found² [faund] *v* grunda, stifta

foundation [faun'deiʃən] *n* stiftelse *c*; ~ **cream** underlagskräm *c*

fountain ['fauntin] *n* fontän *c*; källa *c*

fountain-pen ['fauntinpen] *n* reservoarpenna *c*

four [fɔ:] *num* fyra

fourteen [,fɔ:'ti:n] *num* fjorton

fourteenth [,fɔ:'ti:nθ] *num* fjortonde

fourth [fɔ:θ] *num* fjärde

fowl [faul] *n* (pl ~s, ~) fjäderfä *nt*

fox [fɔks] *n* räv *c*

foyer ['fɔiei] *n* foajé *c*

fraction ['frækʃən] *n* bråkdel *c*

fracture ['fræktʃə] *v* *bryta; *n* brott *nt*

fragile ['frædʒail] *adj* skör; bräcklig

fragment ['frægmənt] *n* brottstycke *nt*

frame [freim] *n* ram *c*; montering *c*

France [frɑ:ns] Frankrike

franchise ['fræntʃaiz] *n* koncession *c*, rösträtt *c*

fraternity [frə'tə:nəti] *n* broderlighet *c*

fraud [frɔ:d] n bedrägeri nt

fray [frei] v fransa sig

free [fri:] adj fri; gratis; ~ of charge kostnadsfri; ~ ticket fribiljett c

freedom ['fri:dəm] n frihet c

*freeze [fri:z] v *frysa

freezing ['fri:ziŋ] adj iskall

freezing-point ['fri:ziŋpɔint] n fryspunkt c

freight [freit] n frakt c, last c

freight-train ['freittrein] nAm godståg nt

French [frentʃ] adj fransk

Frenchman ['frentʃmən] n (pl -men) fransman m

frequency ['fri:kwənsi] n frekvens c; förekomst c

frequent ['fri:kwənt] adj ofta förekommande, vanlig; frequently ofta

fresh [freʃ] adj färsk; ny; uppfriskande; ~ water sötvatten nt

friction ['frikʃən] n friktion c

Friday ['fraidi] fredag c

fridge [fridʒ] n kylskåp nt

friend [frend] n vän c; väninna c

friendly ['frendli] adj vänlig, vänskaplig

friendship ['frendʃip] n vänskap c

fright [frait] n fruktan c, skräck c

frighten ['fraitən] v skrämma

frightened ['fraitənd] adj skrämd; *be ~ *bli förskräckt

frightful ['fraitfəl] adj förskräcklig, förfärlig

fringe [frindʒ] n frans c

frock [frɔk] n klänning c

frog [frɔg] n groda c

from [frɔm] prep från; av; från och med

front [frʌnt] n framsida c; in ~ of framför

frontier ['frʌntiə] n gräns c

frost [frɔst] n frost c

froth [frɔθ] n skum nt

frozen ['frouzən] adj frusen; ~ food djupfryst mat

fruit [fru:t] n frukt c

fry [frai] v steka

frying-pan ['fraiiŋpæn] n stekpanna c

fuel ['fju:əl] n bränsle nt; bensin c; ~ pump Am bensinpump c

full [ful] adj full; ~ board helpension c; ~ stop punkt c; ~ up fullsatt

fun [fʌn] n nöje nt; skoj nt

function ['fʌŋkʃən] n funktion c

fund [fʌnd] n fond c

fundamental [,fʌndə'mentəl] adj grundläggande

funeral ['fju:nərəl] n begravning c

funnel ['fʌnəl] n tratt c

funny ['fʌni] adj rolig, lustig; konstig

fur [fə:] n päls c; ~ coat päls c; furs pälsverk nt

furious ['fjuəriəs] adj ursinnig, rasande

furnace ['fə:nis] n ugn c

furnish ['fə:niʃ] v leverera, *förse; möblera; ~ with *förse med

furniture ['fə:nitʃə] n möbler pl

furrier ['fʌriə] n körsnär c

further ['fə:ðə] adj avlägsnare; ytterligare

furthermore ['fə:ðəmɔ:] adv dessutom

furthest ['fə:ðist] adj längst bort

fuse [fju:z] n propp c; stubintråd c

fuss [fʌs] n bråk nt, väsen nt

future ['fju:tʃə] n framtid c; adj framtida

G

gable ['geibəl] n gavel c

gadget ['gædʒit] n grej c

gaiety ['geiəti] n munterhet c, glädje c

gain [gein] v *vinna; n förvärv nt, förtjänst c

gait [geit] n gångart c, hållning c

gale [geil] n storm c

gall [gɔːl] n galla c; ~ bladder gallblåsa c

gallery ['gæləri] n galleri nt; konstgalleri nt

gallop ['gæləp] n galopp c

gallows ['gæləuz] pl galge c

gallstone ['gɔːlstoun] n gallsten c

game [geim] n spel nt; villebråd nt; ~ reserve djurreservat nt

gang [gæŋ] n gäng nt; skift nt

gangway ['gæŋwei] n landgång c

gaol [dʒeil] n fängelse c

gap [gæp] n öppning c

garage ['gærɑːʒ] n garage nt; v ställa in i garaget

garbage ['gɑːbidʒ] n avfall nt, sopor pl

garden ['gɑːdən] n trädgård c; public ~ offentlig park; zoological gardens djurpark c

gardener ['gɑːdənə] n trädgårdsmästare c

gargle ['gɑːgəl] v gurgla

garlic ['gɑːlik] n vitlök c

gas [gæs] n gas c; nAm bensin c; ~ cooker gaskök nt; ~ pump Am bensinpump c; ~ station bensinstation c; ~ stove gasspis c

gasoline ['gæsəliːn] nAm bensin c

gastric ['gæstrik] adj mag-; ~ ulcer magsår nt

gasworks ['gæswəːks] n gasverk nt

gate [geit] n port c; grind c

gather ['gæðə] v samla; samlas; skörda

gauge [geidʒ] n mätare c

gauze [gɔːz] n gasväv c

gave [geiv] v (p give)

gay [gei] adj munter; brokig

gaze [geiz] v stirra

gazetteer [ˌgæzə'tiə] n geografiskt lexikon

gear [giə] n växel c; utrustning c; change ~ växla; ~ lever växelspak c

gear-box ['giəbɔks] n växellåda c

gem [dʒem] n juvel c, ädelsten c; klenod c

gender ['dʒendə] n genus nt

general ['dʒenərəl] adj allmän; n general c; ~ practitioner allmänpraktiserande läkare; in ~ i allmänhet

generate ['dʒenəreit] v alstra

generation [ˌdʒenə'reiʃən] n generation c

generator ['dʒenəreitə] n generator c

generosity [ˌdʒenə'rɔsəti] n givmildhet c

generous ['dʒenərəs] adj generös, givmild

genital ['dʒenitəl] adj köns-

genius ['dʒiːniəs] n geni c

gentle ['dʒentəl] adj mild; blid; varsam

gentleman ['dʒentəlmən] n (pl -men) herre c

genuine ['dʒenjuin] adj äkta

geography [dʒi'ɔgrəfi] n geografi c

geology [dʒi'ɔlədʒi] n geologi c

geometry [dʒi'ɔmətri] n geometri c

germ [dʒəːm] n bacill c; grodd c

German ['dʒəːmən] adj tysk; n tysk c

Germany ['dʒəːməni] Tyskland

gesticulate [dʒi'stikjuleit] v gestikulera

*get [get] v *få; hämta; *bli; ~ back *gå tillbaka, *komma tillbaka; ~ off *stiga av; ~ on *stiga på; *göra framsteg; ~ up resa sig, *stiga upp

ghost [goust] n spöke nt; ande c

giant ['dʒaiənt] n jätte c

giddiness ['gidinəs] n yrsel c

giddy ['gidi] *adj* yr
gift [gift] *n* gåva *c*; talang *c*
gifted ['giftid] *adj* begåvad
gigantic [dʒai'gæntik] *adj* väldig
giggle ['gigəl] *v* fnittra
gill [gil] *n* gäl *c*
gilt [gilt] *adj* förgylld
ginger ['dʒindʒə] *n* ingefära *c*
gipsy ['dʒipsi] *n* zigenare *c*
girdle ['gə:dəl] *n* gördel *c*
girl [gə:l] *n* flicka *c*; ~ guide flick-
scout *c*
*give [giv] *v* *ge; överräcka; ~ away
förråda; ~ in *ge efter; ~ up *ge
upp
glacier ['glæsiə] *n* glaciär *c*
glad [glæd] *adj* glad; gladly gärna,
med glädje
gladness ['glædnəs] *n* glädje *c*
glamorous ['glæmərəs] *adj* charme-
rande, förtrollande
glance [gla:ns] *n* blick *c*; *v* kasta en
blick
gland [glænd] *n* körtel *c*
glare [gleə] *n* skarpt sken; sken *nt*
glaring ['gleəriŋ] *adj* bländande; på-
fallande; gräll
glass [gla:s] *n* glas *nt*; glas-; glasses
glasögon *pl*; magnifying ~ försto-
ringsglas *nt*
glaze [gleiz] *v* glasa; glasera
glen [glen] *n* dalgång *c*
glide [glaid] *v* *glida
glider ['glaidə] *n* segelflygplan *nt*
glimpse [glimps] *n* skymt *c*; glimt *c*; *v*
skymta
global ['gloubəl] *adj* världsomfattan-
de
globe [gloub] *n* jordklot *nt*, glob *c*
gloom [glu:m] *n* dunkelhet *c*
gloomy ['glu:mi] *adj* dyster
glorious ['glo:riəs] *adj* praktfull
glory ['glo:ri] *n* berömmelse *c*, ära *c*,
lovord *nt*

gloss [glɔs] *n* glans *c*
glossy ['glɔsi] *adj* blank
glove [glʌv] *n* handske *c*
glow [glou] *v* glöda; *n* glöd *c*
glue [glu:] *n* lim *nt*
*go [gou] *v* *gå; *bli; ~ ahead
*fortsätta; ~ away *fara; ~ back
*gå tillbaka; ~ home *gå hem; ~
in *gå in; ~ on *fortsätta; ~ out
*gå ut; ~ through *genomgå
goal [goul] *n* mål *nt*
goalkeeper ['goul,ki:pə] *n* målvakt *c*
goat [gout] *n* get *c*
god [gɔd] *n* gud *c*
goddess ['gɔdis] *n* gudinna *c*
godfather ['gɔd,fɑ:ðə] *n* gudfar *c*
goggles ['gɔgəlz] *pl* skyddsglasögon
pl
gold [gould] *n* guld *nt*; ~ leaf blad-
guld *nt*
golden ['gouldən] *adj* gyllene
goldmine ['gouldmain] *n* guldgruva *c*
goldsmith ['gouldsmiθ] *n* guldsmed *c*
golf [gɔlf] *n* golf *c*
golf-club ['gɔlfklʌb] *n* golfklubb *c*
golf-course ['gɔlfkɔ:s] *n* golfbana *c*
golf-links ['gɔlfliŋks] *n* golfbana *c*
gondola ['gɔndələ] *n* gondol *c*
gone [gɔn] *adv* (pp go) borta
good [gud] *adj* bra, god; snäll
good-bye! [,gud'bai] adjö!
good-humoured [,gud'hju:məd] *adj*
gladlynt
good-looking [,gud'lukiŋ] *adj* snygg
good-natured [,gud'neitʃəd] *adj* god-
modig
goods [gudz] *pl* varor *pl*; ~ train
godståg *nt*
good-tempered [,gud'tempəd] *adj*
godlynt
goodwill [,gud'wil] *n* välvilja *c*
goose [gu:s] *n* (pl geese) gås *c*
gooseberry ['guzbəri] *n* krusbär *nt*
goose-flesh ['gu:sfleʃ] *n* gåshud *c*

gorge [gɔːdʒ] *n* bergsklyfta *c*

gorgeous [ˈgɔːdʒəs] *adj* praktfull

gospel [ˈgɔspəl] *n* evangelium *nt*

gossip [ˈgɔsip] *n* skvaller *nt; v* skvallra

got [gɔt] *v* (p, pp get)

gourmet [ˈguəmei] *n* gastronom *c*

gout [gaut] *n* gikt *c*

govern [ˈgʌvən] *v* regera

governess [ˈgʌvənis] *n* guvernant *c*

government [ˈgʌvənmənt] *n* regering *c*, styrelse *c*

governor [ˈgʌvənə] *n* guvernör *c*

gown [gaun] *n* klänning *c*

grace [greis] *n* grace *c;* nåd *c*

graceful [ˈgreisfəl] *adj* graciös; intagande; behaglig

grade [greid] *n* grad *c; v* klassificera

gradient [ˈgreidiənt] *n* stigning *c*

gradual [ˈgrædʒuəl] *adj* gradvis

graduate [ˈgrædʒueit] *v* *ta examen

grain [grein] *n* korn *nt*, sädeskorn *nt*

gram [græm] *n* gram *nt*

grammar [ˈgræmə] *n* grammatik *c*

grammatical [grəˈmætikəl] *adj* grammatisk

gramophone [ˈgræməfoun] *n* grammofon *c*

grand [grænd] *adj* storslagen

granddaughter [ˈgrænˌdɔːtə] *n* sondotter *c*, dotterdotter *c*

grandfather [ˈgrænˌfɑːðə] *n* farfar *c*, morfar *c*

grandmother [ˈgrænˌmʌðə] *n* farmor *c;* mormor *c*

grandparents [ˈgrænˌpɛərənts] *pl* morföräldrar *pl*, farföräldrar *pl*

grandson [ˈgrænsʌn] *n* sonson *c*, dotterson *c*

granite [ˈgrænit] *n* granit *c*

grant [grɑːnt] *v* bevilja, *medge; *n* bidrag *nt*, stipendium *nt*

grapefruit [ˈgreipfruːt] *n* grapefrukt *c*

grapes [greips] *pl* vindruvor *pl*

graph [græf] *n* diagram *nt*

graphic [ˈgræfik] *adj* grafisk

grasp [grɑːsp] *v* *gripa; *n* grepp *nt*

grass [grɑːs] *n* gräs *nt*

grasshopper [ˈgrɑːsˌhɔpə] *n* gräshoppa *c*

grate [greit] *n* spisgaller *c; v* *riva

grateful [ˈgreitfəl] *adj* tacksam

grater [ˈgreitə] *n* rivjärn *nt*

gratis [ˈgrætis] *adj* gratis

gratitude [ˈgrætitjuːd] *n* tacksamhet *c*

gratuity [grəˈtjuːəti] *n* gratifikation *c*

grave [greiv] *n* grav *c; adj* allvarlig

gravel [ˈgrævəl] *n* grus *nt*

gravestone [ˈgreivstoun] *n* gravsten *c*

graveyard [ˈgreivjɑːd] *n* begravningsplats *c*

gravity [ˈgrævəti] *n* tyngdkraft *c;* allvar *nt*

gravy [ˈgreivi] *n* sky *c*

graze [greiz] *v* beta; *n* skrubbsår *nt*

grease [griːs] *n* fett *nt; v* *smörja

greasy [ˈgriːsi] *adj* flottig, oljig

great [greit] *adj* stor; **Great Britain** Storbritannien

Greece [griːs] Grekland

greed [griːd] *n* habegär *nt*

greedy [ˈgriːdi] *adj* hagalen; glupsk

Greek [griːk] *adj* grekisk; *n* grek *c*

green [griːn] *adj* grön; ~ **card** grönt kort

greengrocer [ˈgriːnˌgrousə] *n* grönsakshandlare *c*

greenhouse [ˈgriːnhaus] *n* drivhus *nt*, växthus *nt*

greens [griːnz] *pl* grönsaker *pl*

greet [griːt] *v* hälsa

greeting [ˈgriːtiŋ] *n* hälsning *c*

grey [grei] *adj* grå

greyhound [ˈgreihaund] *n* vinthund *c*

grief [griːf] *n* sorg *c*, bedrövelse *c*

grieve [griːv] *v* sörja

grill [gril] *n* grill *c; v* grilla

grill-room [ˈgrilruːm] *n* grillrestau-

rang c
grin [grin] v flina; n flin nt
*grind [graind] v mala; finmala
grip [grip] v *gripa; n grepp nt;
nAm kappsäck c
grit [grit] n grus nt
groan [groun] v stöna
grocer ['grousə] n specerihandlare c;
grocer's speceriaffär c
groceries ['grousəriz] pl specerier pl
groin [grɔin] n ljumske c
groove [gru:v] n skåra c, fåra c
gross¹ [grous] n (pl ~) gross nt
gross² [grous] adj grov; brutto-
grotto ['grɔtou] n (pl ~es, ~s) grotta c
ground¹ [graund] n grund c, mark c;
~ **floor** bottenvåning c; **grounds**
mark c
ground² [graund] v (p, pp grind)
group [gru:p] n grupp c
grouse [graus] n (pl ~) vildhönsfågel c, ripa c
grove [grouv] n skogsdunge c
*grow [grou] v växa; odla; *bli
growl [graul] v morra
grown-up ['grounʌp] adj vuxen; n
vuxen c
growth [grouθ] n växt c; svulst c
grudge [grʌdʒ] v missunna
grumble ['grʌmbəl] v knorra
guarantee [ˌgærən'ti:] n garanti c; säkerhet c; v garantera
guarantor [ˌgærən'tɔ:] n borgensman
c
guard [gɑ:d] n vakt c; v bevaka
guardian ['gɑ:diən] n förmyndare c
guess [ges] v gissa; förmoda; n förmodan c
guest [gest] n gäst c
guest-house ['gesthaus] n pensionat
nt
guest-room ['gestru:m] n gästrum nt
guide [gaid] n reseledare c; guide c; v

vägleda; guida
guidebook ['gaidbuk] n resehandbok
c
guide-dog ['gaiddɔg] n ledarhund c
guilt [gilt] n skuld c
guilty ['gilti] adj skyldig
guinea-pig ['ginipig] n marsvin nt
guitar [gi'tɑ:] n gitarr c
gulf [gʌlf] n bukt c
gull [gʌl] n mås c
gum [gʌm] n tandkött nt; gummi nt;
klister nt
gun [gʌn] n gevär nt; kanon c
gunpowder ['gʌnˌpaudə] n krut nt
gust [gʌst] n kastby c
gusty ['gʌsti] adj stormig
gut [gʌt] n tarm c; **guts** mod nt
gutter ['gʌtə] n rännsten c
guy [gai] n karl c
gymnasium [dʒim'neiziəm] n (pl ~s,
-sia) gymnastiksal c
gymnast ['dʒimnæst] n gymnast c
gymnastics [dʒim'næstiks] pl gymnastik c
gynaecologist [ˌgainə'kɔlədʒist] n gynekolog c

H

haberdashery ['hæbədæʃəri] n sybehörsaffär c
habit ['hæbit] n vana c
habitable ['hæbitəbəl] adj beboelig
habitual [hə'bitʃuəl] adj invand
had [hæd] v (p, pp have)
haddock ['hædək] n (pl ~) kolja c
haemorrhage ['heməridʒ] n blödning
c
haemorrhoids ['hemərɔidz] pl hemorrojder pl
hail [heil] n hagel nt
hair [heə] n hår nt; ~ **cream** hår-

kräm c; ~ piece löshår nt; ~ rollers hårrullar pl; ~ tonic hårvatten nt

hairbrush ['heəbrʌʃ] n hårborste c

haircut ['heəkʌt] n hårklippning c

hair-do ['heədu:] n frisyr c

hairdresser ['heə,dresə] n damfrisör c

hair-dryer ['heədraiə] n hårtork c

hair-grip ['heəgrip] n hårspänne nt

hair-net ['heənet] n hårnät nt

hair-oil ['heərɔil] n hårolja c

hairpin ['heəpin] n hårnål c

hair-spray ['heəsprei] n hårspray nt

hairy ['heəri] adj hårig

half¹ [ha:f] adj halv; adv till hälften

half² [ha:f] n (pl halves) hälft c

half-time [,ha:f'taim] n halvlek c

halfway [,ha:f'wei] adv halvvägs

halibut ['hælibət] n (pl ~) helgeflundra c

hall [hɔ:l] n hall c; sal c

halt [hɔ:lt] v stanna

halve [ha:v] v halvera

ham [hæm] n skinka c

hamlet ['hæmlət] n liten by

hammer ['hæmə] n hammare c

hammock ['hæmək] n hängmatta c

hamper ['hæmpə] n matkorg c

hand [hænd] n hand c; v överlämna; ~ cream handkräm c

handbag ['hændbæg] n handväska c

handbook ['hændbuk] n handbok c

hand-brake ['hændbreik] n handbroms c

handcuffs ['hændkʌfs] pl handbojor pl

handful ['hændful] n handfull c

handicraft ['hændikra:ft] n hantverk nt; konsthantverk nt

handkerchief ['hæŋkətʃif] n näsduk c

handle ['hændəl] n skaft nt, handtag nt; v hantera; behandla

hand-made [,hænd'meid] adj handgjord

handshake ['hændʃeik] n handslag nt

handsome ['hænsəm] adj snygg

handwork ['hændwə:k] n hantverk nt

handwriting ['hænd,raitiŋ] n handstil c

*hang [hæŋ] v hänga

hanger ['hæŋə] n klädhängare c

hangover ['hæŋ,ouvə] n baksmälla c

happen ['hæpən] v hända, ske

happening ['hæpəniŋ] n händelse c

happiness ['hæpinəs] n lycka c

happy ['hæpi] adj belåten, lycklig

harbour ['ha:bə] n hamn c

hard [ha:d] adj hård; svår; hardly knappt

hardware ['ha:dweə] n järnvaror pl; ~ store järnhandel c

hare [heə] n hare c

harm [ha:m] n skada c; ont nt; v skada, *göra illa

harmful ['ha:mfəl] adj skadlig

harmless ['ha:mləs] adj oförarglig

harmony ['ha:məni] n harmoni c

harp [ha:p] n harpa c

harpsichord ['ha:psikɔ:d] n cembalo c

harsh [ha:ʃ] adj sträv; sträng; grym

harvest ['ha:vist] n skörd c

has [hæz] v (pr have)

haste [heist] n brådska c, hast c

hasten ['heisən] v skynda sig

hasty ['heisti] adj hastig

hat [hæt] n hatt c; ~ rack hatthylla c

hatch [hætʃ] n lucka c

hate [heit] v hata; n hat nt

hatred ['heitrid] n hat nt

haughty ['hɔ:ti] adj högdragen

haul [hɔ:l] v släpa

*have [hæv] v *ha; *få; ~ to *måste

haversack ['hævəsæk] n ränsel c

hawk [hɔ:k] n hök c; falk c

hay [hei] n hö nt; ~ fever hösnuva c

hazard ['hæzəd] n risk c

haze [heiz] n dis nt

hazelnut ['heizəlnʌt] n hasselnöt c

hazy [ˈheizi] *adj* disig

he [hiː] *pron* han

head [hed] *n* huvud *nt; v* leda; ~ of state statsöverhuvud *nt;* ~ teacher överlärare *c*

headache [ˈhedeik] *n* huvudvärk *c*

heading [ˈhediŋ] *n* överskrift *c*

headlamp [ˈhedlæmp] *n* strålkastare *c*

headland [ˈhedlənd] *n* udde *c*

headlight [ˈhedlait] *n* strålkastare *c*

headline [ˈhedlain] *n* rubrik *c*

headmaster [ˌhedˈmɑːstə] *n* rektor *c*

headquarters [ˌhedˈkwɔːtəz] *pl* högkvarter *nt*

head-strong [ˈhedstrɔŋ] *adj* envis

head-waiter [ˌhedˈweitə] *n* hovmästare *c*

heal [hiːl] *v* läka

health [helθ] *n* hälsa *c;* ~ centre hälsovårdscentral *c;* ~ certificate friskintyg *nt*

healthy [ˈhelθi] *adj* frisk

heap [hiːp] *n* hög *c*

*hear [hiə] *v* höra

hearing [ˈhiəriŋ] *n* hörsel *c*

heart [hɑːt] *n* hjärta *nt;* innersta *nt;* by ~ utantill; ~ attack hjärtattack *c*

heartburn [ˈhɑːtbəːn] *n* halsbränna *c*

hearth [hɑːθ] *n* eldstad *c*

heartless [ˈhɑːtləs] *adj* hjärtlös

hearty [ˈhɑːti] *adj* hjärtlig

heat [hiːt] *n* hetta *c,* värme *c; v* uppvärma; heating pad värmedyna *c*

heater [ˈhiːtə] *n* kamin *c;* immersion ~ doppvärmare *c*

heath [hiːθ] *n* hed *c*

heathen [ˈhiːðən] *n* hedning *c; adj* hednisk

heather [ˈheðə] *n* ljung *c*

heating [ˈhiːtiŋ] *n* uppvärmning *c*

heaven [ˈhevən] *n* himmel *c*

heavy [ˈhevi] *adj* tung

Hebrew [ˈhiːbruː] *n* hebreiska *c*

hedge [hedʒ] *n* häck *c*

hedgehog [ˈhedʒhɔg] *n* igelkott *c*

heel [hiːl] *n* häl *c;* klack *c*

height [hait] *n* höjd *c;* höjdpunkt *c*

hell [hel] *n* helvete *nt*

hello! [heˈlou] hej!; goddag!

helm [helm] *n* rorkult *c*

helmet [ˈhelmit] *n* hjälm *c*

helmsman [ˈhelmzmən] *n* rorsman *c*

help [help] *v* hjälpa; *n* hjälp *c*

helper [ˈhelpə] *n* hjälp *c*

helpful [ˈhelpfəl] *adj* hjälpsam

helping [ˈhelpiŋ] *n* portion *c*

hem [hem] *n* fåll *c*

hemp [hemp] *n* hampa *c*

hen [hen] *n* höna *c*

henceforth [ˌhensˈfɔːθ] *adv* hädanefter

her [həː] *pron* henne; *adj* hennes

herb [həːb] *n* ört *c*

herd [həːd] *n* hjord *c*

here [hiə] *adv* här; ~ you are var så god

hereditary [hiˈreditəri] *adj* ärftlig

hernia [ˈhəːniə] *n* brock *nt*

hero [ˈhiərou] *n* (pl ~es) hjälte *c*

heron [ˈherən] *n* häger *c*

herring [ˈheriŋ] *n* (pl ~, ~s) sill *c*

herself [həːˈself] *pron* sig; själv

hesitate [ˈheziteit] *v* tveka

heterosexual [ˌhetərəˈsekʃuəl] *adj* heterosexuell

hiccup [ˈhikʌp] *n* hicka *c*

hide [haid] *n* djurhud *c,* skinn *nt*

*hide [haid] *v* gömma; *v* dölja

hideous [ˈhidiəs] *adj* avskyvärd

hierarchy [ˈhaiərɑːki] *n* hierarki *c*

high [hai] *adj* hög

highway [ˈhaiwei] *n* landsväg *c; nAm* motorväg *c*

hijack [ˈhaidʒæk] *v* kapa

hijacker [ˈhaidʒækə] *n* kapare *c*

hike [haik] *v* vandra

hill [hil] *n* kulle *c;* backe *c*

hillside ['hilsaid] *n* sluttning *c*

hilltop ['hiltɔp] *n* backkrön *nt*

hilly ['hili] *adj* backig, kuperad

him [him] *pron* honom

himself [him'self] *pron* sig; själv

hinder ['hində] *v* hindra

hinge [hindʒ] *n* gångjärn *nt*

hip [hip] *n* höft *c*

hire [haiə] *v* hyra; **for ~** till uthyrning

hire-purchase [,haiə'pə:tʃəs] *n* avbetalningsköp *nt*

his [hiz] *adj* hans

historian [hi'stɔ:riən] *n* historiker *c*

historic [hi'stɔrik] *adj* historisk

historical [hi'stɔrikəl] *adj* historisk

history ['histəri] *n* historia *c*

hit [hit] *n* schlager *c*

*****hit** [hit] *v* *slå; träffa

hitchhike ['hitʃhaik] *v* lifta

hitchhiker ['hitʃ,haikə] *n* liftare *c*

hoarse [hɔ:s] *adj* skrovlig, hes

hobby ['hɔbi] *n* hobby *c*

hobby-horse ['hɔbihɔ:s] *n* käpphäst *c*

hockey ['hɔki] *n* hockey *c*

hoist [hɔist] *v* hissa

hold [hould] *n* lastrum *nt*

*****hold** [hould] *v* *hålla fast, *hålla; *bibehålla; **~ on** *hålla sig fast; **~ up** stötta, *hålla uppe

hold-up ['houldʌp] *n* väpnat rån

hole [houl] *n* hål *nt*

holiday ['hɔlədi] *n* semester *c*; helgdag *c*; **~ camp** ferieläger *nt*; **~ resort** semesterort *c*; **on ~** på semester

Holland ['hɔlənd] Holland

hollow ['hɔlou] *adj* ihålig

holy ['houli] *adj* helig

homage ['hɔmidʒ] *n* hyllning *c*

home [houm] *n* hem *nt*; hus *nt*, vårdhem *nt*; *adv* hemma, hem; **at ~** hemma

home-made [,houm'meid] *adj* hemgjord

homesickness ['houm,siknəs] *n* hemlängtan *c*

homosexual [,houmə'sekʃuəl] *adj* homosexuell

honest ['ɔnist] *adj* ärlig; uppriktig

honesty ['ɔnisti] *n* ärlighet *c*

honey ['hʌni] *n* honung *c*

honeymoon ['hʌnimu:n] *n* smekmånad *c*, bröllopsresa *c*

honk [hʌŋk] *vAm* tuta

honour ['ɔnə] *n* heder *c*; *v* hedra, ära

honourable ['ɔnərəbəl] *adj* ärofull; rättskaffens

hood [hud] *n* kapuschong *c*; *nAm* motorhuv *c*

hoof [hu:f] *n* hov *c*

hook [huk] *n* krok *c*

hoot [hu:t] *v* tuta

hooter ['hu:tə] *n* signalhorn *nt*

hoover ['hu:və] *v* *dammsuga

hop[1] [hɔp] *v* hoppa; *n* hopp *nt*

hop[2] [hɔp] *n* humle *nt*

hope [houp] *n* hopp *nt*; *v* hoppas

hopeful ['houpfəl] *adj* hoppfull

hopeless ['houpləs] *adj* hopplös

horizon [hə'raizən] *n* horisont *c*

horizontal [,hɔri'zɔntəl] *adj* horisontal

horn [hɔ:n] *n* horn *nt*; blåsinstrument *nt*; signalhorn *nt*

horrible ['hɔribəl] *adj* förskräcklig; ryslig, avskyvärd, gräslig

horror ['hɔrə] *n* skräck *c*, fasa *c*

hors-d'œuvre [ɔ:'də:vr] *n* förrätt *c*

horse [hɔ:s] *n* häst *c*

horseman ['hɔ:smən] *n* (pl -men) ryttare *c*

horsepower ['hɔ:s,pauə] *n* hästkraft *c*

horserace ['hɔ:sreis] *n* hästkapplöpning *c*

horseradish ['hɔ:s,rædiʃ] *n* pepparrot *c*

horseshoe ['hɔ:sʃu:] *n* hästsko *c*

horticulture ['hɔ:tikʌltʃə] *n* trädgårdsodling c

hosiery ['houʒəri] n trikåvaror pl

hospitable ['hɔspitəbəl] adj gästfri

hospital ['hɔspitəl] n sjukhus nt, lasarett nt

hospitality [,hɔspi'tæləti] n gästfrihet c

host [houst] n värd c

hostage ['hɔstidʒ] n gisslan c

hostel ['hɔstəl] n härbärge nt

hostess ['houstis] n värdinna c

hostile ['hɔstail] adj fientlig

hot [hɔt] adj varm, het

hotel [hou'tel] n hotell nt

hot-tempered [,hɔt'tempəd] adj hetlevrad

hour [auə] n timme c

hourly ['auəli] adj varje timme

house [haus] n hus nt; bostad c; ~ agent fastighetsmäklare c; ~ block Am husblock nt; public ~ restaurang c

houseboat ['hausbout] n husbåt c

household ['haushould] n hushåll nt

housekeeper ['haus,ki:pə] n hushållerska c

housekeeping ['haus,ki:piŋ] n hushållning c, hushållssysslor pl

housemaid ['hausmeid] n hembiträde nt

housewife ['hauswaif] n hemmafru c

housework ['hauswə:k] n hushållsarbete nt

how [hau] adv hur; så; ~ many hur många; ~ much hur mycket

however [hau'evə] conj likväl, emellertid

hug [hʌg] v omfamna; n kram c

huge [hju:dʒ] adj kolossal, jättestor, väldig

hum [hʌm] v nynna

human ['hju:mən] adj mänsklig; ~ being människa c

humanity [hju'mænəti] n mänsklighet

c

humble ['hʌmbəl] adj ödmjuk

humid ['hju:mid] adj fuktig

humidity [hju'midəti] n fuktighet c

humorous ['hju:mərəs] adj skämtsam, humoristisk, lustig

humour ['hju:mə] n humor c

hundred ['hʌndrəd] n hundra

Hungarian [hʌŋ'geəriən] adj ungersk; n ungrare c

Hungary ['hʌŋgəri] Ungern

hunger ['hʌŋgə] n hunger c

hungry ['hʌŋgri] adj hungrig

hunt [hʌnt] v jaga; n jakt c

hunter ['hʌntə] n jägare c

hurricane ['hʌrikən] n orkan c; ~ lamp stormlykta c

hurry ['hʌri] v skynda sig; n brådska c; in a ~ fort

*hurt [hə:t] v värka, skada; såra

hurtful ['hə:tfəl] adj skadlig

husband ['hʌzbənd] n äkta man, make c

hut [hʌt] n hydda c

hydrogen ['haidrədʒən] n väte nt

hygiene ['haidʒi:n] n hygien c

hygienic [hai'dʒi:nik] adj hygienisk

hymn [him] n hymn c, psalm c

hyphen ['haifən] n bindestreck nt

hypocrisy [hi'pɔkrəsi] n hyckleri nt

hypocrite ['hipəkrit] n hycklare c

hypocritical [,hipə'kritikəl] adj hycklande, skenhelig

hysterical [hi'sterikəl] adj hysterisk

I

I [ai] pron jag

ice [ais] n is c

ice-bag ['aisbæg] n isblåsa c

ice-cream ['aiskri:m] n glass c

Iceland ['aislənd] Island

Icelander ['aisləndə] *n* islänning *c*

Icelandic [ais'lændik] *adj* isländsk

icon ['aikən] *n* ikon *c*

idea [ai'diə] *n* idé *c*; tanke *c*, infall *nt*; begrepp *nt*, föreställning *c*

ideal [ai'diəl] *adj* idealisk; *n* ideal *nt*

identical [ai'dentikəl] *adj* identisk

identification [ai,dentifi'keiʃən] *n* identifiering *c*; legitimation *c*

identify [ai'dentifai] *v* identifiera

identity [ai'dentəti] *n* identitet *c*; ~ **card** identitetskort *nt*

idiom ['idiəm] *n* idiom *nt*

idiomatic [,idiə'mætik] *adj* idiomatisk

idiot ['idiət] *n* idiot *c*

idiotic [,idi'ɔtik] *adj* idiotisk

idle ['aidəl] *adj* overksam; lat; gagnlös, tom

idol ['aidəl] *n* avgud *c*; idol *c*

if [if] *conj* om; ifall

ignition [ig'niʃən] *n* tändning *c*; ~ **coil** tändspole *c*

ignorant ['ignərənt] *adj* okunnig

ignore [ig'nɔ:] *v* ignorera

ill [il] *adj* sjuk; dålig; elak

illegal [i'li:gəl] *adj* olaglig, illegal

illegible [i'ledʒəbəl] *adj* oläslig

illiterate [i'litərət] *n* analfabet *c*

illness ['ilnəs] *n* sjukdom *c*

illuminate [i'lu:mineit] *v* lysa upp

illumination [i,lu:mi'neiʃən] *n* belysning *c*

illusion [i'lu:ʒən] *n* illusion *c*; villfarelse *c*

illustrate ['iləstreit] *v* illustrera

illustration [,ilə'streiʃən] *n* illustration *c*

image ['imidʒ] *n* bild *c*

imaginary [i'mædʒinəri] *adj* inbillad

imagination [i,mædʒi'neiʃən] *n* fantasi *c*, inbillning *c*

imagine [i'mædʒin] *v* föreställa sig; inbilla sig; tänka sig

imitate ['imiteit] *v* imitera, efterlikna

imitation [,imi'teiʃən] *n* imitation *c*

immediate [i'mi:djət] *adj* omedelbar

immediately [i'mi:djətli] *adv* genast, omedelbart

immense [i'mens] *adj* enorm, oerhörd, oändlig

immigrant ['imigrənt] *n* invandrare *c*

immigrate ['imigreit] *v* immigrera

immigration [,imi'greiʃən] *n* invandring *c*

immodest [i'mɔdist] *adj* oblyg

immunity [i'mju:nəti] *n* immunitet *c*

immunize ['imjunaiz] *v* immunisera

impartial [im'pɑ:ʃəl] *adj* opartisk

impassable [im'pɑ:səbəl] *adj* oframkomlig

impatient [im'peiʃənt] *adj* otålig

impede [im'pi:d] *v* hindra

impediment [im'pedimənt] *n* hinder *nt*

imperfect [im'pə:fikt] *adj* ofullkomlig

imperial [im'piəriəl] *adj* kejserlig; imperial-

impersonal [im'pə:sənəl] *adj* opersonlig

impertinence [im'pə:tinəns] *n* näsvishet *c*

impertinent [im'pə:tinənt] *adj* oförskämd, fräck, näsvis

implement[1] ['implimənt] *n* redskap *nt*, verktyg *nt*

implement[2] ['impliment] *v* utföra, *fullgöra

imply [im'plai] *v* antyda; *innebära

impolite [,impə'lait] *adj* ohövlig

import[1] [im'pɔ:t] *v* införa, importera

import[2] ['impɔ:t] *n* import *c*, införsel *c*, importvara *c*; ~ **duty** importtull *c*

importance [im'pɔ:təns] *n* betydelse *c*

important [im'pɔ:tənt] *adj* viktig, betydelsefull

importer [im'pɔ:tə] *n* importör *c*

imposing [im'pouziŋ] *adj* imponerande

impossible [im'posabal] *adj* omöjlig
impotence ['impatans] *n* impotens *c*
impotent ['impatant] *adj* impotent
impound [im'paund] *v* *beslagta
impress [im'pres] *v* *göra intryck på, imponera
impression [im'preʃan] *n* intryck *nt*
impressive [im'presiv] *adj* imponerande
imprison [im'prizan] *v* fängsla
imprisonment [im'prizanmant] *n* fångenskap *c*
improbable [im'probabal] *adj* otrolig
improper [im'propa] *adj* opassande, felaktig
improve [im'pru:v] *v* förbättra
improvement [im'pru:vmant] *n* förbättring *c*
improvise ['impravaiz] *v* improvisera
impudent ['impjudant] *adj* oförskämd
impulse ['impʌls] *n* impuls *c;* stimulans *c*
impulsive [im'pʌlsiv] *adj* impulsiv
in [in] *prep* i; om, på; *adv* in
inaccessible [ˌinæk'sesabal] *adj* otillgänglig
inaccurate [i'nækjurat] *adj* oriktig
inadequate [i'nædikwat] *adj* otillräcklig
incapable [iŋ'keipabal] *adj* oduglig
incense ['insens] *n* rökelse *c*
incident ['insidant] *n* händelse *c*
incidental [ˌinsi'dental] *adj* tillfällig
incite [in'sait] *v* sporra
inclination [ˌiŋkli'neiʃan] *n* benägenhet *c*
incline [iŋ'klain] *n* sluttning *c*
inclined [iŋ'klaind] *adj* benägen; lutande; *be ~ to *vara benägen att
include [iŋ'klu:d] *v* innefatta, omfatta; included inberäknad
inclusive [iŋ'klu:siv] *adj* inklusive
income ['iŋkam] *n* inkomst *c*
income-tax ['iŋkamtæks] *n* inkomst-

skatt *c*
incompetent [iŋ'kompatant] *adj* inkompetent
incomplete [ˌiŋkam'pli:t] *adj* ofullständig
inconceivable [ˌiŋkan'si:vabal] *adj* ofattbar
inconspicuous [ˌiŋkan'spikjuas] *adj* oansenlig, försynt
inconvenience [ˌiŋkan'vi:njans] *n* olägenhet *c*, besvär *nt*
inconvenient [ˌiŋkan'vi:njant] *adj* olämplig; besvärlig
incorrect [ˌiŋka'rekt] *adj* felaktig, oriktig
increase[1] [iŋ'kri:s] *v* öka; *tillta
increase[2] ['iŋkri:s] *n* ökning *c*
incredible [iŋ'kredabal] *adj* otrolig
incurable [iŋ'kjuarabal] *adj* obotlig
indecent [in'di:sant] *adj* opassande
indeed [in'di:d] *adv* verkligen
indefinite [in'definit] *adj* obestämd
indemnity [in'demnati] *n* skadeersättning *c*, gottgörelse *c*
independence [ˌindi'pendans] *n* självständighet *c*
independent [ˌindi'pendant] *adj* självständig; oberoende
index ['indeks] *n* register *nt*, förteckning *c;* ~ finger pekfinger *nt*
India ['india] Indien
Indian ['indian] *adj* indisk; indiansk; *n* indier *c;* indian *c*
indicate ['indikeit] *v* påpeka, antyda, visa
indication [ˌindi'keiʃan] *n* tecken *nt*, antydan *c*
indicator ['indikeita] *n* indikator *c*, blinker *c*
indifferent [in'difarant] *adj* likgiltig
indigestion [ˌindi'dʒestʃan] *n* matsmältningsbesvär *nt*
indignation [ˌindig'neiʃan] *n* harm *c*, upprördhet *c*

indirect [ˌindiˈrekt] adj indirekt

individual [ˌindiˈvidʒuəl] adj enskild, individuell; n individ c, enskild person

Indonesia [ˌindəˈniːziə] Indonesien

Indonesian [ˌindəˈniːziən] adj indonesisk; n indones c

indoor [ˈindɔː] adj inomhus-

indoors [ˌinˈdɔːz] adv inomhus

indulge [inˈdʌldʒ] v *ge efter

industrial [inˈdʌstriəl] adj industriell; ~ area industriområde nt

industrious [inˈdʌstriəs] adj flitig

industry [ˈindəstri] n industri c

inedible [iˈnedibəl] adj oätbar

inefficient [ˌiniˈfiʃənt] adj ineffektiv; oduglig

inevitable [iˈnevitəbəl] adj oundviklig

inexpensive [ˌinikˈspensiv] adj billig

inexperienced [ˌinikˈspiəriənst] adj oerfaren

infant [ˈinfənt] n spädbarn nt

infantry [ˈinfəntri] n infanteri nt

infect [inˈfekt] v infektera, smitta

infection [inˈfekʃən] n infektion c

infectious [inˈfekʃəs] adj smittosam

infer [inˈfəː] v *innebära, *dra en slutsats

inferior [inˈfiəriə] adj underlägsen, sämre; mindervärdig; nedre

infinite [ˈinfinət] adj oändlig

infinitive [inˈfinitiv] n infinitiv c

infirmary [inˈfəːməri] n sjukvårdsrum nt

inflammable [inˈflæməbəl] adj eldfarlig

inflammation [ˌinfləˈmeiʃən] n inflammation c

inflatable [inˈfleitəbəl] adj uppblåsbar

inflate [inˈfleit] v blåsa upp

inflation [inˈfleiʃən] n inflation c

influence [ˈinfluəns] n påverkan c; v påverka

influential [ˌinfluˈenʃəl] adj inflytelserik

influenza [ˌinfluˈenzə] n influensa c

inform [inˈfɔːm] v informera; meddela, underrätta

informal [inˈfɔːməl] adj informell

information [ˌinfəˈmeiʃən] n uppgift c; upplysning c, meddelande nt; ~ bureau upplysningsbyrå c

infra-red [ˌinfrəˈred] adj infraröd

infrequent [inˈfriːkwənt] adj sällsynt

ingredient [inˈgriːdiənt] n ingrediens c

inhabit [inˈhæbit] v bebo

inhabitable [inˈhæbitəbəl] adj beboelig

inhabitant [inˈhæbitənt] n invånare c

inhale [inˈheil] v inandas

inherit [inˈherit] v ärva

inheritance [inˈheritəns] n arv nt

initial [iˈniʃəl] adj ursprunglig, första; n initial c; v parafera

initiative [iˈniʃətiv] n initiativ nt

inject [inˈdʒekt] v inspruta

injection [inˈdʒekʃən] n injektion c

injure [ˈindʒə] v skada, såra

injury [ˈindʒəri] n skada c, oförrätt c

injustice [inˈdʒʌstis] n orättvisa c

ink [iŋk] n bläck nt

inlet [ˈinlet] n sund nt, inlopp nt

inn [in] n värdshus nt

inner [ˈinə] adj inre; ~ tube innerslang c

inn-keeper [ˈinˌkiːpə] n värdshusvärd c

innocence [ˈinəsəns] n oskuld c

innocent [ˈinəsənt] adj oskyldig

inoculate [iˈnɔkjuleit] v ympa

inoculation [iˌnɔkjuˈleiʃən] n ympning c

inquire [iŋˈkwaiə] v *ta reda på, förhöra sig, förfråga sig

inquiry [iŋˈkwaiəri] n förfrågan c; undersökning c; ~ office upplysningsbyrå c

inquisitive [iŋˈkwizətiv] adj frågvis

insane [inˈsein] adj sinnessjuk

inscription [in'skripʃən] n inskription c

insect ['insekt] n insekt c; ~ repellent insektsmedel nt

insecticide [in'sektisaid] n insektsgift nt

insensitive [in'sensətiv] adj känslolös

insert [in'səːt] v infoga, stoppa in

inside [‚in'said] n insida c; adj inre; adv inne; inuti; prep innanför, in i; ~ out ut och in

insight ['insait] n insikt c

insignificant [‚insig'nifikənt] adj obetydlig; oansenlig, intetsägande; oviktig

insist [in'sist] v insistera; *vidhålla

insolence ['insələns] n oförskämdhet c

insolent ['insələnt] adj oförskämd, fräck

insomnia [in'sɔmniə] n sömnlöshet c

inspect [in'spekt] v inspektera, undersöka, granska

inspection [in'spekʃən] n inspektion c; kontroll c

inspector [in'spektə] n inspektor c, inspektör c

inspire [in'spaiə] v inspirera

install [in'stɔːl] v installera

installation [‚instə'leiʃən] n installation c

instalment [in'stɔːlmənt] n avbetalning c

instance ['instəns] n exempel nt; fall nt; for ~ till exempel

instant ['instənt] n ögonblick nt

instantly ['instəntli] adv ögonblickligen, omedelbart

instead of [in'sted ɔv] i stället för

instinct ['instiŋkt] n instinkt c

institute ['institjuːt] n institut nt; anstalt c; v stifta, inrätta

institution [‚insti'tjuːʃən] n institution c, grundande nt

instruct [in'strʌkt] v instruera

instruction [in'strʌkʃən] n undervisning c

instructive [in'strʌktiv] adj lärorik

instructor [in'strʌktə] n lärare c, instruktör c

instrument ['instrumənt] n instrument nt; musical ~ musikinstrument nt

insufficient [‚insə'fiʃənt] adj otillräcklig

insulate ['insjuleit] v isolera

insulation [‚insju'leiʃən] n isolering c

insulator ['insjuleitə] n isolator c

insult¹ [in'sʌlt] v förolämpa

insult² ['insʌlt] n förolämpning c

insurance [in'ʃuərəns] n försäkring c; ~ policy försäkringsbrev nt

insure [in'ʃuə] v försäkra

intact [in'tækt] adj intakt

intellect ['intəlekt] n förstånd nt, intellekt nt

intellectual [‚intə'lektʃuəl] adj intellektuell

intelligence [in'telidʒəns] n intelligens c

intelligent [in'telidʒənt] adj intelligent

intend [in'tend] v ämna

intense [in'tens] adj intensiv; häftig

intention [in'tenʃən] n avsikt c

intentional [in'tenʃənəl] adj avsiktlig

intercourse ['intəkɔːs] n umgänge nt

interest ['intrəst] n intresse nt; ränta c; v intressera

interesting ['intrəstiŋ] adj intressant

interfere [‚intə'fiə] v *ingripa; ~ with blanda sig i

interference [‚intə'fiərəns] n inblandning c

interim ['intərim] n mellantid c

interior [in'tiəriə] n insida c; interiör c; inrikesärenden

interlude ['intəluːd] n mellanspel nt

intermediary [‚intə'miːdjəri] n för-

medlare c
intermission [,intə'miʃən] n paus c
internal [in'tə:nəl] adj inre; invärtes; inhemsk, invändig
international [,intə'næʃənəl] adj internationell
interpret [in'tə:prit] v tolka
interpreter [in'tə:pritə] n tolk c
interrogate [in'terəgeit] v förhöra
interrogation [in,terə'geiʃən] n förhör nt
interrogative [,intə'rɔgətiv] adj interrogativ
interrupt [,intə'rʌpt] v *avbryta
interruption [,intə'rʌpʃən] n avbrott nt
intersection [,intə'sekʃən] n skärning c, vägkorsning c
interval ['intəvəl] n paus c; intervall c
intervene [,intə'vi:n] v *ingripa
interview ['intəvju:] n intervju c
intestine [in'testin] n tarm c
intimate ['intimət] adj förtrolig
into ['intu] prep in i
intolerable [in'tɔlərəbəl] adj outhärdlig
intoxicated [in'tɔksikeitid] adj berusad
intrigue [in'tri:g] n intrig c
introduce [,intrə'dju:s] v presentera, introducera; införa
introduction [,intrə'dʌkʃən] n presentation c; inledning c
invade [in'veid] v invadera
invalid[1] ['invəli:d] n invalid c; adj invalidiserad
invalid[2] [in'vælid] adj ogiltig
invasion [in'veiʒən] n invasion c
invent [in'vent] v *uppfinna; uppdikta
invention [in'venʃən] n uppfinning c
inventive [in'ventiv] adj uppfinningsrik
inventor [in'ventə] n uppfinnare c
inventory ['invəntri] n inventering c

invert [in'və:t] v kasta om, vända upp och ner
invest [in'vest] v investera; placera pengar
investigate [in'vestigeit] v efterforska, utreda
investigation [in,vesti'geiʃən] n utredning c
investment [in'vestmənt] n investering c, kapitalplacering c
investor [in'vestə] n aktieägare c, investerare c
invisible [in'vizəbəl] adj osynlig
invitation [,invi'teiʃən] n inbjudan c
invite [in'vait] v *inbjuda
invoice ['invɔis] n faktura c
involve [in'vɔlv] v inblanda
inwards ['inwədz] adv inåt
iodine ['aiədi:n] n jod c
Iran [i'rɑ:n] Iran
Iranian [i'reiniən] adj iransk; n iranier c
Iraq [i'rɑ:k] Irak
Iraqi [i'rɑ:ki] adj irakisk; n irakier c
irascible [i'ræsibəl] adj lättretlig
Ireland ['aiələnd] Irland
Irish ['aiəriʃ] adj irländsk
Irishman ['aiəriʃmən] n (pl -men) irländare c
iron ['aiən] n järn nt; strykjärn nt; järn-; v *stryka
ironical [ai'rɔnikəl] adj ironisk
ironworks ['aiənwə:ks] n järnverk nt
irony ['aiərəni] n ironi c
irregular [i'regjulə] adj oregelbunden
irreparable [i'repərəbəl] adj oreparerbar
irrevocable [i'revəkəbəl] adj oåterkallelig
irritable ['iritəbəl] adj lättretad
irritate ['iriteit] v irritera, reta
is [iz] v (pr be)
island ['ailənd] n ö c
isolate ['aisəleit] v isolera

isolation [‚aisə'leiʃən] n isolering c

Israel ['izreil] Israel

Israeli [iz'reili] adj israelisk; n israelier c

issue ['iʃu:] v *utge; n utgivning c, upplaga c; fråga c, tvisteämne nt; resultat nt, utgång c, följd c, konsekvens c

isthmus ['isməs] n näs nt

it [it] pron den, det

Italian [i'tæljən] adj italiensk; n italienare c

italics [i'tæliks] pl kursivering c

Italy ['itəli] Italien

itch [itʃ] n klåda c; v klia

item ['aitəm] n post c; punkt c

itinerant [ai'tinərənt] adj kringresande

itinerary [ai'tinərəri] n resrutt c, resplan c

ivory ['aivəri] n elfenben nt

ivy ['aivi] n murgröna c

J

jack [dʒæk] n domkraft c

jacket ['dʒækit] n kavaj c, jacka c; bokomslag nt

jade [dʒeid] n jade c

jail [dʒeil] n fängelse nt

jailer ['dʒeilə] n fångvaktare c

jam [dʒæm] n sylt c; trafikstockning c

janitor ['dʒænitə] n portvakt c

January ['dʒænjuəri] januari

Japan [dʒə'pæn] Japan

Japanese [‚dʒæpə'ni:z] adj japansk; n japan c

jar [dʒɑ:] n kruka c; skakning c

jaundice ['dʒɔ:ndis] n gulsot c

jaw [dʒɔ:] n käke c

jealous ['dʒeləs] adj svartsjuk

jealousy ['dʒeləsi] n svartsjuka c

jeans [dʒi:nz] pl jeans pl

jelly ['dʒeli] n gelé c

jelly-fish ['dʒelifiʃ] n manet c

jersey ['dʒə:zi] n jerseytyg nt; ylletröja c

jet [dʒet] n stråle c; jetplan nt

jetty ['dʒeti] n hamnpir c

Jew [dʒu:] n jude c

jewel ['dʒu:əl] n smycke nt

jeweller ['dʒu:ələ] n juvelerare c

jewellery ['dʒu:əlri] n smycken; juveler

Jewish ['dʒu:iʃ] adj judisk

job [dʒɔb] n jobb nt; plats c, arbete nt

jockey ['dʒɔki] n jockey c

join [dʒɔin] v *förbinda; *ansluta sig till; förena, sammanfoga

joint [dʒɔint] n led c; sammanfogning c; adj gemensam, förenad

jointly ['dʒɔintli] adv gemensamt

joke [dʒouk] n vits c, skämt nt

jolly ['dʒɔli] adj lustig

Jordan ['dʒɔ:dən] Jordanien

Jordanian [dʒɔ:'deiniən] adj jordansk; n jordanier c

journal ['dʒə:nəl] n journal c, tidskrift c

journalism ['dʒə:nəlizəm] n journalism c

journalist ['dʒə:nəlist] n journalist c

journey ['dʒə:ni] n resa c

joy [dʒɔi] n fröjd c, glädje c

joyful ['dʒɔifəl] adj förtjust, glad

jubilee ['dʒu:bili:] n jubileum nt

judge [dʒʌdʒ] n domare c; v döma; bedöma

judgment ['dʒʌdʒmənt] n dom c

jug [dʒʌg] n tillbringare c

Jugoslav [ju:gə'slɑ:v] adj jugoslavisk; n jugoslav c

Jugoslavia [ju:gə'slɑ:viə] Jugoslavien

juice [dʒu:s] n saft c, juice c

juicy ['dʒu:si] adj saftig

July [dʒuˈlai] juli
jump [dʒʌmp] v hoppa; n språng nt, hopp nt
jumper [ˈdʒʌmpə] n jumper c
junction [ˈdʒʌŋkʃən] n vägkorsning c; knutpunkt c
June [dʒuːn] juni
jungle [ˈdʒʌŋgəl] n djungel c, urskog c
junior [ˈdʒuːnjə] adj junior
junk [dʒʌŋk] n skräp nt; djonk c
jury [ˈdʒuəri] n jury c
just [dʒʌst] adj rättvis, berättigad; riktig; adv just; precis
justice [ˈdʒʌstis] n rätt c; rättvisa c
juvenile [ˈdʒuːvənail] adj ungdomlig

K

kangaroo [ˌkæŋgəˈruː] n känguru c
keel [kiːl] n köl c
keen [kiːn] adj livlig, angelägen; skarp
*keep [kiːp] v *hålla; bevara; *fortsätta; ~ **away from** hålla sig på avstånd från; ~ **off** *låta vara; ~ **on** *fortsätta; ~ **quiet** *tiga; ~ **up** *hålla ut; ~ **up with** hänga med
keg [keg] n kagge c
kennel [ˈkenəl] n hundkoja c; kennel c
Kenya [ˈkenjə] Kenya
kerosene [ˈkerəsiːn] n fotogen c
kettle [ˈketəl] n kittel c
key [kiː] n nyckel c
keyhole [ˈkiːhoul] n nyckelhål nt
khaki [ˈkaːki] n kaki c
kick [kik] v sparka; n spark c
kick-off [ˌkiˈkɔf] n avspark c
kid [kid] n barn nt, unge c; getskinn nt; v *driva med
kidney [ˈkidni] n njure c

kill [kil] v *slå ihjäl, döda
kilogram [ˈkiləgræm] n kilo nt
kilometre [ˈkiləˌmiːtə] n kilometer c
kind [kaind] adj snäll, vänlig; god; n sort c
kindergarten [ˈkindəˌgaːtən] n lekskola c
king [kiŋ] n kung c
kingdom [ˈkiŋdəm] n kungarike nt; rike nt
kiosk [ˈkiːɔsk] n kiosk c
kiss [kis] n kyss c, puss c; v kyssa
kit [kit] n utrustning c
kitchen [ˈkitʃin] n kök nt; ~ **garden** köksträdgård c
knapsack [ˈnæpsæk] n ryggsäck c
knave [neiv] n knekt c
knee [niː] n knä nt
kneecap [ˈniːkæp] n knäskål c
*kneel [niːl] v knäböja
knew [njuː] v (p know)
knickers [ˈnikəz] pl underbyxor pl
knife [naif] n (pl knives) kniv c
knight [nait] n riddare c
*knit [nit] v sticka
knob [nɔb] n handtag nt
knock [nɔk] v knacka; n knackning c; ~ **against** stöta emot; ~ **down** *slå omkull
knot [nɔt] n knut c; v *knyta
*know [nou] v *veta, känna
knowledge [ˈnɔlidʒ] n kunskap c
knuckle [ˈnʌkəl] n knoge c

L

label [ˈleibəl] n etikett c; v etikettera
laboratory [ləˈbɔrətəri] n laboratorium nt
labour [ˈleibə] n arbete nt; förlossningsarbete nt; v anstränga sig; **labor permit** Am arbetstillstånd nt

labourer ['leibərə] *n* arbetare *c*

labour-saving ['leibə‚seiviŋ] *adj* arbetsbesparande

labyrinth ['læbərinθ] *n* labyrint *c*

lace [leis] *n* spets *c;* skosnöre *nt*

lack [læk] *n* saknad *c,* brist *c; v* sakna

lacquer ['lækə] *n* lack *nt*

lad [læd] *n* pojke *c,* gosse *c*

ladder ['lædə] *n* stege *c*

lady ['leidi] *n* dam *c;* **ladies' room** damtoalett *c*

lagoon [lə'gu:n] *n* lagun *c*

lake [leik] *n* sjö *c*

lamb [læm] *n* lamm *nt;* lammkött *nt*

lame [leim] *adj* ofärdig, halt, förlamad

lamentable ['læməntəbəl] *adj* bedrövlig

lamp [læmp] *n* lampa *c*

lamp-post ['læmppoust] *n* lyktstolpe *c*

lampshade ['læmpʃeid] *n* lampskärm *c*

land [lænd] *n* land *nt; v* landa; ***gå i land

landlady ['læn‚leidi] *n* hyresvärdinna *c*

landlord ['lændlɔ:d] *n* hyresvärd *c*

landmark ['lændmɑ:k] *n* landmärke *nt*

landscape ['lændskeip] *n* landskap *nt*

lane [lein] *n* gränd *c,* smal gata; körfil *c*

language ['læŋgwidʒ] *n* språk *nt;* ~ **laboratory** språklaboratorium *nt*

lantern ['læntən] *n* lykta *c*

lapel [lə'pel] *n* rockslag *nt*

larder ['lɑ:də] *n* skafferi *nt*

large [lɑ:dʒ] *adj* stor; rymlig

lark [lɑ:k] *n* lärka *c*

laryngitis [‚lærin'dʒaitis] *n* strupkatarr *c*

last [lɑ:st] *adj* sist; förra; *v* vara; **at** ~ till sist; till slut

lasting ['lɑ:stiŋ] *adj* varaktig

latchkey ['lætʃki:] *n* portnyckel *c*

late [leit] *adj* sen; för sent

lately ['leitli] *adv* på sista tiden, nyligen

lather ['lɑ:ðə] *n* lödder *nt*

Latin America ['lætin ə'merikə] Latinamerika

Latin-American [‚lætinə'merikən] *adj* latinamerikansk

latitude ['lætitju:d] *n* breddgrad *c*

laugh [lɑ:f] *v* skratta; *n* skratt *nt*

laughter ['lɑ:ftə] *n* skratt *nt*

launch [lɔ:ntʃ] *v* lansera; *sjösätta; *avskjuta; *n* slup *c*

launching ['lɔ:ntʃiŋ] *n* sjösättning *c*

launderette [‚lɔ:ndə'ret] *n* tvättomat *c*

laundry ['lɔ:ndri] *n* tvättinrättning *c;* tvätt *c*

lavatory ['lævətəri] *n* toalett *c*

lavish ['læviʃ] *adj* slösaktig

law [lɔ:] *n* lag *c;* juridik *c;* ~ **court** domstol *c*

lawful ['lɔ:fəl] *adj* laglig

lawn [lɔ:n] *n* gräsmatta *c*

lawsuit ['lɔ:su:t] *n* rättegång *c,* process *c*

lawyer ['lɔ:jə] *n* advokat *c;* jurist *c*

laxative ['læksətiv] *n* avföringsmedel *nt*

*lay [lei] *v* placera, *lägga, *sätta; ~ **bricks** mura

layer [leiə] *n* lager *nt*

layman ['leimən] *n* lekman *c*

lazy ['leizi] *adj* lat

*lead [li:d] *v* leda

lead[1] [li:d] *n* försprång *nt;* ledning *c;* koppel *nt*

lead[2] [led] *n* bly *nt*

leader ['li:də] *n* ledare *c*

leadership ['li:dəʃip] *n* ledarskap *nt*

leading ['li:diŋ] *adj* förnämst, ledande

leaf [li:f] *n* (pl leaves) löv *nt,* blad *nt*

league [li:g] *n* förbund *nt*

leak [li:k] *v* läcka; *n* läcka *c*

leaky ['li:ki] adj otät

lean [li:n] adj mager

*lean [li:n] v luta sig

leap [li:p] n hopp nt

*leap [li:p] v skutta, hoppa

leap-year ['li:pjiə] n skottår nt

*learn [lə:n] v lära sig

learner ['lə:nə] n nybörjare c

lease [li:s] n hyreskontrakt nt; arrende nt; v hyra, arrendera ut; arrendera

leash [li:ʃ] n koppel nt

least [li:st] adj minst; at ~ åtminstone

leather ['leðə] n läder nt; läder-, skinn-

leave [li:v] n ledighet c

*leave [li:v] v lämna, *ge sig av, resa bort, *låta; ~ behind efterlämna; ~ out utelämna

Lebanese [,lebə'ni:z] adj libanesisk; n libanes c

Lebanon ['lebənən] Libanon

lecture ['lektʃə] n föreläsning c, föredrag nt

left[1] [left] adj vänster

left[2] [left] v (p, pp leave)

left-hand ['lefthænd] adj vänster

left-handed [,left'hændid] adj vänsterhänt

leg [leg] n ben nt

legacy ['legəsi] n legat nt

legal ['li:gəl] adj legal, laglig; juridisk

legalization [,li:gəlai'zeiʃən] n legalisering c

legation [li'geiʃən] n legation c

legible ['ledʒibəl] adj läslig

legitimate [li'dʒitimət] adj rättmätig, legitim

leisure ['leʒə] n ledighet c

lemon ['lemən] n citron c

lemonade [,lemə'neid] n läskedryck c

*lend [lend] v låna ut

length [leŋθ] n längd c

lengthen ['leŋθən] v förlänga

lengthways ['leŋθweiz] adv på längden

lens [lenz] n lins c; telephoto ~ teleobjektiv nt; zoom ~ zoomlins c

leprosy ['leprəsi] n spetälska c

less [les] adv mindre

lessen ['lesən] v förminska

lesson ['lesən] n läxa c, lektion c

*let [let] v *låta; hyra ut; ~ down *svika

letter ['letə] n brev nt; bokstav c; ~ of credit kreditiv nt; ~ of recommendation rekommendationsbrev nt

letter-box ['letəbɔks] n brevlåda c

lettuce ['letis] n grönsallad c

level ['levəl] adj slät; plan, jämn; n plan nt, nivå c; vattenpass nt; v jämna, utjämna; ~ crossing järnvägsövergång c

lever ['li:və] n hävstång c, spak c

liability [,laiə'biləti] n skyldighet c

liable ['laiəbəl] adj ansvarig, benägen; ~ to utsatt för

liberal ['libərəl] adj liberal; frikostig, rundhänt, givmild

liberation [,libə'reiʃən] n frigörelse c, befrielse c; frigivande nt

Liberia [lai'biəriə] Liberia

Liberian [lai'biəriən] adj liberiansk; n liberian c

liberty ['libəti] n frihet c

library ['laibrəri] n bibliotek nt

licence ['laisəns] n licens c; tillståndsbevis nt; driving ~ körkort nt; ~ number Am registreringsnummer nt; ~ plate nummerplåt c

license ['laisəns] v *ge rättighet, auktorisera

lick [lik] v slicka; övertrumfa

lid [lid] n lock nt

lie [lai] v *ljuga; n lögn c

*lie [lai] v *ligga; ~ down *lägga

sig

life [laif] n (pl lives) liv nt; ~ **insurance** livförsäkring c

lifebelt ['laifbelt] n livbälte nt

lifetime ['laiftaim] n livstid c

lift [lift] v lyfta, höja; n hiss c; skjuts c

light [lait] n ljus nt; adj lätt; ljus; ~ **bulb** glödlampa c

*light [lait] v tända

lighter ['laitə] n tändare c

lighthouse ['laithaus] n fyr c

lighting ['laitiŋ] n belysning c

lightning ['laitniŋ] n blixt c

like [laik] v tycka om; adj lik; conj såsom; prep liksom

likely ['laikli] adj sannolik

like-minded [,laik'maindid] adj likasinnad

likewise ['laikwaiz] adv likaså, likaledes

lily ['lili] n lilja c

limb [lim] n lem c

lime [laim] n kalk c; lind c; grön citron

limetree ['laimtri:] n lind c

limit ['limit] n gräns c; v begränsa

limp [limp] v halta; adj slapp

line [lain] n rad c; streck nt; lina c; linje c; **stand in** ~ Am köa

linen ['linin] n linne nt

liner ['lainə] n linjefartyg nt

lingerie ['lɔ̃ʒəri:] n damunderkläder pl

lining ['lainiŋ] n foder nt

link [liŋk] v *sammanbinda; n länk c

lion ['laiən] n lejon nt

lip [lip] n läpp c

lipsalve ['lipsɑ:v] n cerat nt

lipstick ['lipstik] n läppstift nt

liqueur [li'kjuə] n likör c

liquid ['likwid] adj flytande; n vätska c

liquor ['likə] n sprit c

liquorice ['likəris] n lakrits c

list [list] n lista c; v *inskriva

listen ['lisən] v lyssna

listener ['lisnə] n lyssnare c

literary ['litrəri] adj litterär, litteratur-

literature ['litrətʃə] n litteratur c

litre ['li:tə] n liter c

litter ['litə] n avfall nt; kull c

little ['litəl] adj liten; föga

live¹ [liv] v leva; bo

live² [laiv] adj levande

livelihood ['laivlihud] n uppehälle nt

lively ['laivli] adj livfull

liver ['livə] n lever c

living-room ['liviŋru:m] n vardagsrum nt

load [loud] n last c; börda c; v lasta

loaf [louf] n (pl loaves) limpa c

loan [loun] n lån nt

lobby ['lɔbi] n vestibul c; foajé c

lobster ['lɔbstə] n hummer c

local ['loukəl] adj lokal-, lokal; ~ **call** lokalsamtal nt; ~ **train** lokaltåg nt

locality [lou'kæləti] n samhälle nt

locate [lou'keit] v lokalisera

location [lou'keiʃən] n läge nt

lock [lɔk] v låsa; n lås nt; sluss c; ~ **up** låsa in

locomotive [,loukə'moutiv] n lok nt

lodge [lɔdʒ] v inkvartera; n jaktstuga c

lodger ['lɔdʒə] n inackordering c

lodgings ['lɔdʒiŋz] pl inkvartering c

log [lɔg] n vedträ nt; stock c

logic ['lɔdʒik] n logik c

logical ['lɔdʒikəl] adj logisk

lonely ['lounli] adj ensam

long [lɔŋ] adj lång; långvarig; ~ **for** längta efter; **no longer** inte längre

longing ['lɔŋiŋ] n längtan c

longitude ['lɔndʒitju:d] n längdgrad c

look [luk] v titta; tyckas, *se ut; n blick c; utseende nt; ~ **after** sköta, passa, *ta hand om; ~ at *se på, titta på; ~ for leta efter; ~ out *se upp; ~ up *slå upp

looking-glass [ˈlukiŋglɑːs] *n* spegel *c*

loop [luːp] *n* ögla *c*

loose [luːs] *adj* lös

loosen [ˈluːsən] *v* lossa

lord [lɔːd] *n* lord *c*

lorry [ˈlɔri] *n* lastbil *c*

*****lose** [luːz] *v* mista, förlora

loss [lɔs] *n* förlust *c*

lost [lɔst] *adj* vilsegången; försvunnen; ~ and found hittegods *nt;* ~ property office hittegodsmagasin *nt*

lot [lɔt] *n* lott *c;* mängd *c,* hög *c*

lottery [ˈlɔtəri] *n* lotteri *nt*

loud [laud] *adj* högljudd, gäll

loud-speaker [ˌlaudˈspiːkə] *n* högtalare *c*

lounge [laundʒ] *n* sällskapsrum *nt*

louse [laus] *n* (pl lice) lus *c*

love [lʌv] *v* älska, *hålla av; *n* kärlek *c;* in ~ förälskad

lovely [ˈlʌvli] *adj* söt, förtjusande, ljuvlig

lover [ˈlʌvə] *n* älskare *c*

love-story [ˈlʌvˌstɔːri] *n* kärlekshistoria *c*

low [lou] *adj* låg; djup; nedstämd; ~ tide ebb *c*

lower [ˈlouə] *v* sänka; minska; *adj* lägre, undre

lowlands [ˈloulǝndz] *pl* lågland *nt*

loyal [ˈlɔiǝl] *adj* lojal

lubricate [ˈluːbrikeit] *v* *smörja, olja

lubrication [ˌluːbriˈkeiʃǝn] *n* smörjning *c;* ~ oil smörjolja *c;* ~ system smörjsystem *nt*

luck [lʌk] *n* lycka *c,* tur *c;* slump *c;* bad ~ otur *c*

lucky [ˈlʌki] *adj* lyckosam, tursam; ~ charm amulett *c*

ludicrous [ˈluːdikrǝs] *adj* löjeväckande, löjlig

luggage [ˈlʌgidʒ] *n* bagage *nt;* hand ~ handbagage *nt;* left ~ office bagageinlämning *c;* ~ rack bagagehylla *c;* ~ van resgodsfinka *c*

lukewarm [ˈluːkwɔːm] *adj* ljum

lumbago [lʌmˈbeigou] *n* ryggskott *nt*

luminous [ˈluːminǝs] *adj* lysande

lump [lʌmp] *n* klump *c,* bit *c;* bula *c;* ~ of sugar sockerbit *c;* ~ sum klumpsumma *c*

lumpy [ˈlʌmpi] *adj* klimpig

lunacy [ˈluːnǝsi] *n* vansinne *nt*

lunatic [ˈluːnǝtik] *adj* vansinnig; *n* sinnessjuk *c*

lunch [lʌntʃ] *n* lunch *c*

luncheon [ˈlʌntʃǝn] *n* lunch *c*

lung [lʌŋ] *n* lunga *c*

lust [lʌst] *n* åtrå *c*

luxurious [lʌgˈʒuǝriǝs] *adj* luxuös

luxury [ˈlʌkʃǝri] *n* lyx *c*

M

machine [mǝˈʃiːn] *n* maskin *c,* apparat *c*

machinery [mǝˈʃiːnǝri] *n* maskineri *nt*

mackerel [ˈmækrǝl] *n* (pl ~) makrill *c*

mackintosh [ˈmækintɔʃ] *n* regnrock *c*

mad [mæd] *adj* sinnesförvirrad, vanvettig, tokig; rasande

madness [ˈmædnǝs] *n* vansinne *nt*

magazine [ˌmægǝˈziːn] *n* tidskrift *c;* magasin *nt*

magic [ˈmædʒik] *n* magi *c,* trollkonst *c; adj* magisk

magician [mǝˈdʒiʃǝn] *n* trollkarl *c*

magistrate [ˈmædʒistreit] *n* rådman *c*

magnetic [mægˈnetik] *adj* magnetisk

magneto [mægˈniːtou] *n* (pl ~s) magnetapparat *c*

magnificent [mæg'nifisənt] adj ståtlig; magnifik, praktfull

magpie ['mægpai] n skata c

maid [meid] n hembiträde nt

maiden name ['meidən neim] flicknamn nt

mail [meil] n post c; v posta; ~ order Am postanvisning c

mailbox ['meilbɔks] nAm brevlåda c

main [mein] adj huvud-; störst; ~ deck överdäck nt; ~ line huvudlinje c; ~ road huvudväg c; ~ street huvudgata c

mainland ['meinlənd] n fastland nt

mainly ['meinli] adv huvudsakligen

mains [meinz] pl huvudledning c

maintain [mein'tein] v *upprätthålla

maintenance ['meintənəns] n underhåll nt

maize [meiz] n majs c

major ['meidʒə] adj större; störst; n major c

majority [mə'dʒɔrəti] n majoritet c

*make [meik] v *göra; tjäna; *hinna med; ~ do with klara sig med; ~ good *gottgöra; ~ up *sätta upp, *göra upp

make-up ['meikʌp] n smink c

malaria [mə'lɛəriə] n malaria c

Malay [mə'lei] n malaysier c

Malaysia [mə'leiziə] Malaysia

Malaysian [mə'leiziən] adj malaysisk

male [meil] adj han-, mans-, manlig

malicious [mə'liʃəs] adj illvillig

malignant [mə'lignənt] adj elakartad

mallet ['mælit] n klubba c

malnutrition [,mælnju'triʃən] n undernäring c

mammal ['mæməl] n däggdjur nt

mammoth ['mæməθ] n mammut c

man [mæn] n (pl men) man c; människa c; men's room herrtoalett c

manage ['mænidʒ] v styra; lyckas

manageable ['mænidʒəbəl] adj hanterlig

management ['mænidʒmənt] n styrelse c; direktion c

manager ['mænidʒə] n direktör c, chef c

mandarin ['mændərin] n mandarin c

mandate ['mændeit] n mandat nt

manger ['meindʒə] n foderbehållare c

manicure ['mænikjuə] n manikyr c; v manikyrera

mankind [mæn'kaind] n mänsklighet c

mannequin ['mænəkin] n skyltdocka c

manner ['mænə] n sätt nt, vis nt; manners pl uppförande nt

man-of-war [,mænəv'wɔ:] n örlogsfartyg nt

manor-house ['mænəhaus] n herrgård c

mansion ['mænʃən] n patricierhus nt

manual ['mænjuəl] adj hand-

manufacture [,mænju'fæktʃə] v tillverka

manufacturer [,mænju'fæktʃərə] n fabrikant c

manure [mə'njuə] n gödsel c

manuscript ['mænjuskript] n manuskript nt

many ['meni] adj många

map [mæp] n karta c; plan c

maple ['meipəl] n lönn c

marble ['mɑ:bəl] n marmor c; spelkula c

March [mɑ:tʃ] mars

march [mɑ:tʃ] v marschera; n marsch c

mare [mɛə] n sto nt

margarine [,mɑ:dʒə'ri:n] n margarin nt

margin ['mɑ:dʒin] n marginal c

maritime ['mæritaim] adj maritim

mark [mɑ:k] v märka; markera; utmärka; n märke nt; betyg nt; skottavla c

market ['mɑ:kit] n marknad c, saluhall *c*

market-place ['mɑ:kitpleis] *n* torg *nt;* marknadsplats *c*

marmalade ['mɑ:məleid] *n* marmelad *c*

marriage ['mæridʒ] *n* äktenskap *nt*

marrow ['mærou] *n* märg *c*

marry ['mæri] *v* gifta sig

marsh [mɑ:ʃ] *n* sumpmark *c*

marshy ['mɑ:ʃi] *adj* sumpig

martyr ['mɑ:tə] *n* martyr *c*

marvel ['mɑ:vəl] *n* under *nt; v* förundra sig

marvellous ['mɑ:vələs] *adj* underbar

mascara [mæ'skɑ:rə] *n* maskara *c*

masculine ['mæskjulin] *adj* manlig

mash [mæʃ] *v* mosa

mask [mɑ:sk] *n* mask *c*

Mass [mæs] *n* mässa *c*

mass [mæs] *n* mängd *c,* massa *c;* klump *c;* ~ **production** massproduktion *c*

massage ['mæsɑ:ʒ] *n* massage *c; v* massera

masseur [mæ'sə:] *n* massör *c*

massive ['mæsiv] *adj* massiv

mast [mɑ:st] *n* mast *c*

master ['mɑ:stə] *n* mästare *c;* arbetsgivare *c;* lektor *c,* lärare *c; v* bemästra

masterpiece ['mɑ:stəpi:s] *n* mästerverk *nt*

mat [mæt] *n* matta *c; adj* matt

match [mætʃ] *n* tändsticka *c;* jämlike *c,* match *c,* parti *nt; v* passa ihop

match-box ['mætʃbɔks] *n* tändsticksask *c*

material [mə'tiəriəl] *n* material *nt;* tyg *nt; adj* materiell

mathematical [ˌmæθə'mætikəl] *adj* matematisk

mathematics [ˌmæθə'mætiks] *n* matematik *c*

matrimonial [ˌmætri'mouniəl] *adj* äktenskaplig

matrimony ['mætriməni] *n* äktenskap *nt*

matter ['mætə] *n* materia *c,* ämne *nt;* angelägenhet *c,* fråga *c; v* *vara viktigt; **as a ~ of fact** faktiskt, i själva verket

matter-of-fact [ˌmætərəv'fækt] *adj* torr och saklig

mattress ['mætrəs] *n* madrass *c*

mature [mə'tjuə] *adj* mogen

maturity [mə'tjuərəti] *n* mogen ålder, mognad *c*

mausoleum [ˌmɔ:sə'li:əm] *n* mausoleum *nt*

mauve [mouv] *adj* rödlila

May [mei] maj

*may [mei] *v* *kunna; *få

maybe ['meibi:] *adv* kanske

mayor [meə] *n* borgmästare *c*

maze [meiz] *n* labyrint *c;* virrvarr *nt*

me [mi:] *pron* mig

meadow ['medou] *n* äng *c*

meal [mi:l] *n* måltid *c,* mål *nt*

mean [mi:n] *adj* gemen; medel-; *n* genomsnitt *nt*

*mean [mi:n] *v* betyda; mena

meaning ['mi:niŋ] *n* mening *c*

meaningless ['mi:niŋləs] *adj* meningslös

means [mi:nz] *n* medel *nt;* **by no ~** inte alls

in the meantime [in ðə 'mi:ntaim] under tiden

meanwhile ['mi:nwail] *adv* under tiden

measles ['mi:zəlz] *n* mässling *c*

measure ['meʒə] *v* mäta; *n* mått *nt;* åtgärd *c*

meat [mi:t] *n* kött *nt*

mechanic [mi'kænik] *n* mekaniker *c,* montör *c*

mechanical [mi'kænikəl] *adj* mekanisk

mechanism ['mekənizəm] n meka-
nism c

medal ['medəl] n medalj c

mediaeval [ˌmedi'i:vəl] adj medeltida

mediate ['mi:dieit] v medla

mediator ['mi:dieitə] n medlare c

medical ['medikəl] adj medicinsk

medicine ['medsin] n medicin c; lä-
karvetenskap c

meditate ['mediteit] v meditera

Mediterranean [ˌmeditə'reiniən] Me-
delhavet

medium ['mi:diəm] adj genomsnittlig,
medel-, medelmåttig

*meet [mi:t] v träffa, möta

meeting ['mi:tiŋ] n sammanträde nt;
möte nt

meeting-place ['mi:tiŋpleis] n mötes-
plats c

melancholy ['melənkəli] n vemod nt

mellow ['melou] adj mjuk, fyllig

melodrama ['meləˌdrɑːmə] n melodra-
ma nt

melody ['melədi] n melodi c

melon ['melən] n melon c

melt [melt] v smälta

member ['membə] n medlem c;
Member of Parliament riksdags-
man c

membership ['membəʃip] n medlem-
skap nt

memo ['memou] n (pl ~s) memoran-
dum nt

memorable ['memərəbəl] adj minnes-
värd

memorial [mə'mɔ:riəl] n minnesmär-
ke nt

memorize ['meməraiz] v lära sig
utantill

memory ['meməri] n minne nt

mend [mend] v laga, reparera

menstruation [ˌmenstru'eiʃən] n men-
struation c

mental ['mentəl] adj mental

mention ['menʃən] v nämna, omnäm-
na; n omnämnande nt

menu ['menju:] n matsedel c, meny c

merchandise ['mə:tʃəndaiz] n han-
delsvaror pl

merchant ['mə:tʃənt] n köpman c

merciful ['mə:sifəl] adj barmhärtig

mercury ['mə:kjuri] n kvicksilver nt

mercy ['mə:si] n barmhärtighet c

mere [miə] adj blott och bar

merely ['miəli] adv endast

merger ['mə:dʒə] n sammanslagning
c

merit ['merit] v förtjäna; n förtjänst c

mermaid ['mə:meid] n sjöjungfru c

merry ['meri] adj munter

merry-go-round ['meriɡouˌraund] n
karusell c

mesh [meʃ] n maska c

mess [mes] n oordning c, oreda c; ~
up spoliera

message ['mesidʒ] n meddelande nt

messenger ['mesindʒə] n bud nt

metal ['metəl] n metall c; metall-

meter ['mi:tə] n mätare c

method ['meθəd] n metod c, förfa-
ringssätt nt; ordning c

methodical [mə'θɔdikəl] adj metodisk

methylated spirits ['meθəleitid 'spirits]
denaturerad sprit

metre ['mi:tə] n meter c

metric ['metrik] adj metrisk

Mexican ['meksikən] adj mexikansk;
n mexikanare c

Mexico ['meksikou] Mexiko

mezzanine ['mezəni:n] n mellanvå-
ning c

microphone ['maikrəfoun] n mikrofon
c

midday ['middei] n mitt på dagen

middle ['midəl] n mitt c; adj mellers-
ta; Middle Ages Medeltiden; ~
class medelklass c; middle-class
adj borgerlig

midnight ['midnait] n midnatt c

midst [midst] n mitt c

midsummer ['mid,sʌmə] n midsommar c

midwife ['midwaif] n (pl -wives) barnmorska c

might [mait] n makt c

*might [mait] v *kunna

mighty ['maiti] adj mäktig

migraine ['migrein] n migrän c

mild [maild] adj mild

mildew ['mildju] n mögel nt

milestone ['mailstoun] n milstolpe c

milieu ['mi:ljə:] n miljö c

military ['militəri] adj militär-; ~ force krigsmakt c

milk [milk] n mjölk c

milkman ['milkmən] n (pl -men) mjölkbud nt

milk-shake ['milkʃeik] n milkshake c

milky ['milki] adj mjölkig

mill [mil] n kvarn c; fabrik c

miller ['milə] n mjölnare c

milliner ['milinə] n modist c

million ['miljən] n miljon c

millionaire [,miljə'neə] n miljonär c

mince [mins] v finhacka

mind [maind] n begåvning c; v *ha något emot; bry sig om, akta, akta sig för

mine [main] n gruva c

miner ['mainə] n gruvarbetare c

mineral ['minərəl] n mineral nt; ~ water mineralvatten nt

miniature ['minjətʃə] n miniatyr c

minimum ['miniməm] n minimum nt

mining ['mainiŋ] n gruvdrift c

minister ['ministə] n minister c; präst c; Prime Minister statsminister c

ministry ['ministri] n departement nt

mink [miŋk] n mink c

minor ['mainə] adj liten, mindre; underordnad; c minderårig c

minority [mai'nɔrəti] n minoritet c

mint [mint] n mynta c

minus ['mainəs] prep minus

minute¹ ['minit] n minut c; minutes protokoll nt

minute² [mai'nju:t] adj ytterst liten

miracle ['mirəkəl] n mirakel nt

miraculous [mi'rækjuləs] adj otrolig

mirror ['mirə] n spegel c

misbehave [,misbi'heiv] v uppföra sig illa

miscarriage [mis'kæridʒ] n missfall nt

miscellaneous [,misə'leiniəs] adj blandad

mischief ['mistʃif] n ofog nt; skada c, förtret c, åverkan c

mischievous ['mistʃivəs] adj odygdig, skadlig

miserable ['mizərəbəl] adj olycklig, eländig

misery ['mizəri] n elände nt; nöd c

misfortune [mis'fɔ:tʃən] n otur c, olycka c

*mislay [mis'lei] v *förlägga

misplaced [mis'pleist] adj malplacerad

mispronounce [,misprə'nauns] v uttala fel

miss¹ [mis] fröken c

miss² [mis] v missa

missing ['misiŋ] adj försvunnen; ~ person försvunnen person

mist [mist] n dimma c

mistake [mi'steik] n fel nt, misstag nt

*mistake [mi'steik] v förväxla, *missförstå

mistaken [mi'steikən] adj felaktig; *be ~ *missta sig

mister ['mistə] herr

mistress ['mistrəs] n husmor c; föreståndarinna c; älskarinna c

mistrust [mis'trʌst] v misstro

misty ['misti] adj disig

*misunderstand [,misʌndə'stænd] v *missförstå

misunderstanding [ˌmisʌndə'stændiŋ] *n* missförstånd *nt*

misuse [mis'ju:s] *n* missbruk *nt*

mittens ['mitənz] *pl* tumvantar *pl*

mix [miks] *v* blanda; ~ with *umgås med

mixed [mikst] *adj* blandad

mixer ['miksə] *n* mixer *c*

mixture ['mikstʃə] *n* blandning *c*

moan [moun] *v* jämra sig

moat [mout] *n* vallgrav *c*

mobile ['moubail] *adj* rörlig

mock [mɔk] *v* håna

mockery ['mɔkəri] *n* hån *nt*

model ['mɔdəl] *n* modell *c*; mannekäng *c*; *v* modellera, forma

moderate ['mɔdərət] *adj* måttlig, moderat; medelmåttig

modern ['mɔdən] *adj* modern

modest ['mɔdist] *adj* blygsam, anspråkslös

modesty ['mɔdisti] *n* blygsamhet *c*

modify ['mɔdifai] *v* ändra

mohair ['mouheə] *n* mohair *c*

moist [mɔist] *adj* fuktig

moisten ['mɔisən] *v* fukta

moisture ['mɔistʃə] *n* fuktighet *c*; moisturizing cream fuktighetsbevarande kräm

molar ['moulə] *n* kindtand *c*

moment ['moumənt] *n* ögonblick *nt*

momentary ['mouməntəri] *adj* tillfällig

monarch ['mɔnək] *n* monark *c*

monarchy ['mɔnəki] *n* monarki *c*

monastery ['mɔnəstri] *n* kloster *nt*

Monday ['mʌndi] måndag *c*

monetary ['mʌnitəri] *adj* monetär; ~ unit myntenhet *c*

money ['mʌni] *n* pengar *pl*; ~ exchange växelkontor *nt*; ~ order postanvisning *c*

monk [mʌŋk] *n* munk *c*

monkey ['mʌŋki] *n* apa *c*

monologue ['mɔnolɔg] *n* monolog *c*

monopoly [mə'nɔpəli] *n* monopol *nt*

monotonous [mə'nɔtənəs] *adj* monoton

month [mʌnθ] *n* månad *c*

monthly ['mʌnθli] *adj* månatlig; ~ magazine månadstidning *c*

monument ['mɔnjumənt] *n* monument *nt*, minnesmärke *nt*

mood [mu:d] *n* humör *nt*

moon [mu:n] *n* måne *c*

moonlight ['mu:nlait] *n* månsken *nt*

moor [muə] *n* ljunghed *c*, hed *c*

moose [mu:s] *n* (pl ~, ~s) älg *c*

moped ['mouped] *n* moped *c*

moral ['mɔrəl] *n* moral *c*; *adj* sedlig, moralisk

morality [mə'ræləti] *n* morallära *c*

more [mɔ:] *adj* fler; once ~ en gång till

moreover [mɔ:'rouvə] *adv* dessutom, för övrigt

morning ['mɔ:niŋ] *n* morgon *c*, förmiddag *c*; ~ paper morgontidning *c*; this ~ i morse

Moroccan [mə'rɔkən] *adj* marockansk; *n* marockan *c*

Morocco [mə'rɔkou] Marocko

morphia ['mɔ:fiə] *n* morfin *nt*

morphine ['mɔ:fi:n] *n* morfin *nt*

morsel ['mɔ:səl] *n* bit *c*

mortal ['mɔ:təl] *adj* dödlig

mortgage ['mɔ:gidʒ] *n* hypotek *nt*, inteckning *c*

mosaic [mə'zeiik] *n* mosaik *c*

mosque [mɔsk] *n* moské *c*

mosquito [mə'ski:tou] *n* (pl ~es) mygga *c*; moskit *c*

mosquito-net [mə'ski:tounet] *n* myggnät *nt*

moss [mɔs] *n* mossa *c*

most [moust] *adj* (de) flesta; at ~ på sin höjd; ~ of all mest av allt

mostly ['moustli] *adv* för det mesta

motel [mou'tel] n motell nt
moth [mɔθ] n mal c
mother ['mʌðə] n mor c; ~ tongue
modersmål nt
mother-in-law ['mʌðərinlɔ:] n (pl
mothers-) svärmor c
mother-of-pearl [,mʌðərəv'pə:l] n pär-
lemor c
motion ['mouʃən] n rörelse c; motion
c
motive ['moutiv] n motiv nt
motor ['moutə] n motor c; v bila; ~
body Am karosseri nt; starter ~
startmotor c
motorbike ['moutəbaik] nAm moped
c
motor-boat ['moutəbout] n motorbåt
c
motor-car ['moutəka:] n bil c
motor-cycle ['moutə,saikəl] n motor-
cykel c
motorist ['moutərist] n bilist c
motorway ['moutəwei] n motorväg c
motto ['mɔtou] n (pl ~es, ~s) motto
nt
mouldy ['mouldi] adj möglig
mound [maund] n kulle c
mount [maunt] v *bestiga; montera;
n berg nt; montering c
mountain ['mauntin] n berg nt; ~
pass bergspass nt; ~ range bergs-
kedja c
mountaineering [,maunti'niəriŋ] n
bergsbestigning c
mountainous ['mauntinəs] adj bergig
mourning ['mɔ:niŋ] n sorg c
mouse [maus] n (pl mice) mus c
moustache [mə'sta:ʃ] n mustasch c
mouth [mauθ] n mun c; gap nt, käft
c; mynning c
mouthwash ['mauθwɔʃ] n munvatten
nt
movable ['mu:vəbəl] adj flyttbar
move [mu:v] v *sätta i rörelse; flytta;

röra sig; röra; n drag nt, steg nt;
flyttning c
movement ['mu:vmənt] n rörelse c
movie ['mu:vi] n film c; movies Am
bio c; ~ theater bio c
much [mʌtʃ] adj många; adv mycket;
as ~ lika mycket; likaså
muck [mʌk] n dynga c
mud [mʌd] n gyttja c
muddle ['mʌdəl] n oreda c, röra c,
virrvarr nt; v förvirra
muddy ['mʌdi] adj lerig
mud-guard ['mʌdga:d] n stänkskärm
c
muffler ['mʌflə] nAm ljuddämpare c
mug [mʌg] n mugg c
mulberry ['mʌlbəri] n mullbär nt
mule [mju:l] n mulåsna c
mullet ['mʌlit] n multe c
multiplication [,mʌltipli'keiʃən] n mul-
tiplikation c
multiply ['mʌltiplai] v multiplicera
mumps [mʌmps] n påssjuka c
municipal [mju:'nisipəl] adj kommu-
nal-
municipality [mju:,nisi'pæləti] n kom-
mun c
murder ['mə:də] n mord nt; v mörda
murderer ['mə:dərə] n mördare c
muscle ['mʌsəl] n muskel c
muscular ['mʌskjulə] adj muskulös
museum [mju:'zi:əm] n museum nt
mushroom ['mʌfru:m] n svamp c
music ['mju:zik] n musik c; ~ acad-
emy konservatorium nt
musical ['mju:zikəl] adj musikalisk;
musikal c
music-hall ['mju:zikhɔ:l] n revyteater
c
musician [mju:'ziʃən] n musiker c
muslin ['mʌzlin] n muslin nt
mussel ['mʌsəl] n blåmussla c
*must [mʌst] v *måste
mustard ['mʌstəd] n senap c

mute [mju:t] *adj* stum

mutiny ['mju:tini] *n* myteri *nt*

mutton ['mʌtən] *n* fårkött *nt*

mutual ['mju:tʃuəl] *adj* inbördes, ömsesidig

my [mai] *adj* min

myself [mai'self] *pron* mig; själv

mysterious [mi'stiəriəs] *adj* gåtfull, mystisk

mystery ['mistəri] *n* mysterium *nt*

myth [miθ] *n* myt *c*

N

nag [næg] *v* tjata

nail [neil] *n* nagel *c*; spik *c*

nailbrush ['neilbrʌʃ] *n* nagelborste *c*

nail-file ['neilfail] *n* nagelfil *c*

nail-polish ['neil,pɔliʃ] *n* nagellack *nt*

nail-scissors ['neil,sizəz] *pl* nagelsax *c*

naïve [na:'i:v] *adj* naiv

naked ['neikid] *adj* naken; kal

name [neim] *n* namn *nt*; *v* uppkalla; in the ~ of i … namn

namely ['neimli] *adv* nämligen

nap [næp] *n* tupplur *c*

napkin ['næpkin] *n* servett *c*

nappy ['næpi] *n* blöja *c*

narcosis [na:'kousis] *n* (pl -ses) narkos *c*

narcotic [na:'kɔtik] *n* narkotika *c*; narkoman *c*

narrow ['nærou] *adj* trång, snäv, smal

narrow-minded [,nærou'maindid] *adj* inskränkt

nasty ['na:sti] *adj* smutsig, obehaglig; otäck

nation ['neiʃən] *n* nation *c*; folk *nt*

national ['næʃənəl] *adj* nationell; folk-; stats-; ~ anthem nationalsång *c*; ~ dress nationaldräkt *c*; ~ park

nationalpark *c*

nationality [,næʃə'næləti] *n* nationalitet *c*

nationalize ['næʃənəlaiz] *v* nationalisera

native ['neitiv] *n* infödding *c*; *adj* infödd, inhemsk; ~ country fosterland *nt*, hemland *nt*; ~ language modersmål *nt*

natural ['nætʃərəl] *adj* naturlig; medfödd

naturally ['nætʃərəli] *adv* naturligtvis

nature ['neitʃə] *n* natur *c*

naughty ['nɔ:ti] *adj* odygdig, stygg

nausea ['nɔ:siə] *n* illamående *nt*

naval ['neivəl] *adj* flott-

navel ['neivəl] *n* navel *c*

navigable ['nævigəbəl] *adj* segelbar

navigate ['nævigeit] *v* navigera; segla

navigation [,nævi'geiʃən] *n* navigation *c*; sjöfart *c*

navy ['neivi] *n* flotta *c*

near [niə] *adj* nära, närbelägen

nearby ['niəbai] *adj* närliggande

nearly ['niəli] *adv* närapå, nästan

neat [ni:t] *adj* prydlig; oblandad, ren; klar, koncis

necessary ['nesəsəri] *adj* nödvändig

necessity [nə'sesəti] *n* nödvändighet *c*

neck [nek] *n* hals *c*; nape of the ~ nacke *c*

necklace ['nekləs] *n* halsband *nt*

necktie ['nektai] *n* slips *c*

need [ni:d] *v* behöva, *måste; *n* behov *nt*; nödvändighet *c*; ~ to *måste

needle ['ni:dəl] *n* nål *c*

needlework ['ni:dəlwə:k] *n* handarbete *nt*

negative ['negətiv] *adj* nekande, negativ; *n* negativ *nt*

neglect [ni'glekt] *v* försumma; *n* slarv *nt*

neglectful [ni'glektfəl] *adj* försumlig

negligee ['negliʒei] *n* negligé *c*

negotiate [ni'gouʃieit] *v* förhandla

negotiation [ni,gouʃi'eiʃən] *n* förhandling *c*

Negro ['ni:grou] *n* (pl ~es) neger *c*

neighbour ['neibə] *n* granne *c*

neighbourhood ['neibəhud] *n* grannskap *nt*

neighbouring ['neibəriŋ] *adj* angränsande

neither ['naiðə] *pron* ingendera; neither ... nor varken ... eller

neon ['ni:ɔn] *n* neon *nt*

nephew ['nefju:] *n* systerson *c*, brorson *c*

nerve [nə:v] *n* nerv *c*; fräckhet *c*

nervous ['nə:vəs] *adj* nervös

nest [nest] *n* bo *nt*

net [net] *n* nät *nt*; *adj* netto-

the Netherlands ['neðələndz] Nederländerna

network ['netwə:k] *n* nätverk *nt*

neuralgia [njuə'rældʒə] *n* neuralgi *c*

neurosis [njuə'rousis] *n* neuros *c*

neuter ['nju:tə] *adj* neutrum

neutral ['nju:trəl] *adj* neutral

never ['nevə] *adv* aldrig

nevertheless [,nevəðə'les] *adv* inte desto mindre

new [nju:] *adj* ny; New Year nyår *nt*

news [nju:z] *n* nyhet *c*, dagsnyheter *pl*

newsagent ['nju:,zeidʒənt] *n* tidningsförsäljare *c*

newspaper ['nju:z,peipə] *n* dagstidning *c*

newsreel ['nju:zri:l] *n* journalfilm *c*

newsstand ['nju:zstænd] *n* tidningskiosk *c*

New Zealand [nju: 'zi:lənd] Nya Zeeland

next [nekst] *adj* nästa, följande; ~ to bredvid

next-door [,nekst'dɔ:] *adv* näst intill

nice [nais] *adj* snäll, söt, trevlig; god; sympatisk

nickel ['nikəl] *n* nickel *c*

nickname ['nikneim] *n* smeknamn *nt*

nicotine ['nikəti:n] *n* nikotin *nt*

niece [ni:s] *n* systerdotter *c*, brorsdotter *c*

Nigeria [nai'dʒiəriə] Nigeria

Nigerian [nai'dʒiəriən] *adj* nigeriansk; *n* nigerian *c*

night [nait] *n* natt *c*; kväll *c*; by ~ om natten; ~ flight nattflyg *nt*; ~ rate nattaxa *c*; ~ train nattåg *nt*

nightclub ['naitklʌb] *n* nattklubb *c*

night-cream ['naitkri:m] *n* nattkräm *c*

nightdress ['naitdres] *n* nattlinne *nt*

nightingale ['naitiŋgeil] *n* näktergal *c*

nightly ['naitli] *adj* nattlig

nightmare ['naitmeə] *n* mardröm *c*

nil [nil] ingenting, noll

nine [nain] *num* nio

nineteen [,nain'ti:n] *num* nitton

nineteenth [,nain'ti:nθ] *num* nittonde

ninety ['nainti] *num* nittio

ninth [nainθ] *num* nionde

nitrogen ['naitrədʒən] *n* kväve *nt*

no [nou] nej; *adj* ingen; ~ one ingen

nobility [nou'biləti] *n* adel *c*

noble ['noubəl] *adj* adlig; ädel

nobody ['noubɔdi] *pron* ingen

nod [nɔd] *n* nick *c*; *v* nicka

noise [nɔiz] *n* ljud *nt*; oväsen *nt*, buller *nt*

noisy ['nɔizi] *adj* bullrig; högljudd

nominal ['nɔminəl] *adj* nominell, obetydlig

nominate ['nɔmineit] *v* nominera, utnämna

nomination [,nɔmi'neiʃən] *n* nominering *c*; utnämning *c*

none [nʌn] *pron* ingen

nonsense ['nɔnsəns] *n* dumheter *pl*

noon [nu:n] *n* klockan tolv

normal ['nɔ:məl] *adj* vanlig, normal

north [nɔ:θ] n nord c; adj nordlig;
   North Pole Nordpolen
north-east [ˌnɔ:θˈi:st] n nordost c
northerly [ˈnɔ:ðəli] adj nordlig
northern [ˈnɔ:ðən] adj norra
north-west [ˌnɔ:θˈwest] n nordväst c
Norway [ˈnɔ:wei] Norge
Norwegian [nɔ:ˈwi:dʒən] adj norsk; n
   norrman c
nose [nouz] n näsa c
nosebleed [ˈnouzbli:d] n näsblod nt
nostril [ˈnɔstril] n näsborre c
not [nɔt] adv inte
notary [ˈnoutəri] n juridiskt ombud
note [nout] n anteckning c; fotnot c;
   ton c; v anteckna; observera, note-
   ra
notebook [ˈnoutbuk] n anteckning-
   bok c
noted [ˈnoutid] adj välkänd
notepaper [ˈnoutˌpeipə] n brevpapper
   nt
nothing [ˈnʌθiŋ] n ingenting, intet nt
notice [ˈnoutis] v *lägga märke till,
   uppmärksamma, märka; *se; n
   meddelande nt, uppsägning c; upp-
   märksamhet c
noticeable [ˈnoutisəbəl] adj märkbar;
   anmärkningsvärd
notify [ˈnoutifai] v meddela; under-
   rätta
notion [ˈnouʃən] n aning c, begrepp nt
notorious [nouˈtɔ:riəs] adj beryktad
nougat [ˈnu:ga:] n nougat c
nought [nɔ:t] n nolla c
noun [naun] n substantiv nt
nourishing [ˈnʌriʃiŋ] adj närande
novel [ˈnɔvəl] n roman c
novelist [ˈnɔvəlist] n romanförfattare
   c
November [nouˈvembə] november
now [nau] adv nu; ~ and then då
   och då
nowadays [ˈnauədeiz] adv nuförtiden

nowhere [ˈnouweə] adv ingenstans
nozzle [ˈnɔzəl] n munstycke nt
nuance [nju:ˈɑ:s] n nyans c
nuclear [ˈnju:kliə] adj kärn-; ~ en-
   ergy kärnkraft c
nucleus [ˈnju:kliəs] n kärna c
nude [nju:d] adj naken; n akt c
nuisance [ˈnju:səns] n besvär nt
numb [nʌm] adj utan känsel; dom-
   nad, förlamad
number [ˈnʌmbə] n nummer nt; tal
   nt, antal nt
numeral [ˈnju:mərəl] n räkneord nt
numerous [ˈnju:mərəs] adj talrik
nun [nʌn] n nunna c
nunnery [ˈnʌnəri] n nunnekloster nt
nurse [nɔ:s] n sjuksköterska c; barn-
   sköterska c; v vårda; amma
nursery [ˈnɔ:səri] n barnkammare c;
   daghem nt; plantskola c
nut [nʌt] n nöt c; mutter c
nutcrackers [ˈnʌtˌkrækəz] pl nötknäp-
   pare c
nutmeg [ˈnʌtmeg] n muskotnöt c
nutritious [nju:ˈtriʃəs] adj närande
nutshell [ˈnʌtʃel] n nötskal nt
nylon [ˈnailən] n nylon nt

O

oak [ouk] n ek c
oar [ɔ:] n åra c
oasis [ouˈeisis] n (pl oases) oas c
oath [ouθ] n ed c
oats [outs] pl havre c
obedience [əˈbi:diəns] n lydnad c
obedient [əˈbi:diənt] adj lydig
obey [əˈbei] v lyda
object¹ [ˈɔbdʒikt] n objekt nt; före-
   mål nt; syfte nt
object² [əbˈdʒekt] v invända, prote-
   stera

objection [əb'dʒekʃən] n invändning c

objective [əb'dʒektiv] adj objektiv; n mål nt

obligatory [ə'bligətəri] adj obligatorisk

oblige [ə'blaidʒ] v förplikta; ***be obliged to** *vara tvungen att; *måste

obliging [ə'blaidʒiŋ] adj tillmötesgående

oblong ['ɔblɔŋ] adj avlång, rektangulär; n rektangel c

obscene [əb'si:n] adj oanständig

obscure [əb'skjuə] adj dunkel, skum, oklar, mörk

observation [ˌɔbzə'veiʃən] n iakttagelse c, observation c

observatory [əb'zə:vətri] n observatorium nt

observe [əb'zə:v] v observera, *iaktta

obsession [əb'seʃən] n besatthet c

obstacle ['ɔbstəkəl] n hinder nt

obstinate ['ɔbstinət] adj envis; hårdnackad

obtain [əb'tein] v *erhålla, skaffa sig

obtainable [əb'teinəbəl] adj anskaffbar

obvious ['ɔbviəs] adj tydlig

occasion [ə'keiʒən] n tillfälle nt; anledning c

occasionally [ə'keiʒənəli] adv då och då

occupant ['ɔkjupənt] n innehavare c

occupation [ˌɔkju'peiʃən] n sysselsättning c; ockupation c

occupy ['ɔkjupai] v ockupera, *uppta, *besätta; **occupied** adj ockuperad, upptagen

occur [ə'kə:] v ske, hända, *förekomma

occurrence [ə'kʌrəns] n händelse c

ocean ['ouʃən] n världshav nt

October [ɔk'toubə] oktober

octopus ['ɔktəpəs] n bläckfisk c

oculist ['ɔkjulist] n ögonläkare c

odd [ɔd] adj underlig, konstig; udda

odour ['oudə] n lukt c

of [ɔv, əv] prep av

off [ɔf] adv av; iväg; prep från

offence [ə'fens] n förseelse c; kränkning c, anstöt c

offend [ə'fend] v såra, kränka; *förgå sig

offensive [ə'fensiv] adj offensiv; anstötlig, kränkande; n offensiv c

offer ['ɔfə] v *erbjuda; *bjuda; n erbjudande nt

office ['ɔfis] n kontor nt; ämbete nt; ~ **hours** kontorstid c

officer ['ɔfisə] n officer c

official [ə'fiʃəl] adj officiell

off-licence ['ɔfˌlaisəns] n systembolag nt

often ['ɔfən] adv ofta

oil [ɔil] n olja c; **fuel** ~ brännolja c; ~ **filter** oljefilter nt; ~ **pressure** oljetryck nt

oil-painting [ˌɔil'peintiŋ] n oljemålning c

oil-refinery ['ɔilriˌfainəri] n oljeraffinaderi nt

oil-well ['ɔilwel] n oljekälla c, oljefyndighet c

oily ['ɔili] adj oljig

ointment ['ɔintmənt] n salva c

okay! [ˌou'kei] fint!

old [ould] adj gammal; ~ **age** ålderdom c

old-fashioned [ˌould'fæʃənd] adj gammaldags, gammalmodig

olive ['ɔliv] n oliv c; ~ **oil** olivolja c

omelette ['ɔmlət] n omelett c

ominous ['ɔminəs] adj olycksbådande

omit [ə'mit] v utelämna

omnipotent [ɔm'nipətənt] adj allsmäktig

on [ɔn] prep på; vid

once [wʌns] adv en gång; **at** ~ genast; ~ **more** ännu en gång

oncoming ['ɔn‚kʌmiŋ] adj förestående, mötande

one [wʌn] num en; pron man

oneself [wʌn'self] pron själv

onion ['ʌnjən] n lök c

only ['ounli] adj enda; adv endast, bara, blott; conj men

onwards ['ɔnwədz] adv framåt, vidare

onyx ['ɔniks] n onyx c

opal ['oupəl] n opal c

open ['oupən] v öppna; adj öppen; öppenhjärtig

opening ['oupəniŋ] n öppning c

opera ['ɔpərə] n opera c; ~ **house** operahus nt

operate ['ɔpəreit] v fungera; operera

operation [‚ɔpə'reiʃən] n funktion c; operation c

operator ['ɔpəreitə] n telefonist c

operetta [‚ɔpə'retə] n operett c

opinion [ə'pinjən] n uppfattning c, åsikt c

opponent [ə'pounənt] n motståndare c

opportunity [‚ɔpə'tju:nəti] n tillfälle nt

oppose [ə'pouz] v opponera sig

opposite ['ɔpəzit] prep mittemot; adj motstående, motsatt

opposition [‚ɔpə'ziʃən] n opposition c

oppress [ə'pres] v förtrycka, tynga

optician [ɔp'tiʃən] n optiker c

optimism ['ɔptimizəm] n optimism c

optimist ['ɔptimist] n optimist c

optimistic [‚ɔpti'mistik] adj optimistisk

optional ['ɔpʃənəl] adj valfri

or [ɔ:] conj eller

oral ['ɔ:rəl] adj muntlig

orange ['ɔrindʒ] n apelsin c; adj brandgul

orchard ['ɔ:tʃəd] n fruktträdgård c

orchestra ['ɔ:kistrə] n orkester c; ~ **seat** Am parkett c

order ['ɔ:də] v befalla; beställa; n ordningsföljd c, ordning c; befallning c, order c; beställning c; **in** ~ i ordning; **in** ~ **to** för att; **made to** ~ gjord på beställning; **out of** ~ funktionsoduglig; **postal** ~ postanvisning c

order-form ['ɔ:dəfɔ:m] n orderblankett c

ordinary ['ɔ:dənri] adj vanlig, alldaglig

ore [ɔ:] n malm c

organ ['ɔ:gən] n organ nt; orgel c

organic [ɔ:'gænik] adj organisk

organization [‚ɔ:gənai'zeiʃən] n organisation c

organize ['ɔ:gənaiz] v organisera

Orient ['ɔ:riənt] n Orienten

oriental [‚ɔ:ri'entəl] adj orientalisk

orientate ['ɔ:riənteit] v orientera sig

origin ['ɔridʒin] n ursprung nt; härstamning c, härkomst c

original [ə'ridʒinəl] adj ursprunglig, originell

originally [ə'ridʒinəli] adv ursprungligen

ornament ['ɔ:nəmənt] n utsmyckning c

ornamental [‚ɔ:nə'mentəl] adj prydnads-, dekorativ

orphan ['ɔ:fən] n föräldralöst barn

orthodox ['ɔ:θədɔks] adj ortodox

ostrich ['ɔstritʃ] n struts c

other ['ʌðə] adj annan

otherwise ['ʌðəwaiz] conj annars; adv annorlunda

*ought to [ɔ:t] *böra

our [auə] adj vår

ourselves [auə'selvz] pron oss; själva

out [aut] adv ute, ut; ~ **of** utanför, från

outbreak ['autbreik] n utbrott nt

outcome ['autkʌm] n följd c, resultat nt

*outdo [ˌaut'duː] v överträffa

outdoors [ˌaut'dɔːz] adv utomhus

outer ['autə] adj yttre

outfit ['autfit] n utrustning c

outline ['autlain] n ytterlinje c; v teckna konturerna av, skissera

outlook ['autluk] n utsikt c; syn c

output ['autput] n produktion c

outrage ['autreidʒ] n illgärning c, våldsdåd nt

outside [ˌaut'said] adv utomhus; prep utanför; n utsida c

outsize ['autsaiz] n extrastorlek c

outskirts ['autskɔːts] pl utkant c

outstanding [ˌaut'stændiŋ] adj framstående, framträdande, utestående

outward ['autwəd] adj yttre

outwards ['autwədz] adv utåt

oval ['ouvəl] adj oval

oven ['ʌvən] n ugn c

over ['ouvə] prep över, ovanför; adv över; adj över; ~ there där borta

overall ['ouvərɔːl] adj sammanlagd

overalls ['ouvərɔːlz] pl overall c

overcast ['ouvəkɑːst] adj mulen

overcoat ['ouvəkout] n överrock c

*overcome [ˌouvə'kʌm] v *övervinna

overdue [ˌouvə'djuː] adj försenad; förfallen till betalning

overgrown [ˌouvə'groun] adj igenvuxen

overhaul [ˌouvə'hɔːl] v undersöka, *genomgå; *hinna ifatt

overhead [ˌouvə'hed] adv ovan

overlook [ˌouvə'luk] v *förbise

overnight [ˌouvə'nait] adv över natten

overseas [ˌouvə'siːz] adj över haven

oversight ['ouvəsait] n förbiseende nt; uppsikt c

*oversleep [ˌouvə'sliːp] v *försova sig

overstrung [ˌouvə'strʌŋ] adj överspänd

*overtake [ˌouvə'teik] v köra om; no overtaking omkörning förbjuden

over-tired [ˌouvə'taiəd] adj uttröttad

overture ['ouvətʃə] n ouvertyr c

overweight ['ouvəweit] n övervikt c

overwhelm [ˌouvə'welm] v överväldiga

overwork [ˌouvə'wəːk] v överanstränga sig

owe [ou] v *vara skyldig; *ha att tacka för; owing to med anledning av

owl [aul] n uggla c

own [oun] v äga; adj egen

owner ['ounə] n ägare c, innehavare c

ox [ɔks] n (pl oxen) oxe c

oxygen ['ɔksidʒən] n syre nt

oyster ['ɔistə] n ostron nt

P

pace [peis] n sätt att *gå; steg nt; tempo nt

Pacific Ocean [pə'sifik 'ouʃən] Stilla havet

pacifism ['pæsifizəm] n pacifism c

pacifist ['pæsifist] n pacifist c; pacifistisk

pack [pæk] v packa; ~ up packa in

package ['pækidʒ] n paket nt

packet ['pækit] n paket nt

packing ['pækiŋ] n packning c, förpackning c

pad [pæd] n dyna c; anteckningsblock nt

paddle ['pædəl] n paddel c

padlock ['pædlɔk] n hänglås nt

pagan ['peigən] adj hednisk; n hedning c

page [peidʒ] n sida c

page-boy ['peidʒbɔi] n hotellpojke c

pail [peil] n ämbar nt

pain [pein] n smärta c; pains möda c

painful ['peinfəl] *adj* smärtsam

painless ['peinləs] *adj* smärtfri

paint [peint] *n* målarfärg *c; v* måla

paint-box ['peintbɔks] *n* färglåda *c*

paint-brush ['peintbrʌʃ] *n* pensel *c*

painter ['peintə] *n* målare *c*

painting ['peintiŋ] *n* målning *c*

pair [peə] *n* par *nt*

Pakistan [,pɑːkiˈstɑːn] Pakistan

Pakistani [,pɑːkiˈstɑːni] *adj* pakistansk; *n* pakistanier *c*

palace ['pæləs] *n* palats *nt*

pale [peil] *adj* blek; ljus-

palm [pɑːm] *n* palm *c;* handflata *c*

palpable ['pælpəbəl] *adj* kännbar, påtaglig

palpitation [,pælpiˈteiʃən] *n* hjärtklappning *c*

pan [pæn] *n* panna *c*

pane [pein] *n* ruta *c*

panel ['pænəl] *n* panel *c*

panelling ['pænəliŋ] *n* panel *c*

panic ['pænik] *n* panik *c*

pant [pænt] *v* flämta

panties ['pæntiz] *pl* trosor *pl*

pants [pænts] *pl* underbyxor *pl; plAm* byxor *pl*

pant-suit ['pæntsuːt] *n* byxdräkt *c*

panty-hose ['pæntihouz] *n* strumpbyxor *pl*

paper ['peipə] *n* papper *nt;* tidning *c;* pappers-; **carbon ~** karbonpapper *nt; ~* **bag** papperspåse *c; ~* **napkin** pappersservett *c;* **typing ~** skrivmaskinspapper *nt;* **wrapping ~** omslagspapper *c*

paperback ['peipəbæk] *n* pocketbok *c*

paper-knife ['peipənaif] *n* papperskniv *c*

parade [pəˈreid] *n* parad *c*

paraffin ['pærəfin] *n* fotogen *c*

paragraph ['pærəgrɑːf] *n* paragraf *c*

parakeet ['pærəkiːt] *n* papegoja *c*

paralise ['pærəlaiz] *v* paralysera

parallel ['pærəlel] *adj* jämlöpande, parallell; *n* parallell *c*

parcel ['pɑːsəl] *n* paket *nt*

pardon ['pɑːdən] *n* förlåtelse *c;* benådning *c*

parents ['peərənts] *pl* föräldrar *pl*

parents-in-law ['peərəntsinlɔː] *pl* svärföräldrar *pl*

parish ['pæriʃ] *n* församling *c*

park [pɑːk] *n* park *c; v* parkera

parking ['pɑːkiŋ] *n* parkering *c;* **no ~** parkering förbjuden; **~ fee** parkeringsavgift *c; ~* **light** parkeringsljus *nt; ~* **lot** *Am* parkeringsplats *c; ~* **meter** parkeringsmätare *c; ~* **zone** parkeringszon *c*

parliament ['pɑːləmənt] *n* riksdag *c,* parlament *nt*

parliamentary [,pɑːləˈmentəri] *adj* parlamentarisk

parrot ['pærət] *n* papegoja *c*

parsley ['pɑːsli] *n* persilja *c*

parson ['pɑːsən] *n* präst *c*

parsonage ['pɑːsənidʒ] *n* prästgård *c*

part [pɑːt] *n* del *c;* stycke *nt; v* skilja; **spare ~** reservdel *c*

partial ['pɑːʃəl] *adj* ofullständig; partisk

participant [pɑːˈtisipənt] *n* deltagare *c*

participate [pɑːˈtisipeit] *v* *delta

particular [pəˈtikjulə] *adj* särskild; noga; **in ~** särskilt

partition [pɑːˈtiʃən] *n* skiljevägg *c;* delning *c,* del *c*

partly ['pɑːtli] *adv* delvis

partner ['pɑːtnə] *n* partner *c;* kompanjon *c*

partridge ['pɑːtridʒ] *n* rapphöna *c*

party ['pɑːti] *n* parti *nt;* kalas *nt,* fest *c;* sällskap *nt*

pass [pɑːs] *v* *förflyta, passera; *ge; *bli godkänd; *vAm* köra om; *n* bergspass *nt;* pass *nt;* **no passing** *Am* omkörning förbjuden; **~ by** *gå förbi; ~ **through** *gå igenom

passage ['pæsidʒ] n passage c; överfart c; avsnitt nt; genomresa c

passenger ['pæsəndʒə] n passagerare c; ~ **car** Am järnvägsvagn c

passer-by [,pɑ:sə'bai] n förbipasserande c

passion ['pæʃən] n lidelse c, passion c; raseri nt

passionate ['pæʃənət] adj lidelsefull

passive ['pæsiv] adj passiv

passport ['pɑ:spɔ:t] n pass nt; ~ **control** passkontroll c; ~ **photograph** passfoto nt

password ['pɑ:swə:d] n lösenord nt

past [pɑ:st] n det förflutna; adj förfluten, förra; prep förbi

paste [peist] n pasta c; v klistra

pastry ['peistri] n bakelser pl; ~ **shop** konditori nt

pasture ['pɑ:stʃə] n betesmark c

patch [pætʃ] v lappa

patent ['peitənt] n patent nt, patentbrev nt

path [pɑ:θ] n stig c

patience ['peiʃəns] n tålamod nt

patient ['peiʃənt] adj tålmodig; n patient c

patriot ['peitriət] n patriot c

patrol [pə'troul] n patrull c; v patrullera; övervaka

pattern ['pætən] n mönster nt

pause [pɔ:z] n paus c; v pausa

pave [peiv] v *stenlägga

pavement ['peivmənt] n trottoar c; gatubeläggning c

pavilion [pə'viljən] n paviljong c

paw [pɔ:] n tass c

pawn [pɔ:n] v *pantsätta; n schackbonde

pawnbroker ['pɔ:n,broukə] n pantlånare c

pay [pei] n avlöning c, lön c

*pay [pei] v betala; löna sig; ~ **at-**

tention to uppmärksamma; **paying** lönande; ~ **off** slutbetala; ~ **on account** avbetala

pay-desk ['peidesk] n kassa c

payee [pei'i:] n betalningsmottagare c

payment ['peimənt] n betalning c

pea [pi:] n ärta c

peace [pi:s] n fred c

peaceful ['pi:sfəl] adj fridfull

peach [pi:tʃ] n persika c

peacock ['pi:kɔk] n påfågel c

peak [pi:k] n topp c; höjdpunkt c; ~ **hour** rusningstid c; ~ **season** högsäsong c

peanut ['pi:nʌt] n jordnöt c

pear [pɛə] n päron nt

pearl [pə:l] n pärla c

peasant ['pezənt] n bonde c

pebble ['pebəl] n strandsten c

peculiar [pi'kju:ljə] adj egendomlig, säregen

peculiarity [pi,kju:li'ærəti] n egendomlighet c

pedal ['pedəl] n pedal c

pedestrian [pi'destriən] n fotgängare c; **no pedestrians** förbjudet för fotgängare; ~ **crossing** övergångsställe för fotgängare

pedicure ['pedikjuə] n fotvård c

peel [pi:l] v skala; n skal nt

peep [pi:p] v kika

peg [peg] n pinne c, hängare c, sprint c

pelican ['pelikən] n pelikan c

pelvis ['pelvis] n bäcken nt

pen [pen] n penna c

penalty ['penəlti] n böter pl; straff nt; ~ **kick** straffspark c

pencil ['pensəl] n blyertspenna c

pencil-sharpener ['pensəl,ʃɑ:pnə] n pennvässare c

pendant ['pendənt] n hängsmycke nt

penetrate ['penitreit] v genomtränga

penguin ['peŋgwin] n pingvin c
penicillin [,peni'silin] n penicillin nt
peninsula [pə'ninsjulə] n halvö c
penknife ['pennaif] n (pl -knives)
pennkniv c
pension¹ ['pā:siā:] n pensionat nt
pension² ['penʃən] n pension c
people ['pi:pəl] pl folk pl; n folk nt
pepper ['pepə] n peppar c
peppermint ['pepəmint] n pepparmint
nt
perceive [pə'si:v] v *förnimma
percent [pə'sent] n procent c
percentage [pə'sentidʒ] n procent c
perceptible [pə'septibəl] adj märkbar
perception [pə'sepʃən] n förnimmelse
c
perch [pə:tʃ] (pl ~) abborre c
percolator ['pə:kəleitə] n kaffebryg-
gare c
perfect ['pə:fikt] adj perfekt, full-
komlig
perfection [pə'fekʃən] n fullkomlighet
c
perform [pə'fɔ:m] v utföra
performance [pə'fɔ:məns] n föreställ-
ning c
perfume ['pə:fju:m] n parfym c
perhaps [pə'hæps] adv kanske; kan-
hända
peril ['peril] n fara c
perilous ['periləs] adj livsfarlig
period ['piəriəd] n period c; punkt c
periodical [,piəri'ɔdikəl] n tidskrift c;
adj periodisk
perish ['periʃ] v *omkomma
perishable ['periʃəbəl] adj ömtålig
perjury ['pə:dʒəri] n mened c
permanent ['pə:mənənt] adj varaktig,
beständig, ständig; fast, stadigvar-
ande; ~ wave permanent c
permission [pə'miʃən] n tillåtelse c,
tillstånd nt; lov nt, tillståndsbevis
nt

permit¹ [pə'mit] v *tillåta
permit² ['pə:mit] n tillståndsbevis nt,
tillstånd nt
peroxide [pə'rɔksaid] n vätesuperoxid
c
perpendicular [,pə:pən'dikjulə] adj
lodrät
Persia ['pə:ʃə] Persien
Persian ['pə:ʃən] adj persisk; n perser
c
person ['pə:sən] n person c; per ~
per person
personal ['pə:sənəl] adj personlig
personality [,pə:sə'næləti] n personlig-
het c
personnel [,pə:sə'nel] n personal c
perspective [pə'spektiv] n perspektiv
nt
perspiration [,pə:spə'reiʃən] n transpi-
ration c, svettning c, svett c
perspire [pə'spaiə] v transpirera,
svettas
persuade [pə'sweid] v övertala; över-
tyga
persuasion [pə'sweiʒən] n övertygelse
c
pessimism ['pesimizəm] n pessimism
c
pessimist ['pesimist] n pessimist c
pessimistic [,pesi'mistik] adj pessimis-
tisk
pet [pet] n sällskapsdjur nt; kelgris c;
älsklings-
petal ['petəl] n kronblad nt
petition [pi'tiʃən] n petition c
petrol ['petrəl] n bensin c; ~ pump
bensinpump c; ~ station bensin-
mack c; ~ tank bensintank c
petroleum [pi'trouliəm] n råolja c
petty ['peti] adj oväsentlig, obetyd-
lig, liten; ~ cash kontorskassa c
pewit ['pi:wit] n tofsvipa c
pewter ['pju:tə] n tennlegering c
phantom ['fæntəm] n fantom c

pharmacology [ˌfɑːməˈkɔlədʒi] n farmakologi c
pharmacy [ˈfɑːməsi] n apotek nt
phase [feiz] n fas c
pheasant [ˈfezənt] n fasan c
Philippine [ˈfilipain] adj filippinsk
Philippines [ˈfilipiːnz] pl Filippinerna
philosopher [fiˈlɔsəfə] n filosof c
philosophy [fiˈlɔsəfi] n filosofi c
phone [foun] n telefon c; v telefonera, ringa upp
phonetic [fəˈnetik] adj fonetisk
photo [ˈfoutou] n (pl ~s) foto nt
photograph [ˈfoutəgrɑːf] n fotografi nt; v fotografera
photographer [fəˈtɔgrəfə] n fotograf c
photography [fəˈtɔgrəfi] n fotografering c
photostat [ˈfoutəstæt] n fotostatkopia c
phrase [freiz] n fras c
phrase-book [ˈfreizbuk] n parlör c
physical [ˈfizikəl] adj fysisk
physician [fiˈziʃən] n läkare c
physicist [ˈfizisist] n fysiker c
physics [ˈfiziks] n fysik c, naturvetenskap c
physiology [ˌfiziˈɔlədʒi] n fysiologi c
pianist [ˈpiːənist] n pianist c
piano [piˈænou] n piano nt; **grand** ~ flygel c
pick [pik] v plocka; *välja; n val nt; ~ **up** plocka upp; hämta; **pick-up van** skåpvagn c
pick-axe [ˈpikæks] n hacka c
pickles [ˈpikəlz] pl pickels pl
picnic [ˈpiknik] n picknick c; v picknicka
picture [ˈpiktʃə] n tavla c; film c, illustration c; bild c; ~ **postcard** vykort nt; **pictures** bio c
picturesque [ˌpiktʃəˈresk] adj pittoresk
piece [piːs] n bit c, stycke nt

pier [piə] n pir c
pierce [piəs] v *göra hål, genomborra
pig [pig] n gris c
pigeon [ˈpidʒən] n duva c
pig-headed [ˌpigˈhedid] adj tjurskallig
piglet [ˈpiglət] n spädgris c
pigskin [ˈpigskin] n svinläder nt
pike [paik] (pl ~) gädda c
pile [pail] n hög c; v stapla; **piles** pl hemorrojder pl
pilgrim [ˈpilgrim] n pilgrim c
pilgrimage [ˈpilgrimidʒ] n pilgrimsfärd c
pill [pil] n piller nt
pillar [ˈpilə] n pelare c, stolpe c
pillar-box [ˈpiləbɔks] n brevlåda c
pillow [ˈpilou] n huvudkudde c, kudde c
pillow-case [ˈpiloukeis] n örngott nt
pilot [ˈpailət] n pilot c; lots c
pimple [ˈpimpəl] n finne c
pin [pin] n knappnål c; v fästa med nål; **bobby** ~ Am hårklämma c
pincers [ˈpinsəz] pl kniptång c
pinch [pintʃ] v *nypa
pine [pain] n tall c; furu c
pineapple [ˈpaiˌnæpəl] n ananas c
ping-pong [ˈpiŋpɔŋ] n bordtennis c
pink [piŋk] adj skär
pioneer [ˌpaiəˈniə] n pionjär c
pious [ˈpaiəs] adj from
pip [pip] n kärna c
pipe [paip] n pipa c; rör nt; ~ **cleaner** piprensare c; ~ **tobacco** piptobak c
pirate [ˈpaiərət] n sjörövare c
pistol [ˈpistəl] n pistol c
piston [ˈpistən] n kolv c; ~ **ring** kolvring c
piston-rod [ˈpistənrɔd] n kolvstång c
pit [pit] n grop c; gruva c
pitcher [ˈpitʃə] n krus nt
pity [ˈpiti] n medlidande nt; v *ha

medlidande med, beklaga; **what a pity!** så synd!

placard ['plækɑ:d] n plakat nt

place [pleis] n ställe nt; v placera, *sätta; ~ **of birth** födelseort c; *take ~ äga rum

plague [pleig] n plåga c

plaice [pleis] (pl ~) rödspätta c

plain [plein] adj tydlig; enkel, vanlig; n slätt c

plan [plæn] n plan c; v planera

plane [plein] adj plan; n flygplan nt; ~ **crash** flygolycka c

planet ['plænit] n planet c

planetarium [ˌplæni'teəriəm] n planetarium nt

plank [plæŋk] n planka c

plant [plɑ:nt] n planta c; fabrik c; v plantera

plantation [plæn'teiʃən] n plantage c

plaster ['plɑ:stə] n rappning c, gips c; plåster nt

plastic ['plæstik] adj plast-; n plast c

plate [pleit] n tallrik c; platta c

plateau ['plætou] n (pl ~x, ~s) platå c

platform ['plætfɔ:m] n plattform c; ~ **ticket** perrongbiljett c

platinum ['plætinəm] n platina c

play [plei] v leka; spela; n lek c; pjäs c; one-act ~ enaktare c; ~ **truant** skolka

player [pleiə] n spelare c

playground ['pleigraund] n lekplats c

playing-card ['pleiiŋkɑ:d] n spelkort nt

playwright ['pleirait] n skådespelsförfattare c

plea [pli:] n svaromål nt; anhållan c; ursäkt c

plead [pli:d] v plädera

pleasant ['plezənt] adj angenäm, trevlig

please [pli:z] var god; v *glädja;

pleased nöjd; **pleasing** angenäm

pleasure ['pleʒə] n nöje nt, glädje c

plentiful ['plentifəl] adj riklig

plenty ['plenti] n riklighet c; överflöd nt

pliers [plaiəz] pl tång c

plimsolls ['plimsəlz] pl gymnastikskor pl

plot [plɔt] n komplott c, sammansvärjning c; handling c; jordlott c

plough [plau] n plog c; v plöja

plucky ['plʌki] adj käck

plug [plʌg] n plugg c, stickkontakt c; ~ **in** *sticka in, *ansluta

plum [plʌm] n plommon nt

plumber ['plʌmə] n rörmokare c

plump [plʌmp] adj knubbig

plural ['pluərəl] n plural c

plus [plʌs] prep plus

pneumatic [nju:'mætik] adj luft-

pneumonia [nju:'mouniə] n lunginflammation c

poach [poutʃ] v *tjuvskjuta

pocket ['pɔkit] n ficka c

pocket-book ['pɔkitbuk] n plånbok c; anteckningsbok c

pocket-comb ['pɔkitkoum] n fickkam c

pocket-knife ['pɔkitnaif] n (pl -knives) fickkniv c

pocket-watch ['pɔkitwɔtʃ] n fickur nt

poem ['pouim] n dikt c

poet ['pouit] n skald c

poetry ['pouitri] n poesi c

point [pɔint] n punkt c; spets c; v peka; ~ **of view** synpunkt c; ~ **out** visa, utpeka

pointed ['pɔintid] adj spetsig

poison ['pɔizən] n gift nt; v förgifta

poisonous ['pɔizənəs] adj giftig

Poland ['poulənd] Polen

Pole [poul] n polack c

pole [poul] n påle c; pol c

police [pə'li:s] pl polis c

policeman [pə'li:smən] *n* (pl -men) poliskonstapel *c*, polis *c*

police-station [pə'li:s,steiʃən] *n* polisstation *c*

policy ['pɔlisi] *n* politik *c;* försäkringsbrev *nt*

polio ['pouliou] *n* polio *c,* barnförlamning *c*

Polish ['pouliʃ] *adj* polsk

polish ['pɔliʃ] *v* polera

polite [pə'lait] *adj* artig

political [pə'litikəl] *adj* politisk

politician [,pɔli'tiʃən] *n* politiker *c*

politics ['pɔlitiks] *n* politik *c*

pollution [pə'lu:ʃən] *n* förorening *c*

pond [pɔnd] *n* damm *c*

pony ['pouni] *n* ponny *c*

poor [puə] *adj* fattig; usel

pope [poup] *n* påve *c*

poplin ['pɔplin] *n* poplin *nt*

pop music [pɔp 'mju:zik] popmusik *c*

poppy ['pɔpi] *n* vallmo *c*

popular ['pɔpjulə] *adj* populär; folk-

population [,pɔpju'leiʃən] *n* befolkning *c*

populous ['pɔpjuləs] *adj* folkrik

porcelain ['pɔ:səlin] *n* porslin *nt*

porcupine ['pɔ:kjupain] *n* piggsvin *nt*

pork [pɔ:k] *n* griskött *nt*

port [pɔ:t] *n* hamn *c;* babord

portable ['pɔ:təbəl] *adj* bärbar

porter ['pɔ:tə] *n* bärare *c;* dörrvaktmästare *c*

porthole ['pɔ:thoul] *n* hyttventil *c*

portion ['pɔ:ʃən] *n* portion *c*

portrait ['pɔ:trit] *n* porträtt *nt*

Portugal ['pɔ:tjugəl] Portugal

Portuguese [,pɔ:tju'gi:z] *adj* portugisisk; *n* portugis *c*

position [pə'ziʃən] *n* position *c;* läge *nt;* inställning *c;* ställning *c*

positive ['pɔzətiv] *adj* positiv

possess [pə'zes] *v* äga; **possessed** *adj* besatt

possession [pə'zeʃən] *n* ägo, innehav *nt;* **possessions** ägodelar *pl*

possibility [,pɔsə'biləti] *n* möjlighet *c*

possible ['pɔsəbəl] *adj* möjlig; eventuell

post [poust] *n* stolpe *c;* tjänst *c;* post *c; v* posta; **post-office** postkontor *nt*

postage ['poustidʒ] *n* porto *nt;* ~ **paid** portofri; ~ **stamp** frimärke *nt*

postcard ['poustkɑ:d] *n* brevkort *nt;* vykort *nt*

poster ['poustə] *n* affisch *c*

poste restante [poust re'stɑ:t] poste restante

postman ['poustmən] *n* (pl -men) brevbärare *c*

post-paid [,poust'peid] *adj* franko

postpone [pə'spoun] *v* *uppskjuta

pot [pɔt] *n* gryta *c*

potato [pə'teitou] *n* (pl ~es) potatis *c*

pottery ['pɔtəri] *n* keramik *c;* lergods *nt*

pouch [pautʃ] *n* pung *c*

poulterer ['poultərə] *n* vilthandlare *c*

poultry ['poultri] *n* fjäderfä *nt*

pound [paund] *n* pund *c*

pour [pɔ:] *v* hälla

poverty ['pɔvəti] *n* fattigdom *c*

powder ['paudə] *n* puder *nt;* ~ **compact** puderdosa *c;* **talc** ~ talk *c*

powder-puff ['paudəpʌf] *n* pudervippa *c*

powder-room ['paudəru:m] *n* damtoalett *c*

power [pauə] *n* styrka *c,* kraft *c;* energi *c;* makt *c*

powerful ['pauəfəl] *adj* mäktig; stark

powerless ['pauələs] *adj* maktlös

power-station ['pauə,steiʃən] *n* kraftverk *nt*

practical ['præktikəl] *adj* praktisk

practically ['præktikli] *adv* nästan

practice ['præktis] n utövande nt, praktik c

practise ['præktis] v praktisera; öva sig

praise [preiz] v berömma; n beröm nt

pram [præm] n barnvagn c

prawn [prɔːn] n räka c

pray [prei] v *bedja

prayer [preə] n bön c

preach [priːtʃ] v predika

precarious [pri'keəriəs] adj vansklig

precaution [pri'kɔːʃən] n försiktighet c; försiktighetsåtgärd c

precede [pri'siːd] v *föregå

preceding [pri'siːdiŋ] adj föregående

precious ['preʃəs] adj dyrbar

precipice ['presipis] n stup nt

precipitation [pri,sipi'teiʃən] n nederbörd c

precise [pri'sais] adj precis, noga; noggrann

predecessor ['priːdisesə] n föregångare c

predict [pri'dikt] v förutspå

prefer [pri'fəː] v *föredra

preferable ['prefərəbəl] adj att föredra

preference ['prefərəns] n förkärlek c

prefix ['priːfiks] n förstavelse c

pregnant ['pregnənt] adj havande, gravid

prejudice ['predʒədis] n fördom c

preliminary [pri'liminəri] adj inledande; preliminär

premature ['premətʃuə] adj förhastad, förtidig

premier ['premiə] n premiärminister c

premises ['premisiz] pl fastighet c

premium ['priːmiəm] n försäkringspremie c; belöning c

prepaid [,priː'peid] adj betald i förskott

preparation [,prepə'reiʃən] n förbere-

delse c

prepare [pri'peə] v förbereda; *göra i ordning

prepared [pri'peəd] adj beredd

preposition [,prepə'ziʃən] n preposition c

prescribe [pri'skraib] v ordinera

prescription [pri'skripʃən] n recept nt

presence ['prezəns] n närvaro c

present[1] ['prezənt] n gåva c, present c; nutid c; adj nuvarande; närvarande

present[2] [pri'zent] v presentera; *framlägga

presently ['prezəntli] adv snart, strax

preservation [,prezə'veiʃən] n bevarande nt, konservering c

preserve [pri'zəːv] v bevara; konservera

president ['prezidənt] n president c; ordförande c

press [pres] n trängsel c, press c; v trycka; pressa; ~ conference presskonferens c

pressing ['presiŋ] adj brådskande, trängande

pressure ['preʃə] n tryck nt; påtryckning c; atmospheric ~ lufttryck nt

pressure-cooker ['preʃə,kukə] n tryckkokare c

prestige [pre'stiːʒ] n prestige c

presumable [pri'zjuːməbəl] adj trolig

presumptuous [pri'zʌmpʃəs] adj övermodig; anspråksfull

pretence [pri'tens] n förevändning c

pretend [pri'tend] v låtsas, simulera

pretext ['priːtekst] n svepskäl nt

pretty ['priti] adj söt, vacker; adv ganska, tämligen

prevent [pri'vent] v förhindra; förebygga

preventive [pri'ventiv] adj förebyggande

previous ['pri:viəs] *adj* föregående, tidigare

pre-war [ˌpri:'wɔ:] *adj* förkrigs-

price [prais] *n* pris *nt*; *v* *prissätta

priceless ['praisləs] *adj* ovärderlig

price-list ['prais,list] *n* prislista *c*

prick [prik] *v* *sticka

pride [praid] *n* stolthet *c*

priest [pri:st] *n* katolsk präst

primary ['praiməri] *adj* primär; huvudsaklig; elementär

prince [prins] *n* prins *c*

princess [prin'ses] *n* prinsessa *c*

principal ['prinsəpəl] *adj* huvud-; *n* rektor *c*

principle ['prinsəpəl] *n* princip *c*, grundsats *c*

print [print] *v* trycka; *n* avtryck *nt*; tryck *nt*; **printed matter** trycksak *c*

prior [praiə] *adj* föregående

priority [prai'ɔrəti] *n* företräde *nt*, prioritet *c*

prison ['prizən] *n* fängelse *nt*

prisoner ['prizənə] *n* intern *c*, fånge *c*; **~ of war** krigsfånge *c*

privacy ['praivəsi] *n* avskildhet *c*, privatliv *nt*

private ['praivit] *adj* privat; personlig

privilege ['privilidʒ] *n* privilegium *nt*

prize [praiz] *n* pris *nt*; belöning *c*

probable ['prɔbəbəl] *adj* sannolik, trolig

probably ['prɔbəbli] *adv* sannolikt

problem ['prɔbləm] *n* problem *nt*; spörsmål *nt*

procedure [prə'si:dʒə] *n* procedur *c*

proceed [prə'si:d] *v* *fortsätta; *gå tillväga

process ['prouses] *n* process *c*, förlopp *nt*

procession [prə'seʃən] *n* procession *c*

proclaim [prə'kleim] *v* *kungöra, utropa

produce¹ [prə'dju:s] *v* framställa

produce² ['prɔdju:s] *n* produkt *c*

producer [prə'dju:sə] *n* producent *c*

product ['prɔdʌkt] *n* produkt *c*

production [prə'dʌkʃən] *n* produktion *c*

profession [prə'feʃən] *n* yrke *nt*

professional [prə'feʃənəl] *adj* yrkes-, yrkesskicklig

professor [prə'fesə] *n* professor *c*

profit ['prɔfit] *n* vinst *c*, behållning *c*; nytta *c*; *v* *ha nytta; *dra fördel

profitable ['prɔfitəbəl] *adj* vinstbringande

profound [prə'faund] *adj* djup, djupsinnig

programme ['prougræm] *n* program *nt*

progress¹ ['prougres] *n* framsteg *nt*

progress² [prə'gres] *v* *göra framsteg

progressive [prə'gresiv] *adj* framstegsvänlig, progressiv; tilltagande

prohibit [prə'hibit] *v* *förbjuda

prohibition [ˌproui'biʃən] *n* förbud *nt*

prohibitive [prə'hibitiv] *adj* oöverkomlig

project ['prɔdʒekt] *n* projekt *nt*, plan *c*

promenade [ˌprɔmə'nɑ:d] *n* promenad *c*

promise ['prɔmis] *n* löfte *nt*; *v* lova

promote [prə'mout] *v* befordra, främja

promotion [prə'mouʃən] *n* befordran *c*

prompt [prɔmpt] *adj* omgående

pronoun ['prounaun] *n* pronomen *nt*

pronounce [prə'nauns] *v* uttala

pronunciation [ˌprənʌnsi'eiʃən] *n* uttal *nt*

proof [pru:f] *n* bevis *nt*; provtryck *nt*

propaganda [ˌprɔpə'gændə] *n* propaganda *c*

propel [prə'pel] *v* *driva framåt

propeller [prə'pelə] *n* propeller *c*

proper ['prɔpə] *adj* passande; riktig,

lämplig, anständig, tillbörlig
property ['prɔpəti] *n* egendom *c*, ägo-
delar *pl*; egenskap *c*
prophet ['prɔfit] *n* profet *c*
proportion [prə'pɔ:ʃən] *n* proportion *c*
proportional [prə'pɔ:ʃənəl] *adj* propor-
tionell
proposal [prə'pouzəl] *n* förslag *nt*
propose [prə'pouz] *v* *föreslå
proposition [‚prɔpə'ziʃən] *n* förslag *nt*
proprietor [prə'praiətə] *n* ägare *c*
prospect ['prɔspekt] *n* utsikt *c*
prospectus [prə'spektəs] *n* prospekt
nt
prosperity [prɔ'sperəti] *n* framgång *c*,
välstånd *nt*; välgång *c*
prosperous ['prɔspərəs] *adj* blomst-
rande, framgångsrik
prostitute ['prɔstitju:t] *n* prostituerad
c
protect [prə'tekt] *v* skydda
protection [prə'tekʃən] *n* skydd *nt*
protein ['prouti:n] *n* protein *nt*
protest[1] ['proutest] *n* protest *c*
protest[2] [prə'test] *v* protestera
Protestant ['prɔtistənt] *adj* protestan-
tisk
proud [praud] *adj* stolt; högmodig
prove [pru:v] *v* bevisa; visa sig vara
proverb ['prɔvə:b] *n* ordspråk *nt*
provide [prə'vaid] *v* *förse, skaffa;
provided that förutsatt att
province ['prɔvins] *n* län *nt;* landskap
nt
provincial [prə'vinʃəl] *adj* provinsiell
provisional [prə'viʒənəl] *adj* proviso-
risk
provisions [prə'viʒənz] *pl* proviant *c*
prune [pru:n] *n* katrinplommon *nt*
psychiatrist [sai'kaiətrist] *n* psykiater
c
psychic ['saikik] *adj* psykisk
psychoanalyst [‚saikou'ænəlist] *n* psy-
koanalytiker *c*

psychological [‚saikɔ'lɔdʒikəl] *adj* psy-
kologisk
psychologist [sai'kɔlədʒist] *n* psykolog
c
psychology [sai'kɔlədʒi] *n* psykologi *c*
public ['pʌblik] *adj* offentlig; allmän;
n publik *c;* ~ **garden** offentlig
park; ~ **house** pub *c*
publication [‚pʌbli'keiʃən] *n* offentlig-
görande *nt;* publikation *c*
publicity [pʌ'blisəti] *n* publicitet *c*
publish ['pʌbliʃ] *v* *offentliggöra, *ge
ut, publicera
publisher ['pʌbliʃə] *n* förläggare *c*
puddle ['pʌdəl] *n* pöl *c*
pull [pul] *v* *dra; ~ **out** *ta fram,
*dra upp, *avgå; ~ **up** stanna
pulley ['puli] *n* (pl ~s) block *nt*
Pullman ['pulmən] *n* sovvagn *c*
pullover ['pu‚louvə] *n* pullover *c*
pulpit ['pulpit] *n* predikstol *c*, talar-
stol *c*
pulse [pʌls] *n* puls *c*
pump [pʌmp] *n* pump *c; v* pumpa
punch [pʌntʃ] *v* *slå; *n* knytnävsslag
nt
punctual ['pʌŋktʃuəl] *adj* punktlig
puncture ['pʌŋktʃə] *n* punktering *c*
punctured ['pʌŋktʃəd] *adj* punkterad
punish ['pʌniʃ] *v* straffa
punishment ['pʌniʃmənt] *n* straff *nt*
pupil ['pju:pəl] *n* elev *c*
puppet-show ['pʌpitʃou] *n* dockteater
c
purchase ['pə:tʃəs] *v* köpa; *n* köp *nt*,
uppköp *nt;* ~ **price** köpesumma *c*
purchaser ['pə:tʃəsə] *n* köpare *c*
pure [pjuə] *adj* ren
purple ['pə:pəl] *adj* purpur
purpose ['pə:pəs] *n* ändamål *nt*, av-
sikt *c*, syfte *nt;* **on** ~ med vilja
purse [pə:s] *n* portmonnä *c*, kassa *c*
pursue [pə'sju:] *v* förfölja; eftersträva
pus [pʌs] *n* var *nt*

push [puʃ] n knuff c; v *skjuta; knuffa, *driva på

push-button ['puʃˌbʌtən] n knapp c, strömbrytare c

*put [put] v *lägga, ställa, placera; stoppa; ~ away ställa på plats; ~ off *uppskjuta; ~ on klä på sig; ~ out släcka

puzzle ['pʌzəl] n pussel nt; huvudbry nt; v förbrylla; jigsaw ~ pussel nt

puzzling ['pʌzliŋ] adj förbryllande

pyjamas [pə'dʒɑːməz] pl pyjamas c

Q

quack [kwæk] n charlatan c, kvacksalvare c

quail [kweil] n (pl ~, ~s) vaktel c

quaint [kweint] adj egendomlig; gammaldags

qualification [ˌkwɔlifi'keiʃən] n kvalifikation c; inskränkning c, förbehåll nt

qualified ['kwɔlifaid] adj kvalificerad; kompetent

qualify ['kwɔlifai] v kvalificera sig

quality ['kwɔləti] n kvalitet c; egenskap c

quantity ['kwɔntəti] n kvantitet c; antal nt

quarantine ['kwɔrəntiːn] n karantän c

quarrel ['kwɔrəl] v kivas, gräla; n gräl nt, kiv nt

quarry ['kwɔri] n stenbrott nt

quarter ['kwɔːtə] n kvart c; kvartal nt; kvarter nt; ~ of an hour kvart c

quarterly ['kwɔːtəli] adj kvartals-

quay [kiː] n kaj c

queen [kwiːn] n drottning c

queer [kwiə] adj underlig, konstig; besynnerlig

query ['kwiəri] n förfrågan c; v betvivla

question ['kwestʃən] n fråga c; problem nt, spörsmål nt; v fråga ut; i frågasätta; ~ mark frågetecken nt

queue [kjuː] n kö c; v köa

quick [kwik] adj kvick

quick-tempered [ˌkwik'tempəd] adj lättretlig

quiet ['kwaiət] adj stillsam, stilla, lugn; n ro c, stillhet c

quilt [kwilt] n täcke nt

quinine [kwi'niːn] n kinin nt

quit [kwit] v upphöra, *ge upp

quite [kwait] adv fullkomligt, helt; någorlunda, ganska, alldeles

quiz [kwiz] n (pl ~zes) frågesport c

quota ['kwoutə] n kvot c

quotation [kwou'teiʃən] n citat nt; ~ marks citationstecken pl

quote [kwout] v citera

R

rabbit ['ræbit] n kanin c

rabies ['reibiz] n rabies c

race [reis] n kapplöpning c, lopp nt; ras c

race-course ['reiskɔːs] n hästkapplöpningsbana c

race-horse ['reihɔːs] n kapplöpningshäst c

race-track ['reistræk] n tävlingsbana c

racial ['reiʃəl] adj ras-

racket ['rækit] n oväsen nt

racquet ['rækit] n racket c

radiator ['reidieitə] n värmeelement nt

radical ['rædikəl] adj radikal

radio ['reidiou] n radio c

radish ['rædiʃ] n rädisa c

radius ['reidiəs] *n* (pl radii) radie *c*

raft [rɑ:ft] *n* flotte *c*

rag [ræg] *n* trasa *c*

rage [reidʒ] *n* ursinne *nt*, raseri *nt; v* rasa, *vara rasande

raid [reid] *n* räd *c*

rail [reil] *n* ledstång *c*, räcke *nt*

railing ['reiliŋ] *n* räcke *nt*

railroad ['reilroud] *nAm* järnväg *c*

railway ['reilwei] *n* järnväg *c*

rain [rein] *n* regn *nt; v* regna

rainbow ['reinbou] *n* regnbåge *c*

raincoat ['reinkout] *n* regnrock *c*

rainproof ['reinpru:f] *adj* impregnerad

rainy ['reini] *adj* regnig

raise [reiz] *v* höja; öka; uppfostra, uppföda, odla; *pålägga; *nAm* löneförhöjning *c*

raisin ['reizən] *n* russin *nt*

rake [reik] *n* kratta *c*

rally ['ræli] *n* massmöte *nt*

ramp [ræmp] *n* ramp *c*

ramshackle ['ræm,ʃækəl] *adj* fallfärdig

rancid ['rænsid] *adj* härsken

rang [ræŋ] *v* (p ring)

range [reindʒ] *n* räckvidd *c*

range-finder ['reindʒ,faində] *n* avståndsmätare *c*

rank [ræŋk] *n* rang *c*; rad *c*

ransom ['rænsəm] *n* lösen *c*

rape [reip] *v* *våldta

rapid ['ræpid] *adj* snabb, hastig

rapids ['ræpidz] *pl* fors *c*

rare [reə] *adj* sällsynt

rarely ['reəli] *adv* sällan

rascal ['rɑ:skəl] *n* lymmel *c*, skälm *c*

rash [ræʃ] *n* hudutslag *nt; adj* obetänksam, förhastad

raspberry ['rɑ:zbəri] *n* hallon *nt*

rat [ræt] *n* råtta *c*

rate [reit] *n* taxa *c*, pris *nt;* fart *c;* at any ~ i varje fall; ~ of exchange valutakurs *c*

rather ['rɑ:ðə] *adv* ganska, någorlunda, rätt; hellre, snarare

ration ['ræʃən] *n* ranson *c*

rattan [ræ'tæn] *n* rotting *c*

raven ['reivən] *n* korp *c*

raw [rɔ:] *adj* rå; ~ material råmaterial *nt*

ray [rei] *n* stråle *c*

rayon ['reiən] *n* konstsiden *c*

razor ['reizə] *n* rakkniv *c*

razor-blade ['reizəbleid] *n* rakblad *nt*

reach [ri:tʃ] *v* nå; *n* räckhåll *nt*

reaction [ri'ækʃən] *n* reaktion *c*

***read** [ri:d] *v* läsa

reading ['ri:diŋ] *n* läsning *c*

reading-lamp ['ri:diŋlæmp] *n* läslampa *c*

reading-room ['ri:diŋru:m] *n* läsesal *c*

ready ['redi] *adj* klar, färdig

ready-made [,redi'meid] *adj* konfektionssydd

real [riəl] *adj* verklig

reality [ri'æləti] *n* verklighet *c*

realizable ['riəlaizəbəl] *adj* utförbar

realize ['riəlaiz] *v* *inse; realisera, förverkliga

really ['riəli] *adv* verkligen, faktiskt; egentligen

rear [riə] *n* baksida *c; v* uppfostra, uppföda

rear-light [riə'lait] *n* baklykta *c*

reason ['ri:zən] *n* orsak *c*, skäl *nt;* förnuft *nt*, förstånd *nt; v* resonera

reasonable ['ri:zənəbəl] *adj* förnuftig; rimlig

reassure [,ri:ə'ʃuə] *v* lugna

rebate ['ri:beit] *n* rabatt *c*

rebellion [ri'beljən] *n* uppror *nt*

recall [ri'kɔ:l] *v* erinra sig; återkalla; upphäva

receipt [ri'si:t] *n* kvitto *nt*, mottagningsbevis *nt;* mottagande *nt*

receive [ri'si:v] *v* *motta

receiver [ri'si:və] n telefonlur c; hälare c

recent ['ri:sənt] adj ny, färsk

recently ['ri:səntli] adv häromdagen, nyligen

reception [ri'sepʃən] n mottagande nt; mottagning c; ~ **office** reception c

receptionist [ri'sepʃənist] n receptionist c

recession [ri'seʃən] n tillbakagång c

recipe ['resipi] n recept nt

recital [ri'saitəl] n solistframträdande nt

reckon ['rekən] v räkna; *anse; förmoda

recognition [ˌrekəg'niʃən] n erkännande nt

recognize ['rekəgnaiz] v känna igen; erkänna

recollect [ˌrekə'lekt] v minnas

recommence [ˌri:kə'mens] v börja om

recommend [ˌrekə'mend] v rekommendera, förorda; tillråda

recommendation [ˌrekəmen'deiʃən] n rekommendation c

reconciliation [ˌrekənsili'eiʃən] n försoning c

record¹ ['rekɔ:d] n grammofonskiva c; rekord nt; protokoll nt; long-playing ~ LP-skiva c

record² [ri'kɔ:d] v anteckna, inregistrera; inspela

recorder [ri'kɔ:də] n bandspelare c

recording [ri'kɔ:diŋ] n inspelning c

record-player ['rekɔ:dˌpleiə] n skivspelare c, grammofon c

recover [ri'kʌvə] v *återfå; tillfriskna

recovery [ri'kʌvəri] n tillfrisknande nt

recreation [ˌrekri'eiʃən] n förströelse c, avkoppling c; ~ **centre** fritidscenter nt; ~ **ground** bollplan c

recruit [ri'kru:t] n rekryt c

rectangle ['rektæŋgəl] n rektangel c

rectangular [rek'tæŋgjulə] adj rektangulär

rector ['rektə] n rektor c, kyrkoherde c

rectory ['rektəri] n prästgård c

rectum ['rektəm] n ändtarm c

red [red] adj röd

redeem [ri'di:m] v frälsa, återköpa, befria

reduce [ri'dju:s] v reducera, minska, förvandla, *skära ned

reduction [ri'dʌkʃən] n prisnedsättning c, reduktion c

redundant [ri'dʌndənt] adj överflödig

reed [ri:d] n vass c

reef [ri:f] n rev nt

reference ['refrəns] n hänvisning c, referens c; sammanhang nt; **with** ~ **to** beträffande

refer to [ri'fə:] hänvisa till

refill ['ri:fil] n påfyllningsförpackning c

refinery [ri'fainəri] n raffinaderi nt

reflect [ri'flekt] v reflektera

reflection [ri'flekʃən] n reflex c; spegelbild c

reflector [ri'flektə] n reflektor c

reformation [ˌrefə'meiʃən] n Reformationen

refresh [ri'freʃ] v fräscha upp, svalka

refreshment [ri'freʃmənt] n förfriskning c

refrigerator [ri'fridʒəreitə] n kylskåp nt

refund¹ [ri'fʌnd] v återbetala

refund² ['ri:fʌnd] n återbetalning c

refusal [ri'fju:zəl] n vägran c

refuse¹ [ri'fju:z] v vägra

refuse² ['refju:s] n avfall nt

regard [ri'ga:d] v *anse; betrakta; n hänsyn c; **as regards** med hänsyn till, angående

regarding [ri'ga:diŋ] prep angående,

beträffande; rörande

regatta [ri'gætə] n kappsegling c

régime [rei'ʒi:m] n regim c

region ['ri:dʒən] n region c; område nt

regional ['ri:dʒənəl] adj regional

register ['redʒistə] v *inskriva sig; rekommendera; **registered letter** rekommenderat brev

registration [ˌredʒi'streiʃən] n registrering c; ~ **form** inskrivningsblankett c; ~ **number** registreringsnummer nt; ~ **plate** nummerplåt c

regret [ri'gret] v beklaga; ångra; n beklagande nt

regular ['regjulə] adj regelbunden, regelmässig; normal, reguljär

regulate ['regjuleit] v reglera

regulation [ˌregju'leiʃən] n regel c, reglemente nt; reglering c

rehabilitation [ˌri:həˌbili'teiʃən] n rehabilitering c

rehearsal [ri'hə:səl] n repetition c

rehearse [ri'hə:s] v repetera

reign [rein] n regeringstid c; v regera

reimburse [ˌri:im'bə:s] v återbetala

reindeer ['reindiə] n (pl ~) ren c

reject [ri'dʒekt] v *avslå, avvisa; förkasta

relate [ri'leit] v berätta

related [ri'leitid] adj besläktad

relation [ri'leiʃən] n förhållande nt, relation c; släkting c

relative ['relativ] n släkting c; adj relativ

relax [ri'læks] v koppla av, slappna av

relaxation [ˌrilæk'seiʃən] n avkoppling c

reliable [ri'laiəbəl] adj pålitlig

relic ['relik] n relik c

relief [ri'li:f] n lättnad c; hjälp c; relief c

relieve [ri'li:v] v lätta, lindra; avlösa

religion [ri'lidʒən] n religion c

religious [ri'lidʒəs] adj religiös

rely on [ri'lai] lita på

remain [ri'mein] v *förbli; *återstå

remainder [ri'meində] n rest c, återstod c

remaining [ri'meiniŋ] adj övrig, resterande

remark [ri'ma:k] n anmärkning c; v påpeka, anmärka

remarkable [ri'ma:kəbəl] adj anmärkningsvärd

remedy ['remədi] n läkemedel nt; botemedel nt

remember [ri'membə] v *komma ihåg; minnas

remembrance [ri'membrəns] n håg- komst c, minne nt

remind [ri'maind] v påminna

remit [ri'mit] v översända

remittance [ri'mitəns] n penningförsändelse c

remnant ['remnənt] n rest c, kvarleva c

remote [ri'mout] adj avsides, avlägsen

removal [ri'mu:vəl] n undanröjning c

remove [ri'mu:v] v avlägsna

remunerate [ri'mju:nəreit] v belöna; *ersätta

remuneration [riˌmju:nə'reiʃən] n belöning c

renew [ri'nju:] v förnya; förlänga

rent [rent] v hyra; n hyra c

repair [ri'pɛə] v reparera; n reparation c

reparation [ˌrepə'reiʃən] n reparation c

***repay** [ri'pei] v återbetala

repayment [ri'peimənt] n återbetalning c

repeat [ri'pi:t] v upprepa

repellent [ri'pelənt] adj frånstötande, motbjudande

repentance [ri'pentəns] *n* ånger *c*
repertory ['repətəri] *n* repertoar *c*
repetition [,repə'tiʃən] *n* upprepning *c*
replace [ri'pleis] *v* *ersätta
reply [ri'plai] *v* svara; *n* svar *nt*; in ~ som svar
report [ri'pɔ:t] *v* rapportera; meddela; anmäla sig; *n* redogörelse *c*, rapport *c*
reporter [ri'pɔ:tə] *n* reporter *c*
represent [,repri'zent] *v* representera; föreställa
representation [,reprizen'teiʃən] *n* representation *c*; framställning *c*
representative [,repri'zentətiv] *adj* representativ
reprimand ['reprimɑ:nd] *v* tillrättavisa
reproach [ri'proutʃ] *n* förebråelse *c*; *v* förebrå
reproduce [,ri:prə'dju:s] *v* *återge
reproduction [,ri:prə'dʌkʃən] *n* återgivning *c*, reproduktion *c*; fortplantning *c*
reptile ['reptail] *n* kräldjur *nt*
republic [ri'pʌblik] *n* republik *c*
republican [ri'pʌblikən] *adj* republikansk
repulsive [ri'pʌlsiv] *adj* frånstötande
reputation [,repju'teiʃən] *n* renommé *nt*; anseende *nt*
request [ri'kwest] *n* begäran *c*; förfrågan *c*; *v* begära
require [ri'kwaiə] *v* kräva
requirement [ri'kwaiəmənt] *n* krav *nt*
requisite ['rekwizit] *adj* erforderlig
rescue ['reskju:] *v* rädda; *n* räddning *c*
research [ri'sə:tʃ] *n* forskning *c*
resemblance [ri'zembləns] *n* likhet *c*
resemble [ri'zembəl] *v* likna
resent [ri'zent] *v* *ta illa upp
reservation [,rezə'veiʃən] *n* reservation *c*
reserve [ri'zə:v] *v* reservera; beställa;

n reserv *c*
reserved [ri'zə:vd] *adj* reserverad
reservoir ['rezəvwɑ:] *n* reservoar *c*
reside [ri'zaid] *v* bo
residence ['rezidəns] *n* bostad *c*; ~ permit uppehållstillstånd *nt*
resident ['rezidənt] *n* invånare *c*; *adj* bofast; inneboende
resign [ri'zain] *v* *avgå
resignation [,rezig'neiʃən] *n* avsked *nt*, avskedsansökan *c*
resin ['rezin] *n* kåda *c*
resist [ri'zist] *v* *göra motstånd mot
resistance [ri'zistəns] *n* motstånd *nt*
resolute ['rezəlu:t] *adj* resolut, beslutsam
respect [ri'spekt] *n* respekt *c*; aktning *c*, vördnad *c*; *v* respektera
respectable [ri'spektəbəl] *adj* respektabel, aktningsvärd
respectful [ri'spektfəl] *adj* respektfull
respective [ri'spektiv] *adj* respektive
respiration [,respə'reiʃən] *n* andning *c*
respite ['respait] *n* uppskov *nt*
responsibility [ri,sponsə'biləti] *n* ansvar *nt*
responsible [ri'sponsəbəl] *adj* ansvarig
rest [rest] *n* vila *c*; rest *c*; *v* vila
restaurant ['restərɔ̃:] *n* restaurang *c*
restful ['restfəl] *adj* lugn
rest-home ['resthoum] *n* vilohem *nt*
restless ['restləs] *adj* rastlös
restrain [ri'strein] *v* *hålla tillbaka, tygla
restriction [ri'strikʃən] *n* inskränkning *c*, begränsning *c*
result [ri'zʌlt] *n* resultat *nt*; följd *c*; utgång *c*; *v* resultera
resume [ri'zju:m] *v* *återuppta
résumé ['rezjumei] *n* sammanfattning *c*
retail ['ri:teil] *v* *sälja i detalj
retailer ['ri:teilə] *n* detaljist *c*

retina ['retinə] n näthinna c

retired [ri'taiəd] adj pensionerad

return [ri'tə:n] v återvända, *komma
tillbaka; n återkomst c; ~ flight
returflyg nt; ~ journey återresa c

reunite [,ri:ju:'nait] v återförena

reveal [ri'vi:l] v uppenbara, avslöja

revelation [,revə'leiʃən] n avslöjande
nt; uppenbarelse c

revenge [ri'vendʒ] n hämnd c

revenue ['revənju:] n inkomst c

reverse [ri'və:s] n motsats c; avigsida
c; backväxel c; motgång c; adj om-
vänd; v backa

review [ri'vju:] n recension c; tid-
skrift c

revise [ri'vaiz] v revidera

revision [ri'viʒən] n revision c

revival [ri'vaivəl] n återupplivande nt;
förnyelse c

revolt [ri'voult] v *göra uppror; n re-
volt c

revolting [ri'voultiŋ] adj motbjudan-
de, upprörande, äcklig

revolution [,revə'lu:ʃən] n revolution
c; varv nt

revolutionary [,revə'lu:ʃənəri] adj re-
volutionär

revolver [ri'vɔlvə] n revolver c

revue [ri'vju:] n revy c

reward [ri'wɔ:d] n belöning c; v belö-
na

rheumatism ['ru:mətizəm] n reuma-
tism c

rhinoceros [rai'nɔsərəs] n (pl ~,
~es) noshörning c

rhubarb ['ru:ba:b] n rabarber c

rhyme [raim] n rim nt

rhythm ['riðəm] n rytm c

rib [rib] n revben nt

ribbon ['ribən] n band nt

rice [rais] n ris nt

rich [ritʃ] adj rik

riches ['ritʃiz] pl rikedom c

riddle ['ridəl] n gåta c

ride [raid] n körning c

*ride [raid] v åka; *rida

rider ['raidə] n ryttare c

ridge [ridʒ] n rygg c, upphöjning c,
kam c

ridicule ['ridikju:l] v förlöjliga

ridiculous [ri'dikjuləs] adj löjlig

riding ['raidiŋ] n ridning c

riding-school ['raidiŋsku:l] n ridskola
c

rifle ['raifəl] v gevär nt

right [rait] n rättighet c; adj riktig,
rätt; höger; rättvis; all right! bra!; *
be ~ *ha rätt; ~ of way förkörs-
rätt c

righteous ['raitʃəs] adj rättfärdig

right-hand ['raithænd] adj höger

rightly ['raitli] adv med rätta

rim [rim] n fälg c; kant c

ring [riŋ] n ring c; cirkusarena c

*ring [riŋ] v ringa; ~ up ringa upp

rinse [rins] v skölja; n sköljning c

riot ['raiət] n upplopp nt

rip [rip] v *riva sönder

ripe [raip] adj mogen

rise [raiz] n löneförhöjning c; upp-
höjning c; stigning c; uppsving nt

*rise [raiz] v *stiga upp; *gå upp;
*stiga

rising ['raiziŋ] n uppror nt

risk [risk] n risk c; fara c; v riskera

risky ['riski] adj vågad, riskfylld

rival ['raivəl] n rival c; konkurrent c;
v rivalisera, konkurrera

rivalry ['raivəlri] n rivalitet c; konkur-
rens c

river ['rivə] n å c, flod c; ~ bank
flodstrand c

riverside ['rivəsaid] n flodstrand c

roach [routʃ] n (pl ~) mört c

road [roud] n gata c, väg c; ~ fork
vägskäl nt; ~ map vägkarta c; ~
system vägnät nt; ~ up vägarbete

nt

roadhouse ['roudhaus] n värdshus nt

roadside ['roudsaid] n vägkant c; ~ restaurant värdshus nt

roadway ['roudwei] nAm körbana c

roam [roum] v ströva

roar [rɔ:] v *tjuta, *ryta; n vrål nt, dån nt

roast [roust] v grilla, halstra

rob [rɔb] v råna

robber ['rɔbə] n rånare c

robbery ['rɔbəri] n rån nt, stöld c

robe [roub] n klänning c; ämbetsdräkt c

robin ['rɔbin] n rödhake c

robust [rou'bʌst] adj robust

rock [rɔk] n klippa c; v gunga

rocket ['rɔkit] n raket c

rocky ['rɔki] adj klippig

rod [rɔd] n stång c

roe [rou] n rom c

roll [roul] v rulla; n rulle c; kuvertbröd nt

roller-skating ['roulə‚skeitiŋ] n rullskridskoåkning c

Roman Catholic ['roumən 'kæθəlik] romersk katolsk

romance [rə'mæns] n romans c

romantic [rə'mæntik] adj romantisk

roof [ru:f] n tak nt; thatched ~ halmtak nt

room [ru:m] n rum nt; utrymme nt, plats c; ~ and board mat och logi; ~ service rumsbetjäning c; ~ temperature rumstemperatur c

roomy ['ru:mi] adj rymlig

root [ru:t] n rot c

rope [roup] n rep nt

rosary ['rouzəri] n radband nt

rose [rouz] n ros c; adj rosa

rotten ['rɔtən] adj rutten

rouge [ru:ʒ] n rouge c

rough [rʌf] adj ojämn, hård

roulette [ru:'let] n rulett c

round [raund] adj rund; prep runt om, omkring; n rond c; ~ trip Am tur och retur

roundabout ['raundəbaut] n rondell c

rounded ['raundid] adj rundad

route [ru:t] n rutt c

routine [ru:'ti:n] n rutin c

row[1] [rou] n rad c; v ro

row[2] [rau] n bråk nt

rowdy ['raudi] adj busig

rowing-boat ['rouiŋbout] n roddbåt c

royal ['rɔiəl] adj kunglig

rub [rʌb] v *gnida

rubber ['rʌbə] n gummi nt; suddgummi nt; ~ band gummiband nt

rubbish ['rʌbiʃ] n skräp nt; trams nt, strunt nt; talk ~ prata strunt

rubbish-bin ['rʌbiʃbin] n sophink c

ruby‚['ru:bi] n rubin c

rucksack ['rʌksæk] n ryggsäck c

rudder ['rʌdə] n roder nt

rude [ru:d] adj ohövlig

rug [rʌg] n liten matta; pläd c

ruin ['ru:in] v *ödelägga, ruinera; n undergång c; ruins ruin c

ruination [‚ru:i'neiʃən] n ödeläggelse c

rule [ru:l] n regel c; makt c, regering c, styrelsesätt nt; v regera, styra; as a ~ vanligen, som regel

ruler ['ru:lə] n härskare c, regent c; linjal c

Rumania [ru:'meiniə] Rumänien

Rumanian [ru:'meiniən] adj rumänsk; n rumän c

rumour ['ru:mə] n rykte nt

*run [rʌn] v *springa; ~ into råka träffa

runaway ['rʌnəwei] n rymling c

rung [rʌn] v (pp ring)

runway ['rʌnwei] n start-, landningsbana

rural ['ruərəl] adj lantlig

ruse [ru:z] n list c

rush [rʌʃ] v rusa; n säv c

rush-hour ['rʌʃauə] n rusningstid c
Russia ['rʌʃə] Ryssland
Russian ['rʌʃən] adj rysk; n ryss c
rust [rʌst] n rost c
rustic ['rʌstik] adj rustik
rusty ['rʌsti] adj rostig

S

saccharin ['sækərin] n sackarin nt
sack [sæk] n säck c
sacred ['seikrid] adj helig
sacrifice ['sækrifais] n offer nt; v offra
sacrilege ['sækrilidʒ] n helgerån nt
sad [sæd] adj sorgsen; vemodig, bedrövad
saddle ['sædəl] n sadel c
sadness ['sædnəs] n sorgsenhet c
safe [seif] adj säker; n kassaskåp nt
safety ['seifti] n säkerhet c
safety-belt ['seiftibelt] n säkerhetsbälte c
safety-pin ['seiftipin] n säkerhetsnål c
safety-razor ['seifti,reizə] n rakhyvel c
sail [seil] v segla; n segel nt
sailing-boat ['seiliŋbout] n segelbåt c
sailor ['seilə] n sjöman c
saint [seint] n helgon nt
salad ['sæləd] n sallad c
salad-oil ['sælədoil] n salladsolja c
salary ['sæləri] n avlöning c, lön c
sale [seil] n försäljning c; clearance ~ realisation c; for ~ till salu; sales realisation c
saleable ['seiləbəl] adj säljbar
salesgirl ['seilzgə:l] n försäljerska c
salesman ['seilzmən] n (pl -men) försäljare c; expedit c
salmon ['sæmən] n (pl ~) lax c
salon ['sælɔ:] n salong c
saloon [sə'lu:n] n bar c

salt [sɔ:lt] n salt nt
salt-cellar ['sɔ:lt,selə] n saltkar nt
salty ['sɔ:lti] adj salt
salute [sə'lu:t] v hälsa
salve [sɑ:v] n salva c
same [seim] adj samma
sample ['sɑ:mpəl] n varuprov nt
sanatorium [,sænə'tɔ:riəm] n (pl ~s, -ria) sanatorium nt
sand [sænd] n sand c
sandal ['sændəl] n sandal c
sandpaper ['sænd,peipə] n sandpapper nt
sandwich ['sænwidʒ] n smörgås c
sandy ['sændi] adj sandig
sanitary ['sænitəri] adj sanitär; ~ towel dambinda c
sapphire ['sæfaiə] n safir c
sardine [sɑ:'di:n] n sardin c
satchel ['sætʃəl] n skolväska c
satellite ['sætəlait] n satellit c
satin ['sætin] n satäng c
satisfaction [,sætis'fækʃən] n tillfredsställelse c, belåtenhet c
satisfy ['sætisfai] v tillfredsställa; satisfied tillfredsställd, belåten
Saturday ['sætədi] lördag c
sauce [sɔ:s] n sås c
saucepan ['sɔ:spən] n kastrull c
saucer ['sɔ:sə] n tefat nt
Saudi Arabia [,saudiə'reibiə] Saudiarabien
Saudi Arabian [,saudiə'reibiən] adj saudiarabisk
sauna ['sɔ:nə] n bastu c
sausage ['sɔsidʒ] n korv c
savage ['sævidʒ] adj vild
save [seiv] v rädda; spara
savings ['seiviŋz] pl besparingar pl; ~ bank sparbank c
saviour ['seivjə] n frälsare c
savoury ['seivəri] adj välsmakande
saw¹ [sɔ:] v (p see)
saw² [sɔ:] n såg c

sawdust ['sɔːdʌst] n sågspån nt
saw-mill ['sɔːmil] n sågverk nt
*say [sei] v *säga
scaffolding ['skæfəldiŋ] n byggnads-
ställning c
scale [skeil] n skala c; tonskala c;
fiskfjäll nt; vågskål c; scales pl våg
c
scandal ['skændəl] n skandal c
Scandinavia [ˌskændi'neiviə] Skandi-
navien
Scandinavian [ˌskændi'neiviən] adj
skandinavisk; n skandinav c
scapegoat ['skeipgout] n syndabock c
scar [skaː] n ärr nt
scarce [skeəs] adj knapp
scarcely ['skeəsli] adv knappast
scarcity ['skeəsəti] n knapphet c
scare [skeə] v skrämma; n skräck c
scarf [skaːf] n (pl ~s, scarves) hals-
duk c
scarlet ['skaːlət] adj scharlakansröd
scary ['skeəri] adj oroväckande,
skrämmande
scatter ['skætə] v strö, *sprida,
skingra
scene [siːn] n scen c
scenery ['siːnəri] n landskap nt
scenic ['siːnik] adj naturskön
scent [sent] n doft c
schedule ['ʃedjuːl] n tidtabell c, tids-
schema nt
scheme [skiːm] n schema nt; plan c
scholar ['skɔlə] n lärd c; stipendiat c
scholarship ['skɔləʃip] n stipendium
nt
school [skuːl] n skola c
schoolboy ['skuːlbɔi] n skolpojke c
schoolgirl ['skuːlgəːl] n skolflicka c
schoolmaster ['skuːlˌmaːstə] n skollä-
rare c, lärare c
schoolteacher ['skuːlˌtiːtʃə] n lärare c
science ['saiəns] n vetenskap c
scientific [ˌsaiən'tifik] adj vetenskap-

lig
scientist ['saiəntist] n vetenskapsman
c
scissors ['sizəz] pl sax c
scold [skould] v skälla, gräla på; skäl-
la ut
scooter ['skuːtə] n vespa c; sparkcy-
kel c
score [skɔː] n poängsumma c; v *få
poäng
scorn [skɔːn] n hån nt, förakt nt; v
förakta
Scot [skɔt] n skotte c
Scotch [skɔtʃ] adj skotsk
Scotland ['skɔtlənd] Skottland
Scottish ['skɔtiʃ] adj skotsk
scout [skaut] n boyscout c
scrap [skræp] n bit c
scrap-book ['skræpbuk] n klippbok c
scrape [skreip] v skrapa
scrap-iron ['skræpaiən] n skrot nt
scratch [skrætʃ] v rispa, skrapa; n re-
pa c, skråma c
scream [skriːm] v *tjuta, *skrika; n
skrik nt, skri nt
screen [skriːn] n skärm c; bildskärm
c, filmduk c
screw [skruː] n skruv c; v skruva
screw-driver ['skruːˌdraivə] n skruv-
mejsel c
scrub [skrʌb] v skura; n snårmark c
sculptor ['skʌlptə] n skulptör c
sculpture ['skʌlptʃə] n skulptur c
sea [siː] n hav nt
sea-bird ['siːbəːd] n sjöfågel c
sea-coast ['siːkoust] n kust c
seagull ['siːgʌl] n fiskmås c
seal [siːl] n sigill nt; säl c
seam [siːm] n söm c
seaman ['siːmən] n (pl -men) matros
c
seamless ['siːmləs] adj utan söm
seaport ['siːpɔːt] n hamnstad c
search [səːtʃ] v söka; genomsöka, vi-

sitera; *n* visitering *nt*

searchlight ['sɔ:tʃlait] *n* strålkastare *c*

seascape ['si:skeip] *n* marinmålning *c*

sea-shell ['si:ʃel] *n* snäcka *c*

seashore ['si:ʃɔ:] *n* havsstrand *c*

seasick ['si:sik] *adj* sjösjuk

seasickness ['si:ˌsiknəs] *n* sjösjuka *c*

seaside ['si:said] *n* kust *c*; ~ **resort** badort *c*

season ['si:zən] *n* årstid *c*, säsong *c*; **high** ~ högsäsong *c*; **low** ~ lågsäsong *c*; **off** ~ lågsäsong *c*

season-ticket ['si:zənˌtikit] *n* abonnemangskort *nt*

seat [si:t] *n* säte *nt*; plats *c*, sittplats *c*

seat-belt ['si:tbelt] *n* säkerhetsbälte *nt*

sea-urchin ['si:ˌə:tʃin] *n* sjöborre *c*

sea-water ['si:ˌwɔ:tə] *n* havsvatten *nt*

second ['sekənd] *num* andra; *n* sekund *c*; ögonblick *nt*

secondary ['sekəndəri] *adj* sekundär; ~ **school** läroverk *nt*

second-hand [ˌsekəndˈhænd] *adj* begagnad

secret ['si:krət] *n* hemlighet *c*; *adj* hemlig

secretary ['sekrətri] *n* sekreterare *c*

section ['sekʃən] *n* sektion *c*; avdelning *c*

secure [si'kjuə] *adj* säker; *v* *göra säker; *binda fast; trygga

security [si'kjuərəti] *n* säkerhet *c*; borgen *c*

sedate [si'deit] *adj* lugn

sedative ['sedətiv] *n* lugnande medel

seduce [si'dju:s] *v* förföra

***see** [si:] *v* *se; *inse, *förstå; ~ **to** sörja för

seed [si:d] *n* frö *nt*

***seek** [si:k] *v* söka

seem [si:m] *v* synas, verka

seen [si:n] *v* (pp see)

seesaw ['si:sɔ:] *n* gungbräda *c*

seize [si:z] *v* *gripa

seldom ['seldəm] *adv* sällan

select [si'lekt] *v* utplocka, *utvälja; *adj* utvald

selection [si'lekʃən] *n* urval *nt*

self-centred [ˌselfˈsentəd] *adj* självupptagen

self-evident [ˌselˈfevidənt] *adj* självklar

self-government [ˌselfˈgʌvəmənt] *n* självstyre *nt*

selfish ['selfiʃ] *adj* självisk

selfishness ['selfiʃnəs] *n* egoism *c*

self-service [ˌselfˈsə:vis] *n* självbetjäning *c*; ~ **restaurant** självservering *c*

***sell** [sel] *v* *sälja

semblance ['sembləns] *n* utseende *nt*

semi- ['semi] halv-

semicircle ['semiˌsə:kəl] *n* halvcirkel *c*

semi-colon [ˌsemiˈkoulən] *n* semikolon *nt*

senate ['senət] *n* senat *c*

senator ['senətə] *n* senator *c*

***send** [send] *v* skicka, sända; ~ **back** skicka tillbaka, returnera; ~ **for** skicka efter; ~ **off** skicka iväg

senile ['si:nail] *adj* senil

sensation [sen'seiʃən] *n* sensation *c*; känsla *c*, förnimmelse *c*

sensational [sen'seiʃənəl] *adj* sensationell, uppseendeväckande

sense [sens] *n* sinne *nt*; förnuft *nt*; betydelse *c*, mening *c*; *v* *förnimma, märka; ~ **of honour** hederskänsla *c*

senseless ['sensləs] *adj* vanvettig, orimlig

sensible ['sensəbəl] *adj* förnuftig

sensitive ['sensitiv] *adj* känslig

sentence ['sentəns] *n* mening *c*; dom *c*; *v* döma

sentimental [ˌsentiˈmentəl] *adj* senti-

mental
separate[1] ['sepəreit] v skilja
separate[2] ['separət] adj åtskild, sär-
skild
separately ['separǝtli] adv separat
September [sep'tembǝ] september
septic ['septik] adj septisk; ***become
~ *bli inflammerad**
sequel ['si:kwəl] n följd c
sequence ['si:kwəns] n ordningsföljd
c
serene [sǝ'ri:n] adj fridfull; klar
serial ['siǝriǝl] n följetong c
series ['siǝri:z] n (pl ~) serie c
serious ['siǝriǝs] adj allvarlig, seriös
seriousness ['siǝriǝsnǝs] n allvar nt
sermon ['sǝ:mǝn] n predikan c
serum ['siǝrǝm] n serum nt
servant ['sǝ:vǝnt] n betjänt c
serve [sǝ:v] v servera
service ['sǝ:vis] n tjänst c; betjäning
c; ~ **charge** betjäningsavgift c; ~
station bensinstation c
serviette [,sǝ:vi'et] n servett c
session ['seʃǝn] n session c
set [set] n grupp c, uppsättning c
*set [set] v *sätta; ~ **menu** fast me-
ny; ~ **out** *ge sig av
setting ['setiŋ] n infattning c, omgiv-
ning c; ~ **lotion** läggningsvätska c
settle ['setǝl] v ordna, *göra upp; ~
down *slå sig ned, lugna sig
settlement ['setǝlmǝnt] n förlikning
c, uppgörelse c, överenskommelse c
seven ['sevǝn] num sju
seventeen [,sevǝn'ti:n] num sjutton
seventeenth [,sevǝn'ti:nθ] num sjut-
tonde
seventh ['sevǝnθ] num sjunde
seventy ['sevǝnti] num sjuttio
several ['sevǝrǝl] adj flera, åtskilliga
severe [si'viǝ] adj sträng, häftig
*sew [sou] v sy; ~ **up** sy ihop
sewer ['su:ǝ] n kloak c

sewing-machine ['souiŋmǝ,ʃi:n] n sy-
maskin c
sex [seks] n kön nt
sexton ['sekstǝn] n kyrkvaktmästare
c
sexual ['sekʃuǝl] adj sexuell
sexuality [,sekʃu'ælǝti] n sexualitet c
shade [ʃeid] n skugga c; nyans c
shadow ['ʃædou] n skugga c
shady ['ʃeidi] adj skuggig
*shake [ʃeik] v skaka
shaky ['ʃeiki] adj ostadig, skakig
*shall [ʃæl] v *ska
shallow ['ʃælou] adj grund
shame [ʃeim] n skam c; **shame!** fy!
shampoo [ʃæm'pu:] n schampo nt
shamrock ['ʃæmrɔk] n treklöver c
shape [ʃeip] n form c; v forma
share [ʃeǝ] v dela; n del c; aktie c
shark [ʃɑ:k] n haj c
sharp [ʃɑ:p] adj vass
sharpen ['ʃɑ:pǝn] v vässa, slipa
shave [ʃeiv] v raka sig
shaver ['ʃeivǝ] n rakapparat c
shaving-brush ['ʃeiviŋbrʌʃ] n rakbors-
te c
shaving-cream ['ʃeiviŋkri:m] n rak-
kräm c
shaving-soap ['ʃeiviŋsoup] n raktvål c
shawl [ʃɔ:l] n schal c
she [ʃi:] pron hon
shed [ʃed] n skjul nt
*shed [ʃed] v *utgjuta; *sprida
sheep [ʃi:p] n (pl ~) får nt
sheer [ʃiǝ] adj pur, ren; genomskin-
lig, skir, brant
sheet [ʃi:t] n lakan nt; ark nt; plåt c
shelf [ʃelf] n (pl shelves) hylla c
shell [ʃel] n snäckskal nt; skal nt
shellfish ['ʃelfiʃ] n skaldjur nt
shelter ['ʃeltǝ] n skydd nt; v skydda
shepherd ['ʃepǝd] n herde c
shift [ʃift] n ombyte nt, skift nt, för-
ändring c

*shine [ʃain] v *skina; glänsa, blänka

ship [ʃip] n fartyg nt; v skeppa; shipping line linjerederi nt

shipowner [ˈʃiˌpounə] n skeppsredare c

shipyard [ˈʃipjɑːd] n skeppsvarv nt

shirt [ʃəːt] n skjorta c

shiver [ˈʃivə] v huttra, skälva; n rysning c

shivery [ˈʃivəri] adj huttrande

shock [ʃɔk] n chock c; v chockera; ~ absorber stötdämpare c

shocking [ˈʃɔkiŋ] adj chockerande

shoe [ʃuː] n sko c; gym shoes gymnastikskor pl; ~ polish skokräm c

shoe-lace [ˈʃuːleis] n skosnöre nt

shoemaker [ˈʃuːˌmeikə] n skomakare c

shoe-shop [ˈʃuːʃɔp] n skoaffär c

shook [ʃuk] v (p shake)

*shoot [ʃuːt] v *skjuta

shop [ʃɔp] n butik c; v handla; ~ assistant affärsbiträde nt; shopping bag kasse c; shopping centre affärscentrum nt

shopkeeper [ˈʃɔpˌkiːpə] n affärsinnehavare c

shop-window [ˌʃɔpˈwindou] n skyltfönster nt

shore [ʃɔː] n strand c

short [ʃɔːt] adj kort; liten; ~ circuit - kortslutning c

shortage [ˈʃɔːtidʒ] n brist c

shortcoming [ˈʃɔːtˌkʌmiŋ] n brist c; underskott nt

shorten [ˈʃɔːtən] v förkorta

shorthand [ˈʃɔːthænd] n stenografi c

shortly [ˈʃɔːtli] adv snart, inom kort

shorts [ʃɔːts] pl shorts pl; plAm kalsonger pl

short-sighted [ˌʃɔːtˈsaitid] adj närsynt

shot [ʃɔt] n skott nt; spruta c; bild c

*should [ʃud] v borde

shoulder [ˈʃouldə] n axel c

shout [ʃaut] v *skrika; n skrik nt

shovel [ˈʃʌvəl] n skovel c

show [ʃou] n uppförande nt, föreställning c; utställning c

*show [ʃou] v visa; utställa, framvisa; bevisa

show-case [ˈʃoukeis] n monter c

shower [ʃauə] n dusch c; regnskur c, störtskur c

showroom [ˈʃouruːm] n utställningslokal c

shriek [ʃriːk] v *skrika; n illtjut nt

shrimp [ʃrimp] n räka c

shrine [ʃrain] n relikskrin nt, helgedom c

*shrink [ʃriŋk] v krympa

shrinkproof [ˈʃriŋkpruːf] adj krympfri

shrub [ʃrʌb] n buske c

shudder [ˈʃʌdə] n rysning c

shuffle [ˈʃʌfəl] v blanda

*shut [ʃʌt] v stänga; ~ in stänga in

shutter [ˈʃʌtə] n fönsterlucka c, persienn c

shy [ʃai] adj skygg, blyg

shyness [ˈʃainəs] n blyghet c

Siam [saiˈæm] Siam

Siamese [ˌsaiəˈmiːz] adj siamesisk; n siames c

sick [sik] adj sjuk; illamående

sickness [ˈsiknəs] n sjukdom c; illamående nt

side [said] n sida c; parti nt; one-sided adj ensidig

sideburns [ˈsaidbəːnz] pl polisonger pl

sidelight [ˈsaidlait] n sidoljus nt

side-street [ˈsaidstriːt] n sidogata c

sidewalk [ˈsaidwɔːk] nAm gångbana c, trottoar c

sideways [ˈsaidweiz] adv åt sidan

siege [siːdʒ] n belägring c

sieve [siv] n sil c; v sila

sift [sift] v sikta

sight [sait] n synhåll nt; syn c, åsyn c; sevärdhet c

sign [sain] n tecken nt; gest c; v underteckna

signal ['signəl] n signal c; tecken nt; v signalera

signature ['signətʃə] n signatur c

significant [sig'nifikənt] adj betydelsefull

signpost ['sainpoust] n vägvisare c

silence ['sailəns] n tystnad c; v tysta

silencer ['sailənsə] n ljuddämpare c

silent ['sailənt] adj tyst; *be ~ *tiga

silk [silk] n siden nt

silken ['silkən] adj siden-

silly ['sili] adj dum

silver ['silvə] n silver nt; silver-

silversmith ['silvəsmiθ] n silversmed c

silverware ['silvəwɛə] n silver nt

similar ['similə] adj liknande, dylik

similarity [,simi'lærəti] n likhet c

simple ['simpəl] adj enkel, okonstlad; vanlig

simply ['simpli] adv enkelt, helt enkelt

simulate ['simjuleit] v låtsa

simultaneous [,siməl'teiniəs] adj samtidig; simultaneously adv samtidigt

sin [sin] n synd c

since [sins] prep sedan; adv sedan dess; conj sedan; eftersom

sincere [sin'siə] adj uppriktig

sinew ['sinju:] n sena c

*sing [siŋ] v *sjunga

singer ['siŋə] n sångare c; sångerska c

single ['siŋgəl] adj en enda; ogift; ~ room enkelrum nt

singular ['siŋgjulə] n singularis nt; adj säregen

sinister ['sinistə] adj olycksbådande

sink [siŋk] n vask c

*sink [siŋk] v *sjunka

sip [sip] n liten klunk

siphon ['saifən] n sifon c

sir [sə:] min herre

siren ['saiərən] n siren c

sister ['sistə] n syster c

sister-in-law ['sistərinlɔ:] n (pl sisters-) svägerska c

*sit [sit] v *sitta; ~ down *sätta sig

site [sait] n tomt c; läge nt

sitting-room ['sitiŋru:m] n vardagsrum nt

situated ['sitʃueitid] adj belägen

situation [,sitʃu'eiʃən] n situation c; läge nt, anställning c

six [siks] num sex

sixteen [,siks'ti:n] num sexton

sixteenth [,siks'ti:nθ] num sextonde

sixth [siksθ] num sjätte

sixty ['siksti] num sextio

size [saiz] n storlek c, dimension c; format nt

skate [skeit] v åka skridskor; n skridsko c

skating ['skeitiŋ] n skridskoåkning c

skating-rink ['skeitiŋriŋk] n skridskobana c

skeleton ['skelitən] n skelett nt

sketch [sketʃ] n skiss c, teckning c; v teckna, skissera

sketch-book ['sketʃbuk] n skissbok c

ski¹ [ski:] v åka skidor

ski² [ski:] n (pl ~, ~s) skida c; ~ boots pjäxor pl; ~ pants skidbyxor pl; ~ poles Am skidstavar pl; ~ sticks skidstavar pl

skid [skid] v slira, sladda

skier ['ski:ə] n skidåkare c

skiing ['ski:iŋ] n skidåkning c

ski-jump ['ski:dʒʌmp] n backhoppning c

skilful ['skilfəl] adj händig, duktig, skicklig

ski-lift ['ski:lift] n skidlift c

skill [skil] n skicklighet c

skilled [skild] adj skicklig; yrkesutbildad

skin [skin] n hud c, djurskinn nt; skal nt; ~ cream hudkräm c

skip [skip] v skutta; hoppa över

skirt [skə:t] n kjol c

skull [skʌl] n skalle c

sky [skai] n himmel c; luft c

skyscraper ['skai,skreipə] n skyskrapa c

slack [slæk] adj slak

slacks [slæks] pl långbyxor pl

slam [slæm] v *slå igen

slander ['slɑ:ndə] n förtal nt

slant [slɑ:nt] v slutta

slanting ['slɑ:ntiŋ] adj lutande, sned, sluttande

slap [slæp] v *slå; n örfil c

slate [sleit] n skiffer nt

slave [sleiv] n slav c

sledge [sledʒ] n släde c, kälke c

sleep [sli:p] n sömn c

*sleep [sli:p] v *sova

sleeping-bag ['sli:piŋbæg] n sovsäck c

sleeping-car ['sli:piŋkɑ:] n sovvagn c

sleeping-pill ['sli:piŋpil] n sömntablett c

sleepless ['sli:pləs] adj sömnlös

sleepy ['sli:pi] adj sömnig

sleeve [sli:v] n ärm c; skivfodral nt

sleigh [slei] n släde c, kälke c

slender ['slendə] adj slank

slice [slais] n skiva c

slide [slaid] n glidning c; rutschbana c; diapositiv nt

*slide [slaid] v *glida

slight [slait] adj lätt; svag

slim [slim] adj slank; v magra

slip [slip] v halka, slira; n felsteg nt; underklänning c

slipper ['slipə] n toffel c

slippery ['slipəri] adj slipprig, hal

slogan ['slougən] n slogan c, partiparoll c

slope [sloup] n sluttning c; v slutta

sloping ['sloupiŋ] adj sluttande

sloppy ['slopi] adj oordentlig

slot [slot] n myntöppning c

slot-machine ['slot,məʃi:n] n spelautomat c

slovenly ['slʌvənli] adj slarvig

slow [slou] adj trögtänkt, långsam; ~ down fördröja, sakta ned

sluice [slu:s] n sluss c

slum [slʌm] n fattigkvarter nt

slump [slʌmp] n prisfall nt

slush [slʌʃ] n snöslask nt

sly [slai] adj slug

smack [smæk] v *ge en örfil; n klatsch c

small [smɔ:l] adj liten

smallpox ['smɔ:lpoks] n smittkoppor pl

smart [smɑ:t] adj chic; klipsk, duktig

smell [smel] n lukt c

*smell [smel] v lukta; lukta illa

smelly ['smeli] adj illaluktande

smile [smail] v *le; n leende nt

smith [smiθ] n smed c

smoke [smouk] v röka; n rök c; no smoking rökning förbjuden

smoker ['smoukə] n rökare c; rökkupé c

smoking-compartment ['smoukiŋ-kəm,pɑ:tmənt] n rökkupé c

smoking-room ['smoukiŋru:m] n rökrum nt

smooth [smu:ð] adj slät, jämn; mjuk

smuggle ['smʌgəl] v smuggla

snack [snæk] n mellanmål nt

snack-bar ['snækbɑ:] n snackbar c

snail [sneil] n snigel c

snake [sneik] n orm c

snapshot ['snæpʃot] n ögonblicksbild c, kort nt

sneakers ['sni:kəz] plAm gymnastikskor pl

sneeze [sni:z] v *nysa

sniper ['snaipə] n prickskytt c

snooty ['snu:ti] adj mallig, överläg-

sen
snore [snɔ:] v snarka
snorkel ['snɔ:kəl] n snorkel c
snout [snaut] n nos c
snow [snou] n snö c; v snöa
snowstorm ['snoustɔ:m] n snöstorm c
snowy ['snoui] adj snöig
so [sou] conj så; adv så, till den grad;
and ~ on och så vidare; ~ far hit-
tills; ~ that så att, så
soak [souk] v blöta
soap [soup] n tvål c; ~ powder tvål-
tvättmedel nt
sober ['soubə] adj nykter; sansad
so-called [‚sou'kɔ:ld] adj så kallad
soccer ['sɔkə] n fotboll c; ~ team
fotbollslag nt
social ['souʃəl] adj social, samhälls-
socialism ['souʃəlizəm] n socialism c
socialist ['souʃəlist] adj socialistisk; n
socialist c
society [sə'saiəti] n samfund nt; sam-
manslutning c, sällskap nt; före-
ning c
sock [sɔk] n socka c
socket ['sɔkit] n glödlampshållare c;
urtag nt
soda-water ['soudə‚wɔ:tə] n sodavat-
ten nt, mineralvatten nt
sofa ['soufə] n soffa c
soft [sɔft] adj mjuk; ~ drink alko-
holfri dryck
soften ['sɔfən] v mjuka upp
soil [sɔil] n jord c; jordmån c
soiled [sɔild] adj nedsmutsad
sold [sould] v (p, pp sell) ; ~ out ut-
såld
solder ['sɔldə] v löda
soldering-iron ['sɔldəriŋaiən] n löd-
kolv c
soldier ['souldʒə] n soldat c
sole¹ [soul] adj ensam
sole² [soul] n sula c; sjötunga c
solely ['soulli] adv uteslutande

solemn ['sɔləm] adj högtidlig
solicitor [sə'lisitə] n advokat c, jurist
c
solid ['sɔlid] adj gedigen, massiv; n
fast kropp
soluble ['sɔljubəl] adj löslig
solution [sə'lu:ʃən] n lösning c
solve [sɔlv] v lösa
sombre ['sɔmbə] adj dyster
some [sʌm] adj några; pron somliga;
något; ~ day någon gång; ~
more lite mer; ~ time en gång,
någon gång
somebody ['sʌmbədi] pron någon
somehow ['sʌmhau] adv på något
sätt
someone ['sʌmwʌn] pron någon
something ['sʌmθiŋ] pron något
sometimes ['sʌmtaimz] adv ibland
somewhat ['sʌmwɔt] adv tämligen
somewhere ['sʌmwɛə] adv någon-
stans
son [sʌn] n son c
song [sɔŋ] n sång c
son-in-law ['sʌninlɔ:] n (pl sons-)
svärson c
soon [su:n] adv inom kort, fort,
snart; as ~ as så snart som
sooner ['su:nə] adv hellre
sore [sɔ:] adj öm; n ömt ställe; sår
nt; ~ throat halsont nt
sorrow ['sɔrou] n sorg c, bedrövelse c
sorry ['sɔri] adj ledsen; sorry! ursäk-
ta!, förlåt!
sort [sɔ:t] v ordna, sortera; n sort c,
slag nt; all sorts of all slags
soul [soul] n själ c
sound [saund] n ljud nt; v *låta; adj
pålitlig
soundproof ['saundpru:f] adj ljudiso-
lerad
soup [su:p] n soppa c
soup-plate ['su:ppleit] n sopptallrik c
soup-spoon ['su:pspu:n] n soppsked c

sour [sauə] *adj* sur

source [sɔ:s] *n* källa *c*

south [sauθ] *n* söder *c*; **South Pole**
Sydpolen

South Africa [sauθ 'æfrikə] Sydafrika

south-east [ˌsauθ'i:st] *n* sydost *c*

southerly ['sʌðəli] *adj* sydlig

southern ['sʌðən] *adj* södra

south-west [ˌsauθ'west] *n* sydväst *c*

souvenir ['su:vəniə] *n* souvenir *c*

sovereign ['sɔvrin] *n* härskare *c*

Soviet ['souviət] *adj* sovjetisk; ~
Union Sovjetunionen

*sow [sou] *v* så

spa [spɑ:] *n* kurort *c*

space [speis] *n* rum *nt*; rymd *c*; mellanrum *nt*, avstånd *nt*; *v* *göra
mellanrum

spacious ['speiʃəs] *adj* rymlig

spade [speid] *n* spade *c*

Spain [spein] Spanien

Spaniard ['spænjəd] *n* spanjor *c*

Spanish ['spæniʃ] *adj* spansk

spanking ['spæŋkiŋ] *n* smäll *c*

spanner ['spænə] *n* skiftnyckel *c*

spare [speə] *adj* reserv-, extra; *v* *vara utan; ~ part reservdel *c*; ~
room gästrum *nt*; ~ time fritid *c*;
~ tyre reservdäck *nt*; ~ wheel reservhjul *nt*

spark [spɑ:k] *n* gnista *c*

sparking-plug ['spɑ:kiŋplʌg] *n* tändstift *nt*

sparkling ['spɑ:kliŋ] *adj* gnistrande;
mousserande

sparrow ['spærou] *n* sparv *c*

*speak [spi:k] *v* tala

spear [spiə] *n* spjut *nt*

special ['speʃəl] *adj* speciell, särskild;
~ delivery expressutdelning *c*

specialist ['speʃəlist] *n* specialist *c*

speciality [ˌspeʃi'æləti] *n* specialitet *c*

specialize ['speʃəlaiz] *v* specialisera
sig

specially ['speʃəli] *adv* i synnerhet

species ['spi:ʃi:z] *n* (pl ~) art *c*

specific [spə'sifik] *adj* specifik

specimen ['spesimən] *n* exemplar *nt*,
specimen *nt*

speck [spek] *n* fläck *c*

spectacle ['spektəkəl] *n* skådespel *nt*;
spectacles glasögon *pl*

spectator [spek'teitə] *n* åskådare *c*

speculate ['spekjuleit] *v* spekulera

speech [spi:tʃ] *n* talförmåga *c*; anförande *nt*, tal *nt*; språk *nt*

speechless ['spi:tʃləs] *adj* mållös

speed [spi:d] *n* hastighet *c*; fart *c*;
cruising ~ marschfart *c*; ~ limit
fartbegränsning *c*, hastighetsbegränsning *c*

*speed [spi:d] *v* köra (för) fort

speeding ['spi:diŋ] *n* fortkörning *c*

speedometer [spi:'dɔmitə] *n* hastighetsmätare *c*

spell [spel] *n* förtrollning *c*

*spell [spel] *v* stava

spelling ['speliŋ] *n* stavning *c*

*spend [spend] *v* förbruka, spendera;
tillbringa

sphere [sfiə] *n* klot *nt*; sfär *c*

spice [spais] *n* krydda *c*

spiced [spaist] *adj* kryddad

spicy ['spaisi] *adj* kryddstark

spider ['spaidə] *n* spindel *c*; spider's
web spindelnät *c*

*spill [spil] *v* spilla

*spin [spin] *v* *spinna; snurra

spinach ['spinidʒ] *n* spenat *c*

spine [spain] *n* ryggrad *c*

spinster ['spinstə] *n* ungmö *c*

spire [spaiə] *n* spira *c*

spirit ['spirit] *n* ande *c*; spöke *nt*;
spirits spritdrycker *pl*; sinnesstämning *c*; ~ stove spritkök *nt*

spiritual ['spiritʃuəl] *adj* andlig

spit [spit] *n* spott *nt*, saliv *c*; spett *nt*

*spit [spit] *v* spotta

in spite of [in spait ɔv] trots, oaktat
spiteful ['spaitfəl] adj ondskefull
splash [splæʃ] v stänka
splendid ['splendid] adj strålande, praktfull
splendour ['splendə] n prakt c
splint [splint] n spjäla c
splinter ['splintə] n splitter nt
*split [split] v *klyva
*spoil [spɔil] v fördärva; skämma bort
spoke¹ [spouk] v (p speak)
spoke² [spouk] n eker c
sponge [spʌndʒ] n tvättsvamp c
spook [spu:k] n spöke nt
spool [spu:l] n spole c
spoon [spu:n] n sked c
spoonful ['spu:nful] n sked c
sport [spɔ:t] n sport c
sports-car ['spɔ:tskɑ:] n sportbil c
sports-jacket ['spɔ:ts,dʒækit] n sportjacka c
sportsman ['spɔ:tsmən] n (pl -men) idrottsman c
sportswear ['spɔ:tsweə] n sportkläder pl
spot [spɔt] n fläck c; ställe nt, plats c
spotless ['spɔtləs] adj fläckfri
spotlight ['spɔtlait] n strålkastare c
spotted ['spɔtid] adj fläckig
spout [spaut] n stråle c; pip c, ränna c
sprain [sprein] v stuka; n stukning c
*spread [spred] v *sprida
spring [spriŋ] n vår c; fjäder c; källa c
springtime ['spriŋtaim] n vår c
sprouts [sprauts] pl brysselkål c
spy [spai] n spion c
squadron ['skwɔdrən] n skvadron c
square [skweə] adj kvadratisk; n kvadrat c; öppen plats, torg nt
squash [skwɔʃ] n fruktsaft c; squash c

squirrel ['skwirəl] n ekorre c
squirt [skwə:t] n stråle c
stable ['steibəl] adj stabil; n stall nt
stack [stæk] n stack c, stapel c
stadium ['steidiəm] n stadion nt
staff [stɑ:f] n personal c
stage [steidʒ] n scen c; stadium nt, fas c; etapp c
stain [stein] v fläcka ned; n fläck c; stained glass färgat glas; ~ remover fläckborttagningsmedel nt
stainless ['steinləs] adj fläckfri; ~ steel rostfritt stål
staircase ['steəkeis] n trappa c
stairs [steəz] pl trappa c
stale [steil] adj gammal
stall [stɔ:l] n stånd nt; parkett c
stamina ['stæminə] n uthållighet c
stamp [stæmp] n frimärke nt; stämpel c; v frankera; stampa; ~ machine frimärksautomat c
stand [stænd] n ställ nt, stånd nt; läktare c
*stand [stænd] v *stå
standard ['stændəd] n norm c; standard-; ~ of living levnadsstandard c
stanza ['stænzə] n strof c
staple ['steipəl] n häftklammer c; stapelvara c
star [stɑ:] n stjärna c
starboard ['stɑ:bəd] n styrbord
starch [stɑ:tʃ] n stärkelse c; v stärka
stare [steə] v stirra
starling ['stɑ:liŋ] n stare c
start [stɑ:t] v börja; n början c; starter motor startmotor c
starting-point ['stɑ:tiŋpɔint] n utgångspunkt c
starve [stɑ:rv] v *svälta
state [steit] n stat c; tillstånd nt; v fastställa
the States [ðə steits] Förenta Staterna

statement ['steitmənt] *n* uppgift *c*, redogörelse *c*

statesman ['steitsmən] *n* (pl -men) statsman *c*

station ['steiʃən] *n* järnvägsstation *c*; position *c*

stationary ['steiʃənəri] *adj* stillastående

stationer's ['steiʃənəz] *n* pappershandel *c*

stationery ['steiʃənəri] *n* kontorsartiklar *pl*

station-master ['steiʃən,ma:stə] *n* stationsinspektor *c*

statistics [stə'tistiks] *pl* statistik *c*

statue ['stætʃu:] *n* staty *c*

stay [stei] *v* *förbli, stanna kvar; vistas, *uppehålla sig; *n* vistelse *c*

steadfast ['stedfa:st] *adj* orubblig

steady ['stedi] *adj* stadig

steak [steik] *n* biff *c*

***steal** [sti:l] *v* *stjäla

steam [sti:m] *n* ånga *c*

steamer ['sti:mə] *n* ångare *c*

steel [sti:l] *n* stål *nt*

steep [sti:p] *adj* brant

steeple ['sti:pəl] *n* tornspira *c*

steering-column ['stiəriŋ,kɔləm] *n* rattstång *c*

steering-wheel ['stiəriŋwi:l] *n* ratt *c*

steersman ['stiəzmən] *n* (pl -men) rorsman *c*

stem [stem] *n* stjälk *c*

stenographer [ste'nɔgrəfə] *n* stenograf *c*

step [step] *n* steg *nt*; *v* trampa

stepchild ['steptʃaild] *n* (pl -children) styvbarn *nt*

stepfather ['step,fa:ðə] *n* styvfar *c*

stepmother ['step,mʌðə] *n* styvmor *c*

sterile ['sterail] *adj* steril

sterilize ['sterilaiz] *v* sterilisera

steward ['stju:əd] *n* steward *c*

stewardess ['stju:ədes] *n* flygvärdinna *c*

stick [stik] *n* pinne *c*, käpp *c*

***stick** [stik] *v* fästa, klistra

sticky ['stiki] *adj* klibbig

stiff [stif] *adj* stel

still [stil] *adv* ännu; likväl; *adj* stilla

stillness ['stilnəs] *n* stillhet *c*

stimulant ['stimjulənt] *n* stimulans *c*; stimulantia *pl*

stimulate ['stimjuleit] *v* stimulera

sting [stiŋ] *n* sting *nt*, stick *nt*

***sting** [stiŋ] *v* *sticka

stingy ['stindʒi] *adj* småaktig

***stink** [stiŋk] *v* *stinka

stipulate ['stipjuleit] *v* stipulera, bestämma

stipulation [,stipju'leiʃən] *n* bestämmelse *c*

stir [stə:] *v* röra sig; röra om

stirrup ['stirəp] *n* stigbygel *c*

stitch [stitʃ] *n* stygn *nt*, håll *nt*

stock [stɔk] *n* lager *nt*; *v* lagra; ~ **exchange** fondbörs *c*; ~ **market** fondmarknad *c*; **stocks and shares** värdepapper *pl*

stocking ['stɔkiŋ] *n* strumpa *c*

stole[1] [stoul] *v* (p steal)

stole[2] [stoul] *n* stola *c*

stomach ['stʌmək] *n* mage *c*

stomach-ache ['stʌməkeik] *n* magont *nt*

stone [stoun] *n* sten *c*; ädelsten *c*; kärna *c*; sten-; **pumice** ~ pimpsten *c*

stood [stud] *v* (p, pp stand)

stop [stɔp] *v* stoppa, upphöra; *hålla upp med; *n* hållplats *c*; **stop!** stopp!

stopper ['stɔpə] *n* propp *c*

storage ['stɔ:ridʒ] *n* lagring *c*

store [stɔ:] *n* lager *nt*; affär *c*; *v* lagra

store-house ['stɔ:haus] *n* magasin *nt*

storey ['stɔ:ri] *n* våning *c*

stork [stɔ:k] *n* stork *c*

storm [stɔ:m] *n* storm *c*

stormy ['stɔːmi] adj stormig

story ['stɔːri] n historia c

stout [staut] adj korpulent, tjock; kraftig

stove [stouv] n ugn c; kocksspis c

straight [streit] adj rak; hederlig; adv rakt; ~ ahead rakt fram; ~ away omedelbart, genast; ~ on rakt fram

strain [strein] n ansträngning c; påfrestning c; v överanstränga; sila

strainer ['streinə] n durkslag nt

strange [streindʒ] adj främmande; besynnerlig

stranger ['streindʒə] n främling c; okänd person

strangle ['stræŋgəl] v *strypa

strap [stræp] n rem c

straw [strɔː] n strå nt, halm c; sugrör nt

strawberry ['strɔːbəri] n jordgubbe c; wild ~ smultron nt

stream [striːm] n bäck c; ström c; v strömma

street [striːt] n gata c

streetcar ['striːtkaː] n Am spårvagn c

street-organ ['striːtˌɔːgən] n positiv nt

strength [streŋθ] n kraft c, styrka c

stress [stres] n stress c; betoning c; v betona

stretch [stretʃ] v tänja; n sträcka c

stretcher ['stretʃə] n bår c

strict [strikt] adj sträng; strikt

strife [straif] n stridighet c

strike [straik] n strejk c

*strike [straik] v *slå; *slå till; strejka

striking ['straikiŋ] adj slående, markant, påfallande

string [striŋ] n snöre nt; sträng c

strip [strip] n remsa c

stripe [straip] n rand c

striped [straipt] adj randig

stroke [strouk] n slaganfall nt

stroll [stroul] v flanera; n promenad c

strong [strɔŋ] adj stark; kraftig

stronghold ['strɔŋhould] n fästning c

structure ['strʌktʃə] n struktur c; byggnadsverk nt

struggle ['strʌgəl] n strid c, kamp c; v *slåss, kämpa

stub [stʌb] n talong c

stubborn ['stʌbən] adj envis

student ['stjuːdənt] n student c; studentska c; studerande c

study ['stʌdi] v studera; n studium nt; arbetsrum nt

stuff [stʌf] n material nt; grejor pl

stuffed [stʌft] adj fylld

stuffing ['stʌfiŋ] n fyllning c

stuffy ['stʌfi] adj kvav

stumble ['stʌmbəl] v snubbla

stung [stʌŋ] v (p, pp sting)

stupid ['stjuːpid] adj dum

style [stail] n stil c

subject[1] ['sʌbdʒikt] n subjekt nt; undersåte c; ~ to utsatt för

subject[2] [səb'dʒekt] v underkuva

submit [səb'mit] v underkasta sig

subordinate [sə'bɔːdinət] adj underordnad

subscriber [səb'skraibə] n prenumerant c

subscription [səb'skripʃən] n prenumeration c, abonnemang nt; insamling c

subsequent ['sʌbsikwənt] adj följande

subsidy ['sʌbsidi] n understöd nt

substance ['sʌbstəns] n substans c

substantial [səb'stænʃəl] adj verklig; ansenlig

substitute ['sʌbstitjuːt] v *ersätta; surrogat nt; ställföreträdare c

subtitle ['sʌbˌtaitəl] n undertitel c

subtle ['sʌtəl] adj subtil

subtract [səb'trækt] v minska, *dra ifrån

suburb ['sʌbəːb] n förstad c, förort c

suburban [sə'bə:bən] adj förstads-

subway ['sʌbwei] nAm tunnelbana c

succeed [sək'si:d] v lyckas; efterträda

success [sək'ses] n succé c

successful [sək'sesfəl] adj framgångs-rik

succumb [sə'kʌm] v duka under

such [sʌtʃ] adj sådan, liknande; adv så; ~ as sådan som

suck [sʌk] v *suga

sudden ['sʌdən] adj plötslig

suddenly ['sʌdənli] adv plötsligt

suede [sweid] n mockaskinn nt

suffer ['sʌfə] v *lida; tåla

suffering ['sʌfəriŋ] n lidande nt

suffice [sə'fais] v räcka

sufficient [sə'fiʃənt] adj tillräcklig

suffrage ['sʌfridʒ] n rösträtt c

sugar ['ʃugə] n socker nt

suggest [sə'dʒest] v *föreslå

suggestion [sə'dʒestʃən] n förslag nt

suicide ['su:isaid] n självmord nt

suit [su:t] v passa; avpassa; n dräkt c, kostym c

suitable ['su:təbəl] adj passande

suitcase ['su:tkeis] n resväska c

suite [swi:t] n svit c

sum [sʌm] n summa c

summary ['sʌməri] n sammandrag nt, översikt c

summer ['sʌmə] n sommar c; ~ time sommartid c

summit ['sʌmit] n topp c

summons ['sʌmənz] n (pl ~es) kallelse c, stämning c

sun [sʌn] n sol c

sunbathe ['sʌnbeið] v solbada

Sunday ['sʌndi] söndag c

sun-glasses ['sʌnˌglɑ:siz] pl solglas-ögon pl

sunlight ['sʌnlait] n solljus nt

sunny ['sʌni] adj solig

sunrise ['sʌnraiz] n soluppgång c

sunset ['sʌnset] n solnedgång c

sunshade ['sʌnʃeid] n solparasoll nt

sunshine ['sʌnʃain] n solsken nt

sunstroke ['sʌnstrouk] n solsting nt

suntan oil ['sʌntænɔil] sololja c

superb [su'pə:b] adj storartad, utsökt

superficial [ˌsu:pə'fiʃəl] adj ytlig

superfluous [su'pə:fluəs] adj överflö-dig

superior [su'piəriə] adj större, bättre, överlägsen

superlative [su'pə:lətiv] adj superla-tiv; n superlativ c

supermarket ['su:pəˌmɑ:kit] n snabb-köp nt

superstition [ˌsu:pə'stiʃən] n vidske-pelse c

supervise ['su:pəvaiz] v övervaka

supervision [ˌsu:pə'viʒən] n kontroll c, uppsikt c

supervisor ['su:pəvaizə] n arbetsleda-re c, uppsyningsman c

supper ['sʌpə] n kvällsmat c

supple ['sʌpəl] adj böjlig, mjuk, smi-dig

supplement ['sʌplimənt] n tidningsbi-laga c

supply [sə'plai] n leverans c; förråd nt; utbud nt; v *förse

support [sə'pɔ:t] v *hålla uppe, stöd-ja, understödja; n stöd nt; ~ hose stödstrumpor pl

supporter [sə'pɔ:tə] n anhängare c

suppose [sə'pouz] v förmoda, *anta; supposing that *anta att

suppository [sə'pozitəri] n stolpiller nt

suppress [sə'pres] v undertrycka

surcharge ['sə:tʃɑ:dʒ] n tillägg nt; överbelastning c

sure [ʃuə] adj säker

surely ['ʃuəli] adv säkerligen

surface ['sə:fis] n yta c

surf-board ['sə:fbɔ:d] n surfingbräda c

surgeon [ˈsəːdʒən] *n* kirurg *c;* **veterinary** ~ veterinär *c*
surgery [ˈsəːdʒəri] *n* kirurgi *c;* läkarmottagning *c*
surname [ˈsəːneim] *n* efternamn *nt*
surplus [ˈsəːpləs] *n* överskott *nt*
surprise [səˈpraiz] *n* överraskning *c; v* överraska; förvåna
surrender [səˈrendə] *v* *ge sig; *n* kapitulation *c*
surround [səˈraund] *v* omringa, *omge
surrounding [səˈraundiŋ] *adj* kringliggande
surroundings [səˈraundiŋz] *pl* omgivningar
survey [ˈsəːvei] *n* översikt *c*
survival [səˈvaivəl] *n* överlevnad *c*
survive [səˈvaiv] *v* överleva
suspect[1] [səˈspekt] *v* misstänka; *anta
suspect[2] [ˈsʌspekt] *n* misstänkt *c*
suspend [səˈspend] *v* suspendera
suspenders [səˈspendəz] *plAm* hängslen *pl;* **suspender belt** strumpebandshållare *c*
suspension [səˈspenʃən] *n* upphängningsanordning *nt*, fjädring *c;* ~ **bridge** hängbro *c*
suspicion [səˈspiʃən] *n* misstanke *c;* misstänksamhet *c*, misstro *c*
suspicious [səˈspiʃəs] *adj* misstänkt; misstrogen, misstänksam
sustain [səˈstein] *v* *utstå
Swahili [swəˈhiːli] *n* swahili
swallow [ˈswɔlou] *v* sluka, *svälja; *n* svala *c*
swam [swæm] *v* (p swim)
swamp [swɔmp] *n* träsk *nt*
swan [swɔn] *n* svan *c*
swap [swɔp] *v* byta
***swear** [swɛə] *v* *svära
sweat [swet] *n* svett *c; v* svettas
sweater [ˈswetə] *n* tröja *c*

Swede [swiːd] *n* svensk *c*
Sweden [ˈswiːdən] Sverige
Swedish [ˈswiːdiʃ] *adj* svensk
***sweep** [swiːp] *v* sopa
sweet [swiːt] *adj* söt; snäll; *n* karamell *c;* dessert *c;* **sweets** sötsaker *pl*
sweeten [ˈswiːtən] *v* söta
sweetheart [ˈswiːthɑːt] *n* älskling *c,* raring *c*
sweetshop [ˈswiːtʃɔp] *n* gottaffär *c*
swell [swel] *adj* tjusig
***swell** [swel] *v* svälla; svullna; öka
swelling [ˈsweliŋ] *n* svullnad *c*
swift [swift] *adj* rask
***swim** [swim] *v* simma
swimmer [ˈswimə] *n* simmare *c*
swimming [ˈswimiŋ] *n* simning *c;* ~ **pool** simbassäng *c*
swimming-trunks [ˈswimiŋtrʌŋks] *pl* badbyxor *pl*
swim-suit [ˈswimsuːt] *n* baddräkt *c*
swindle [ˈswindəl] *v* svindla; *n* svindel *c*
swindler [ˈswindlə] *n* svindlare *c*
swing [swiŋ] *n* gunga *c*
***swing** [swiŋ] *v* svänga; gunga
Swiss [swis] *adj* schweizisk; *n* schweizare *c*
switch [switʃ] *n* växel *c;* strömbrytare *c,* spö *nt; v* växla; ~ **off** koppla av, stänga av; ~ **on** koppla på
switchboard [ˈswitʃbɔːd] *n* kopplingsbord *nt*
Switzerland [ˈswitsələnd] Schweiz
sword [sɔːd] *n* svärd *nt*
swum [swʌm] *v* (pp swim)
syllable [ˈsiləbəl] *n* stavelse *c*
symbol [ˈsimbəl] *n* symbol *c*
sympathetic [ˌsimpəˈθetik] *adj* deltagande
sympathy [ˈsimpəθi] *n* sympati *c;* medkänsla *c*
symphony [ˈsimfəni] *n* symfoni *c*

symptom ['simtəm] n symptom nt
synagogue ['sinəgɔg] n synagoga c
synonym ['sinənim] n synonym c
synthetic [sinˈθetik] adj syntetisk
syphon ['saifən] n sifon c
Syria ['siriə] Syrien
Syrian ['siriən] adj syrisk; n syrier c
syringe [siˈrindʒ] n injektionsspruta c
syrup ['sirəp] n sockerlag c, saft c
system ['sistəm] n system nt; **decimal**
~ decimalsystem nt
systematic [ˌsistəˈmætik] adj systema-
tisk

T

table ['teibəl] n bord nt; tabell c; ~
of contents innehållsförteckning c;
~ tennis bordtennis c
table-cloth ['teibəlklɔθ] n borddduk c
tablespoon ['teibəlspu:n] n matsked c
tablet ['tæblit] n tablett c
taboo [təˈbu:] n tabu nt
tactics ['tæktiks] pl taktik c
tag [tæg] n prislapp c, adresslapp c
tail [teil] n svans c
tail-light ['teillait] n baklykta c
tailor ['teilə] n skräddare c
tailor-made ['teiləmeid] adj skräddar-
sydd
*take [teik] v *ta; *gripa; *begripa,
*förstå, fatta; ~ away *ta bort; ~
off *ta av; *ge sig iväg; ~ out *ta
ut; ~ over *överta; ~ place äga
rum; ~ up *uppta
take-off ['teikɔf] n start c
tale [teil] n berättelse c, saga c
talent ['tælənt] n talang c, begåvning
c
talented ['tæləntid] adj begåvad
talk [tɔ:k] v tala, prata; n samtal nt
talkative ['tɔ:kətiv] adj pratsam

tall [tɔ:l] adj hög; lång
tame [teim] adj tam; v tämja
tampon ['tæmpən] n tampong c
tangerine [ˌtændʒəˈri:n] n mandarin c
tangible ['tændʒibəl] adj gripbar
tank [tæŋk] n tank c
tanker ['tæŋkə] n tankfartyg nt
tanned [tænd] adj solbränd
tap [tæp] n kran c; slag nt; v knacka
tape [teip] n ljudband nt; snöre nt;
adhesive ~ klisterremsa c, tejp c
tape-measure ['teipˌmeʒə] n mått-
band nt
tape-recorder ['teipriˌkɔ:də] n band-
spelare c
tapestry ['tæpistri] n gobeläng c
tar [ta:] n tjära c
target ['ta:git] n måltavla c
tariff ['tærif] n tariff c
tarpaulin [ta:ˈpɔ:lin] n presenning c
task [ta:sk] n uppgift c
taste [teist] n smak c; v smaka
tasteless ['teistləs] adj smaklös
tasty ['teisti] adj välsmakande
taught [tɔ:t] v (p, pp teach)
tavern ['tævən] n taverna c
tax [tæks] n skatt c; v beskatta
taxation [tækˈseiʃən] n beskattning c
tax-free ['tæksfri:] adj skattefri
taxi ['tæksi] n taxi c; ~ rank taxista-
tion c; ~ stand Am taxistation c
taxi-driver ['tæksiˌdraivə] n taxichauf-
för c
taxi-meter ['tæksiˌmi:tə] n taxameter
c
tea [ti:] n te nt; eftermiddagste nt
*teach [ti:tʃ] v undervisa, lära
teacher ['ti:tʃə] n lärare c; lärarinna
c
teachings ['ti:tʃiŋz] pl lära c
tea-cloth ['ti:klɔθ] n kökshandduk c
teacup ['ti:kʌp] n tekopp c
team [ti:m] n lag nt
teapot ['ti:pɔt] n tekanna c

***tear** [tɛə] v ***riva**
tear¹ [tiə] n tår c
tear² [tɛə] n reva c
tease [ti:z] v reta
tea-set ['ti:set] n teservis c
tea-shop ['ti:ʃɔp] n tesalong c
teaspoon ['ti:spu:n] n tesked c
teaspoonful ['ti:spu:n,ful] n tesked c
technical ['teknikəl] adj teknisk
technician [tek'niʃən] n tekniker c
technique [tek'ni:k] n teknik c
technology [tek'nɔlədʒi] n teknologi c
teenager ['ti:,neidʒə] n tonåring c
teetotaller [ti:'toutələ] n absolutist c
telegram ['teligræm] n telegram nt
telegraph ['teligra:f] v telegrafera
telepathy [ti'lepəθi] n telepati c
telephone ['telifoun] n telefon c; ~
  book Am telefonkatalog c; ~
  booth telefonhytt c; ~ **call** telefon-
  samtal nt; ~ **directory** telefonka-
  talog c; ~ **exchange** telefonväxel
  c; ~ **operator** telefonist c
telephonist [ti'lefənist] n telefonist c
television ['teli,viʒən] n television c;
  ~ **set** televisionsapparat c
telex ['teleks] n telex nt
***tell** [tel] v tala om; berätta, *säga
temper ['tempə] n humör nt
temperature ['temprətʃə] n tempera-
  tur c
tempest ['tempist] n oväder nt
temple ['tempəl] n tempel nt; tinning
  c
temporary ['tempərəri] adj tillfällig,
  provisorisk
tempt [tempt] v fresta
temptation [temp'teiʃən] n frestelse c
ten [ten] num tio
tenant ['tenənt] n hyresgäst c
tend [tend] v tendera; vårda; ~ **to**
  tendera åt
tendency ['tendənsi] n benägenhet c,
  tendens c

tender ['tendə] adj öm; mör
tendon ['tendən] n sena c
tennis ['tenis] n tennis c; ~ **shoes**
  tennisskor pl
tennis-court ['teniskɔ:t] n tennisplan
  c, tennisbana c
tense [tens] adj spänd
tension ['tenʃən] n spänning c
tent [tent] n tält nt
tenth [tenθ] num tionde
tepid ['tepid] adj ljum
term [tə:m] n term c; period c, ter-
  min c; villkor nt
terminal ['tə:minəl] n ändstation c
terrace ['terəs] n terrass c
terrain [te'rein] n terräng c
terrible ['teribəl] adj förskräcklig,
  hemsk, förfärlig
terrific [tə'rifik] adj storartad
terrify ['terifai] v förskräcka; **terrify-
  ing** skrämmande
territory ['teritəri] n område nt, terri-
  torium nt
terror ['terə] n skräck c
terrorism ['terərizəm] n terrorism c,
  terror c
terrorist ['terərist] n terrorist c
test [test] n prov nt, prövning c; v
  pröva, testa
testify ['testifai] v vittna
text [tekst] n text c
textbook ['teksbuk] n lärobok c
texture ['tekstʃə] n struktur c
Thai [tai] adj thailändsk; n thailän-
  dare c
Thailand ['tailænd] Thailand
than [ðæn] conj än
thank [θæŋk] v tacka; ~ **you** tack nt
thankful ['θæŋkfəl] adj tacksam
that [ðæt] adj den, den där; pron den
  där; som; conj att
thaw [θɔ:] v smälta, töa; n töväder nt
the [ðə,ði] art -en suf; **the ... the** ju ...
  desto

theatre [ˈθiətə] n teater c

theft [θeft] n stöld c

their [ðɛə] adj deras

them [ðem] pron dem

theme [θi:m] n tema nt, ämne nt

themselves [ðəmˈselvz] pron sig; själva

then [ðen] adv då; sedan, därefter

theology [θiˈɔlədʒi] n teologi c

theoretical [θiəˈretikəl] adj teoretisk

theory [ˈθiəri] n teori c

therapy [ˈθerəpi] n terapi c

there [ðɛə] adv där; dit

therefore [ˈðɛəfɔ:] conj därför

thermometer [θəˈmɔmitə] n termometer c

thermostat [ˈθə:məstæt] n termostat c

these [ði:z] adj de här

thesis [ˈθi:sis] n (pl theses) tes c

they [ðei] pron de

thick [θik] adj tät; tjock

thicken [ˈθikən] v tjockna, *göra tjock

thickness [ˈθiknəs] n tjocklek c

thief [θi:f] n (pl thieves) tjuv c

thigh [θai] n lår nt

thimble [ˈθimbəl] n fingerborg c

thin [θin] adj tunn; mager

thing [θiŋ] n sak c

*think [θiŋk] v tycka; tänka; ~ of tänka på; ~ over fundera på

thinker [ˈθiŋkə] n tänkare c

third [θə:d] num tredje

thirst [θə:st] n törst c

thirsty [ˈθə:sti] adj törstig

thirteen [θə:ˈti:n] num tretton

thirteenth [θə:ˈti:nθ] num trettonde

thirty [ˈθə:ti] num trettio

this [ðis] adj den här; pron denna

thistle [ˈθisəl] n tistel c

thorn [θɔ:n] n tagg c

thorough [ˈθʌrə] adj grundlig, ordentlig

thoroughbred [ˈθʌrəbred] adj full-

blods-

thoroughfare [ˈθʌrəfɛə] n huvudväg c, huvudgata c

those [ðouz] pron de, de där, dessa

though [ðou] conj även om, fastän, ehuru; adv emellertid

thought¹ [θɔ:t] v (p, pp think)

thought² [θɔ:t] n tanke c

thoughtful [ˈθɔ:tfəl] adj tankfull; omtänksam

thousand [ˈθauzənd] num tusen

thread [θred] n tråd c; v trä upp

threadbare [ˈθredbɛə] adj trådsliten

threat [θret] n hot nt

threaten [ˈθretən] v hota

three [θri:] num tre

three-quarter [θri:ˈkwɔ:tə] adj trefjärdedels-

threshold [ˈθreʃould] n tröskel c

threw [θru:] v (p throw)

thrifty [ˈθrifti] adj ekonomisk

throat [θrout] n strupe c; hals c

throne [θroun] n tron c

through [θru:] prep genom

throughout [θru:ˈaut] adv överallt

throw [θrou] n kast nt

*throw [θrou] v slänga, kasta

thrush [θrʌʃ] n trast c

thumb [θʌm] n tumme c

thumbtack [ˈθʌmtæk] nAm häftstift nt

thump [θʌmp] v dunka

thunder [ˈθʌndə] n åska c; v åska

thunderstorm [ˈθʌndəstɔ:m] n åskväder nt

thundery [ˈθʌndəri] adj åsk-

Thursday [ˈθə:zdi] torsdag c

thus [ðʌs] adv således

thyme [taim] n timjan c

tick [tik] n bock c; ~ off pricka av

ticket [ˈtikit] n biljett c; böter pl; ~ collector konduktör c; ~ machine biljettautomat c

tickle [ˈtikəl] v kittla

tide [taid] *n* tidvatten *nt;* **high** ~ högvatten *nt;* **low** ~ lågvatten *nt*

tidings ['taidiŋz] *pl* nyheter *pl*

tidy ['taidi] *adj* städad; ~ **up** städa

tie [tai] *v* *binda, *knyta; *n* slips *c*

tiger ['taigə] *n* tiger *c*

tight [tait] *adj* stram; trång; *adv* fast

tighten ['taitən] *v* *dra till, *dra åt; åtstrama

tights [taits] *pl* trikåer *pl,* strumpbyxor *pl*

tile [tail] *n* kakel *nt;* tegelpanna *c*

till [til] *prep* tills, till; *conj* till dess att, ända till

timber ['timbə] *n* timmer *nt*

time [taim] *n* tid *c;* gång *c;* **all the** ~ hela tiden; **in** ~ i tid; ~ **of arrival** ankomsttid *c;* ~ **of departure** avgångstid *c*

time-saving ['taim,seiviŋ] *adj* tidsbesparande

timetable ['taim,teibəl] *n* tidtabell *c*

timid ['timid] *adj* blyg

timidity [ti'midəti] *n* blyghet *c*

tin [tin] *n* tenn *nt;* konservburk *c,* burk *c;* **tinned food** konserver *pl*

tinfoil ['tinfɔil] *n* folie *c*

tin-opener ['ti,noupənə] *n* konservöppnare *c*

tiny ['taini] *adj* pytteliten

tip [tip] *n* spets *c;* dricks *c*

tire[1] [taiə] *n* däck *nt*

tire[2] [taiə] *v* trötta

tired [taiəd] *adj* trött

tiring ['taiəriŋ] *adj* tröttsam

tissue ['tifu:] *n* vävnad *c;* ansiktsservett *c,* pappersnäsduk *c*

title ['taitəl] *n* titel *c*

to [tu:] *prep* till, i; åt; för att

toad [toud] *n* padda *c*

toadstool ['toudstu:l] *n* svamp *c*

toast [toust] *n* rostat bröd; skål *c*

tobacco [tə'bækou] *n* (pl ~s) tobak *c;* ~ **pouch** tobakspung *c*

tobacconist [tə'bækənist] *n* tobakshandlare *c;* **tobacconist's** tobaksaffär *c*

today [tə'dei] *adv* idag

toddler ['tɔdlə] *n* litet barn

toe [tou] *n* tå *c*

toffee ['tɔfi] *n* kola *c*

together [tə'geðə] *adv* tillsammans

toilet ['tɔilət] *n* toalett *c;* ~ **case** necessär *c*

toilet-paper ['tɔilət,peipə] *n* toalettpapper *nt*

toiletry ['tɔilətri] *n* toalettartiklar *pl*

token ['toukən] *n* tecken *nt;* bevis *nt;* pollett *c*

told [tould] *v* (p, pp tell)

tolerable ['tɔlərəbəl] *adj* uthärdlig

toll [toul] *n* vägavgift *c*

tomato [tə'mɑːtou] *n* (pl ~es) tomat *c*

tomb [tu:m] *n* grav *c*

tombstone ['tu:mstoun] *n* gravsten *c*

tomorrow [tə'mɔrou] *adv* i morgon

ton [tʌn] *n* ton *nt*

tone [toun] *n* ton *c;* klang *c*

tongs [tɔŋz] *pl* tång *c*

tongue [tʌŋ] *n* tunga *c*

tonic ['tɔnik] *n* stärkande medel

tonight [tə'nait] *adv* i natt, i kväll

tonsilitis [,tɔnsə'laitis] *n* halsfluss *c*

tonsils ['tɔnsəlz] *pl* halsmandlar *pl*

too [tu:] *adv* alltför; också

took [tuk] *v* (p take)

tool [tu:l] *n* redskap *nt,* verktyg *nt;* ~ **kit** vertygssats *c*

toot [tu:t] *vAm* tuta

tooth [tu:θ] *n* (pl teeth) tand *c*

toothache ['tu:θeik] *n* tandvärk *c*

toothbrush ['tu:θbrʌf] *n* tandborste *c*

toothpaste ['tu:θpeist] *n* tandkräm *c*

toothpick ['tu:θpik] *n* tandpetare *c*

toothpowder ['tu:θ,paudə] *n* tandpulver *nt*

top [tɔp] *n* topp *c;* översida *c;* lock *nt;*

övre; on ~ of ovanpå; ~ side översida c

topcoat ['tɔpkout] n överrock c

topic ['tɔpik] n samtalsämne nt

topical ['tɔpikəl] adj aktuell

torch [tɔ:tʃ] n fackla c; ficklampa c

torment[1] [tɔ:'ment] v plåga

torment[2] ['tɔ:ment] n pina c

torture ['tɔ:tʃə] n tortyr c; v tortera

toss [tɔs] v kasta

tot [tɔt] n litet barn

total ['toutəl] adj total, fullständig; n summa c

totalitarian [ˌtoutæli'teəriən] adj totalitär

totalizator ['toutəlaizeitə] n totalisator c

touch [tʌtʃ] v vidröra, röra; beröra; n beröring c; känsel c

touching ['tʌtʃiŋ] adj rörande

tough [tʌf] adj seg

tour [tuə] n rundresa c

tourism ['tuərizəm] n turism c

tourist ['tuərist] n turist c; ~ class turistklass c; ~ office turistbyrå c

tournament ['tuənəmənt] n turnering c

tow [tou] v *ta på släp, bogsera

towards [tə'wɔ:dz] prep mot; gentemot; åt

towel [tauəl] n handduk c

towelling ['tauəliŋ] n handdukstyg n

tower [tauə] n torn nt

town [taun] n stad c; ~ centre stadscentrum nt; ~ hall stadshus nt

townspeople ['taunzˌpi:pəl] pl stadsbor pl

toxic ['tɔksik] adj giftig

toy [tɔi] n leksak c

toyshop ['tɔiʃɔp] n leksaksaffär c

trace [treis] n spår nt; v spåra

track [træk] n järnvägsspår nt; bana c

tractor ['træktə] n traktor c

trade [treid] n handel c; yrke nt; v *driva handel

trademark ['treidma:k] n varumärke nt

trader ['treidə] n affärsman c

tradesman ['treidzmən] n (pl -men) handelsman c

trade-union [ˌtreid'ju:njən] n fackförening c

tradition [trə'diʃən] n tradition c

traditional [trə'diʃənəl] adj traditionell

traffic ['træfik] n trafik c; ~ jam trafikstockning c; ~ light trafikljus nt

trafficator ['træfikeitə] n körriktningsvisare c

tragedy ['trædʒədi] n tragedi c

tragic ['trædʒik] adj tragisk

trail [treil] n spår nt, stig c

trailer ['treilə] n släpvagn c; nAm husvagn c

train [trein] n tåg nt; v träna, dressera; **stopping** ~ persontåg nt; **through** ~ snälltåg nt; ~ **ferry** tågfärja c

training ['treiniŋ] n träning c

trait [treit] n drag nt

traitor ['treitə] n förrädare c

tram [træm] n spårvagn c

tramp [træmp] n luffare c; v vandra

tranquil ['træŋkwil] adj lugn

tranquillizer ['træŋkwilaizə] n lugnande medel

transaction [træn'zækʃən] n transaktion c

transatlantic [ˌtrænzət'læntik] adj transatlantisk

transfer [træns'fə:] v överföra

transform [træns'fɔ:m] v förvandla, omvandla

transformer [træns'fɔ:mə] n transformator c

transition [træn'siʃən] n övergång c

translate [træns'leit] v *översätta

translation [træns'leiʃən] n översättning c

translator [træns'leitə] n översättare c

transmission [trænz'miʃən] n sändning c

transmit [trænz'mit] v sända

transmitter [trænz'mitə] n sändare c

transparent [træn'spɛərənt] adj genomskinlig

transport[1] ['trænspɔːt] n transport c

transport[2] [træn'spɔːt] v transportera

transportation [ˌtrænspɔː'teiʃən] n transport c

trap [træp] n fälla c

trash [træʃ] n smörja c; ~ can Am soptunna c

travel ['trævəl] v resa; ~ agency resebyrå c; ~ insurance reseförsäkring c; travelling expenses resekostnader pl

traveller ['trævələ] n resenär c; traveller's cheque resecheck c

tray [trei] n bricka c

treason ['triːzən] n förräderi nt

treasure ['treʒə] n skatt c

treasurer ['treʒərə] n skattmästare c

treasury ['treʒəri] n föreningskassa c, skattkammare c

treat [triːt] v behandla

treatment ['triːtmənt] n behandling c

treaty ['triːti] n traktat c

tree [triː] n träd nt

tremble ['trembəl] v skälva, darra

tremendous [tri'mendəs] adj oerhörd

trespass ['trespəs] v inkräkta

trespasser ['trespəsə] n inkräktare c

trial [traiəl] n rättegång c; prov nt

triangle ['traiæŋgəl] n triangel c

triangular [trai'æŋgjulə] adj trekantig

tribe [traib] n stam c

tributary ['tribjutəri] n biflod c

tribute ['tribjuːt] n hyllning c

trick [trik] n spratt nt; konststycke nt, trick nt

trigger ['trigə] n avtryckare c

trim [trim] v trimma

trip [trip] n tripp c, resa c, utflykt c

triumph ['traiəmf] n triumf c; v triumfera

triumphant [trai'ʌmfənt] adj segerrik

trolley-bus ['trɔlibʌs] n trådbuss c

troops [truːps] pl trupper pl

tropical ['trɔpikəl] adj tropisk

tropics ['trɔpiks] pl tropikerna pl

trouble ['trʌbəl] n möda c, besvär nt, bekymmer nt; v besvära

troublesome ['trʌbəlsəm] adj besvärlig

trousers ['trauzəz] pl långbyxor pl

trout [traut] n (pl ~) forell c

truck [trʌk] nAm lastbil c

true [truː] adj sann; äkta, verklig; trofast, trogen

trumpet ['trʌmpit] n trumpet c

trunk [trʌŋk] n koffert c; stam c; nAm bagageutrymme nt; trunks gymnastikbyxor pl

trunk-call ['trʌŋkkɔːl] n rikssamtal nt

trust [trʌst] v lita på; n förtroende nt

trustworthy ['trʌstˌwəːði] adj pålitlig

truth [truːθ] n sanning c

truthful ['truːθfəl] adj sannfärdig

try [trai] v försöka, bemöda sig; n försök nt; ~ on prova

tube [tjuːb] n rör nt; tub c

tuberculosis [tjuˌbəːkju'lousis] n tuberkulos c

Tuesday ['tjuːzdi] n tisdag c

tug [tʌg] v bogsera; n bogserbåt c; ryck nt

tuition [tjuˈiʃən] n undervisning c

tulip ['tjuːlip] n tulpan c

tumbler ['tʌmblə] n bägare c

tumour ['tjuːmə] n tumör c

tuna ['tjuːnə] n (pl ~, ~s) tonfisk c

tune [tjuːn] n melodi c, visa c; ~ in

ställa in

tuneful ['tju:nfəl] adj melodisk

tunic ['tju:nik] n tunika c

Tunisia [tju:'niziə] Tunisien

Tunisian [tju:'niziən] adj tunisisk; n tunisier c

tunnel ['tʌnəl] n tunnel c

turbine ['tə:bain] n turbin c

turbojet [,tə:bou'dʒet] n turbojet c

Turk [tə:k] n turk c

Turkey ['tə:ki] Turkiet

turkey ['tə:ki] n kalkon c

Turkish ['tə:kiʃ] adj turkisk; ~ bath turkiskt bad

turn [tə:n] v vända, svänga, *vrida om; n varv nt, vändning c; tur c; ~ back vända tillbaka; ~ down förkasta; ~ into förvandlas till; ~ off stänga av; ~ on *sätta på, tända, skruva på; ~ over vända upp och ner; ~ round vända på; vända sig om

turning ['tə:niŋ] n kurva c

turning-point ['tə:niŋpɔint] n vändpunkt c

turnover ['tə:,nouvə] n omsättning c; ~ tax omsättningsskatt c

turnpike ['tə:npaik] nAm motorväg c

turpentine ['tə:pəntain] n terpentin nt

turtle ['tə:təl] n sköldpadda c

tutor ['tju:tə] n informator c; förmyndare c

tuxedo [tʌk'si:dou] nAm (pl ~s, ~es) smoking c

tweed [twi:d] n tweed c

tweezers ['twi:zəz] pl pincett c

twelfth [twelfθ] num tolfte

twelve [twelv] num tolv

twentieth ['twentiəθ] num tjugonde

twenty ['twenti] num tjugo

twice [twais] adv två gånger

twig [twig] n kvist c

twilight ['twailait] n skymning c

twine [twain] n snodd c

twins [twinz] pl tvillingar pl; **twin beds** dubbelsängar pl

twist [twist] v *vrida; n vridning c

two [tu:] num två

two-piece [,tu:'pi:s] adj tvådelad

type [taip] v *skriva maskin; n typ c

typewriter ['taip,raitə] n skrivmaskin c

typewritten ['taip,ritən] maskinskriven

typhoid ['taifɔid] n tyfus c

typical ['tipikəl] adj karakteristisk, typisk

typist ['taipist] n maskinskriverska c

tyrant ['taiərənt] n tyrann c

tyre [taiə] n däck nt; ~ pressure slangtryck nt

U

ugly ['ʌgli] adj ful

ulcer ['ʌlsə] n sår nt

ultimate ['ʌltimət] adj sista

ultraviolet [,ʌltrə'vaiələt] adj ultraviolett

umbrella [ʌm'brelə] n paraply nt

umpire ['ʌmpaiə] n domare c

unable [ʌ'neibəl] adj oförmögen

unacceptable [,ʌnək'septəbəl] adj oantagbar

unaccountable [,ʌnə'kauntəbəl] adj oförklarlig

unaccustomed [,ʌnə'kʌstəmd] adj ovan

unanimous [ju:'næniməs] adj enstämmig

unanswered [,ʌ'nɑ:nsəd] adj obesvarad

unauthorized [,ʌ'nɔ:θəraizd] adj oberättigad

unavoidable [,ʌnə'vɔidəbəl] adj ound-

viklig
unaware [ˌʌnəˈweə] adj omedveten
unbearable [ʌnˈbeərəbəl] adj outhärd-
lig
unbreakable [ˌʌnˈbreikəbəl] adj
okrossbar
unbroken [ʌnˈbroukən] adj intakt
unbutton [ʌnˈbʌtən] v knäppa upp
uncertain [ʌnˈsəːtən] adj oviss, osäker
uncle [ˈʌŋkəl] n farbror c, morbror c
unclean [ˌʌnˈkliːn] adj oren
uncomfortable [ʌnˈkʌmfətəbəl] adj
obekväm
uncommon [ʌnˈkɔmən] adj sällsynt,
ovanlig
unconditional [ˌʌnkənˈdiʃənəl] adj
ovillkorlig
unconscious [ʌnˈkɔnʃəs] adj medvets-
lös
uncork [ˌʌnˈkɔːk] v korka upp
uncover [ʌnˈkʌvə] v avtäcka
uncultivated [ˌʌnˈkʌltiveitid] adj oupp-
odlad, okultiverad
under [ˈʌndə] prep under, nedanför
undercurrent [ˈʌndəˌkʌrənt] n under-
ström c
underestimate [ˌʌndəˈrestimeit] v un-
derskatta
underground [ˈʌndəgraund] adj un-
derjordisk; n tunnelbana c
underline [ˌʌndəˈlain] v *stryka under
underneath [ˌʌndəˈniːθ] adv under
underpants [ˈʌndəpænts] plAm kal-
songer pl
undershirt [ˈʌndəʃəːt] n undertröja c
undersigned [ˈʌndəsaind] n under-
tecknad c
*understand [ˌʌndəˈstænd] v *förstå
understanding [ˌʌndəˈstændiŋ] n för-
ståelse c
*undertake [ˌʌndəˈteik] v *företa
undertaking [ˌʌndəˈteikiŋ] n företag
nt
underwater [ˈʌndəˌwɔːtə] adj under-

vattens-
underwear [ˈʌndəweə] n underkläder
pl
undesirable [ˌʌndiˈzaiərəbəl] adj oväl-
kommen; ej önskvärd
*undo [ʌnˈduː] v lösa upp
undoubtedly [ʌnˈdautidli] adv otvivel-
aktigt
undress [ʌnˈdres] v klä av sig
undulating [ˈʌndjuleitiŋ] adj vågig
unearned [ˌʌnˈnəːnd] adj oförtjänt
uneasy [ʌˈniːzi] adj olustig
uneducated [ʌˈnedjukeitid] adj obil-
dad
unemployed [ˌʌnimˈplɔid] adj arbets-
lös
unemployment [ˌʌnimˈplɔimənt] n ar-
betslöshet c
unequal [ʌˈniːkwəl] adj olika
uneven [ʌˈniːvən] adj ojämn
unexpected [ˌʌnikˈspektid] adj oanad,
oväntad
unfair [ˌʌnˈfeə] adj ojust, orättvis
unfaithful [ˌʌnˈfeiθfəl] adj otrogen
unfamiliar [ˌʌnfəˈmiljə] adj obekant
unfasten [ˌʌnˈfɑːsən] v lossa
unfavourable [ˌʌnˈfeivərəbəl] adj
ogynnsam
unfit [ˌʌnˈfit] adj olämplig
unfold [ʌnˈfould] v veckla ut
unfortunate [ʌnˈfɔːtʃənət] adj olycklig
unfortunately [ʌnˈfɔːtʃənətli] adv ty-
värr, dessvärre
unfriendly [ˌʌnˈfrendli] adj ovänlig
unfurnished [ˌʌnˈfəːniʃt] adj omöble-
rad
ungrateful [ʌnˈgreitfəl] adj otacksam
unhappy [ʌnˈhæpi] adj olycklig
unhealthy [ʌnˈhelθi] adj ohälsosam
unhurt [ˌʌnˈhəːt] adj oskadad
uniform [ˈjuːnifɔːm] n uniform c; adj
likformig, konstant
unimportant [ˌʌnimˈpɔːtənt] adj ovik-
tig

uninhabitable [ˌʌninˈhæbitəbəl] *adj* obeboelig

uninhabited [ˌʌninˈhæbitid] *adj* obebodd

unintentional [ˌʌninˈtenʃənəl] *adj* oavsiktlig

union [ˈjuːnjən] *n* fackförening *c*; förening *c*; union *c*

unique [juːˈniːk] *adj* unik

unit [ˈjuːnit] *n* enhet *c*

unite [juːˈnait] *v* förena

United States [juːˈnaitid steits] Förenta Staterna

unity [ˈjuːnəti] *n* enhet *c*

universal [ˌjuːniˈvəːsəl] *adj* universell, allmän

universe [ˈjuːnivəːs] *n* universum *nt*

university [ˌjuːniˈvəːsəti] *n* universitet *nt*

unjust [ʌnˈdʒʌst] *adj* orättvis

unkind [ʌnˈkaind] *adj* ovänlig

unknown [ʌnˈnoun] *adj* okänd

unlawful [ʌnˈlɔːfəl] *adj* olaglig

unlearn [ʌnˈləːn] *v* lära sig av med

unless [ənˈles] *conj* såvida inte

unlike [ʌnˈlaik] *adj* olik

unlikely [ʌnˈlaikli] *adj* osannolik

unlimited [ʌnˈlimitid] *adj* obegränsad

unload [ʌnˈloud] *v* lasta av

unlock [ʌnˈlɔk] *v* låsa upp

unlucky [ʌnˈlʌki] *adj* oturlig, olycklig

unnecessary [ʌnˈnesəsəri] *adj* onödig

unoccupied [ʌˈnɔkjupaid] *adj* ledig

unofficial [ˌʌnəˈfiʃəl] *adj* inofficiell

unpack [ʌnˈpæk] *v* packa upp

unpleasant [ʌnˈplezənt] *adj* otrevlig, obehaglig, oangenäm

unpopular [ʌnˈpɔpjulə] *adj* illa omtyckt, impopulär

unprotected [ˌʌnprəˈtektid] *adj* oskyddad

unqualified [ʌnˈkwɔlifaid] *adj* okvalificerad

unreal [ʌnˈriəl] *adj* overklig

unreasonable [ʌnˈriːzənəbəl] *adj* orimlig, oresonlig

unreliable [ˌʌnriˈlaiəbəl] *adj* opålitlig

unrest [ʌnˈrest] *n* oro *c*; rastlöshet *c*

unsafe [ʌnˈseif] *adj* riskabel

unsatisfactory [ˌʌnsætisˈfæktəri] *adj* otillfredsställande

unscrew [ʌnˈskruː] *v* skruva av

unselfish [ʌnˈselfiʃ] *adj* osjälvisk

unsound [ʌnˈsaund] *adj* osund

unstable [ʌnˈsteibəl] *adj* instabil

unsteady [ʌnˈstedi] *adj* ostadig, vacklande; villrådig

unsuccessful [ˌʌnsəkˈsesfəl] *adj* misslyckad

unsuitable [ʌnˈsuːtəbəl] *adj* opassande

unsurpassed [ˌʌnsəˈpaːst] *adj* oöverträffad

untidy [ʌnˈtaidi] *adj* oordentlig

untie [ˌʌnˈtai] *v* *knyta upp

until [ənˈtil] *prep* tills, till

untrue [ʌnˈtruː] *adj* osann

untrustworthy [ʌnˈtrʌstˌwəːði] *adj* opålitlig

unusual [ʌnˈjuːʒuəl] *adj* ovanlig

unwell [ʌnˈwel] *adj* krasslig

unwilling [ʌnˈwiliŋ] *adj* ovillig

unwise [ʌnˈwaiz] *adj* oförståndig

unwrap [ʌnˈræp] *v* veckla upp, öppna

up [ʌp] *adv* upp, uppåt

upholster [ʌpˈhoulstə] *v* stoppa möbler; inreda

upkeep [ˈʌpkiːp] *n* underhåll *nt*

uplands [ˈʌpləndz] *pl* högland *nt*

upon [əˈpɔn] *prep* på

upper [ˈʌpə] *adj* över-, övre

upright [ˈʌprait] *adj* upprätt; *adv* upprätt

upset [ʌpˈset] *adj* upprörd

***upset** [ʌpˈset] *v* kullkasta; förvirra, såra

upside-down [ˌʌpsaidˈdaun] *adv* upp och ner

upstairs [ˌʌpˈsteəz] adv upp; uppför trappan; en trappa upp

upstream [ˌʌpˈstriːm] adv uppför strömmen

upwards [ˈʌpwədz] adv upp, uppåt

urban [ˈɜːbən] adj stads-

urge [ɜːdʒ] v uppmana; n starkt behov

urgency [ˈɜːdʒənsi] n nödtvång nt

urgent [ˈɜːdʒənt] adj brådskande

urine [ˈjuərin] n urin nt

Uruguay [ˈjuərəgwai] Uruguay

Uruguayan [ˌjuərəˈgwaiən] adj uruguaysk; n uruguayare c

us [ʌs] pron oss

usable [ˈjuːzəbəl] adj användbar

usage [ˈjuːzidʒ] n sedvänja c

use¹ [juːz] v använda; *be used to *vara van vid; ~ up förbruka

use² [juːs] n användning c; nytta c; *be of ~ *vara till nytta

useful [ˈjuːsfəl] adj användbar, nyttig

useless [ˈjuːsləs] adj lönlös, oanvändbar, oduglig

user [ˈjuːzə] n förbrukare c

usher [ˈʌʃə] n platsanvisare c

usherette [ˌʌʃəˈret] n platsanviserska c

usual [ˈjuːʒuəl] adj vanlig

usually [ˈjuːʒuəli] adv vanligtvis

utensil [juːˈtensəl] n redskap nt, verktyg nt; köksredskap nt

utility [juːˈtiləti] n nyttighet c

utilize [ˈjuːtilaiz] v utnyttja, använda

utmost [ˈʌtmoust] adj yttersta

utter [ˈʌtə] adj fullständig, total; v yttra

V

vacancy [ˈveikənsi] n vakans c

vacant [ˈveikənt] adj ledig

vacate [vəˈkeit] v utrymma

vacation [vəˈkeiʃən] n lov nt

vaccinate [ˈvæksineit] v vaccinera

vaccination [ˌvæksiˈneiʃən] n vaccination c

vacuum [ˈvækjuəm] n vakuum nt; vAm *dammsuga; ~ cleaner dammsugare c; ~ flask termosflaska c

vagrancy [ˈveigrənsi] n lösdriveri nt

vague [veig] adj vag

vain [vein] adj fåfänglig; tom, fruktlös; in ~ förgäves

valet [ˈvælit] n betjänt c; v passa upp

valid [ˈvælid] adj giltig

valley [ˈvæli] n dal c, dalsänka c

valuable [ˈvæljubəl] adj värdefull, dyrbar; valuables pl värdesaker pl

value [ˈvæljuː] n värde nt; v värdera

valve [vælv] n ventil c

van [væn] n transportbil c

vanilla [vəˈnilə] n vanilj c

vanish [ˈvæniʃ] v *försvinna

vapour [ˈveipə] n ånga c

variable [ˈveəriəbəl] adj växlande

variation [ˌveəriˈeiʃən] n förändring c

varied [ˈveərid] adj varierad

variety [vəˈraiəti] n art c, omväxling c; ~ show varietéföreställning c; ~ theatre varietéteater c

various [ˈveəriəs] adj åtskilliga, olika

varnish [ˈvɑːniʃ] n lack nt, fernissa c; v fernissa, lacka

vary [ˈveəri] v variera; ändra; *vara olik

vase [vɑːz] n vas c

vast [vɑːst] adj vidsträckt, ofantlig

vault [vɔːlt] n valv nt; kassavalv nt

veal [viːl] n kalvkött nt

vegetable [ˈvedʒətəbəl] n grönsak c; ~ merchant grönsakshandlare c

vegetarian [ˌvedʒiˈteəriən] n vegetarian c

vegetation [,vedʒi'teiʃən] n vegetation c

vehicle ['vi:əkəl] n fordon nt

veil [veil] n slöja c

vein [vein] n åder c; varicose ~ åderbrock nt

velvet ['velvit] n sammet c

velveteen [,velvi'ti:n] n bomullssammet c

venerable ['venərəbəl] adj vördnadsvärd

venereal disease [vi'niəriəl di'zi:z] könssjukdom c

Venezuela [,veni'zweilə] Venezuela

Venezuelan [,veni'zweilən] adj venezuelansk; n venezuelan c

ventilate ['ventileit] v ventilera, lufta, vädra

ventilation [,venti'leiʃən] n ventilation c

ventilator ['ventileitə] n ventilator c

venture ['ventʃə] v våga

veranda [və'rændə] n veranda c

verb [və:b] n verb nt

verbal ['və:bəl] adj muntlig

verdict ['və:dikt] n dom c, domslut nt

verge [və:dʒ] n kant c; gräns c

verify ['verifai] v verifiera, kontrollera; bekräfta

verse [və:s] n vers c

version ['və:ʃən] n version c; översättning c

versus ['və:səs] prep kontra

vertical ['və:tikəl] adj lodrät

vertigo ['və:tigou] n svindel c

very ['veri] adv mycket; adj verklig, sann; absolut

vessel ['vesəl] n fartyg nt; kärl nt

vest [vest] n undertröja c; nAm väst c

veterinary surgeon ['vetrinəri 'sə:-dʒən] veterinär c

via [vaiə] prep via

viaduct ['vaiədʌkt] n viadukt c

vibrate [vai'breit] v vibrera

vibration [vai'breiʃən] n vibration c

vicar ['vikə] n kyrkoherde c

vicarage ['vikəridʒ] n prästgård c

vice-president [,vais'prezidənt] n vice president

vicinity [vi'sinəti] n närhet c, omgivningar

vicious ['viʃəs] adj ondskefull

victim ['viktim] n offer nt

victory ['viktəri] n seger c

view [vju:] n utsikt c; åsikt c, uppfattning c; v betrakta

view-finder ['vju:,faində] n sökare c

vigilant ['vidʒilənt] adj vaksam

villa ['vilə] n villa c

village ['vilidʒ] n by c

villain ['vilən] n skurk c

vine [vain] n vinranka c

vinegar ['vinigə] n vinäger c

vineyard ['vinjəd] n vingård c

vintage ['vintidʒ] n vinskörd c

violation [vaiə'leiʃən] n kränkning c

violence ['vaiələns] n våld nt

violent ['vaiələnt] adj våldsam, häftig

violet ['vaiələt] n viol c; adj violett

violin [vaiə'lin] n fiol c

virgin ['və:dʒin] n jungfru c

virtue ['və:tʃu:] n dygd c

visa ['vi:zə] n visum nt

visibility [,vizə'biləti] n sikt c

visible ['vizəbəl] adj synlig

vision ['viʒən] n vision c

visit ['vizit] v besöka; n besök nt, visit c; visiting hours besökstid c

visiting-card ['vizitiŋka:d] n visitkort nt

visitor ['vizitə] n besökare c

vital ['vaitəl] adj livsviktig

vitamin ['vitəmin] n vitamin nt

vivid ['vivid] adj livlig

vocabulary [və'kæbjuləri] n ordförråd nt; ordlista c

vocal ['voukəl] adj vokal-

vocalist ['voukəlist] n vokalist c

voice [vɔis] *n* röst *c*

void [vɔid] *adj* ogiltig

volcano [vɔl'keinou] *n* (pl ~es, ~s) vulkan *c*

volt [voult] *n* volt *c*

voltage ['voultidʒ] *n* spänning *c*

volume ['vɔljum] *n* volym *c*; bokband *nt*

voluntary ['vɔləntəri] *adj* frivillig

volunteer [,vɔlən'tiə] *n* frivillig *c*

vomit ['vɔmit] *v* kräkas, spy

vote [vout] *v* rösta; *n* röst *c*; röstning *c*

voucher ['vautʃə] *n* kupong *c*, bong *c*

vow [vau] *n* löfte *nt*, ed *c*; *v* *svära

vowel [vauəl] *n* vokal *c*

voyage ['vɔiidʒ] *n* resa *c*

vulgar ['vʌlgə] *adj* vulgär, vanlig

vulnerable ['vʌlnərəbəl] *adj* sårbar

vulture ['vʌltʃə] *n* gam *c*

W

wade [weid] *v* vada

wafer ['weifə] *n* rån *nt*

waffle ['wɔfəl] *n* våffla *c*

wages ['weidʒiz] *pl* lön *c*

waggon ['wægən] *n* vagn *c*

waist [weist] *n* midja *c*

waistcoat ['weiskout] *n* väst *c*

wait [weit] *v* vänta; ~ on uppassa

waiter ['weitə] *n* kypare *c*, vaktmästare *c*

waiting ['weitiŋ] *n* väntan *c*

waiting-list ['weitiŋlist] *n* väntelista *c*

waiting-room ['weitiŋruːm] *n* väntrum *nt*

waitress ['weitris] *n* servitris *c*

*wake [weik] *v* väcka; ~ up vakna

walk [wɔːk] *v* *gå; promenera; *n* promenad *c*; sätt att gå; walking till fots

walker ['wɔːkə] *n* vandrare *c*

walking-stick ['wɔːkiŋstik] *n* promenadkäpp *c*

wall [wɔːl] *n* mur *c*; vägg *c*

wallet ['wɔlit] *n* plånbok *c*

wallpaper ['wɔːl,peipə] *n* tapet *c*

walnut ['wɔːlnʌt] *n* valnöt *c*

waltz [wɔːls] *n* vals *c*

wander ['wɔndə] *v* ströva omkring, vandra

want [wɔnt] *v* *vilja; önska; *n* behov *nt*; brist *c*

war [wɔː] *n* krig *nt*

warden ['wɔːdən] *n* intendent *c*, föreståndare *c*

wardrobe ['wɔːdroub] *n* garderob *c*, klädskåp *nt*

warehouse ['wɛəhaus] *n* förrådsbyggnad *c*, magasin *nt*

wares [wɛəz] *pl* varor *pl*

warm [wɔːm] *adj* varm; *v* värma

warmth [wɔːmθ] *n* värme *c*

warn [wɔːn] *v* varna

warning ['wɔːniŋ] *n* varning *c*

wary ['wɛəri] *adj* varsam

was [wɔz] *v* (p be)

wash [wɔʃ] *v* tvätta; ~ and wear strykfri; ~ up diska

washable ['wɔʃəbəl] *adj* tvättbar

wash-basin ['wɔʃ,beisən] *n* handfat *nt*

washing ['wɔʃiŋ] *n* tvätt *c*

washing-machine ['wɔʃiŋmə,ʃiːn] *n* tvättmaskin *c*

washing-powder ['wɔʃiŋ,paudə] *n* tvättmedel *c*

washroom ['wɔʃruːm] *nAm* toalett *c*

wash-stand ['wɔʃstænd] *n* tvättställ *nt*

wasp [wɔsp] *n* geting *c*

waste [weist] *v* slösa bort; *n* slöseri *nt*; *adj* öde

wasteful ['weistfəl] *adj* slösaktig

wastepaper-basket [weist'peipə,bɑːskit] *n* papperskorg *c*

watch [wɔtʃ] *v* *iakttta, betrakta;

övervaka; n klocka c; ~ for *hålla
utkik; ~ out *se upp
watch-maker ['wɔtʃˌmeikə] n urma-
kare c
watch-strap ['wɔtʃstræp] n klockarm-
band nt
water ['wɔ:tə] n vatten nt; iced ~ is-
vatten nt; running ~ rinnande vat-
ten; ~ pump vattenpump c; ~ ski
vattenskida c
water-colour ['wɔ:təˌkʌlə] n vatten-
färg c; akvarell c
watercress ['wɔ:təkres] n vattenkras-
se c
waterfall ['wɔ:təfɔ:l] n vattenfall nt
watermelon ['wɔ:təˌmelən] n vatten-
melon c
waterproof ['wɔ:təpru:f] adj vattentät
water-softener [ˌwɔ:təˌsɔfnə] n av-
kalkningsmedel nt
waterway ['wɔ:təwei] n farled c
watt [wɔt] n watt c
wave [weiv] n våg c; v vinka
wave-length ['weivleŋθ] n våglängd c
wavy ['weivi] adj vågig
wax [wæks] n vax nt
waxworks ['wækswɔ:ks] pl vaxkabi-
nett nt
way [wei] n vis nt, sätt nt; väg c; håll
nt, riktning c; avstånd nt; any ~
hur som helst; by the ~ förresten;
one-way traffic enkelriktad trafik;
out of the ~ avsides; the other ~
round tvärtom; ~ back tillbaka-
väg c; ~ in ingång c; ~ out ut-
gång c
wayside ['weisaid] n vägkant c
we [wi:] pron vi
weak [wi:k] adj svag; tunn
weakness ['wi:knəs] n svaghet c
wealth [welθ] n rikedom c
wealthy ['welθi] adj förmögen
weapon ['wepən] n vapen nt
*wear [weə] v *vara klädd i, *bära;

~ out *slita ut
weary ['wiəri] adj trött, modlös;
tröttsam
weather ['weðə] n väder nt; ~ fore-
cast väderleksrapport c
*weave [wi:v] v väva
weaver ['wi:və] n vävare c
wedding ['wediŋ] n bröllop nt
wedding-ring ['wediŋriŋ] n vigselring
c
wedge [wedʒ] n klyfta c, kil c
Wednesday ['wenzdi] onsdag c
weed [wi:d] n ogräs nt
week [wi:k] n vecka c
weekday ['wi:kdei] n vardag c
weekly ['wi:kli] adj vecko-
*weep [wi:p] v *gråta
weigh [wei] v väga
weighing-machine ['weiiŋməˌʃi:n] n
våg c
weight [weit] n vikt c
welcome ['welkəm] adj välkommen;
n välkomnande nt; v välkomna
weld [weld] v svetsa
welfare ['welfeə] n välbefinnande nt;
socialhjälp c
well¹ [wel] adv bra; adj frisk; as ~
likaså; as ~ as såväl som; well! ja
ja!
well² [wel] n brunn c
well-founded [ˌwel'faundid] adj väl-
grundad
well-known ['welnoun] adj välkänd
well-to-do [ˌweltə'du:] adj välbärgad
went [went] v (p go)
were [wə:] v (p be)
west [west] n väst c, väster c
westerly ['westəli] adj västlig
western ['westən] adj västlig
wet [wet] adj våt
whale [weil] n val c
wharf [wɔ:f] n (pl ~s, wharves) last-
kaj c
what [wɔt] pron vad; ~ for varför

whatever [wɔ'tevə] *pron* vad som än
wheat [wi:t] *n* vete *nt*
wheel [wi:l] *n* hjul *nt*
wheelbarrow ['wi:l‚bærou] *n* skottkärra *c*
wheelchair ['wi:ltʃeə] *n* rullstol *c*
when [wen] *adv* när; *conj* då, när
whenever [we'nevə] *conj* närhelst
where [weə] *adv* var; *conj* var
wherever [weə'revə] *conj* varhelst
whether ['weðə] *conj* om; whether ...
   or vare sig ... eller
which [witʃ] *pron* vilken; som
whichever [wi'tʃevə] *adj* vilken ... än
while [wail] *conj* medan; *n* stund *c*
whilst [wailst] *conj* medan
whim [wim] *n* nyck *c*, infall *nt*
whip [wip] *n* piska *c*; *v* vispa, piska
whiskers ['wiskəz] *pl* polisonger *pl*
whisper ['wispə] *v* viska; *n* viskning *c*
whistle ['wisəl] *v* vissla; *n* visselpipa *c*
white [wait] *adj* vit
whitebait ['waitbeit] *n* småfisk *pl*
whiting ['waitiŋ] *n* (pl ~) vitling *c*
Whitsun ['witsən] pingst *c*
who [hu:] *pron* vem; som
whoever [hu:'evə] *pron* vem som än
whole [houl] *adj* fullständig, hel;
   oskadad; *n* helhet *c*
wholesale ['houlseil] *n* grosshandel *c*;
   ~ dealer grossist *c*
wholesome ['houlsəm] *adj* hälsosam
wholly ['houlli] *adv* helt och hållet
whom [hu:m] *pron* till vem
whore [hɔ:] *n* hora *c*
whose [hu:z] *pron* vars; vems
why [wai] *adv* varför
wicked ['wikid] *adj* ond
wide [waid] *adj* vid, bred
widen ['waidən] *v* vidga
widow ['widou] *n* änka *c*
widower ['widouə] *n* änkling *c*
width [widθ] *n* bredd *c*
wife [waif] *n* (pl wives) maka *c*, hus-

tru *c*
wig [wig] *n* peruk *c*
wild [waild] *adj* vild
will [wil] *n* vilja *c*; testamente *nt*
*will [wil] *v* *vilja; *ska
willing ['wiliŋ] *adj* villig
will-power ['wilpauə] *n* viljekraft *c*
*win [win] *v* *vinna
wind [wind] *n* vind *c*
*wind [waind] *v* slingra sig; *vrida,
   linda, *dra upp
winding ['waindiŋ] *adj* slingrande
windmill ['windmil] *n* väderkvarn *c*
window ['windou] *n* fönster *nt*
window-sill ['windousil] *n* fönsterbräde *nt*
windscreen ['windskri:n] *n* vindruta *c*;
   ~ wiper vindrutetorkare *c*
windshield ['windʃi:ld] *nAm* vindruta
   c; ~ wiper *Am* vindrutetorkare *c*
windy ['windi] *adj* blåsig
wine [wain] *n* vin *nt*
wine-cellar ['wain‚selə] *n* vinkällare *c*
wine-list ['wainlist] *n* vinlista *c*
wine-merchant ['wain‚mə:tʃənt] *n* vinhandlare *c*
wine-waiter ['wain‚weitə] *n* vinkypare
   c
wing [wiŋ] *n* vinge *c*
winkle ['wiŋkəl] *n* strandsnäcka *c*
winner ['winə] *n* segrare *c*
winning ['winiŋ] *adj* vinnande; winnings *pl* vinst *c*
winter ['wintə] *n* vinter *c*; ~ sports
   vintersport *c*
wipe [waip] *v* torka av, torka bort
wire [waiə] *n* tråd *c*; ståltråd *c*
wireless ['waiələs] *n* radio *c*
wisdom ['wizdəm] *n* visdom *c*
wise [waiz] *adj* vis
wish [wiʃ] *v* önska, *vilja ha; *n* längtan *c*, önskan *c*
witch [witʃ] *n* häxa *c*
with [wið] *prep* med; av

*withdraw [wið'drɔ:] v *dra tillbaka

within [wi'ðin] prep inom; adv inuti

without [wi'ðaut] prep utan

witness ['witnəs] n vittne nt

wits [wits] pl förstånd nt

witty ['witi] adj spirituell

wolf [wulf] n (pl wolves) varg c

woman ['wumən] n (pl women) kvinna c

womb [wu:m] n livmoder c

won [wʌn] v (p, pp win)

wonder ['wʌndə] n under nt; förundran c; v undra

wonderful ['wʌndəfəl] adj härlig, underbar

wood [wud] n trä nt; skog c

wood-carving ['wud,kɑ:viŋ] n snideriarbete nt

wooded ['wudid] adj skogig

wooden ['wudən] adj trä-; ~ shoe träsko c

woodland ['wudlənd] n skogstrakt c

wool [wul] n ull c; darning ~ stoppgarn nt

woollen ['wulən] adj ylle-

word [wə:d] n ord nt

wore [wɔ:] v (p wear)

work [wə:k] n arbete nt; syssla c; v arbeta; fungera; **working day** arbetsdag c; ~ **of art** konstverk nt; ~ **permit** arbetstillstånd nt

worker ['wə:kə] n arbetare c

working ['wə:kiŋ] n funktion c

workman ['wə:kmən] n (pl -men) arbetare c

works [wə:ks] pl fabrik c

workshop ['wə:kʃɔp] n verkstad c

world [wə:ld] n värld c; ~ **war** världskrig nt

world-famous [,wə:ld'feiməs] adj världsberömd

world-wide ['wə:ldwaid] adj världsomspännande

worm [wə:m] n mask c

worn [wɔ:n] adj (pp wear) sliten

worn-out [,wɔ:n'aut] adj utsliten

worried ['wʌrid] adj ängslig

worry ['wʌri] v oroa sig; n oro c, bekymmer nt

worse [wə:s] adj värre; adv värre

worship ['wə:ʃip] v dyrka; n andakt c, gudstjänst c

worst [wə:st] adj värst; adv värst

worsted ['wustid] n kamgarn nt

worth [wə:θ] n värde nt; ***be** ~ *vara värd; ***be worth-while** *vara lönande

worthless ['wə:θləs] adj värdelös

worthy of ['wə:ði əv] värdig

would [wud] v (p will)

wound¹ [wu:nd] n sår nt; v såra

wound² [waund] v (p, pp wind)

wrap [ræp] v *slå in

wreck [rek] n vrak nt; v *ödelägga

wrench [rentʃ] n skiftnyckel c; ryck nt; v *vrida

wrinkle ['riŋkl] n rynka c

wrist [rist] n handled c

wrist-watch ['ristwɔtʃ] n armbandsur nt

*write [rait] v *skriva; **in writing** skriftligen; ~ **down** *skriva ner

writer ['raitə] n författare c

writing-pad ['raitiŋpæd] n skrivblock nt, anteckningsblock nt

writing-paper ['raitiŋ,peipə] n brevpapper nt

written ['ritən] adj (pp write) skriftlig

wrong [rɔŋ] adj orätt, fel; n orätt c; v *göra orätt; ***be** ~ *ha fel

wrote [rout] v (p write)

X

Xmas ['krisməs] jul c

X-ray ['eksrei] *n* röntgenbild *c; v* röntga

Y

yacht [jɔt] *n* lustjakt *c*
yacht-club ['jɔtklʌb] *n* segelsällskap *nt*
yachting ['jɔtiŋ] *n* segelsport *c*
yard [jɑːd] *n* gård *c*
yarn [jɑːn] *n* garn *nt*
yawn [jɔːn] *v* gäspa
year [jiə] *n* år *nt*
yearly ['jiəli] *adj* årlig
yeast [jiːst] *n* jäst *c*
yell [jel] *v* *tjuta; *n* tjut *nt*
yellow ['jelou] *adj* gul
yes [jes] ja
yesterday ['jestədi] *adv* igår
yet [jet] *adv* ännu; *conj* dock, likväl
yield [jiːld] *v* *ge avkastning; *ge efter
yoke [jouk] *n* ok *nt*
yolk [jouk] *n* äggula *c*
you [juː] *pron* du; dig; Ni; Er; ni; er

young [jʌŋ] *adj* ung
your [jɔː] *adj* Er; din; era
yourself [jɔːˈself] *pron* dig; själv
yourselves [jɔːˈselvz] *pron* er; själva
youth [juːθ] *n* ungdom *c; ~* **hostel** ungdomshärbärge *nt*
Yugoslav [ˌjuːgəˈslɑːv] *n* jugoslav *c*
Yugoslavia [ˌjuːgəˈslɑːviə] Jugoslavien

Z

zeal [ziːl] *n* iver *c*
zealous ['zeləs] *adj* ivrig
zebra ['ziːbrə] *n* sebra *c*
zenith ['zeniθ] *n* zenit; höjdpunkt *c*
zero ['ziərou] *n* (pl ~s) nolla *c*
zest [zest] *n* lust *c*
zinc [ziŋk] *n* zink *c*
zip [zip] *n* blixtlås *nt; ~* **code** *Am* postnummer *nt*
zipper ['zipə] *n* blixtlås *nt*
zodiac ['zoudiæk] *n* djurkretsen
zone [zoun] *n* zon *c*; område *nt*
zoo [zuː] *n* (pl ~s) zoo *nt*
zoology [zouˈblədʒi] *n* zoologi *c*

Mat

almond mandel
anchovy sardell
angel food cake sockerkaka gjord på äggvitor
angels on horseback ostron inlindade i bacon och grillade
appetizer aptitretare
apple äpple
~ **charlotte** äppelkaka
~ **dumpling** inbakat äpple, äppelmunk
~ **sauce** äppelmos
apricot aprikos
Arbroath smoky rökt kolja
artichoke kronärtskocka
asparagus sparris
~ **tip** sparrisknopp
aspic aladåb
assorted blandad; urval
aubergine äggplanta
bacon and eggs ägg och bacon
bagel liten brödkrans
baked ugnsbakad
~ **Alaska** glace au four; efterrätt gjord på sockerkaka, glass och maräng, gräddas hastigt i ugn
~ **beans** vita bönor i tomatsås
~ **potato** bakad potatis
Bakewell tart mandelkaka med sylt
baloney typ av mortadellakorv
banana banan

~ **split** bananefterrätt med olika sorters glass, nötter och frukt eller chokladsås
barbecue 1) starkt kryddad köttsås serverad i hamburgerbröd 2) utomhusmåltid med kött från grillen
~ **sauce** starkt kryddad tomatsås
barbecued stekt på utomhusgrill
basil basilika
bass (havs) abborre
bean böna
beef oxkött
~ **olive** oxrulad
beefburger hamburgare gjord på rent oxkött
beet, beetroot rödbeta
bilberry blåbär
bill nota
~ **of fare** matsedel, meny
biscuit kex, kaka
black pudding blodpudding
blackberry björnbär
blackcurrant svart vinbär
bloater lätt saltad, rökt sill
blood sausage blodpudding
blueberry blåbär
boiled kokt
Bologna (sausage) typ av mortadellakorv
bone ben
boned urbenad

Boston baked beans ugnsbakade vita bönor med bacon i tomatsås

Boston cream pie tårta fylld med vaniljkräm eller grädde och täckt med choklad

brains hjärna

braised bräserad, stekt under lock

bramble pudding björnbärspudding med skivade äpplen

braunschweiger rökt leverkorv

bread bröd

breaded panerad

breakfast frukost

breast bröst

brisket bringa

broad bean bondböna

broth buljong

brown Betty slags skånsk äppelkaka

brunch kombinerad frukost och lunch

brussels sprout brysselkål

bubble and squeak slags pyttipanna; vitkål stekt tillsammans med potatis

bun 1) bulle med russin (GB) 2) kuvertbröd (US)

butter smör

buttered smörad

cabbage kål

Caesar salad grönsallad, vitlök, brödkrutonger, hårdkokt ägg, sardeller och riven ost

cake mjuk kaka, tårta

cakes småkakor, bakelser

calf kalvkött

Canadian bacon rökt fläskfilé

canapé liten smörgås, kanapé

cantaloupe slags melon

caper kapris

capercaillie, capercailzie tjäder

caramel karamell, bränt socker

carp karp

carrot morot

cashew acajounöt

casserole gryta, låda

catfish havskatt (fisk)

catsup ketchup

cauliflower blomkål

celery selleri

cereal olika slags frukostflingor (cornflakes)
  hot ~ gröt

chateaubriand oxfilé

check nota

Cheddar (cheese) den vanligaste engelska hårda osten

cheese ost
  ~ **board** ostbricka
  ~ **cake** osttårta

cheeseburger hamburgare med smält ostskiva

chef's salad sallad på skinka, kyckling, ost, tomater och grönsallad

cherry körsbär

chestnut kastanj

chicken kyckling

chicory 1) endiv (GB) 2) cikoriasallad (US)

chili con carne kryddstark köttfärsgryta med rosenbönor

chips 1) pommes frites (GB) 2) chips (US)

chit(ter)lings inälvsmat från gris

chive gräslök

chocolate choklad
  ~ **pudding** 1) olika typer av saftiga kakor med choklad (GB) 2) chokladmousse (US)

choice urval

chop kotlett
  ~ **suey** kött- eller kycklinggryta med grönsaker, serveras med ris

chopped hackad

chowder tjock fisk- eller skaldjurssoppa med bacon och grönsaker

Christmas pudding ångkokt, mäktig fruktpudding, serveras varm med vaniljsås eller sås av konjak, smör och socker

chutney starkt kryddad, sursöt inläggning av frukt och grönsaker

cinnamon kanel

clam mussla

club sandwich dubbelsmörgås med kyckling, bacon, salladsblad, tomat och majonnäs

cobbler fruktkompott täckt med pajdeg

cock-a-leekie soup kycklingsoppa med purjolök

coconut kokosnöt

cod torsk

Colchester oyster engelskt ostron av hög kvalitet

cold cuts/meat kallskuret

coleslaw sallad på finskuren vitkål

compote kompott

condiment krydda

consommé buljong

cooked kokt, tillagad

cookie kex, kaka

corn 1) vete, havre (GB) 2) majs (US)

~ **on the cob** majskolv

corned beef saltat oxkött

cottage cheese färskost

cottage pie ugnsgräddad köttfärs täckt med potatismos

course (mat)rätt

cover charge kuvertavgift

crab krabba

cracker tunt, salt kex

cranberry tranbär

~ **sauce** tranbärssylt

crayfish, crawfish 1) kräfta 2) langust

cream 1) grädde 2) efterrätt med/av grädde 3) fin soppa

~ **cheese** mjuk ost gjord på grädde

~ **puff** petit-chou

creamed potatoes stuvad potatis

creole kryddstark sås på paprika, tomat och lök

cress krasse

crisps chips

croquette krokett

crumpet mjuk tekaka, äts varm med smör

cucumber gurka

Cumberland ham rökt skinka av hög kvalitet

Cumberland sauce sås på vinbärsgelé som smaksatts med vin, apelsinjuice och kryddor

cupcake muffin

cured konserverad genom saltning, rökning, torkning eller marinering

currant 1) korint 2) vinbär

curried med curry

custard vaniljkräm, vaniljpudding

cutlet kotlett, schnitzel

dab plattfisk, ofta sandskädda

Danish pastry wienerbröd

date dadel

Derby cheese starkt lagrad ost ofta kryddad med salvia

dessert efterrätt

devil(l)ed mycket starkt kryddad

devil's food cake mjuk, mäktig chokladkaka

devils on horseback vinkokta katrinplommon fyllda med mandlar och sardeller, inlindade i bacon och grillade

Devonshire cream mycket tjock grädde

diced i tärningar

diet food dietmat
dinner middag
dish rätt
donut munk
double cream tjock grädde
doughnut munk
Dover sole sjötunga av hög
  kvalitet
dressing 1) salladssås 2) fyllning i
  fågel eller kött (US)
Dublin Bay prawn havskräfta
duck anka
duckling ung anka
dumpling 1) inbakad frukt
  2) färsbulle, klimp
Dutch apple pie äppeltårta täckt
  med pudersocker och smör
éclair petit-chou med choklad-
  kräm
eel ål
egg(s) ägg
  boiled ~ kokt
  fried ~ stekt
  hard-boiled ~ hårdkokt
  poached ~ förlorat
  scrambled ~ äggröra
  soft-boiled ~ löskokt
eggplant äggplanta
endive 1) cikoriasallad (GB)
  2) endiv (US)
entrée 1) förrätt 2) mellanrätt
fennel fänkål
fig fikon
fillet filé
finnan haddock rökt kolja
fish fisk
  ~ **and chips** friterad fisk och
  pommes frites
  ~ **cake** fiskkrokett
flan frukttårta
flapjack liten tjock pannkaka
flounder flundra
fool fruktmousse med vispgrädde
forcemeat kryddad köttfärs till

fyllning
fowl fågel
frankfurter slags wienerkorv
French beans haricots verts
French bread pain riche, avlångt
  vitt bröd
French dressing 1) vinägrettsås
  (GB) 2) salladssås av majon-
  näs och chilisås (US)
french fries pommes frites
French toast fattiga riddare
fresh färsk
fried stekt
fritter inbakade friterade bitar av
  kött, skaldjur eller frukt
frogs' legs grodlår
frosting glasyr
fruit frukt
fry rätt bestående av något som
  frityrkokts
galantine fågel-, fisk- eller kalv-
  köttsaladåb
game vilt
gammon rimmad, rökt skinka
garfish näbbgädda
garlic vitlök
garnish garnering, tillbehör
gherkin salt- eller ättiksgurka
giblets fågelkrås
ginger ingefära
goose gås
  ~ **berry** krusbär
grape vindruva
  ~ **fruit** grapefrukt
grated riven
gravy sås, steksky
grayling harr (fisk)
green beans haricots verts
green pepper grön paprika
green salad grönsallad
greens grönsaker
grilled grillad, halstrad
grilse unglax
grouse gemensam benämning på

orre, ripa och tjäder
gumbo kreolsk soppa med kött eller skaldjur och grönsaker, redd med okraskott
haddock kolja
haggis hackade inälvor av får, blandade med havregryn och lök
hake kummel
half halv
halibut helgeflundra
ham skinka
~ **and eggs** skinka och ägg
haricot bean grön eller gul böna
hash rätt på finskuret kött
hazelnut hasselnöt
heart hjärta
herbs kryddgrönt
herring sill
home-made hemlagad
hominy grits slags majsgröt
honey honung
honeydew melon söt melon med gröngult fruktkött
hors-d'œuvre kalla eller varma smårätter som inleder en måltid
horse-radish pepparrot
hot 1) varm 2) kryddstark
~ **dog** varm korv med bröd
huckleberry slags blåbär
hush puppy flottyrkokt munk av majsmjöl
ice-cream glass
iced 1) iskyld 2) glaserad
icing glasyr
Idaho baked potato bakad potatis (sort som passar särskilt bra för ugnsbakning)
Irish stew fårragu med potatis och lök
Italian dressing vinägrettsås med vitlök och diverse kryddor
jam sylt

jellied i gelé
Jell-O geléefterrätt med olika fruktsmaker
jelly gelé
Jerusalem artichoke jordärtskocka
John Dory petersfisk
jugged hare harragu
juniper berry enbär
junket slags filbunke
kale grönkål
kedgeree små bitar av kokt fisk varvade med ris, ägg och bechamelsås
kidney njure
kipper rökt sill
lamb lamm
Lancashire hot pot ragu på lammkotletter, lammnjure och lök, täckt med potatis
larded späckad, inlindad i späckskivor
lean mager
leek purjolök
leg lägg, ben, lårstek
lemon citron
~ **sole** sandskädda
lentil lins
lettuce grönsallad
lima bean limaböna
lime lime, slags grön citron
liver lever
loaf limpa
lobster hummer
loin karré, ytterfilé
Long Island duck anka av hög kvalitet
low-calorie kalorisnål
lox rökt lax
macaroni makaroner
macaroon mandelbakelse, biskvi
mackerel makrill
maize majs
maple syrup lönnsirap

marinated marinerad
marjoram mejram
marmalade marmelad på citrusfrukter
marrow märg
~ **bone** märgben
marshmallow mjuk sötsak
mashed potatoes potatismos
mayonnaise majonnäs
meal måltid
meat kött
~ **ball** köttbulle
~ **loaf** köttfärslimpa
~ **pâté** köttpastej
medium ej helt genomstekt (kött)
melted smält
Melton Mowbray pie köttpaj
menu meny, matsedel
meringue maräng
mince 1) malet kött 2) finhacka
~ **pie** paj med hackade russin, mandel, äpplen, socker och kryddor
minced finskuret
~ **meat** köttfärs
mint mynta
minute steak hastigt stekt, tunn (utplattad) biff
mixed blandad
~ **grill** olika sorters kött och grönsaker grillade på spett
molasses sirap
morel murkla
mousse 1) fin färs av fågel, skinka eller fisk 2) efterrätt där vispgrädde, vispad äggvita och smakämne ingår
mulberry mullbär
mullet multe
mulligatawny soup starkt currykryddad kycklingsoppa
mushroom svamp
muskmelon slags melon
mussel mussla

mustard senap
mutton får
noodle nudel
nut nöt
oatmeal havregrynsgröt
oil olja
okra okraskott (grönsak)
onion lök
orange apelsin
ox tongue oxtunga
oxtail oxsvans
oyster ostron
pancake pannkaka
parsley persilja
parsnip palsternacka
partridge rapphöna
pastry bakverk, bakelse
pasty kött- eller fruktpastej
pea ärta
peach persika
peanut jordnöt
~ **butter** jordnötssmör
pear päron
pearl barley pärlgryn
pepper peppar
peppermint pepparmynt
perch abborre
pheasant fasan
pickerel ung gädda
pickled inlagd i saltlake eller ättika
pickles 1) grönsak eller frukt i saltlake eller ättika 2) saltgurka
pie paj
pigeon duva
pigs' feet/trotters grisfötter
pike gädda
pineapple ananas
plaice rödspätta
plain utan sås eller fyllning
plate tallrik, assiett
plum plommon
~ **pudding** mäktig, flamberad

fruktkaka, serveras till jul
poached pocherad
popcorn rostad majs
popover muffin
pork fläskkött
porridge gröt
porterhouse steak typ av T-ben-
stek utan ben, chateaubriand
pot roast grytstek med grönsaker
potato potatis
  ~ **chips** 1) pommes frites (GB)
  2) potatisflarn (US)
  ~ **in its jacket** skalpotatis
potted shrimps räkor blandade
med smält aromsmör, serveras
kallt i portionskoppar
poultry fjäderfä, höns
prawn stor räka
prune katrinplommon
ptarmigan snöripa
pudding pudding; efterrätt
pumpkin pumpa
quail vaktel
quince kvitten
rabbit kanin
radish rädisa
rainbow trout regnbågsforell
raisin russin
rare ytterst lite stekt, blodig
raspberry hallon
raw rå
red mullet rödbarb (fisk)
red (sweet) pepper röd paprika
redcurrant rött vinbär
relish kryddstark sås eller grön-
saksröra
rhubarb rabarber
rib (of beef) entrecoterev
rib-eye steak entrecote
rice ris
rissole krokett av kött eller fisk
river trout bäcköring
roast 1) stek 2) stekt
Rock Cornish hen specialgödd

broiler
roe rom
roll småfranska, kuvertbröd
rollmop herring marinerad sill-
rulad fylld med lök eller ättiks-
gurka
round steak bit av lårstek
Rubens sandwich kokt, salt oxkött
lagt på rågbröd med surkål,
serveras varm
rumpsteak rumpstek (bakre delen
av biffraden)
rusk skorpa
rye bread rågbröd
saddle sadel
saffron saffran
sage salvia
salad sallad
  ~ **bar** sallads- och grönsaks-
byffé
  ~ **cream** majonnäs
salmon lax
  ~ **trout** laxöring
salted saltad
sandwich smörgås
sardine sardin
sauce sås
sauerkraut surkål
sausage korv
sautéed bräckt
scallop pilgrimsmussla
Scotch broth soppa på ox- eller
lammkött med rotfrukter och
korngryn
Scotch egg hårdkokt ägg inrullat
i korvinkråm och stekt
Scotch woodcock rostat bröd med
äggröra och sardellpastej
sea bass havsabborre
sea bream guldbraxen
sea kale strandkål, grönkål
seafood skaldjur och fisk från
havet
(in) season (under) säsong(en)

seasoning kryddor
service betjäning
~ **charge** betjäningsavgift
~ **(not) included** betjänings-
avgift (ej) inräknad
set menu fastställd meny
shad stamsill
shallot schalottenlök
shellfish skaldjur
sherbet sorbet, isglass
shoulder bog
shredded finstrimlad
~ **wheat** vetekuddar (slags
frukostflingor)
shrimp räka
silverside (of beef) lårstycke av
oxkött
sirloin steak dubbelbiff
skewer spett
slice skiva
sliced skivad
sloppy Joe köttfärsröra, serveras i
ett bröd
smelt nors
smoked rökt
snack lätt måltid, mellanmål
sole sjötunga
soup soppa
sour sur
soused herring inlagd sill
spare-rib revbensspjäll
spice krydda
spinach spenat
spiny lobster langust
(on a) spit (på) spett
sponge cake sockerkaka
sprat skarpsill
squash slags pumpa
starter förrätt
steak-and-kidney pie pajskal fyllt
med oxkött och njure
steamed ångkokad
stew stuvning, ragu
Stilton (cheese) lagrad, blåådrig

ost
strawberry jordgubbe
string beans haricots verts
stuffed fylld, späckad
stuffing fyllning, färs
suck(l)ing pig spädgris
sugar socker
sugarless sockerfri
sundae glassefterrätt med grädde,
nötter och saft
supper middag, supé
swede kålrot
sweet 1) söt 2) efterrätt
~ **corn** majs
~ **potato** sötpotatis
sweetbread (kalv)bräss
Swiss cheese schweizerost
Swiss roll rulltårta
Swiss steak biff bräserad med
tomat och lök
table d'hôte fastställd meny
tangerine mandarinliknande
apelsin
tarragon dragon
tart efterrättspaj utan lock
tenderloin filé
Thousand Island dressing sal-
ladssås med majonnäs, grädde,
chilisås, lök och paprika
thyme timjan
toad-in-the-hole köttbitar eller
korvinkråm, täckt med
pannkakssmet, gräddas i ugn
toast rostat bröd
toasted rostad
~ **cheese** rostat bröd med
smält ostskiva
~ **(cheese) sandwich** ost och
skinka i rostat bröd
tomato tomat
tongue tunga
treacle sirap
trifle savaräng med sylt, toppad
med vinindränkta, söndersmu-

lade mandelbiskvier, serverad
med vaniljkräm och grädde
tripe inälvsmat, krås
trout forell
truffle tryffel
tuna, tunny tonfisk
turbot piggvar
turkey kalkon
turnip rova
turnover sylt- eller fruktpirog
turtle soup sköldpaddssoppa
underdone mycket litet stekt (om
kött)
vanilla vanilj
veal kalv
~ **bird** kalvrulad
~ **cutlet** kalvschnitzel
vegetable grönsak
~ **marrow** squash
venison viltkött (oftast rådjur)
vichyssoise kall purjolökssoppa
vinegar vinäger, ättika
Virginia baked ham rimsaltad
ugnstekt skinka kryddad med

nejlikor, serverad med stekt
ananas och körsbär
wafer rån
waffle våffla
walnut valnöt
water ice sorbet, isglass
watercress vattenkrasse
watermelon vattenmelon
well-done välstekt
Welsh rabbit/rarebit rostat bröd
med smält ost
whelk valthornssnäcka
whipped cream vispgrädde
whitebait småfisk, ofta sill
wine list vinlista
woodcock morkulla
Worcestershire sauce stark
kryddsås på ättika och soja
York ham mycket fin, rökt skinka
Yorkshire pudding frasig paj av
pannkakssmet, gräddad till-
sammans med rostbiffen
zucchini squash
zwieback skorpa

Drycker

ale starkt, något sött öl som jäst
vid hög temperatur
bitter ~ aningen beskt öl
brown ~ mörkt, lite sött öl på
flaska
light ~ lätt, ljust öl på flaska
mild ~ mörkt, fylligt fatöl
pale ~ lätt, ljust öl på flaska
med stark humlesmak
applejack amerikanskt äppel-
brännvin

Athol Brose drink på skotsk
whisky, vatten, honung och
havregryn
Bacardi cocktail drink på rom,
grenadinsaft, gin och lime
barley water dryck med olika
fruktsmaker gjord på korngryn
barley wine mörkt, mycket starkt
öl
beer öl
bottled ~ öl på flaska

draft, draught ~ fatöl
bitters 1) aperitifer med bitter smak 2) beska cocktailingredienser
black velvet lika delar champagne och *stout* (serveras ofta till ostron)
bloody Mary drink på vodka, tomatjuice och kryddor
bourbon amerikansk whisky gjord på majs och åldrad i nya fat, med en framträdande, något söt smak
brandy eau-de-vie, cognac, brandy
  ~ **Alexander** drink på brandy, cacaolikör och grädde
British wines vin gjort i Storbritannien på importerade druvor
cherry brandy körsbärslikör
chocolate choklad
cider cider, alkoholhaltig äppeldryck
  ~ **cup** drink på cider, kryddor och is
claret rött bordeauxvin
cobbler vindrink med fruktbitar
coffee kaffe
  ~**with cream** med grädde
  black ~ utan socker och grädde
  caffeine-free ~ koffeinfritt
  white ~ med mjölk
Coke Coca-Cola
cordial likörer och cognac
cream grädde
cup 1) kopp 2) vindrink med fruktbitar, spetsad med starksprit eller likör
daiquiri romdrink med limejuice och socker
double dubbel mängd starksprit
dry torr
  ~ **martini** 1) torr vermouth

(GB) 2) cocktail på gin och lite torr vermouth (US)
egg-nog äggtoddy
gin and it drink på gin och (söt) italiensk vermouth
gin-fizz drink på gin, socker, citron och sodavatten
ginger ale läskedryck med ingefärssmak
ginger beer alkoholhaltig dryck med ingefärssmak
grasshopper drink på mintlikör, cacaolikör och grädde
Guinness (stout) mörkt, fylligt öl med stark humlesmak (slags porter)
half pint ungefär 3 dl
highball drink på starksprit med vatten eller läskedryck
iced iskyld
Irish coffee kaffe med irländsk whisky och vispad grädde
Irish Mist irländsk whiskylikör
Irish Whiskey irländsk whisky, mindre sträv i smaken än *scotch* och gjord enbart på irländsk säd
lager lätt, mycket kolsyrehaltigt öl
lemon squash citrondricka
lemonade läskedryck med citronsmak
lime juice juice av lime (slags grön citron)
liqueur likör
liquor starksprit
long drink starksprit blandad med vatten, tonic etc.
malt whisky skotsk whisky enbart gjord på malt
Manhattan cocktail på *bourbon*, söt vermouth och angostura
milk mjölk
  ~ **shake** kraftigt vispad mjölkdrink med olika sorters glass

mineral water mineralvatten
mulled wine varmt kryddat vin, slags vinglögg
neat utan is och vatten
old-fashioned cocktail på whisky, socker, citron och angostura
on the rocks med isbitar
orange juice apelsinjuice
Ovaltine Ovomaltine (chokladdryck)
Pimm's cup(s) likör gjord på någon av följande spritsorter och utspädd med fruktsaft
  ~ **No. 1** med gin
  ~ **No. 2** med whisky
  ~ **No. 3** med rom
  ~ **No. 4** med eau-de-vie
pink champagne skär champagne
pink lady cocktail på gin, äppelbrännvin (Calvados), grenadinsaft och vispad äggvita
pint ungefär 6 dl
port (wine) portvin
porter mörkt, beskt öl
punch 1) (vin) bål 2) varm dryck gjord på starksprit, fruktbitar och kryddor
quart mått: 1,14 liter (US 0,95 liter)
root beer läskedryck smaksatt med örter och rötter
rum rom
rye (whiskey) amerikansk whisky gjord på råg, med en tyngre och lite strävare smak än *bourbon*
scotch (whisky) skotsk whisky,

blandad korn- och maltwhisky där malten torkats över torveld vilket ger den fina röksmaken
screwdriver drink på vodka och apelsinjuice
shandy öl, *bitter ale*, blandat med *ginger beer* eller läskedryck
short drink outspädd starksprit
shot liten dos alkohol
sloe gin-fizz slånbärsgin med citron, socker och sodavatten
soda water sodavatten
soft drink alkoholfri dryck (saft, läskedryck)
sour 1) sur 2) om en drink där man tillsatt citronsaft
spirits starksprit
stinger drink på eau-de-vie, mintlikör och citron
stout ett starkt, mörkt och fylligt öl
straight oblandad, ren (om starksprit)
sweet söt
tea te
toddy dryck gjord på starksprit, socker, citron, kryddor och varmt vatten
Tom Collins gin, socker, citronsaft och sodavatten
water vatten
whisky sour cocktail på whisky, citronsaft och socker
wine vin
  red ~ rödvin
  sparkling ~ mousserande
  white ~ vitt

Engelska oregelbundna verb

Nedanstående lista innehåller de vanligaste engelska oregelbundna verben. Sammansatta verb och de verb som har en förstavelse (prefix) böjs som de enkla verben: t.ex. *withdraw* böjs som *draw* och *mistake* som *take*.

Infinitiv	Imperfektum	Perfekt particip	
arise	arose	arisen	*uppstå*
awake	awoke	awoken/awaked	*vakna*
be	was	been	*vara*
bear	bore	borne	*bära*
beat	beat	beaten	*slå*
become	became	become	*bli*
begin	began	begun	*börja*
bend	bent	bent	*böja*
bet	bet	bet	*slå (hålla) vad*
bid	bade/bid	bidden/bid	*bjuda*
bind	bound	bound	*binda*
bite	bit	bitten	*bita*
bleed	bled	bled	*blöda*
blow	blew	blown	*blåsa*
break	broke	broken	*bryta*
breed	bred	bred	*uppföda*
bring	brought	brought	*medföra*
build	built	built	*bygga*
burn	burnt/burned	burnt/burned	*bränna, brinna*
burst	burst	burst	*brista*
buy	bought	bought	*köpa*
can*	could	–	*kunna*
cast	cast	cast	*kasta; gjuta*
catch	caught	caught	*fånga*
choose	chose	chosen	*välja*
cling	clung	clung	*klänga sig fast*
clothe	clothed/clad	clothed/clad	*bekläda*
come	came	come	*komma*
cost	cost	cost	*kosta*
creep	crept	crept	*krypa*
cut	cut	cut	*skära*
deal	dealt	dealt	*handla med; dela ut*
dig	dug	dug	*gräva*
do (he does*)	did	done	*göra*
draw	drew	drawn	*rita; dra*
dream	dreamt/dreamed	dreamt/dreamed	*drömma*
drink	drank	drunk	*dricka*
drive	drove	driven	*köra*
dwell	dwelt	dwelt	*vistas*
eat	ate	eaten	*äta*
fall	fell	fallen	*falla*

* presens indikativ

feed	fed	fed	*(ut)fodra, mata*
feel	felt	felt	*känna (sig)*
fight	fought	fought	*slåss*
find	found	found	*finna*
flee	fled	fled	*fly*
fling	flung	flung	*kasta*
fly	flew	flown	*flyga*
forsake	forsook	forsaken	*överge*
freeze	froze	frozen	*frysa*
get	got	got	*få*
give	gave	given	*ge*
go (he goes*)	went	gone	*resa*
grind	ground	ground	*mala*
grow	grew	grown	*växa*
hang	hung	hung	*hänga*
have (he has*)	had	had	*ha*
hear	heard	heard	*höra*
hew	hewed	hewed/hewn	*hugga*
hide	hid	hidden	*gömma*
hit	hit	hit	*slå*
hold	held	held	*hålla*
hurt	hurt	hurt	*såra; värka*
keep	kept	kept	*behålla*
kneel	knelt	knelt	*knäböja*
knit	knitted/knit	knitted/knit	*sticka*
know	knew	known	*veta; kunna*
lay	laid	laid	*lägga*
lead	led	led	*leda*
lean	leant/leaned	leant/leaned	*luta (sig)*
leap	leapt/leaped	leapt/leaped	*hoppa*
learn	learnt/learned	learnt/learned	*lära sig*
leave	left	left	*lämna*
lend	lent	lent	*låna (ut)*
let	let	let	*(till)låta*
lie	lay	lain	*ligga*
light	lit/lighted	lit/lighted	*tända*
lose	lost	lost	*förlora*
make	made	made	*göra*
may*	might	–	*få, kunna (kanske)*
mean	meant	meant	*mena*
meet	met	met	*möta*
mow	mowed	mowed/mown	*meja*
must*	must	–	*vara tvungen*
ought* (to)	ought	–	*böra*
pay	paid	paid	*betala*
put	put	put	*sätta*
read	read	read	*läsa*
rid	rid	rid	*befria*
ride	rode	ridden	*rida*

---

* presens indikativ

ring	rang	rung	*ringa*
rise	rose	risen	*stiga upp*
run	ran	run	*springa*
saw	sawed	sawn	*såga*
say	said	said	*säga*
see	saw	seen	*se*
seek	sought	sought	*söka*
sell	sold	sold	*sälja*
send	sent	sent	*sända*
set	set	set	*sätta*
sew	sewed	sewed/sewn	*sy*
shake	shook	shaken	*skaka*
shall*	should	–	*skola*
shed	shed	shed	*fälla*
shine	shone	shone	*skina*
shoot	shot	shot	*skjuta*
show	showed	shown	*visa*
shrink	shrank	shrunk	*krympa*
shut	shut	shut	*stänga*
sing	sang	sung	*sjunga*
sink	sank	sunk	*sjunka*
sit	sat	sat	*sitta*
sleep	slept	slept	*sova*
slide	slid	slid	*glida*
sling	slung	slung	*slunga*
slink	slunk	slunk	*smita*
slit	slit	slit	*sprätta upp*
smell	smelled/smelt	smelled/smelt	*lukta*
sow	sowed	sown/sowed	*så*
speak	spoke	spoken	*tala*
speed	sped/speeded	sped/speeded	*hasta*
spell	spelt/spelled	spelt/spelled	*stava*
spend	spent	spent	*tillbringa; ge ut*
spill	spilt/spilled	spilt/spilled	*spilla*
spin	spun	spun	*spinna*
spit	spat	spat	*spotta*
split	split	split	*klyva*
spoil	spoilt/spoiled	spoilt/spoiled	*skämma (bort); förstöra*
spread	spread	spread	*sprida*
spring	sprang	sprung	*rusa upp*
stand	stood	stood	*stå*
steal	stole	stolen	*stjäla*
stick	stuck	stuck	*fästa*
sting	stung	stung	*sticka, stinga*
stink	stank/stunk	stunk	*stinka*
strew	strewed	strewed/strewn	*strö*
stride	strode	stridden	*kliva*
strike	struck	struck/stricken	*slå (till)*

* presens indikativ

string	strung	strung	*trä (upp)*
strive	strove	striven	*sträva*
swear	swore	sworn	*svär(j)a*
sweep	swept	swept	*sopa*
swell	swelled	swollen/swelled	*svälla*
swim	swam	swum	*simma*
swing	swung	swung	*svänga, gunga*
take	took	taken	*ta*
teach	taught	taught	*lära (ut)*
tear	tore	torn	*slita sönder*
tell	told	told	*berätta*
think	thought	thought	*tänka*
throw	threw	thrown	*kasta*
thrust	thrust	thrust	*stöta*
tread	trod	trodden	*trampa*
wake	woke/waked	woken/waked	*vakna; väcka*
wear	wore	worn	*ha på sig*
weave	wove	woven	*väva*
weep	wept	wept	*gråta*
will *	would	—	*vilja*
win	won	won	*vinna*
wind	wound	wound	*veva (upp)*
wring	wrung	wrung	*vrida (ur)*
write	wrote	written	*skriva*

---

* presens indikativ

Engelska förkortningar

AA	Automobile Association	brittisk motororganisation
AAA	American Automobile Association	amerikansk motororganisation
ABC	American Broadcasting Company	privat amerikanskt radio- och TV-bolag
A.D.	anno Domini	e.Kr.
Am.	America; American	Amerika; amerikansk
a.m.	ante meridiem (before noon)	för tid mellan kl. 00.00 och 12.00
Amtrak	American railroad corporation	sammanslutning av privata amerikanska järnvägar
AT & T	American Telephone and Telegraph Company	privat amerikanskt telefonbolag
Ave.	avenue	aveny
BBC	British Broadcasting Corporation	statligt brittiskt radio- och TV-bolag
B.C.	before Christ	f.Kr.
bldg.	building	byggnad, hus
Blvd.	boulevard	boulevard
B.R.	British Rail	Brittiska statsjärnvägarna
Brit.	Britain; British	Storbritannien; brittisk
Bros.	brothers	bröder (i firmanamn)
¢	cent	1/100 dollar
Can.	Canada; Canadian	Kanada; kanadensisk
CBS	Columbia Broadcasting System	privat amerikanskt radio- och TV-bolag
CID	Criminal Investigation Department	kriminalpolisen (Scotland Yard)
CNR	Canadian National Railway	Kanadensiska statsjärnvägarna
c/o	(in) care of	under adress
Co.	company	bolag
Corp.	corporation	korporation, bolag
CPR	Canadian Pacific Railways	privat kanadensiskt järnvägsbolag
D.C.	District of Columbia	Columbiadistriktet (Washington, D.C.)
DDS	Doctor of Dental Science	tandläkare
dept.	department	departement, avdelning
EEC	European Economic Community	EEC

e.g.	*for instance*	t.ex.
Eng.	*England; English*	England; engelsk
excl.	*excluding; exclusive*	ej inräknad, exklusive
ft.	*foot/feet*	fot (mått)
GB	*Great Britain*	Storbritannien
H.E.	*His/Her Excellency;*	Hans/Hennes Excellens;
	His Eminence	Hans Höghet
H.H.	*His Holiness*	Hans Helighet (påven)
H.M.	*His/Her Majesty*	Hans/Hennes Majestät
H.M.S.	*Her Majesty's ship*	Hennes Majestäts fartyg
		(brittiskt örlogsfartyg)
hp	*horsepower*	hästkrafter
Hwy	*highway*	huvudväg, allmän landsväg
i.e.	*that is to say*	dvs.
in.	*inch*	tum
Inc.	*incorporated*	AB, aktiebolag
incl.	*including, inclusive*	inräknad, inklusive
£	*pound sterling*	brittiskt pund
L.A.	*Los Angeles*	Los Angeles
Ltd.	*limited*	AB, aktiebolag
M.D.	*Doctor of Medicine*	leg. läk.
M.P.	*Member of Parliament*	ledamot av parlamentet
mph	*miles per hour*	miles per timma
Mr.	*Mister*	herr
Mrs.	*Missis*	fru
Ms.	*Missis/Miss*	fru/fröken
nat.	*national*	nationell
NBC	*National Broadcasting*	privat amerikanskt
	Company	radio- och TV-bolag
No.	*number*	nummer
N.Y.C.	*New York City*	New York (staden)
O.B.E.	*Officer (of the Order)*	Riddare av brittiska
	of the British Empire	imperieorden
p.	*page; penny/pence*	sida; 1/100 pund
p.a.	*per annum*	per år
Ph.D.	*Doctor of Philosophy*	fil. dr.
p.m.	*post meridiem*	för tid mellan kl. 12.00
	(after noon)	och 24.00
PO	*Post Office*	postkontor
POO	*post office order*	postanvisning
pop.	*population*	folkmängd, befolkning
P.T.O.	*please turn over*	var god vänd
RAC	*Royal Automobile Club*	Kungliga Brittiska
		Automobilklubben

RCMP	*Royal Canadian Mounted Police*	Kanadas ridande polis
Rd.	*road*	väg
ref.	*reference*	referens, hänvisning
Rev.	*reverend*	pastor
RFD	*rural free delivery*	utbärning av post på landsbygden
RR	*railroad*	järnväg
RSVP	*please reply*	o.s.a., om svar anhålles
$	*dollar*	dollar
Soc.	*society*	förening
St.	*saint ; street*	sankt(a); gata
STD	*Subscriber Trunk Dialling*	automatisk telefon
UN	*United Nations*	FN
UPS	*United Parcel Service*	privat företag som levererar paket
US	*United States*	Förenta staterna
USS	*United States Ship*	amerikanskt örlogsfartyg
VAT	*value added tax*	moms, mervärdeskatt
VIP	*very important person*	vip, betydelsefull person
Xmas	*Christmas*	jul
yd.	*yard*	yard (mått)
YMCA	*Young Men's Christian Association*	KFUM
YWCA	*Young Women's Christian Association*	KFUK
ZIP	*ZIP code*	postnummer

Räkneord

Grundtal		Ordningstal	
0	zero	1st	first
1	one	2nd	second
2	two	3rd	third
3	three	4th	fourth
4	four	5th	fifth
5	five	6th	sixth
6	six	7th	seventh
7	seven	8th	eighth
8	eight	9th	ninth
9	nine	10th	tenth
10	ten	11th	eleventh
11	eleven	12th	twelfth
12	twelve	13th	thirteenth
13	thirteen	14th	fourteenth
14	fourteen	15th	fifteenth
15	fifteen	16th	sixteenth
16	sixteen	17th	seventeenth
17	seventeen	18th	eighteenth
18	eighteen	19th	nineteenth
19	nineteen	20th	twentieth
20	twenty	21st	twenty-first
21	twenty-one	22nd	twenty-second
22	twenty-two	23rd	twenty-third
23	twenty-three	24th	twenty-fourth
24	twenty-four	25th	twenty-fifth
25	twenty-five	26th	twenty-sixth
30	thirty	27th	twenty-seventh
40	forty	28th	twenty-eighth
50	fifty	29th	twenty-ninth
60	sixty	30th	thirtieth
70	seventy	40th	fortieth
80	eighty	50th	fiftieth
90	ninety	60th	sixtieth
100	a/one hundred	70th	seventieth
230	two hundred and thirty	80th	eightieth
1,000	a/one thousand	90th	ninetieth
10,000	ten thousand	100th	hundredth
100,000	a/one hundred thousand	230th	two hundred and thirtieth
1,000,000	a/one million	1,000th	thousandth

Klockan

Engelsmännen och amerikanerna använder 12-timmarssystemet vid
tidsangivelser. För att ange vilken tid på dygnet det är, lägger man till
a.m. för tiden mellan midnatt och kl. 12 och *p.m.* för tiden mellan
kl. 12 och midnatt. I Storbritannien börjar man mer och mer att använda
24-timmarssystemet vid officiella tidsangivelser.

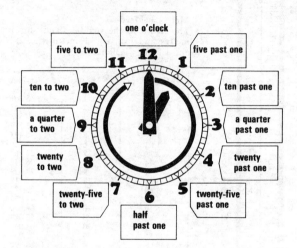

I'll come at seven a.m.	Jag kommer kl. 7 på morgonen.
I'll come at three p.m.	Jag kommer kl. 3 på eftermiddagen
I'll come at eight p.m.	Jag kommer kl. 8 på kvällen.

Veckodagar

Sunday	söndag	*Thursday*	torsdag
Monday	måndag	*Friday*	fredag
Tuesday	tisdag	*Saturday*	lördag
Wednesday	onsdag		

Conversion tables/ Omvandlingstabeller

Meter och fot

Siffran i mitten gäller för både meter och fot, dvs. 1 meter = 3,281 fot och 1 fot = 0,30 meter.

Metres and feet

The figure in the middle stands for both metres and feet, e.g. 1 metre = 3.281 ft. and 1 foot = 0.30 m.

Meter/Metres		Fot/Feet
0.30	1	3.281
0.61	2	6.563
0.91	3	9.843
1.22	4	13.124
1.52	5	16.403
1.83	6	19.686
2.13	7	22.967
2.44	8	26.248
2.74	9	29.529
3.05	10	32.810
3.66	12	39.372
4.27	14	45.934
6.10	20	65.620
7.62	25	82.023
15.24	50	164.046
22.86	75	246.069
30.48	100	328.092

Temperatur

För att räkna om Celsius till Fahrenheit multiplicerar man med 1,8 och lägger till 32. För att räkna om Fahrenheit till Celsius, drar man ifrån 32 och dividerar med 1,8.

Temperature

To convert Centigrade to Fahrenheit, multiply by 1.8 and add 32.
To convert Fahrenheit to Centigrade, subtract 32 from Fahrenheit and divide by 1.8.

Några vanliga uttryck	Some Basic Phrases
Var så god.	Please.
Tack så mycket.	Thank you very much.
Ingen orsak.	Don't mention it.
God morgon.	Good morning.
God dag *(på eftermiddagen)*.	Good afternoon.
God afton.	Good evening.
God natt.	Good night.
Adjö.	Good-bye.
Vi ses.	See you later.
Var är...?	Where is/Where are...?
Vad heter det här?	What do you call this?
Vad betyder det där?	What does that mean?
Talar ni engelska?	Do you speak English?
Talar ni tyska?	Do you speak German?
Talar ni franska?	Do you speak French?
Talar ni spanska?	Do you speak Spanish?
Talar ni italienska?	Do you speak Italian?
Kan ni vara snäll och tala litet långsammare.	Could you speak more slowly, please?
Jag förstår inte.	I don't understand.
Kan jag få...?	Can I have...?
Kan ni visa mig...?	Can you show me...?
Kan ni säga mig...?	Can you tell me...?
Kan ni hjälpa mig?	Can you help me, please?
Jag skulle vilja ha...	I'd like...
Vi skulle vilja ha...	We'd like...
Var snäll och ge mig...	Please give me...
Var snäll och hämta...	Please bring me...
Jag är hungrig.	I'm hungry.
Jag är törstig.	I'm thirsty.
Jag har gått vilse.	I'm lost.
Skynda på!	Hurry up!
Det finns...	There is/There are...
Det finns inte...	There isn't/There aren't...

Ankomst

Passet, tack.

Har ni någonting att förtulla?

Nej, ingenting alls.

Kan ni vara snäll och hjälpa mig med mitt bagage?

Var står den buss som går till centrum?

Den här vägen.

Var kan jag få tag på en taxi?

Vad kostar det till...?

Var snäll och kör mig till den här adressen, tack.

Jag har bråttom.

Arrival

Your passport, please.

Have you anything to declare?

No, nothing at all.

Can you help me with my luggage, please?

Where's the bus to the centre of town, please?

This way, please.

Where can I get a taxi?

What's the fare to...?

Take me to this address, please.

I'm in a hurry.

Hotell

Mitt namn är...

Har ni reserverat?

Jag skulle vilja ha ett rum med bad.

Hur mycket kostar det per natt?

Kan jag få se på rummet?

Vilket rumsnummer har jag?

Det finns inget varmvatten.

Kan jag få tala med direktören, tack?

Har någon ringt mig?

Finns det någon post till mig?

Kan jag få räkningen, tack?

Hotel

My name is...

Have you a reservation?

I'd like a room with a bath.

What's the price per night?

May I see the room?

What's my room number, please?

There's no hot water.

May I see the manager, please?

Did anyone telephone me?

Is there any mail for me?

May I have my bill (check), please?

Äta ute

Har ni någon meny?

Kan jag få se på matsedeln?

Eating out

Do you have a fixed-price menu?

May I see the menu?

Kan vi få en askkopp, tack?	May we have an ashtray, please?
Var är toaletten?	Where's the toilet, please?
Jag skulle vilja ha en förrätt.	I'd like an hors d'œuvre (starter).
Har ni någon soppa?	Have you any soup?
Jag ska be att få fisk.	I'd like some fish.
Vad har ni för fisk?	What kind of fish do you have?
Jag ska be att få en biff.	I'd like a steak.
Vad finns det för grönsaker?	What vegetables have you got?
Ingenting mer, tack.	Nothing more, thanks.
Vad vill ni ha att dricka?	What would you like to drink?
Jag tar en öl, tack.	I'll have a beer, please.
Jag ska be att få en flaska vin.	I'd like a bottle of wine.
Får jag be om notan, tack?	May I have the bill (check), please?
Är betjäningsavgiften inräknad?	Is service included?
Tack, det var mycket gott.	Thank you, that was a very good meal.

På resa

Travelling

Var ligger järnvägsstationen?	Where's the railway station, please?
Var är biljettluckan?	Where's the ticket office, please?
Jag ska be att få en biljett till...	I'd like a ticket to...
Första eller andra klass?	First or second class?
Första klass, tack.	First class, please.
Enkel eller tur och retur?	Single or return (one way or roundtrip)?
Måste jag byta tåg?	Do I have to change trains?
Från vilken perrong avgår tåget till...?	What platform does the train for... leave from?
Var ligger närmaste tunnelbane-station?	Where's the nearest underground (subway) station?
Var ligger busstationen?	Where's the bus station, please?
När går första bussen till...?	When's the first bus to...?
Kan ni släppa av mig vid nästa hållplats?	Please let me off at the next stop.

Nöjen

Vad går det på bio?

När börjar filmen?

Finns det några biljetter till i kväll?

Var kan vi gå och dansa?

Relaxing

What's on at the cinema (movies)?

What time does the film begin?

Are there any tickets for tonight?

Where can we go dancing?

Träffa folk

God dag.

Hur står det till?

Tack bra. Och ni?

Får jag presentera…?

Jag heter…

Roligt att träffas.

Hur länge har ni varit här?

Det var trevligt att träffas.

Har ni något emot att jag röker?

Förlåt, har ni eld?

Vill ni ha något att dricka?

Får jag bjuda er på middag i kväll?

Var ska vi träffas?

Meeting people

How do you do.

How are you?

Very well, thank you. And you?

May I introduce…?

My name is…

I'm very pleased to meet you.

How long have you been here?

It was nice meeting you.

Do you mind if I smoke?

Do you have a light, please?

May I get you a drink?

May I invite you for dinner tonight?

Where shall we meet?

Affärer, varuhus etc.

Var ligger närmaste bank?

Var kan jag lösa in några rese-checker?

Kan jag få litet växel, tack?

Var finns närmaste apotek?

Hur kommer jag dit?

Kan man gå dit?

Kan ni hjälpa mig?

Hur mycket kostar den här? Och den där?

Shops, stores and services

Where's the nearest bank, please?

Where can I cash some travellers' cheques?

Can you give me some small change, please?

Where's the nearest chemist's (pharmacy)?

How do I get there?

Is it within walking distance?

Can you help me, please?

How much is this? And that?

Det är inte riktigt vad jag vill ha.	It's not quite what I want.
Den här tycker jag om.	I like it.
Kan ni rekommendera någonting mot solsveda?	Can you recommend something for sunburn?
Jag skulle vilja bli klippt.	I'd like a haircut, please.
Jag skulle vilja ha manikyr.	I'd like a manicure, please.

Frågor om vägen

Street directions

Kan ni visa mig på kartan var jag är?	Can you show me on the map where I am?
Ni är på fel väg.	You are on the wrong road.
Kör/Gå rakt fram.	Go/Walk straight ahead.
Det är till vänster/till höger.	It's on the left/on the right.

Nödsituationer

Emergencies

Ring genast efter en läkare.	Call a doctor quickly.
Ring efter en ambulans.	Call an ambulance.
Var snäll och ring polisen.	Please call the police.

Introduction

This dictionary has been designed to take account of your practical needs. Unnecessary linguistic information has been avoided. The entries are listed in alphabetical order, regardless of whether the entry is printed in a single word or in two or more separate words. As the only exception to this rule, a few idiomatic expressions are listed alphabetically as main entries, according to the most significant word of the expression. When an entry is followed by sub-entries, such as expressions and locutions, these are also listed in alphabetical order.[1]

Each main-entry word is followed by a phonetic transcription (see guide to pronunciation). Following the transcription is the part of speech of the entry word whenever applicable. If an entry word is used as more than one part of speech, the translations are grouped together after the respective part of speech.

Irregular plurals are given in brackets after the part of speech.

Whenever an entry word is repeated in irregular forms or sub-entries, a tilde (~) is used to represent the full word. In plurals of long words, only the part that changes is written out fully, whereas the unchanged part is represented by a hyphen (-).

Entry word: behållare (pl ~)   Plural: behållare
             anställd (pl ~a)   anställda
             antibiotikum (pl -ka)   antibiotika

An asterisk (*) in front of a verb indicates that it is irregular. For more detail, refer to the list of irregular verbs.

Abbreviations

adj	adjective	*pl*	plural
adv	adverb	*plAm*	plural (American)
Am	American	*pp*	past participle
art	article	*pr*	present tense
c	common gender	*pref*	prefix
conj	conjunction	*prep*	preposition
n	noun	*pron*	pronoun
nAm	noun (American)	*suf*	suffix
nt	neuter	*v*	verb
num	numeral	*vAm*	verb
p	past tense		(American)

---

[1] Note that Swedish alphabetical order differs from our own for three letters: å, ä and ö. These are considered independent characters and come after *z*, in that order.

Guide to Pronunciation

Each main entry in this part of the dictionary is followed by a phonetic transcription which shows you how to pronounce the words. This transcription should be read as if it were English. It is based on Standard British pronunciation, though we have tried to take account of General American pronunciation also. Below, only those letters and symbols are explained which we consider likely to be ambiguous or not immediately understood.

The syllables are separated by hyphens, and stressed syllables are printed in *italics*.

Of course, the sounds of any two languages are never exactly the same, but if you follow carefully our indications, you should be able to pronounce the foreign words in such a way that you'll be understood. To make your task easier, our transcriptions occasionally simplify slightly the sound system of the language while still reflecting the essential sound differences.

Consonants

g   always hard. as in **go**

s   always hard. as in **so**

t^y more or less as in hi**t y**ou; sometimes rather like **h** in **huge**

The consonants **d. l. n. s. t.** if preceded by **r.** are generally pronounced with the tip of the tongue turned up well behind the front teeth. The **r** then ceases to be pronounced.

Vowels and Diphthongs

aa   long **a.** as in **car.** but without any **r**-sound

ah   a short version of **aa:** between **a** in **cat** and **u** in **cut**

æ   like **a** in **cat**

ææ   a long **æ**-sound

ai   as in **air.** without any **r**-sound

eh   like **e** in **get**

er   as in oth**er.** without any **r**-sound

ew   a "rounded **ee**-sound". Say the vowel sound **ee** (as in s**ee**). and while saying it. round your lips as for **oo** (as in s**oo**n). without moving your tongue: when your lips are in the **oo** position. but your tongue in the **ee** position. you should be pronouncing the correct sound

igh   as in s**igh**

o   as in h**o**t (British pronunciation)

ou   as in l**ou**d

ur   as in f**ur.** but with rounded lips and no **r**-sound

1) A bar over a vowel symbol (e.g. $\overline{ew}$) shows that this sound is long.

2) Raised letters (e.g. ^{y}**aa**) should be pronounced only fleetingly.

Tones

In Swedish there are two "tones": one is falling. the other consists of two falling pitches. with the second starting higher than the first. As these tones are complex and very hard to copy. we do not indicate them. but mark their position as stressed.

A

abborre (ah-bo-rer) c bass, perch
abnorm (ahb-norm) adj abnormal
abonnemang (ah-bo-ner-mahng) nt subscription
abonnemangskort (ah-bo-ner-mahngs-koort) nt season-ticket
abort (ah-bort) c abortion
absolut (ahp-so-l[ew]t) adv absolutely; adj very
absolutist (ahp-so-l[ew]-tist) c teetotaller
abstrakt (ahp-strahkt) adj abstract
absurd (ahp-sewrd) adj absurd
accent (ahk-sehnt) c accent
acceptera (ahks-ehp-t[ay]-rah) v accept
ackompanjera (ah-kom-pahn-[y][ay]-rah) v accompany
addera (ah-d[ay]-rah) v add
addition (ah-di-sh[oo]n) c addition
adekvat (ah-der-kvaat) adj adequate
adel (aa-derl) c nobility
adjektiv (ahd-[y]ayk-teev) nt adjective
adjö! (ah-d[y]ur) good-bye!
adlig (aad-li) adj noble
administration (ahd-mi-ni-strah-sh[oo]n) c administration
administrativ (ahd-mi-ni-strah-teev) adj administrative
adoptera (ah-doap-t[ay]-rah) v adopt

adress (ahd-rayss) c address
adressat (ahd-ray-saat) c addressee
adressera (ahd-ray-s[ay]-rah) v address
adverb (ahd-værb) nt adverb
advokat (ahd-voo-kaat) c lawyer; attorney, barrister, solicitor
affisch (ah-fish) c poster
affär (ah-fæær) c store; business
affärer (ah-fææ-rerr) pl business; *göra ~ med *deal with; i ~ on business
affärsbiträde (ah-fæærs-bi-trai-der) nt shop assistant
affärscentrum (ah-fæærs-sehnt-rewm) nt (pl -ra, -rer) shopping centre
affärsinnehavare (ah-fæærs-i-ner-haa-vah-rer) c (pl ~) shopkeeper
affärsman (ah-fæærs-mahn) c (pl -män) businessman
affärsmässig (ah-fæærs-meh-si) adj business-like
affärsresa (ah-fæærs-r[ay]-sah) c business trip
affärstid (ah-fæærs-teed) c business hours
affärstransaktion (ah-fæærs-trahn-sahk-sh[oo]n) c deal
affärsuppgörelse (ah-fæærs-ewp-[y]ur-rayl-ser) c deal
affärsverksamhet (ah-fæærs-værk-sahm-h[ay]t) c business
Afrika (aaf-ri-kah) Africa

afrikan (ahf-ri-*kaan*) c African

afrikansk (ahf-ri-*kaansk*) adj African

aftonklädsel (*ahf*-ton-klaid-serl) c evening dress

agent (ah-*gaynt*) c agent; distributor

agentur (ah-gayn-*tewr*) c agency

aggressiv (*ahg*-rer-seev) adj aggressive

akademi (ah-kah-day-*mee*) c academy

akt (ahkt) c act; nude

akta (*ahk*-tah) v mind; ~ **sig** beware; ~ **sig för** mind

aktie (*ahkt*-si-ay) c share

aktiv (*ahk*-teev) adj active

aktivitet (ahk-ti-vi-*tayt*) c activity

aktning (*ahkt*-ning) c esteem, respect

aktningsvärd (*ahkt*-nings-*væærd*) adj respectable

aktris (ahk-*treess*) c actress

aktuell (ahk-tew-*ehl*) adj topical

aktör (ahk-*türr*) c actor

akut (ah-*kewt*) adj acute

akvarell (ahk-vah-*rayl*) c water-colour

alarm (ah-*lahrm*) nt alarm

album (*ahl*-bewm) nt album

aldrig (*ahld*-ri) adv never

alf (ahlf) c elf

alfabet (*ahl*-fah-bāyt) nt alphabet

algebra (*ahl*-Yer-brah) c algebra

algerier (ahl-*shāy*-ri-err) c (pl ~) Algerian

Algeriet (ahl-shāy-*ree*-ert) Algeria

algerisk (ahl-*shāy*-risk) adj Algerian

alkohol (*ahl*-ko-hōal) c alcohol

alkoholhaltig (ahl-ko-*hōal*-hahl-ti) adj alcoholic

all (ahl) adj (nt ~t, pl ~a) all; pron all

alldaglig (*ahl*-daag-li) adj ordinary

alldeles (*ahl*-day-lerss) adv quite

allergi (ah-lær-*gee*) c allergy

allians (ah-li-*ahns*) c alliance

(de) allierade (ah-li-*āy*-rah-der) Allies pl

allmän (*ahl*-mehn) adj universal, general, public, common; broad

i allmänhet (i *ahl*-mehn-hāyt) in general

allsmäktig (*ahls*-mehk-ti) adj omnipotent

alltför (*ahlt*-fürr) adv too

alltid (*ahl*-teed) adv ever, always

alltting (*ahl*-ting) pron everything

allvar (*ahl*-vaar) nt seriousness; gravity

allvarlig (*ahl*-vaar-li) adj serious; bad, grave

alm (ahlm) c elm

almanacka (*ahl*-mah-nah-kah) c almanac

alpstuga (*ahlp*-stew-gah) c chalet

alstra (*ahlst*-rah) v generate

alt (ahlt) c alto

altare (*ahl*-tah-rer) nt altar

alternativ (ahl-tayr-nah-*teev*) nt alternative

alternerande (ahl-tayr-*nāy*-rahn-der) adj alternate

ambassad (ahm-bah-*saad*) c embassy

ambassadör (ahm-bah-sah-*dürr*) c ambassador

ambulans (ahm-bew-*lahns*) c ambulance

Amerika (ah-*māy*-ri-kah) America

amerikan (ah-may-ri-*kaan*) c American

amerikansk (ah-*māy*-ri-*kaansk*) adj American

ametist (ah-mer-*tist*) c amethyst

amiral (ah-mi-*raal*) c admiral

amma (*ahm*-ah) v nurse

ammoniak (ah-*mōō*-ni-ahk) c ammonia

amnesti (ahm-ner-*stee*) c amnesty

amulett (ah-mew-*layt*) c charm, lucky charm

analfabet (ahn-ahl-fah-*bāyt*) c illiterate

analys (ah-nah-_lewss_) *c* analysis

analysera (ah-nah-lew-_say_-rah) *v* analyse

analytiker (ah-nah-_lew_-ti-kerr) *c* (pl ~) analyst

ananas (ah-nah-nahss) *c* (pl ~, ~er) pineapple

anarki (ah-nahr-_kee_) *c* anarchy

anatomi (ah-nah-to-_mee_) *c* anatomy

anbefalla (ahn-ber-_fah_-lah) *v* enjoin, recommend

anda (_ahn_-dah) *c* breath

andas (_ahn_-dahss) *v* breathe

ande (_ahn_-der) *c* spirit, ghost

andedräkt (_ahn_-der-drehkt) *c* breath

andlig (_ahnd_-li) *adj* spiritual

andning (_ahnd_-ning) *c* respiration, breathing

andra (_ahnd_-rah) *num* second

anfall (_ahn_-fahl) *nt* attack; fit

*__anfalla__ (_ahn_-fah-lah) *v* attack

anförande (_ahn_-fūr-rahn-der) *nt* speech

anförtro (_ahn_-furr-trōō) *v* entrust; commit

*__ange__ (_ahn_-Yay) *v* *give; report

angelägen (_ahn_-Yay-lai-gern) *adj* urgent; anxious

angelägenhet (_ahn_-Yay-leh-gayn-hāyt) *c* matter, affair, concern

angenäm (_ahn_-Yay-naim) *adj* agreeable, pleasant, pleasing

*__angripa__ (_ahn_-gree-pah) *v* assault

angränsande (_ahn_-grehn-sahn-der) *adj* neighbouring

*__angå__ (_ahn_-gōā) *v* concern

angående (_ahn_-gōā-ern-der) *prep* concerning; as regards, about, regarding

anhängare (_ahn_-heh-ngah-rer) *c* (pl ~) supporter

aning (_aa_-ning) *c* notion

anka (_ahng_-kah) *c* duck

ankare (_ahng_-kah-rer) *nt* anchor

ankel (_ahng_-kayl) *c* (pl anklar) ankle

anklaga (_ahn_-klaa-gah) *v* accuse; charge; **anklagad person** accused

anklagelse (_ahn_-klaa-gayl-ser) *c* charge

*__anknyta__ (_ahn_-knēw-tah) *v* connect

anknytning (_ahn_-knēwt-ning) *c* connection

anknytningslinje (_ahn_-knēwt-nings-_lin_-Yer) *c* extension

ankomst (_ahn_-komst) *c* arrival; coming

ankomsttid (_ahn_-komst-teed) *c* time of arrival

anledning (_ahn_-lāyd-ning) *c* occasion; cause; **med ~ av** owing to

anlända (_ahn_-lehn-dah) *v* arrive

anmäla (_ahn_-mæ-lah) *v* announce; report; **~ sig** report

anmärka (_ahn_-mær-kah) *v* remark

anmärkning (_ahn_-mærk-ning) *c* remark

anmärkningsvärd (_ahn_-mærk-nings-væærd) *adj* remarkable; noticeable

annan (_ahn_-nahn) *pron* other; different; **en ~** another

annars (_ah_-nahrs) *adv* else, otherwise

annektera (ah-nehk-_tāy_-rah) *v* annex

annex (ah-_nayks_) *nt* annex

annons (ah-_nongs_) *c* advertisement

annorlunda (_ahn_-or-lewn-dah) *adv* otherwise

annullera (ah-new-_lāy_-rah) *v* cancel

annullering (ah-new-_lāy_-ring) *c* cancellation

anonym (ah-no-_nēwm_) *adj* anonymous

anordning (_ahn_-ord-ning) *c* apparatus, appliance

anpassa (_ahn_-pah-sah) *v* adapt, adjust

*__anse__ (_ahn_-sāy) *v* regard, consider, reckon

anseende (_ahn_-sāy-ern-der) *nt* reputation

ansenlig (*ahn*-sāyn-li) *adj* substantial

ansikte (*ahn*-sik-ter) *nt* face

ansiktsdrag (*ahn*-sikts-draag) *nt* feature

ansiktskräm (*ahn*-sikts-kraim) *c* face-cream

ansiktsmask (*ahn*-sikts-mahsk) *c* face-pack

ansiktsmassage (*ahn*-sikts-mah-*saash*) *c* face massage

ansiktspuder (*ahn*-sikts-pēw-derr) *nt* face-powder

ansjovis (ahn-*shōō*-viss) *c* anchovy

anskaffa (*ahn*-skahf-ah) *v* *buy

***ansluta** (*ahn*-slēw-tah) *v* connect; plug in; ~ **sig till** join; **ansluten** affiliated, connected

anspråk (*ahn*-sprōāk) *nt* claim

anspråksfull (*ahn*-sprōāks-fewl) *adj* presumptuous

anspråkslös (*ahn*-sprōāks-lūrss) *adj* modest

anstalt (*ahn*-stahlt) *c* institute

anstränga sig (*ahn*-strehng-ah) labour

ansträngning (*ahn*-strehng-ning) *c* effort; strain

anställa (*ahn*-stehl-ah) *v* engage; appoint, employ

anställd (*ahn*-stehld) *c* (pl ~a) employee

anställning (*ahn*-stehl-ning) *c* employment; situation

anständig (*ahn*-stehn-di) *adj* decent; proper

anständighet (*ahn*-stehn-di-hāyt) *c* decency

anstöt (*ahn*-stūrt) *c* offence

anstötlig (*ahn*-stūrt-li) *adj* offensive

ansvar (*ahn*-svaar) *nt* responsibility

ansvarig (ahn-*svaa*-ri) *adj* responsible; ~ **för** in charge of

ansvarighet (*ahn*-svaa-ri-hāyt) *c* responsibility

ansöka (*ahn*-sūr-kah) *v* apply

ansökan (*ahn*-sūr-kahn) *c* (pl -kningar) application

***anta** (*ahn*-taa) *v* assume, suppose; suspect; ~ **att** supposing that

antal (*ahn*-taal) *nt* number, quantity

anteckna (*ahn*-tayk-nah) *v* note; record

anteckning (*ahn*-tehk-ning) *c* note; entry

anteckningsblock (*ahn*-tehk-nings-blok) *nt* writing-pad

anteckningsbok (*ahn*-tehk-nings-bōōk) *c* (pl -böcker) notebook

antenn (ahn-*tayn*) *c* aerial

antibiotikum (ahn-ti-bi-ōā-ti-kewm) *nt* (pl -ka) antibiotic

antik (ahn-*teek*) *adj* antique

Antiken (ahn-*tee*-kayn) antiquity

antikvitet (ahn-ti-kvi-*tāyt*) *c* antique; **antikviteter** antiquities *pl*

antikvitetshandlare (ahn-ti-kvi-*tāyts*-hahnd-lah-rer) *c* (pl ~) antique dealer

antingen ... eller (*ahn*-ting-ern ... *eh*-lerr) either ... or

antipati (ahn-ti-pah-*tee*) *c* dislike

antologi (ahn-to-lo-*gee*) *c* anthology

antyda (*ahn*-tēw-dah) *v* imply, indicate

antydan (*ahn*-tēw-dahn) *c* (pl -dningar) indication

anvisning (*ahn*-veess-ning) *c* directions *pl*, instructions *pl*

använda (*ahn*-vehn-der) *v* use; employ; apply

användbar (*ahn*-vehnd-baar) *adj* usable, useful

användning (*ahn*-vehnd-ning) *c* use; application

apa (*aa*-pah) *c* monkey

apelsin (ah-payl-*seen*) *c* orange

aperitif (ah-pay-ri-*tif*) *c* aperitif

apotek (ah-poo-*tāyk*) *nt* pharmacy; chemist's; drugstore *nAm*

apotekare (ah-poo-*tāy*-kah-rer) *c* (pl ~), chemist, pharmacist

apparat (ah-pah-*raat*) *c* apparatus; machine, appliance

applåd (ahp-*lōād*) *c* applause

applådera (ahp-lo-*dāy*-rah) *v* clap, applaud

aprikos (ah-pri-*kōōss*) *c* apricot

april (ahp-*ril*) April

aptit (ahp-*teet*) *c* appetite

aptitlig (ahp-*teet*-li) *adj* appetizing

aptitretare (ahp-*teet*-rāy-tah-rer) *c* (pl ~) appetizer

arab (ah-*raab*) *c* Arab

arabisk (ah-*raa*-bisk) *adj* Arab

arbeta (*ahr*-bāy-tah) *v* work

arbetare (*ahr*-bāy-tah-rer) *c* (pl ~) worker; workman; labourer

arbete (*ahr*-bāy-ter) *nt* work; employment, labour, job

arbetsbesparande (*ahr*-bāyts-bay-spaa-rahn-der) *adj* labour-saving

arbetsdag (*ahr*-bāyts-daag) *c* working day

arbetsförmedling (*ahr*-bayts-furr-*māyd*-ling) *c* employment exchange

arbetsgivare (*ahr*-bāyts-Yee-vah-rer) *c* (pl ~) employer

arbetskraft (*ahr*-bāyts-krahft) *c* manpower

arbetslös (*ahr*-bayts-*lūrss*) *adj* unemployed

arbetslöshet (*ahr*-bayts-lūrss-*hāyt*) *c* unemployment

arbetsrum (*ahr*-bayts-rewm) *nt* study

arbetstillstånd (*ahr*-bayts-til-*stond*) *nt* work permit; labor permit *Am*

arg (ahrY) *adj* angry, cross

Argentina (ahr-gehn-*tee*-nah) Argentina

argentinare (ahr-gehn-*tee*-nah-rer) *c* (pl ~) Argentinian

argentinsk (ahr-gehn-*teensk*) *adj* Argentinian

argument (ahr-gew-*mehnt*) *nt* argument

argumentera (ahr-gēw-mehn-*tāy*-rah) *v* argue

ark (ahrk) *nt* sheet

arkad (ahr-*kaad*) *c* arcade

arkeolog (ahr-kay-o-*lōāg*) *c* archaeologist

arkeologi (ahr-kay-o-loa-*gee*) *c* archaeology

arkitekt (ahr-ki-*taykt*) *c* architect

arkitektur (ahr-ki-tehk-*tēwr*) *c* architecture

arkiv (ahr-*keev*) *nt* archives *pl*

arm (ahrm) *c* arm; **arm i arm** arm-in-arm

armband (*ahrm*-bahnd) *nt* bracelet; bangle

armbandsur (*ahrm*-bahnds-ewr) *nt* wrist-watch

armbåge (*ahrm*-bōā-gay) *c* elbow

armé (ahr-*māy*) *c* army

armstöd (*ahrm*-stürd) *nt* arm

arom (ah-*rōām*) *c* aroma

arrangera (ah-rahn-*shāy*-rah) *v* arrange

arrende (ah-*rayn*-der) *nt* lease

arrendera (ah-rern-*dāyr*-ah) *v* lease; ~ **ut** lease

arrestera (ah-rayss-*tāy*-rah) *v* arrest

arrestering (ah-rayss-*tāy*-ring) *c* arrest

art (aart) *c* species; breed

artig (*aar*-ti) *adj* polite; courteous

artikel (ahr-*ti*-kerl) *c* (pl -klar) article

artistisk (ahr-*tiss*-tisk) *adj* artistic

arton (*aar*-ton) *num* eighteen

artonde (*aar*-ton-der) *num* eighteenth

arv (ahrv) *nt* inheritance

arvode (*ahr*-vōō-der) *nt* fee

asbest (*ahss*-behst) *c* asbestos

asfalt (*ahss*-fahlt) *c* asphalt

asiat (ah-si-*aat*) *c* Asian

asiatisk (ah-si-*aa*-tisk) *adj* Asian

Asien (*aa*-si-ern) Asia

ask (ahsk) c box

aska (ahss-kah) c ash

askkopp (ahsk-kop) c ashtray

aspekt (ah-spehkt) c aspect

assistent (ah-si-staynt) c assistant

associera (ah-so-si-ay-rah) v associate

astma (ahst-mah) c asthma

astronomi (ahss-tro-no-mee) c astronomy

asyl (ah-sewl) c asylum

ateist (ah-ter-ist) c atheist

Atlanten (aht-lahn-tern) Atlantic

atlet (aht-layt) c athlete

atmosfär (aht-moss-fæær) c atmosphere

atom (ah-tōam) c atom; **atom-** atomic

att (aht) conj that; **för ~** in order to

attest (ah-tayst) c certificate

attraktion (ah-trahk-shōōn) c attraction

augusti (ah-gewss-ti) August

auktion (ouk-shōōn) c auction

auktoritet (ouk-too-ri-tayt) c authority

auktoritär (ouk-too-ri-tæær) adj authoritarian

Australien (ou-straa-li-ayn) Australia

australier (ou-straa-li-err) c (pl ~) Australian

australisk (ou-straa-lisk) adj Australian

autentisk (ou-tayn-tisk) adj authentic

automat (ou-to-maat) c vending machine, automat

automatisering (ou-to-mah-ti-say-ring) c automation

automatisk (ou-to-maa-tisk) adj automatic

automobilklubb (ou-to-mo-beel-klewb) c automobile club

autonom (ou-to-nōam) adj autonomous

av (aav) prep of, for, with, by, from;

adv off

avancerad (ah-vahng-say-rahd) adj advanced

avbeställa (aav-ber-stehl-ah) v cancel

avbetala (aav-ber-taa-lah) v *pay on account

avbetalning (aav-ber-taal-ning) c instalment

avbetalningsköp (aav-ber-taal-nings-tүürp) nt hire-purchase

avbrott (aav-brot) nt interruption

***avbryta** (aav-brewt-ah) v interrupt; discontinue

avdelning (aav-dayl-ning) c division; department, section

avdrag (aav-draag) nt discount

avdunsta (aav-dewns-tah) v evaporate

aveny (ah-vay-new) c avenue

avfall (aav-fahl) nt garbage, litter

avfatta (aav-fah-tah) v *draw up

avföringsmedel (aav-fүür-rings-may-dayl) nt laxative

avgaser (aav-gaa-serr) pl exhaust gases

avgasrör (aav-gaass-rүürr) nt exhaust pipe

avgift (aav-үift) c charge; **avgifter** dues pl

avgrund (aav-grewnd) c abyss

avgud (aav-gewd) c idol

***avgå** (aav-gōa) v pull out; resign

avgång (aav-gong) c departure

avgångstid (aav-gongs-teed) c time of departure

***avgöra** (aav-ү ür-rah) v decide

avgörande (aav-ү ür-rahn-der) nt decision

avhandling (aav-hahn-dling) c treatise; thesis

***avhålla sig från** (aav-hol-ah) abstain from

avigsida (aa-vig-see-dah) c reverse

avkalkningsmedel (aav-kahlk-nings-may-dayl) nt water-softener

avkoppling (*aav*-kop-ling) *c* relaxation

avlagring (*aav*-laag-ring) *c* deposit

avlida (*aav*-lee-dah) *v* pass away

avlopp (*aav*-lop) *nt* drain

avlång (*aav*-long) *adj* oblong

avlägsen (*aav*-laig-sern) *adj* remote; distant, far-off

avlägsna (*aav*-laigs-nah) *v* remove; ~ **sig** depart

avlämna (*aav*-lehm-nah) *v* deliver

avlöna (*aav*-lūrn-ah) *v* remunerate

avlöning (*aav*-lur-ning) *c* pay, salary

avlösa (*aav*-lur-sah) *v* relieve

avog (*aa*-vōōg) *adj* averse

avpassa (*aav*-pah-sah) *v* suit

avresa (*aav*-rāy-sah) *v* depart; *c* departure

avråda (*aav*-rōa-dah) *v* dissuade from

avrättning (*aav*-reht-ning) *c* execution

avse (*aav*-sāy) *v* destine

avsevärd (*aav*-say-væærd) *adj* considerable

avsides (*aav*-see-derss) *adj* remote; out of the way

avsikt (*aav*-sikt) *c* purpose, intention

avsiktlig (*aav*-sikt-li) *adj* intentional

avskaffa (*aav*-skah-fah) *v* abolish

avsked (*aav*-shāyd) *nt* parting; resignation

avskeda (*aav*-shāy-dah) *v* dismiss; fire

avskedsansökan (*aav*-shāyds-ahn-sūr-kahn) *c* (pl -kningar) resignation

avskilja (*aav*-shil-Yah) *v* detach

avskjuta (*aav*-shēw-tah) *v* launch

avskrift (*aav*-skrift) *c* copy

avsky (*aav*-shew) *v* detest, loathe; *c* disgust, loathing

avskyvärd (*aav*-shēw-væærd) *adj* horrible; hideous

avsluta (*aav*-slēw-tah) *v* finish

avslutning (*aav*-slēwt-ning) *c* conclusion, end

avslå (*aav*-slōa) *v* reject

avslöja (*aav*-slur-Yah) *v* reveal

avslöjande (*aav*-slur-Yahn-der) *nt* revelation

avsnitt (*aav*-snit) *nt* passage

avspark (*aav*-spahrk) *c* kick-off

avspänd (*aav*-spehnd) *adj* easy-going, relaxed

avstå från (*aav*-stōa) abstain from

avstånd (*aav*-stond) *nt* distance; space, way

avståndsmätare (*aav*-stonds-mai-tah-rer) *c* (pl ~) range-finder

avsända (*aav*-sehn-dah) *v* dispatch

avsändning (*aav*-sehnd-ning) *c* dispatch

avtäcka (*aav*-teh-kah) *v* uncover

avta (*aav*-taa) *v* decrease

avtal (*aav*-taal) *nt* agreement, treaty

avtryck (*aav*-trewk) *nt* print

avtryckare (*aav*-trew-kah-rer) *c* (pl ~) trigger

avundas (*aav*-ewn-dahss) *v* envy

avundsam (*aav*-ewnd-sahm) *adj* envious

avundsjuk (*aav*-ewnd-shēwk) *adj* envious

avundsjuka (*aa*-vewnd-shēw-kah) *c* envy

avvika (*aav*-vee-kah) *v* deviate

avvikelse (*aav*-vee-kerl-ser) *c* aberration

avvisa (*aav*-vee-sah) *v* reject

axel (*ahks*-ayl) *c* (pl axlar) shoulder; axis, axle

B

babord (*baa*-boord) port

baby (*bai*-bi) *c* baby

babykorg (*bai*-bi-kor-Y) *c* carry-cot

bacill (*bah*-sil) *c* germ

backa (*bah*-kah) *v* reverse

backe (*bah*-ker) *c* hill; slope

backhoppning (*bahk*-hop-ning) *c* ski-jump

backkrön (*bahk*-krürn) *nt* hilltop

backväxel (*bahk*-vehks-ayl) *c* (pl-väx-lar) reverse

bad (baad) *nt* bath

bada (*baa*-dah) *v* bathe

badbyxor (*baad*-bewk-serr) *pl* bathing-suit, swimming-trunks *pl*

badda (*bah*-dah) *v* dab

baddräkt (*baad*-drehkt) *c* bathing-suit; swim-suit

badhandduk (*baad*-hahnd-dewk) *c* bath towel

badmössa (*baad*-murss-sah) *c* bathing-cap

badort (*baad*-oort) *c* seaside resort

badrock (*baad*-roak) *c* bathrobe

badrum (*baad*-rewm) *nt* bathroom

badsalt (*baad*-sahlt) *nt* bath salts

bagage (bah-*gaash*) *nt* baggage, luggage

bagagehylla (bah-*gaash*-hew-lah) *c* luggage rack

bagageinlämning (bah-*gaash*-in-lehm-ning) *c* left luggage office; baggage deposit office *Am*

bagageutrymme (bah-*gaash*-ēwt-rew-mer) *nt* boot; trunk *nAm*

bagare (*baa*-gah-rer) *c* (pl ~) baker

bageri (baa-ger-*ree*) *nt* bakery

baka (*baa*-kah) *v* bake

bakdel (*baak*-dāyl) *c* bottom

bakelser (*baa*-kerl-serr) *pl* pastry

bakgrund (*baak*-grewnd) *c* background

bakhåll (*baak*-hol) *nt* ambush

baklykta (*baak*-lewk-tah) *c* rear-light; tail-light

bakom (*baak*-om) *prep* behind; *adv* behind

baksida (*baak*-seedah) *c* rear

baksmälla (*baak*-smeh-lah) *c* hangover

bakterie (bahk-*tai*-ri-er) *c* bacterium

bakverk (*baak*-vehrk) *nt* pastry, cake

bakåt (*baa*-kot) *adv* backwards

bal (baal) *c* ball

balansräkning (bah-*lahngs*-raik-ning) *c* balance sheet

balett (bah-*layt*) *c* ballet

balja (*bahl*-Yah) *c* basin

balkong (bahl-*kong*) *c* balcony; circle

ballong (bah-*long*) *c* balloon

balsal (*baal*-saal) *c* ballroom

bambu (*bahm*-bew) *c* bamboo

bana (*baa*-nah) *c* track

banan (bah-*naan*) *c* banana

band (bahnd) *nt* band; ribbon

bandit (bahn-*deet*) *c* bandit

bandspelare (*bahnd*-spāy-lah-rer) *c* (pl ~) tape-recorder

baner (bah-*nāyr*) *nt* banner

bank (bahngk) *c* bank

bankett (bahng-*keht*) *c* banquet

bankettsal (bahng-*kayt*-saal) *c* banqueting-hall

bankkonto (*bahngk*-kon-too) *nt* bank account

bankrutt (bahng-*krewt*) *adj* bankrupt

bar (baar) *c* bar, saloon; *adj* bare

bara (*baarah*) *adv* only

bark (bahrk) *c* bark

barm (bahrm) *c* bosom

barmhärtig (bahrm-*hær*-ti) *adj* merciful

barmhärtighet (bahrm-*hær*-ti-hāyt) *c* mercy

barn (baarn) *nt* child; kid; **föräldra-löst** ~ orphan

barnförlamning (baarn-furr-*laam*-ning) *c* polio

barnkammare (*baarn*-kah-mah-rer) *c* (pl ~) nursery

barnmorska (*baarn*-moors-kah) *c* mid-wife

barnsjukdom (*baarn*-shēwk-doom) *c* children's disease

barnsköterska (*baarn*-shür-terr-skah) *c*

nurse

barnsäng (*baarn*-sehng) *c* cot

barnvagn (*baarn*-vahngn) *c* pram;
baby carriage *Am*

barnvakt (*baarn*-vahkt) *c* babysitter

barock (bah-*rok*) *adj* baroque

barometer (bah-ro-*māy*-terr) *c* (pl
-trar) barometer

barriär (bah-ri-*Yæær*) *c* barrier

barrträd (*bahr*-traid) *nt* conifer, fir-
tree

bartender (*baar*-tayn-derr) *c* (pl -drar)
barman

baryton (*bah*-ri-ton) *c* baritone

bas (baass) *c* base; bass

baseboll (*bayss*-bol) *c* baseball

basera (bah-*sāy*-rah) *v* base

basilika (bah-*see*-li-kah) *c* basilica

basis (*baa*-siss) *c* basis

basker (*bahss*-kerr) *c* (pl -krar) beret

bastard (bah-*staard*) *c* bastard

bastu (*bahss*-tew) *c* sauna

batteri (bah-tay-*ree*) *nt* (pl ~er) bat-
tery

*****be** (bāy) *v* ask; beg

beakta (bay-*ahk*-tah) *v* pay attention
to

bebo (ber-*bōō*) *v* inhabit

beboelig (ber-*bōō*-ay-li) *adj* habitable;
inhabitable

*****bedja** (*bāyd*-Yah) *v* pray

*****bedra** (ber-*draa*) *v* deceive; cheat

bedrägeri (ber-drai-ger-*ri*) *nt* (pl ~er)
deceit; fraud

bedrövad (ber-*drūr*-vahd) *adj* dis-
tressed; sad

bedrövelse (ber-*drūr*-verl-ser) *c* sor-
row; grief

bedrövlig (ber-*drūrv*-li) *adj* lamen-
table

bedårande (ber-*dōā*-rahn-der) *adj*
adorable, enchanting

bedöma (ber-*dur*-mah) *v* judge

bedövning (ber-*dūrv*-ning) *c* anaes-

thesia

bedövningsmedel (ber-*durv*-nings-
māy-dayl) *nt* anaesthetic

befalla (ber-*fah*-lah) *v* command

befallning (ber-*fahl*-ning) *c* order,
command

befatta sig med (ber-*fah*-tah) *****deal
with, concern oneself with

befolkning (ber-*folk*-ning) *c* popula-
tion

befordra (ber-*fōō*-drah) *v* promote

befordran (ber-*fōōd*-rahn) *c* (pl
-ringar) promotion

befria (ber-*free*-ah) *v* liberate; exempt

befriad (ber-*free*-ahd) *adj* exempt; lib-
erated

befrielse (ber-*free*-erl-ser) *c* liberation;
exemption

befruktning (ber-*frewkt*-ning) *c* con-
ception

befälhavare (ber-*fail*-haa-vah-rer) *c* (pl
~) commander

begagnad (ber-*gahng*-nahd) *adj* sec-
ond-hand

begeistrad (bay-*gighst*-rahd) *adj* en-
thusiastic

begrava (ber-*graa*-vah) *v* bury

begravning (ber-*graav*-ning) *c* funeral;
burial

begravningsplats (bay-*graav*-nings-
plahts) *c* cemetery; graveyard

begrepp (ber-*grayp*) *nt* idea, notion

*****begripa** (bay-*gree*-pah) *v* grasp, *****un-
derstand

begränsa (ber-*grehn*-sah) *v* limit

begränsad (ber-*grehn*-sahd) *adj* limit-
ed

begränsning (ber-*grehns*-ning) *c* limi-
tation

begynna (ber-*Yew*-nah) *v* *****begin

begynnelse (ber-*Yew*-nerl-ser) *c* be-
ginning

*****begå** (ber-*gōā*) *v* commit

begåvad (ber-*gōā*-vahd) *adj* brilliant,

talented, gifted

begåvning (ber-*gōāv*-ning) *c* talent; mind

begär (ber-*Υæær*) *nt* desire

begära (ber-*Υææ*-rah) *v* ask, demand, request

begäran (ber-*gææ*-rahn) *c* request; demand

behaglig (ber-*haag*-li) *adj* pleasant, delightful

behandla (ber-*hahnd*-lah) *v* treat; handle

behandling (ber-*hahnd*-ling) *c* treatment

behov (ber-*hōōv*) *nt* need, want; **starkt ~** urge

behå (*bāy*-hoa) *c* bra

***behålla** (ber-*ho*-lah) *v* *keep

behållare (ber-*ho*-lah-rer) *c* (pl ~) container

behändig (ber-*hehn*-di) *adj* handy; sweet

behärska (ber-*hæærs*-kah) *v* master; **~ sig** control oneself

behöva (ber-*hūr*-vah) *v* need

beige (baish) *adj* beige

bekant (ber-*kahnt*) *c* (pl ~a) acquaintance

beklaga (ber-*klaa*-gah) *v* regret; pity

beklagande (ber-*klaa*-gahn-der) *nt* regret

beklaglig (ber-*klaag*-li) *adj* regrettable

bekräfta (ber-*krehf*-tah) *v* confirm; acknowledge

bekräftelse (ber-*krehf*-tayl-ser) *c* confirmation

bekväm (ber-*kvaim*) *adj* comfortable; convenient; easy

bekvämlighet (ber-*kvaim*-li-hāyt) *c* comfort

bekymmer (ber-*tΥew*-merr) *nt* worry; anxiety; care; trouble

bekymrad (ber-*tΥewm*-rahd) *adj* concerned

bekämpa (ber-*tΥehm*-pah) *v* combat

bekänna (ber-*tΥeh*-nah) *v* confess

bekännelse (ber-*tΥeh*-nayl-ser) *c* confession

belastning (ber-*lahst*-ning) *c* charge

belgare (*bayl*-gah-rer) *c* (pl ~) Belgian

Belgien (*bayl*-gΥayn) Belgium

belgisk (*bayl*-gisk) *adj* Belgian

belopp (ber-*lop*) *nt* amount

belysning (ber-*lēwss*-ning) *c* illumination; lighting

belåten (ber-*lōā*-tern) *adj* satisfied, happy

belåtenhet (ber-*lōā*-tern-hāyt) *c* satisfaction

belägen (ber-*lai*-gern) *adj* situated

belägring (ber-*laig*-ring) *c* siege

belöna (ber-*lūr*-nah) *v* reward

belöning (ber-*lūr*-ning) *c* prize, reward; remuneration

bemästra (ber-*mehst*-rah) *v* master

bemöda sig (ber-*mūr*-dah) try, endeavour

bemötande (beh-*mur*-tahn-der) *nt* treatment; reply

ben (bāyn) *nt* leg; bone

bena (*bāy*-nah) *c* parting

bensin (bayn-*seen*) *c* fuel, petrol; gasoline *nAm*, gas *nAm*

bensindunk (bayn-*seen*-dewngk) *c* jerrycan

bensinmack (bayn-*seen*-mahk) *c* petrol station

bensinpump (bayn-*seen*-pewmp) *c* petrol pump; fuel pump *Am;* gas pump *Am*

bensinstation (bayn-*seen*-stah-*shōōn*) *c* service station, filling station; gas station *Am*

bensintank (bayn-*seen*-tahngk) *c* petrol tank; gas tank *Am*

benådning (ber-*nōād*-ning) *c* pardon

benägen (ber-*nai*-gern) *adj* inclined;

*vara ~ *be inclined to

benägenhet (ber-*nai*-gern-hāyt) c tendency; inclination

benämning (ber-*nehm*-ning) c denomination

beredd (ber-*rayd*) adj prepared

berg (bærᵛ) nt mountain; mount

bergig (bær-ᵛi) adj mountainous

bergsbestigning (bærᵛs-ber-steeg-ning) c mountaineering

bergskam (bærᵛs-kahm) c mountain ridge

bergskedja (bærᵛs-tᵛāyd-ᵛah) c mountain range

bergsklyfta (bærᵛs-klewf-tah) c gorge

bergspass (bærᵛs-pahss) nt mountain pass

bero på (ber-*rōō*) depend on

beroende (ber-*rōō*-ern-der) adj dependant

berusad (ber-*rēw*-sahd) adj intoxicated; drunk

beryktad (ber-*rewk*-tahd) adj notoricus

beräkna (ber-*raik*-nah) v calculate

beräkning (ber-*raik*-ning) c calculation; estimate

berätta (ber-*reh*-tah) v *tell; relate

berättelse (ber-*reh*-tayl-ser) c tale

berättiga (ber-*reh*-ti-gah) v entitle, justify

berättigad (ber-*reh*-ti-gahd) adj entitled, justified

beröm (ber-*rurm*) nt praise

berömd (ber-*rurmd*) adj famous

berömdhet (ber-*rurmd*-hāyt) c celebrity

berömma (ber-*rur*-mah) v praise

berömmelse (ber-*rur*-mayl-ser) c fame; glory

beröra (ber-*rūr*-rah) v touch; affect

beröring (ber-*rūr*-ring) c touch, contact

beröva (ber-*rūr*-vah) v deprive of

besatt (ber-*saht*) adj possessed

besatthet (ber-*saht*-hāyt) c obsession

besegra (ber-*sāyg*-rah) v defeat; *beat, conquer

beskatta (ber-*skah*-tah) v tax

beskattning (ber-*skaht*-ning) c taxation

besked (ber-*shāyd*) nt message

*beskriva (ber-*skree*-vah) v describe

beskrivning (ber-*skreev*-ning) c description

beskylla (ber-*shew*-lah) v accuse

*beslagta (ber-*slaag*-taa) v impound

beslut (ber-*slēwt*) nt decision

*besluta (ber-*slēw*-tah) v decide

beslutsam (ber-*slēwt*-sahm) adj determined, resolute

besläktad (ber-*slehk*-tahd) adj related

besmitta (ber-*smi*-tah) v infect

besparingar (ber-*spaa*-ring-ahr) pl savings pl

bestick (ber-*stik*) nt cutlery

*bestiga (ber-*stee*-gah) v ascend; mount

*bestrida (ber-*stree*-dah) v dispute; deny

*bestå av (ber-*stoa*) consist of

beståndsdel (ber-*stonds*-dāyl) c element

beställa (ber-*steh*-lah) v order; reserve

beställning (ber-*stehl*-ning) c order; booking; **gjord på ~** made to order

bestämd (ber-*stehmd*) adj definite

bestämma (ber-*steh*-mah) v decide; determine, define; designate

bestämmelse (ber-*stehm*-erl-ser) c stipulation

bestämmelseort (ber-*steh*-merl-ser-oort) c destination

beständig (ber-*stehn*-di) adj permanent

besvara (ber-*svaa*-rah) v answer

besvikelse (ber-*svee*-kerl-ser) c disappointment; ***vara en ~** *be disappointing

besviken (ber-*svee*-kern) *adj* disappointed; ***göra** ~ disappoint

besvär (ber-*svæær*) *nt* trouble; inconvenience; nuisance; ***göra sig** ~ bother

besvära (ber-*svææ*-rah) *v* trouble; bother

besvärlig (ber-*svæær*-li) *adj* inconvenient, troublesome

besynnerlig (ber-*sewn*-err-li) *adj* strange; queer

*besätta (ber-*seht*-ah) *v* occupy

besättning (ber-*seht*-ning) *c* crew

besök (ber-*surk*) *nt* visit; call

besöka (ber-*sur*-kah) *v* visit; call on

besökare (ber-*sur*-kah-rer) *c* (pl ~) visitor

besökstid (ber-*surks*-teed) *c* visiting hours

beta (*bay*-tah) *c* beet; *v* graze

betala (ber-*taa*-lah) *v* *pay

betalbar (ber-*taal*-baar) *adj* due

betalning (ber-*taal*-ning) *c* payment

bete (*bay*-ter) *nt* bait

betecknande (ber-*tehk*-nahn-der) *adj* characteristic

beteckning (ber-*tehk*-ning) *c* denomination, designation

betesmark (*bay*-terss-mahrk) *c* pasture

betjäning (ber-t*Yai*-ning) *c* service

betjäningsavgift (ber-t*Yai*-nings-aav-*Yift*) *c* service charge

betjänt (ber-t*Yehnt*) *c* valet, servant

betona (ber-*too*-nah) *v* stress; emphasize

betong (ber-*tong*) *c* concrete

betoning (ber-*too*-ning) *c* stress

betrakta (ber-*trahk*-tah) *v* consider, regard; watch, view

beträda (ber-*trai*-dah) *v* *tread, *set foot on

beträffa (ber-*trehf*-ah) *v* concern

beträffande (ber-*trehf*-ahn-der) *prep* concerning; about, regarding; with reference to

bett (bayt) *nt* bite

betvivla (ber-*tveev*-lah) *v* doubt; query

betyda (ber-*tew*-dah) *v* *mean

betydande (ber-*tew*-dahn-der) *adj* considerable

betydelse (ber-*tew*-derl-ser) *c* importance; sense

betydelsefull (ber-*tew*-derl-ser-fewl) *adj* important; significant

betydlig (ber-*tewd*-li) *adj* considerable

betyg (ber-*tewg*) *nt* mark

betänklig (ber-*tængk*-li) *adj* dubious; serious, critical

beundra (ber-*ewnd*-rah) *v* admire

beundran (ber-*ewnd*-rahn) *c* admiration

beundrare (ber-*ewnd*-rah-rer) *c* (pl ~) admirer; fan

bevaka (ber-*vaa*-kah) *v* guard

bevara (ber-*vaa*-rah) *v* *keep; preserve

bevilja (ber-*vil*-Yah) *v* grant; allow

beviljande (ber-*vil*-Yahn-der) *nt* concession

bevis (ber-*veess*) *nt* proof, evidence; token

bevisa (ber-*vee*-sah) *v* prove; demonstrate; *show

beväpna (ber-*vaip*-nah) *v* arm

beväpnad (ber-*vaip*-nahd) *adj* armed

bi (bee) *nt* bee

*bibehålla (bee-ber-*ho*-lah) *v* *hold, *keep, preserve

bibel (*bee*-berl) *c* (pl biblar) bible

bibetydelse (bee-ber-*tew*-derl-ser) *c* connotation, subordinate sense

bibliotek (bi-bli-oo-*tayk*) *nt* library

*bidra (*bee*-draa) *v* contribute

bidrag (*bee*-draag) *nt* contribution; grant

bifall (*bee*-fahl) *nt* approval; consent

biff (bif) c steak
biflod (bee-flōōd) c tributary
bifoga (bee-fōō-gah) v attach; enclose
bijouterier (bee-shoo-ter-ree-err) pl costume jewellery
bikt (bikt) c confession; **bikta sig** confess
bikupa (bee-kēw-pah) c beehive
bil (beel) c car; automobile, motorcar
bila (bee-lah) v motor
bilaga (bee-laa-gah) c enclosure; annex
bild (bild) c picture; image
bilda (bil-dah) v form
bildad (bil-dahd) adj cultivated
bildskärm (bild-shærm) c screen
bilist (bi-list) c motorist
biljard (bil-Yaard) c billiards pl
biljett (bil-Yayt) c ticket; coupon
biljettautomat (bil-Yayt-ou-too-maat) c ticket machine
biljettkassa (bil-Yayt-kah-sah) c box-office
biljettlucka (bil-Yayt-lew-kah) c booking-office
biljettpris (bil-Yayt-preess) nt (pl ~, ~er) fare
billig (bil-i) adj inexpensive; cheap
biltur (beel-tēwr) c drive
biluthyrning (beel-ēwt-hēwr-ning) c car hire; car rental Am
***binda** (bin-dah) v *bind, tie
bindestreck (bin-der-strehk) nt hyphen
bio (bee-oo) c pictures; movies Am, movie theater Am
biograf (bee°°-graaf) c cinema
biologi (bee-o-lo-gee) c biology
biskop (biss-kop) c bishop
***bistå** (bee-stōa) v assist; aid
bistånd (bee-stond) nt assistance
bit (beet) c bit; piece; morsel, lump, scrap

***bita** (bee-tah) v *bite
bitter (bi-terr) adj bitter
***bjuda** (bYēw-dah) v offer
bjälke (bYehl-ker) c beam
björk (bYurrk) c birch
björn (bYūrrn) c bear
björnbär (bYurrn-bæær) nt blackberry
blad (blaad) nt leaf; sheet
bladguld (blaad-gewld) nt gold leaf
bland (blahnd) prep among; amid; ~ **annat** among other things
blanda (blahn-dah) v mix; shuffle; ~ **sig i** interfere with
blandad (blahn-dahd) adj mixed; miscellaneous
blandning (blahnd-ning) c mixture
blank (blahngk) adj blank; glossy
blazer (blai-serr) c (pl -zrar) blazer
bleckburk (blehk-bewrk) c canister
blek (blāyk) adj pale
bleka (blāy-kah) v bleach
blekna (blāyk-nah) v turn pale; fade
***bli** (blee) v *become; *get; *grow, *go
blick (blik) c look; glance; **kasta en** ~ glance
blid (bleed) adj gentle
blind (blind) adj blind
blindtarm (blin-tahrm) c appendix
blindtarmsinflammation (blin-tahrms-in-flah-mah-shōōn) c appendicitis
blinker (bling-kerr) c (pl -krar) indicator
blixt (blikst) c lightning
blixtlampa (blikst-lahm-pah) c flashgun; flashbulb
blixtlås (blikst-lōass) nt zip, zipper
block (blok) nt pad; pulley
blockera (blo-kāy-rah) v block
blod (blōōd) nt blood
blodbrist (blōōd-brist) c anaemia
blodcirkulation (blōōd-seer-kew-lah-shōōn) c circulation
blodförgiftning (blōōd-fürr-Yift-ning) c

blood-poisoning
blodkärl (*blōod*-t^Yæærl) *nt* blood-vessel
blodtryck (*blōod*-trewk) *nt* blood pressure
blomkål (*bloom*-kōal) *c* cauliflower
blomlök (*bloom*-lūrk) *c* bulb
blomma (*bloo*-mah) *c* flower
blomsterhandel (*bloms*-terr-hahn-dayl) *c* flower-shop
blomstrande (*blomst*-rahn-der) *adj* prosperous
blond (blond) *adj* fair
blondin (blon-*deen*) *c* blonde
blott (blot) *adv* only
blus (blewss) *c* blouse
bly (blew) *nt* lead
blyertspenna (*blew*-errts-*peh*-nah) *c* pencil
blyg (blewg) *adj* timid, shy
blyghet (*blewg*-hāyt) *c* timidity
blygsam (*blewg*-sahm) *adj* modest
blygsamhet (*blewg*-sahm-*hāyt*) *c* modesty
blå (blōa) *adj* blue
blåmussla (*blōa*-mewss-lah) *c* mussel
blåmärke (*blōa*-mær-ker) *nt* bruise
blåsa (*blōa*-sah) *v* *blow; *c* blister; ~ **upp** inflate
blåsig (*blōa*-si) *adj* windy
blåsinstrument (*blōass*-in-strew-*mehnt*) *nt* horn
blåskatarr (*blōass*-kah-*tahr*) *c* cystitis
bläck (blehk) *nt* ink
bläckfisk (*blehk*-fisk) *c* octopus
blända (*blehn*-dah) *v* blind
bländande (*blehn*-dahn-der) *adj* glaring
blänka (*blehng*-kah) *v* *shine
blöda (*blūr*-dah) *v* *bleed
blödning (*blūrd*-ning) *c* haemorrhage
blöja (*blur*-^Yah) *c* nappy; diaper *nAm*
blöta (*blūr*-tah) *v* soak
bo (bōo) *v* live; reside; *nt* nest

bock (bok) *c* bow; tick
bocka (*bo*-kah) *v* bow, *bend; tick
bod (bōod) *c* booth
bofast (*bōo*-fahst) *adj* resident
bofink (*bōo*-fingk) *c* finch
bogsera (boog-*sāy*-rah) *v* tow, tug
bogserbåt (boog-*sāyr*-bōat) *c* tug
boj (boi) *c* buoy
bok[1] (bōok) *c* (pl böcker) book
bok[2] (bōok) *c* beech
boka (*bōo*-kah) *v* book
bokband (*bōok*-bahnd) *nt* volume
bokföra (*bōok*-fūr-rah) *v* book
bokhandel (*bōok*-hahn-dayl) *c* (pl -dlar) bookstore
boklåda (*bōok*-lōa-dah) *c* bookstore
bokomslag (*bōok*-om-slaag) *nt* jacket; wrapper
bokstav (*book*-staav) *c* (pl-stäver) letter; **stor** ~ capital letter
bokstånd (*bōok*-stond) *nt* bookstand
bolag (*bōo*-laag) *nt* company
Bolivia (boo-*lee*-v^Yah) Bolivia
bolivian (boo-li-*vYaan*) *c* Bolivian
boliviansk (boo-liv-*Yaansk*) *adj* Bolivian
boll (bol) *c* ball
bollplan (*bol*-plaan) *c* recreation ground
bom (boom) *c* (pl ~mar) barrier
bomb (bomb) *c* bomb
bombardera (bom-bahr-*dāy*-rah) *v* bomb
bomull (*boo*-mewl) *c* cotton-wool; cotton; **bomulls-** cotton
bomullssammet (*boo*-mewls-sah-mayt) *c* velveteen
bonde (*boon*-der) *c* (pl bönder) peasant
bondgård (*boond*-gōard) *c* farmhouse
bong (bong) *c* voucher
bord (bōord) *nt* table; **gående** ~ buffet
bordduk (*bōord*-dewk) *c* table-cloth

bordell (bor-*dehl*) c brothel

bordtennis (*bōōrd*-tehn-iss) c ping-pong; table tennis

borg (borᵞ) c castle

borgen (bor-ᵞern) c (pl ~) bail; security

borgensman (bor-ᵞayns-mahn) c (pl -män) guarantor

borgerlig (bor-ᵞehr-li) adj middle-class

borgmästare (borᵞ-mehss-tah-rer) c (pl ~) mayor

borr (bor) c drill

borra (bor-ah) v drill; bore

borsta (bors-tah) v brush

borste (bors-ter) c brush

bort (bort) adv away

borta (bor-tah) adv gone

bortkommen (bort-ko-mern) adj lost

bortom (bort-om) adv beyond; prep beyond

bortsett från (bort-sayt) apart from

boskap (bōō-skaap) c cattle pl

bostad (bōō-staad) c (pl -städer) house; residence

***bosätta sig** (bōō-seh-tah) settle down

bota (bōō-tah) v cure

botanik (boo-tah-*neek*) c botany

botemedel (bōō-ter-māy-dayl) nt remedy

botten (bo-tern) c bottom

bottenvåning (bo-tern-vōa-ning) c ground floor

boutique (boo-*tik*) c boutique

bowlingbana (bov-ling-baa-nah) c bowling alley

boxas (books-ahss) v box

boxningsmatch (books-nings-mahch) c boxing match

boyscout (boi-skahewt) c scout

bra (brah) adv well; adj good; **bra!** all right!

brak (braak) nt boom

brandalarm (brahnd-ah-lahrm) c fire-alarm

brandgul (brahnd-gewl) adj orange

brandkår (brahnd-kōar) c fire-brigade

brandsläckare (brahnd-sleh-kah-rer) c (pl ~) fire-extinguisher

brandstege (brahnd-stāy-ger) c fire-escape

brandsäker (brahnd-sai-kerr) adj fire-proof

brant (brahnt) adj steep

brasilianare (brah-si-li-aa-nah-rer) c (pl ~) Brazilian

brasiliansk (brah-si-li-*aansk*) adj Brazilian

Brasilien (brah-*see*-li-ern) Brazil

braxen (brahk-sayn) c (pl -xnar) bream

bred (brāyd) adj wide, broad

bredd (brayd) c breadth; width

breddgrad (brayd-graad) c latitude

bredvid (brāy-veed) prep beside; next to

brev (brāyv) nt letter; **rekommenderat** ~ registered letter

brevbärare (brāyv-bææ-rah-rer) c (pl ~) postman

brevkort (brāyv-kōōrt) nt postcard; card

brevlåda (brāyv-lōa-dah) c pillar-box, letter-box; mailbox nAm

brevlådstömning (brāyv-lo-ds-turm-ning) c collection

brevpapper (brāyv-pah-pahr) nt note-paper, writing-paper

brevväxling (brāyv-vehks-ling) c correspondence

bricka (bri-kah) c tray

bridge (bridsh) c bridge

briljant (bril-ᵞahnt) adj brilliant

***brinna** (bri-nah) v *burn

bris (breess) c breeze

brist (brist) c shortage, lack, want; deficiency

*brista (*briss*-tah) v *burst
bristfällig (*brist*-feh-li) adj defective; faulty
britt (brit) c Briton
brittisk (*bri*-tisk) adj British
bro (brōō) c bridge
brock (brok) nt hernia
broder (*brōō*-derr) c (pl bröder) brother
brodera (broo-*dāy*-rah) v embroider
broderi (broo-der-*ree*) nt (pl ~er) embroidery
broderlighet (*brōō*-derr-li-hāyt) c fraternity
brokig (*brōō*-ki) adj gay
broms (broms) c brake
bromsa (*brom*-sah) v brake
bromsljus (*broms*-yēwss) nt brake lights
bromstrumma (*broms*-trew-mah) c brake drum
brons (brons) c bronze; brons-bronze
bror (brōōr) c (pl bröder) brother
brorsdotter (*brōōrs*-do-tayr) c (pl -döttrar) niece
brorson (*brōōr*-sōān) c (pl -söner) nephew
brosch (brōāsh) c brooch
broschyr (bro-*shēwr*) c brochure
brosk (brosk) nt cartilage
brott (brot) nt crime; fracture
brottslig (*brots*-li) adj criminal
brottslighet (*brots*-li-hāyt) c criminality
brottsling (*brots*-ling) c criminal; convict
brottstycke (*brot*-stew-ker) nt fragment
brud (brēwd) c bride
brudgum (*brēwd*-gewm) c (pl ~mar) bridegroom
bruk (brēwk) nt custom
bruka (*brēw*-kah) v use, employ; culti-

vate
bruklig (*brēwk*-li) adj customary
bruksanvisning (*brēwks*-ahn-veess-ning) c directions for use
brun (brēwn) adj brown
brunett (brew-*nayt*) c brunette
brunn (brewn) c well
brus (brēwss) nt fizz
brutal (brew-*taal*) adj brutal
brutto- (*brew*-too) gross
bry sig om (brēw) care for; mind; care about
brydsam (*brēwd*-sahm) adj awkward
brygga (*brew*-gah) v brew; c landing-stage
bryggeri (brew-ger-*ree*) nt (pl ~er) brewery
brysselkål (*brew*-serl-kōāl) c Brussels sprouts
*bryta (*brēw*-tah) v *break; fracture; ~ samman collapse
brytning (*brēwt*-ning) c breaking, refraction; accent
brådska (*bross*-kah) c hurry, haste
brådskande (*bross*-kahn-der) adj urgent; pressing
bråk (brōāk) nt row; fuss
bråkdel (*brōāk*-dāyl) c fraction
*ha bråttom (bro-tom) *be in a hurry
bräckjärn (*brehk*-Yæærn) nt crowbar
bräcklig (*brehk*-li) adj fragile
bräda (*brai*-dah) c board
brädd (brehd) c brim
bränna (*breh*-nah) v *burn
brännmärke (*brehn*-mær-ker) nt brand
brännolja (*brehn*-ol-Yah) c fuel oil
brännpunkt (*brehn*-pewngkt) c focus
brännsår (*brehn*-sōār) nt burn
bränsle (*brehns*-lay) nt fuel
bröd (brürd) nt bread; rostat ~ toast
brödrost (*brürd*-rost) c toaster
bröllop (*brur*-lop) nt wedding
bröllopsresa (*brur*-lops-*rāy*-sah) c

honeymoon

bröst (brurst) *nt* breast; bosom, chest

bröstkorg (brurst-korᵛ) *c* chest

bröstsim (brurst-sim) *nt* breaststroke

bubbla (bewb-lah) *c* bubble

buckla (bewk-lah) *c* dent

bud (bewd) *nt* messenger

budget (bewd-ᵛert) *c* budget

buga sig (bew-gah) bow

buk (bewk) *c* belly; abdomen

bukett (bew-kayt) *c* bunch, bouquet

bukt (bewkt) *c* gulf

bula (bew-lah) *c* lump

bulgar (bewl-gaar) *c* Bulgarian

Bulgarien (bewl-gaa-ri-ern) Bulgaria

bulgarisk (bewl-gaa-risk) *adj* Bulgarian

bulle (bewl-er) *c* bun

buller (bew-lerr) *nt* noise

bullrig (bewl-ri) *adj* noisy

bult (bewlt) *c* bolt

bundsförvant (bewnds-furr-vahnt) *c* associate; ally, confederate

bunt (bewnt) *c* bundle; batch

bunta ihop (bewn-tah i-hōōp) bundle

bur (bewr) *c* cage

burk (bewrk) *c* tin

busig (bew-si) *adj* rowdy

buske (bewss-ker) *c* bush; shrub

buss (bewss) *c* bus; coach

butik (bew-teek) *c* shop

by (bew) *c* village

bygga (bew-gah) *v* *build; construct

bygge (bew-ger) *nt* construction

byggnad (bewg-nahd) *c* building, construction

byggnadskonst (bewg-nahds-konst) *c* architecture

byggnadsställning (bewg-nahds-stehl-ning) *c* scaffolding

byrå¹ (bew-ro) *c* (pl ~ar) chest of drawers; bureau *nAm*

byrå² (bew-ro) *c* (pl ~er) agency

byråkrati (bew-ro-krah-tee) *c* bureaucracy

byrålåda (bew-ro-loā-dah) *c* drawer

byst (bewst) *c* bust

bysthållare (bewst-ho-lah-rer) *c* (pl ~) brassiere

byta (bew-tah) *v* change; swap; ~ **ut** exchange

byte (bew-ter) *nt* exchange; prey

byxdräkt (bewks-drehkt) *c* pant-suit

byxor (bewk-serr) *pl* trousers *pl*, pants *plAm*

båda (boā-dah) *pron* both, either

både ... och (boā-der ... ok) both ... and

båge (boā-ger) *c* bow

bågformig (boāg-for-mi) *adj* arched

bår (boār) *c* stretcher

båt (boāt) *c* boat

bäck (behk) *c* stream, brook

bäcken (behk-ern) *nt* pelvis

bädda (beh-dah) *v* *make the bed

bägare (bai-gah-rer) *c* (pl ~) tumbler

bälte (behl-ter) *nt* belt

bänk (behngk) *c* bench

bär (bæær) *nt* berry

***bära** (bææ-rah) *v* carry; *wear, *bear

bärare (bææ-rah-rer) *c* (pl ~) porter

bärbar (bæær-baar) *adj* portable

bärgningsbil (bærᵛ-nings-beel) *c* breakdown truck

bärnsten (bæærn-stāyn) *c* amber

bäst (behst) *adj* best

bättre (beht-rer) *adj* superior; better

bäver (bai-verr) *c* (pl bävrar) beaver

bödel (būr-derl) *c* (pl bödlar) executioner

böja (bur-ᵛah) *v* *bend; ~ **sig** *bend down

böjd (burᵛd) *adj* bent; curved

böjlig (burᵛ-li) *adj* flexible, supple

böjning (burᵛ-ning) *c* bending; flexion

böld (burld) *c* abscess

bön (būrn) *c* prayer

böna (būr-nah) *c* bean

***bönfalla** (*būrn*-fahl-ah) *v* beg
***böra** (*būr*-rah) *v* *ought to
börda (*būr*-dah) *c* burden, load;
 charge
börja (*burr*-Yah) *v* *begin; commence,
 start; ~ **om** recommence
början (*burr*-Yahn) *c* beginning; start;
 i ~ at first
börs (burrs) *c* purse; exchange; **svar-
 ta börsen** black market
böter (*būr*-terr) *pl* ticket, fine; penalty

C

cancer (*kahn*-serr) *c* cancer
cape (kāyp) *c* cape; cloak
celibat (seh-li-*baat*) *nt* celibacy
cell (sayl) *c* cell
cellofan (seh-lo-*faan*) *nt* cellophane
cembalo (*tYaym*-bah-lo) *c* (pl ~r, -li)
 harpsichord
cement (say-*maynt*) *nt* cement
censur (sayn-*sēwr*) *c* censorship
centimeter (sayn-ti-*māy*-terr) *c* (pl ~)
 centimetre
central (sayn-*traal*) *adj* central
centralisera (sayn-trah-li-*sāy*-rah) *v*
 centralize
centralstation (sayn-*traal*-stah-*shōōn*)
 c central station
centralvärme (sayn-*traal*-vær-mer) *c*
 central heating
centrum (*sehnt*-rewm) *nt* centre
cerat (say-*raat*) *nt* lipsalve
ceremoni (say-ray-mo-*nee*) *c* cer-
 emony
certifikat (sehr-ti-fi-*kaat*) *nt* certifi-
 cate
champagne (shahm-*pahn*Y) *c* cham-
 pagne
champinjon (shahm-pin-*Yōōn*) *c* but-
 ton mushroom

chans (shahngs) *c* chance
charlatan (shahr-lah-*taan*) *c* quack
charm (shahrm) *c* charm
charmerande (shahr-*māy*-rahn-der)
 adj charming
charterflyg (tYaar-terr-flēwg) *nt* char-
 ter flight
chassi (*shah*-si) *nt* chassis
chaufför (sho-*fūrr*) *c* chauffeur
check (tYayk) *c* cheque, check *nAm*
checka in (tYeh-kah) check in
checkhäfte (tYayk-hehf-ter) *nt*
 cheque-book; check-book *nAm*
chef (shāyf) *c* boss; manager, chief
chic (shik) *adj* smart
Chile (tYee-ler) Chile
chilenare (tYi-*lee*-nah-rer) *c* (pl ~)
 Chilean
chilensk (tYi-*lāynsk*) *adj* Chilean
chock (shok) *c* shock
chockera (sho-*kāy*-rah) *v* shock
chockerande (sho-*kāy*-rahn-der) *adj*
 shocking
choke (shoak) *c* choke
choklad (shook-*laad*) *c* chocolate
chokladpralin (shook-*laad*-prah-*leen*) *c*
 chocolate
cigarr (si-*gahr*) *c* cigar
cigarraffär (si-*gahr*-ah-*fæær*) *c* cigar
 shop
cigarrett (si-gah-*rayt*) *c* cigarette
cigarrettetui (si-gah-*rayt*-ay-tew-*ee*) *nt*
 cigarette-case
cigarrettmunstycke (si-gah-*rayt*-
 mewn-stew-ker) *nt* cigarette-holder
cigarrettobak (si-gah-*reht*-too-bahk) *c*
 cigarette tobacco
cigarrettändare (si-gah-*rayt*-tehn-dah-
 rer) *c* (pl ~) cigarette-lighter
cirka (*seer*-kah) *adv* approximately
cirkel (*seer*-kerl) *c* (pl -klar) circle
cirkulation (seer-kew-lah-*shōōn*) *c* cir-
 culation
cirkus (*seer*-kewss) *c* circus

cirkusarena (*seer*-kewss-ah-*rāy*-nah) *c* ring

citat (si-*taat*) *nt* quotation

citationstecken (si-tah-*shōōns*-taykern) *pl* quotation marks

citera (si-*tāy*-rah) *v* quote

citron (si-*trōōn*) *c* lemon

civil (si-*veel*) *adj* civilian

civilisation (si-vi-li-sah-*shōōn*) *c* civilization

civiliserad (si-vi-li-*sāy*-rahd) *adj* civilized

civilist (si-vi-*list*) *c* civilian

civilrätt (si-*veel*-reht) *c* civil law

clown (kloun) *c* clown

cocktail (*kok*-tayl) *c* cocktail

Colombia (ko-*lom*-bi-ah) Colombia

colombian (ko-lom-bi-*aan*) *c* Colombian

colombiansk (ko-lom-bi-*aansk*) *adj* Colombian

container *c* (pl ∼, -nrar) container

crawlsim (*krōal*-sim) *nt* crawl

curry (*kew*-ri) *c* curry

cykel (*sew*-kerl) *c* (pl cyklar) bicycle; cycle

cykla (*sewk*-lah) *v* *ride a bicycle

cyklist (sewk-*list*) *c* cyclist

cylinder (sew-*lin*-derr) *c* (pl -drar) cylinder

D

dadel (*dah*-derl) *c* (pl dadlar) date

dag (daag) *c* day; **om dagen** by day; **per ∼** per day

dagbok (*daag*-bōōk) *c* (pl -böcker) diary

dagbräckning (*daag*-brehk-ning) *c* daybreak

dagg (dahg) *c* dew

daghem (daag-hehm) *nt* day nursery

daglig (*daag*-li) *adj* everyday, daily

dagning (*daag*-ning) *c* dawn

dagordning (*daag*-ord-ning) *c* agenda

dagsljus (*dahgs*-Yewss) *nt* daylight

dagsnyheter (*daags*-new-*hāy*-terr) *pl* news

dagstidning (*dahgs*-teed-ning) *c* daily; newspaper

dagsutflykt (*dahgs*-ewt-flewkt) *c* day trip

dal (daal) *c* valley

dalgång (*daal*-gong) *c* glen

dalsänka (*daal*-sehng-kah) *c* depression, valley

dam (daam) *c* lady

dambinda (*daam*-bin-dah) *c* sanitary towel

damfrisör (*daam*-fri-*surr*) *c* hairdresser

damm (dahm) *nt* dust; *c* dam

dammig (*dah*-mi) *adj* dusty

*dammsuga (*dahm*-sew-gah) *v* hoover; vacuum *vAm*

dammsugare (*dahm*-sew-gah-ray) *c* (pl ∼) vacuum cleaner

damspel (*daam*-spāyl) *nt* draughts; checkers *plAm*

damspelsbräde (*daam*-spāyls-*brai*-der) *nt* draught-board

damtoalett (*daam*-tooah-*layt*) *c* ladies' room; powder-room

damunderkläder (*daam*-ewn-derr-klai-derr) *pl* lingerie

Danmark (*dahn*-mahrk) Denmark

dans (dahns) *c* dance

dansa (*dahn*-sah) *v* dance

dansk (dahnsk) *c* Dane; *adj* Danish

darra (*dah*-rah) *v* tremble

data (*daa*-tah) *pl* data *pl*

datum (*daa*-tewm) *nt* (pl data, ∼) date

de (dāy) *pron* they; ∼ **där** those; ∼ **här** these

debatt (der-*baht*) *c* debate; discussion

debattera (der-bah-*tay*-rah) *v* discuss; argue

debet (*day*-bayt) *c* debit

december (der-*saym*-berr) December

decimalsystem (day-si-*maal*-sew-*staym*) *nt* decimal system

defekt (der-*fehkt*) *c* fault

definiera (der-fi-ni-*ay*-rah) *v* define

definition (der-fi-ni-*shoon*) *c* definition

deg (*dayg*) *c* dough

deklaration (day-klah-rah-*shoon*) *c* declaration; statement

dekoration (day-ko-rah-*shoon*) *c* decoration

del (*dayl*) *c* part; share

dela (*day*-lah) *v* divide; share; ~ **sig** fork; ~ **ut** *deal; administer

delegat (day-ler-*gaat*) *c* delegate

delegation (day-ler-gah-*shoon*) *c* delegation

delikatess (day-li-kah-*tayss*) *c* delicacy

delikatessaffär (day-li-kah-*tayss*-ah-*fær*) *c* delicatessen

delning (*dayl*-ning) *c* division

***delta** (*dayl*-taa) *v* participate

deltagande (*dayl*-taa-gahn-der) *adj* sympathetic; *nt* attendance

deltagare (*dayl*-taa-gah-rer) *c* (pl ~) participant

delvis (*dayl*-veess) *adv* partly; *adj* partial

delägare (*dayl*-ai-gah-rer) *c* (pl ~) associate

dem (dom) *pron* them

demokrati (day-mo-krah-*tee*) *c* democracy

demokratisk (day-moa-*kraa*-tisk) *adj* democratic

demonstration (day-mons-trah-*shoon*) *c* demonstration

demonstrera (day-mons-*tray*-rah) *v* demonstrate

den (dayn) *pron* (nt det, pl de) that;

~ **där** that; ~ **här** this

denna (*deh*-nah) *pron* (nt detta, pl dessa) this

deodorant (day-o-do-*rahnt*) *c* deodorant

departement (der-pahr-ter-*mehnt*) *nt* department; ministry

deponera (der-po-*nay*-rah) *v* deposit; bank

depression (der-pray-*shoon*) *c* depression

deprimera (der-pri-*may*-rah) *v* depress

deprimerad (der-pri-*may*-rahd) *adj* depressed

deputation (der-pew-tah-*shoon*) *c* deputation, delegation

deputerad (der-pew-*tay*-rahd) *c* (pl ~e) deputy

depå (der-*poa*) *c* depot

deras (*day*-rahss) *pron* their

desertera (der-sehr-*tay*-rah) *v* desert

desinfektera (diss-in-fayk-*tay*-rah) *v* disinfect

desinfektionsmedel (diss-in-fayk-*shoons*-may-dayl) *nt* disinfectant

desperat (derss-pay-*raat*) *adj* desperate

dessert (der-*sæær*) *c* dessert; sweet

dessförinnan (dehss-fur-*ri*-nahn) *adv* before then

dessutom (dehss-*ew*-tom) *adv* besides; moreover, also, furthermore

dessvärre (dehss-*væ*-rer) *adv* unfortunately

ju ... desto (*yew* ... dehss-too) the ... the

det (*day*) *pron* it

detalj (der-*tahly*) *c* detail

detaljerad (der-tahl-*yay*-rahd) *adj* detailed

detaljhandel (der-*tahly*-hahn-dayl) *c* retail trade

detaljhandlare (der-*tahly*-hahnd-lah-rer) *c* (pl ~) retailer

detaljist (der-tahl-*yist*) *c* retailer

detektiv (day-tehk-*teev*) c detective

detektivroman (day-tehk-*teev*-roo-maan) c detective story

devalvera (der-vahl-*vay*-rah) v devalue

devalvering (der-vahl-*vay*-ring) c devaluation

diabetes (diah-*bay*-terss) c diabetes

diabetiker (di-ah-*bay*-ti-kerr) c (pl ~) diabetic

diagnos (dee-ahg-*nōass*) c diagnosis; **ställa en ~** diagnose

diagonal (di-ah-go-*naal*) c diagonal; adj diagonal

diagram (dee-ah-*grahm*) nt graph; chart, diagram

dialekt (dee-ah-*laykt*) c dialect

diamant (dee-ah-*mahnt*) c diamond

diapositiv (*dee*-ah-poo-si-*teev*) nt slide

diarré (dee-ah-*ray*) c diarrhoea

diesel (*dee*-serl) c diesel

diet (di-*ayt*) c diet

difteri (dif-ter-*ree*) c diphtheria

dig (day) pron you, yourself

dike (*dee*-ker) nt ditch

dikt (dikt) c poem

diktafon (dik-tah-*fōan*) c dictaphone

diktamen (dik-*taa*-mern) c (pl ~, -mina) dictation

diktare (*dik*-tah-rer) c (pl ~) poet

diktator (dik-*taa*-tor) c dictator

diktera (dik-*tay*-rah) v dictate

dimension (di-mehn-*shōon*) c dimension, size

dimlykta (*dim*-lewk-tah) c foglamp

dimma (*di*-mah) c mist, fog

dimmig (*di*-mi) adj foggy

din (din) pron (nt ditt, pl dina) your

diplom (di-*plōam*) nt diploma; certificate

diplomat (di-plo-*maat*) c diplomat

diplomatisk (dip-lo-*maa*-tisk) adj diplomatic

direkt (di-*raykt*) adj direct

direktion (di-rehk-*shōon*) c direction, management

direktiv (di-rehk-*teev*) nt directive

direktör (di-rayk-*turr*) c director; executive, manager

dirigent (di-ri-*shaynt*) c conductor

dirigera (di-ri-*shay*-rah) v conduct

dis (deess) nt haze

disciplin (di-si-*pleen*) c discipline

disig (*dee*-si) adj misty, hazy

disk (disk) c counter, bar; washing-up

diska (*diss*-kah) v wash up

diskbråck (*disk*-brok) nt slipped disc

diskonto (diss-*kon*-too) nt bank-rate

diskussion (diss-kew-*shōon*) c discussion; argument

diskutera (diss-kew-*tay*-rah) v argue, discuss

disponibel (diss-poo-*nee*-berl) adj available

dispyt (diss-*pewt*) c dispute

distrikt (dist-*rikt*) nt district

dit (deet) adv there

djungel (*Yewng*-ayl) c (pl djungler) jungle

djup (Yewp) nt depth; adj deep, low

djupsinnig (*Yewp*-si-ni) adj profound

djur (Yewr) nt beast, animal

djurkretsen (*Yewr*-kreht-sern) zodiac

djurpark (*Yewr*-pahrk) c zoological gardens

djurreservat (*Yewr*-ray-sær-*vaat*) nt game reserve

djurskinn (*Yewr*-shin) nt skin

djärv (Yærv) adj bold

djävul (*Yai*-vewl) c (pl -vlar) devil

dock (dok) conj yet, nevertheless; but, yet

docka¹ (*doa*-kah) c doll

docka² (*doa*-kah) c dock; v dock

dockteater (*dok*-tay-*aa*-terr) c (pl -trar) puppet-show

doft (doft) c scent

doktor (*doak*-toar) c doctor

dokumentportfölj (do-kew-*maynt*-port-*furl*ᵞ) c attaché case

dom (doom) c judgment; verdict, sentence; **fällande ~** conviction

domare (*doo*-mah-rer) (pl ~) judge; c umpire, referee

domkraft (*doom*-krahft) c jack

domkyrka (*doom*-tᵞewr-kah) c cathedral

domnad (*dom*-nahd) adj numb

domslut (*doom*-slewt) nt verdict

domstol (*doom*-stool) c court; law court

donation (do-nah-*shoon*) c donation

donator (do-*naa*-tor) c donor

donera (do-*nay*-rah) v donate

dop (doop) nt baptism; christening

doppvärmare (*dop*-vær-mah-rer) c (pl ~) immersion heater

dos (dooss) c dose

dotter (*do*-terr) c (pl döttrar) daughter

dotterdotter (*do*-terr-do-terr) c (pl -döttrar) granddaughter

dotterson (*do*-terr-soan) c (pl -söner) grandson

dov (doav) adj dull

*dra (draa) v *draw; pull; **~ av** deduct; **~ ifrån** subtract; **~ till** tighten; **~ tillbaka** *withdraw; **~ upp** *wind; **~ ur** disconnect; **~ åt** tighten

drag (draag) nt move; trait; draught

dragning (*draag*-ning) c draw; tendency; tinge

drake (*draa*-ker) c dragon

drama (*draa*-mah) nt (pl -mer) drama

dramatiker (drah-*maa*-ti-kerr) c dramatist

dramatisk (drah-*maa*-tisk) adj dramatic

dressera (drer-*say*-rah) v train

*dricka (*dri*-kah) v *drink

drickbar (*drik*-baar) adj for drinking

dricks (driks) c tip

dricksvatten (*driks*-vah-tern) nt drinking-water

drink (drink) c drink

*driva (*dree*-vah) v drift; **~ framåt** propel; **~ med** kid

drivhus (*dreev*-hewss) nt greenhouse

drivkraft (*dreev*-krahft) c driving force

drog (droag) c drug

droppe (*dro*-per) c drop

drottning (*drot*-ning) c queen

drunkna (*drewngk*-nah) v *be drowned

dryck (drewk) c drink; beverage; **alkoholfri ~** soft drink

dränera (dreh-*nay*-rah) v drain

dränka (drehng-kah) v drown

dröm (drurm) c (pl ~mar) dream

drömma (*drur*-mah) v *dream

du (dew) pron you

dubbdäck (*dewb*-dehk) nt spiked tyre

dubbel (dew-behl) adj double

dubbelsäng (*dew*-berl-sehng) c double bed

duggregn (*dewg*-rehngn) nt drizzle

duglig (*dewg*-li) adj capable, able

duk (dewk) c table-cloth

duka (*dew*-kah) v *set the table

duka under (*dew*-kah) succumb

duktig (*dewk*-ti) adj capable; skilful, smart

dum (dewm) adj silly; foolish, stupid, dumb

dumbom (*dewm*-boom) c (pl ~mar) fool

dumdristig (*dewm*-driss-ti) adj daring, foolhardy

dumheter (*dewm*-hay-terr) pl nonsense

dun (dewn) nt down

dunka (*dewng*-kah) v thump; bump

dunkel (*dewng*-kerl) adj obscure; dim

dunkelhet (*dewng*-kerl-hayt) c gloom

duntäcke (*dewn*-teh-ker) nt eiderdown

durkslag (*dewrk*-slaag) *nt* strainer

dusch (dewsh) *c* shower

dussin (*dew*-sin) *nt* dozen

duva (*dēw*-vah) *c* pigeon

dvärg (dværᵛ) *c* dwarf

dygd (dewgd) *c* virtue

dygn (dewngn) *nt* twenty-four hours

*****dyka** (*dēw*-kah) *v* dive

dykarglasögon (*dēw*-kahr-glaa-*sūr*-gon) *pl* diving goggles

dylik (*dēw*-leek) *adj* such, similar

dyn (dēwn) *c* dune

dyna (*dēw*-nah) *c* pad

dynamo (*dēw*-nah-moo) *c* dynamo

dynga (*dewng*-ah) *c* dung

dyr (dēwr) *adj* expensive; dear

dyrbar (*dēwr*-baar) *adj* precious; dear, valuable, expensive

dyrka (*dewr*-kah) *v* worship

dysenteri (dew-sayn-ter-*ree*) *c* dysentery

dyster (*dewss*-terr) *adj* gloomy; sombre

då (dōa) *adv* then; *conj* when; **då och då** occasionally; now and then

dålig (*dōa*-li) *adj* bad; ill

dån (dōan) *nt* roar

dåraktig (*dōar*-ahk-ti) *adj* foolish

dåre (*dōa*-rer) *c* fool

däck (dehk) *nt* tire, tyre; deck

däckshytt (*dehks*-hewt) *c* deck cabin

däggdjur (*dehg*-ᵛēwr) *nt* mammal

där (dæær) *adv* there; ~ **borta** over there; ~ **nere** downstairs; down there; ~ **uppe** upstairs; up there

därefter (*dæær*-ayf-terr) *adv* afterwards; then

däremot (*dæær*-ay-*mōot*) *adv* on the other hand

därför (*dæær*-fūrr) *adv* therefore; ~ **att** because, as

därifrån (*dæær*-i-frōan) *adv* from there

*****dö** (dūr) *v* die

död (dūrd) *c* death; *adj* dead

döda (*dūr*-dah) *v* kill

dödlig (*dūrd*-li) *adj* mortal, fatal

dödsstraff (*durds*-strahf) *nt* death penalty

*****dölja** (*durl*-ᵛah) *v* conceal; *hide

döma (dur-mah) *v* judge; sentence

döpa (*dūr*-pah) *v* baptize; christen

dörr (durr) *c* door

dörrklocka (durr-klo-kah) *c* doorbell

dörrvaktmästare (*durr*-vahkt-mehss-tah-rer) *c* (pl ~) doorman

döv (dūrv) *adj* deaf

E

ebb (ayb) *c* low tide

ebenholts (*āy*-bayn-holts) *c* ebony

Ecuador (ayk-vah-*dōar*) Ecuador

ecuadorian (ayk-vah-*dōa*-ri-aan) *c* Ecuadorian

ed (āyd) *c* oath, vow

effektförvaring (*ay*-fehkt-furr-vaa-ring) *c* left-luggage office

effektiv (ay-fayk-*teev*) *adj* effective; efficient

efter (*ayf*-terr) *prep* after

efterforska (*ayf*-terr-fors-kah) *v* investigate

efterfrågan (*ayf*-terr-frōa-gahn) *c* demand

efterlikna (*ayf*-terr-leek-nah) *v* imitate

efterlämna (*ayf*-terr-lehm-nah) *v* *leave behind

eftermiddag (*ayf*-terr-mi-daag) *c* afternoon; **i** ~ this afternoon

efternamn (*ayf*-terr-nahmn) *nt* surname; family name

eftersom (*ayf*-terr-som) *conj* because, as, since

eftersträva (*ayf*-terr-strai-vah) *v* pursue; aim at

eftersända (*ayf*-terr-sehn-dah) *v* forward

efterträda (*ayf*-terr-trai-dah) *v* succeed

efteråt (*ayf*-terr-$\overline{oa}$t) *adv* afterwards

egen ($\overline{ay}$-gayn) *adj* own

egendom ($\overline{ay}$-gayn-doom) *c* property

egendomlig ($\overline{ay}$-gern-doom-li) *adj* peculiar

egendomlighet ($\overline{ay}$-gern-doom-li-$h\overline{ay}$t) *c* peculiarity

egenskap ($\overline{ay}$-gern-skaap) *c* quality; property

egentligen (ay-*Y*aynt-li-ern) *adv* really

egoism (ay-goo-*ism*) *c* selfishness

egoistisk (ay-goo-*iss*-tisk) *adj* egoistic

Egypten (ay-*Y*ewp-tern) Egypt

egypter (ay-*Y*ewp-terr) *c* (pl ~) Egyptian

egyptisk (ay-*Y*ewp-tisk) *adj* Egyptian

ehuru ($\overline{ay}$-$h\overline{ew}$-rew) *conj* though

ek ($\overline{ay}$k) *c* oak

eker ($\overline{ay}$-kerr) *c* (pl ekrar) spoke

ekipage (ay-ki-*paash*) *nt* carriage

eko ($\overline{ay}$-koo) *nt* echo

ekollon ($\overline{ay}$k-o-lon) *nt* acorn

ekonom (ay-ko-$n\overline{oa}m$) *c* economist

ekonomi (ay-ko-no-*mee*) *c* economy

ekonomisk (ay-ko-$n\overline{oa}$-misk) *adj* economical, economic; thrifty

ekorre ($\overline{ay}$k-orer) *c* squirrel

eksem (ehk-*s$\overline{ay}$m*) *nt* eczema

ekvatorn (ayk-*vaa*-torn) equator

elak ($\overline{ay}$-lahk) *adj* evil; ill

elakartad ($\overline{ay}$-lahk-aar-tahd) *adj* malignant

elasticitet (ay-lahss-ti-si-*t$\overline{ay}$t*) *c* elasticity

elastisk (ay-*lahss*-tisk) *adj* elastic

eld (ayld) *c* fire

eldfarlig (*ayld*-faar-li) *adj* inflammable

eldfast (*ayld*-fahst) *adj* fireproof

eldstad (*ayld*-staad) *c* (pl -städer) hearth

eldsvåda (*aylds*-v$\overline{oa}$-dah) *c* fire

elefant (ay-lay-*fahnt*) *c* elephant

elegans (ay-lay-*gahns*) *c* elegance

elegant (ay-lay-*gahnt*) *adj* elegant

elektricitet (ay-layk-tri-si-*t$\overline{ay}$t*) *c* electricity

elektriker (ay-*layk*-tri-kerr) *c* (pl ~) electrician

elektrisk (ay-*layk*-trisk) *adj* electric

elektronisk (ay-layk-$tr\overline{oa}$-nisk) *adj* electronic

element (ay-lay-*mehnt*) *nt* element

elementär (ay-lay-mehn-*tæær*) *adj* primary

elev (ay-*l$\overline{ay}$v*) *c* pupil

elfenben (*ayl*-fayn-b$\overline{ay}$n) *nt* ivory

elfte (*aylf*-tay) *num* eleventh

eliminera (ay-li-mi-*n$\overline{ay}$*-rah) *v* eliminate

eller (*ayl*-err) *conj* or

elva (*ayl*-vah) *num* eleven

elände (ay-*lehn*-der) *nt* misery

eländig (ay-*lehn*-di) *adj* miserable

emalj (ay-*mahlY*) *c* enamel

emaljerad (ay-mahl-*Y$\overline{ay}$*-rahd) *adj* enamelled

embargo (aym-*bahr*-goo) *nt* embargo

embarkering (aym-bahr-*k$\overline{ay}$*-ring) *c* embarkation

emblem (aym-*bl$\overline{ay}$m*) *nt* emblem

emellertid (ay-*meh*-lerr-teed) *adv* though, however

emot (ay-*m$\overline{oo}$t*) *prep* against; towards; *ha något ~ mind

en[1] (ayn) *art* (nt ett) a *art*

en[2] (ayn) *num* one

-en[3] (ayn) *suf* (nt -et) the *art*

enaktare ($\overline{ay}$n-ahk-tah-rer) *c* (pl ~) one-act play

enastående ($\overline{ay}$n-nah-st$\overline{oa}$-ayn-der) *adj* exceptional

enbart ($\overline{ay}$n-baart) *adv* exclusively

enda (ayn-dah) *pron* only; en ~

single

endast (*ayn*-dahst) *adv* alone, only; merely

endera (*ayn*-dāy-rah) *pron* either

endossera (ayn-do-sāy-rah) *v* endorse

energi (ay-nær-*shee*) *c* power, energy

energisk (ay-*nær*-gisk) *adj* energetic

engelsk (*ehng*-erlsk) *adj* English

Engelska kanalen (*eh*-ngerls-kah kah-*naa*-lern) English Channel

engelsman (*ehng*-erls-mahn) *c* (pl -män) Englishman

England (*ehng*-lahnd) England; Britain

engångs- (āyn-gongs) disposable

engångsflaska (āyn-gongs-flahss-kah) *c* no return bottle

enhet (āyn-hāyt) *c* unit, unity

***vara enig** (vaa-rah āy-ni) agree

enighet (āy-ni-hāyt) *c* agreement

enkel (ayng-kayl) *adj* simple; plain

enkelrum (ayng-kayl-rewm) *nt* single room

enkelt (ayng-kerlt) *adv* simply; **helt ~** simply

enligt (āyn-lit) *prep* according to

enorm (ay-*norm*) *adj* enormous; immense

ensam (ayn-sahm) *adj* lonely; sole

ensidig (āyn-see-di) *adj* one-sided

enskild (āyn-shild) *adj* individual

enstämmig (āyn-stehm-i) *adj* unanimous

entreprenör (ehnt-rer-pray-*nūrr*) *c* contractor

entusiasm (ayn-tew-si-*ahsm*) *c* enthusiasm

entusiastisk (ayn-tew-si-*ahss*-tisk) *adj* enthusiastic

envar (ayn-*vaar*) *pron* everyone

envis (āyn-veess) *adj* stubborn; obstinate; head-strong, dogged

envoyé (ayn-voo-ah-*vāy*) *c* envoy

epidemi (ay-pi-der-*mee*) *c* epidemic

epilepsi (ay-pi-lehp-*see*) *c* epilepsy

epilog (eh-pi-*lōag*) *c* epilogue

episk (āy-pisk) *adj* epic

episod (eh-pi-*sōōd*) *c* episode

epos (āy-poss) *nt* epic

Er (āyr) *pron* you; your; yourself

er (āyr) *pron* you; your; yourselves

era (āy-rah) *pron* your

***erbjuda** (āyr-bᵛēw-dah) *v* offer; **~ sig** offer one's services

erbjudande (āyr-bᵛēw-dahn-der) *nt* offer

***erfara** (āyr-faa-rah) *v* experience

erfaren (ayr-faa-rern) *adj* experienced

erfarenhet (ayr-faa-rern-hāyt) *c* experience

erforderlig (ayr-fōōr-derr-li) *adj* requisite

***erhålla** (āyr-ho-lah) *v* obtain

erinra sig (āyr-in-rah) recall

erkänna (āyr-tᵛeh-nah) *v* admit; confess, acknowledge, recognize

erkännande (āyr-tᵛeh-nahn-der) *nt* recognition

***ersätta** (āyr-seh-tah) *v* substitute; replace

ersättning (āyr-seht-ning) *c* indemnity; compensation

erövra (āyr-ūrv-rah) *v* conquer

erövrare (āyr-ūrv-rah-rer) *c* (pl ~) conqueror

erövring (āyr-ūrv-ring) *c* conquest; capture

eskort (ayss-*kort*) *c* escort

eskortera (ayss-kor-*tāy*-rah) *v* escort

esplanad (ayss-plah-*naad*) *c* esplanade

essens (ay-*sehns*) *c* essence

essä (ay-*sai*) *c* essay

etablera (ay-tah-*blāy*-rah) *v* establish

etapp (ay-*tahp*) *c* stage, lap

eter (āy-terr) *c* ether

etikett (ay-ti-*kayt*) *c* label; tag

etikettera (ayti-keh-*tāy*-rah) *v* label

Etiopien (ay-ti-ōō-pi-ern) Ethiopia

etiopier (ay-ti-ōō-pi-err) *c* (pl ~) Ethiopian

etiopisk (ay-ti-ōō-pisk) *adj* Ethiopian

etsning (*ehts*-ning) *c* etching

etui (ay-tew-ee) *nt* case

Europa (āy-rōō-pah) Europe

europé (āy-roo-pāy) *c* European

europeisk (āy-roo-pāy-isk) *adj* European

evakuera (ay-vah-kew-āy-rah) *v* evacuate

evangelium (ay-vahn-ᵛāy-li-ᵛewm) *nt* (pl -lier) gospel

eventuell (ay-vehn-tew-ayl) *adj* possible

evig (āyvi) *adj* eternal

evighet (āy-vi-hāyt) *c* eternity

evolution (ay-vo-lew-shōōn) *c* evolution

exakt (ayks-ahkt) *adv* exactly; *adj* exact

examen (ayk-saa-mern) *c* examination; *v* **•ta** ~ graduate

excentrisk (ayk-sehnt-risk) *adj* eccentric

exempel (ayk-sehm-perl) *nt* example; instance; **till** ~ for example; for instance

exemplar (ayks-aym-plaar) *nt* copy; specimen

existens (ayk-si-stehns) *c* existence

existera (ayk-si-stāy-rah) *v* exist

exklusiv (ehks-kloo-seev) *adj* exclusive

exotisk (ehk-sōa-tisk) *adj* exotic

expedit (ehks-pay-deet) *c* shop assistant

expedition (ayks-pay-di-shōōn) *c* expedition

experiment (ayks-peh-ri-mehnt) *nt* experiment

experimentera (ayks-peh-ri-mayn-tāy-rah) *v* experiment

expert (ayks-pært) *c* expert

explodera (ayks-plo-dāy-rah) *v* explode

explosion (ayks-plo-shōōn) *c* blast, explosion

explosiv (ayks-plo-seev) *adj* explosive

exponering (ayks-po-nāy-ring) *c* exposure

exponeringsmätare (ayks-po-nāy-rings-*mai*-tah-rer) *c* (pl ~) exposure meter

export (ayk-*sport*) *c* exports *pl*

exportera (ayks-por-tāy-rah) *v* export

expresståg (ayks-*prayss*-tōag) *nt* express train

expressutdelning (ayks-*prayss*-ewt-dāyl-ning) *c* special delivery

extas (ayks-taass) *c* ecstasy

extra (*aykst*-rah) *adj* extra, additional; spare

extrastorlek (*aykst*-rah-stōōr-lāyk) *c* outsize

extravagant (ayk-strah-vah-*gahnt*) *adj* extravagant

extrem (ehk-strāym) *adj* extreme

F

fabel (*faa*-berl) *c* (pl fabler) fable

fabrik (fahb-*reek*) *c* factory; works *pl*; plant, mill

fabrikant (fahb-ri-*kahnt*) *c* manufacturer

fack (fahk) *nt* compartment; trade

fackförening (*fahk*-furr-āy-ning) *c* trade-union

fackla (*fahk*-lah) *c* torch

fackman (*fahk*-mahn) *c* (pl -män) expert

fager (*faa*-gerr) *adj* fair

fajans (fah-ᵛahngs) *c* faience

faktisk (*fahk*-tisk) *adj* actual, factual

faktiskt (*fahk*-tist) *adv* in effect, actually, as a matter of fact, really

faktor (*fahk*-tor) *c* factor

faktum (*fahk*-tewm) *nt* (pl fakta) fact

faktura (fahk-*tew*-rah) *c* invoice

fakturera (fahk-tew-*rayrah*) *v* bill

fakultet (fah-kewl-*tayt*) *c* faculty

falk (fahlk) *c* hawk

fall (fahl) *nt* fall; case, instance; **i var-je ~** at any rate; anyway

***falla** (*fahl*-ah) *v* *fall

fallenhet (*fahl*-ern-hayt) *c* faculty

fallfärdig (*fahl*-fæær-di) *adj* ramshackle

falsk (fahlsk) *adj* false

familj (fah-*mil*Y) *c* family

familjär (fah-mil-*Y*æær) *adj* familiar

fanatisk (fah-*naa*-tisk) *adj* fanatical

fantasi (fahn-tah-*see*) *c* imagination, fantasy

fantasilös (fahn-tah-see-*lürss*) *adj* unimaginative

fantastisk (fahn-*tahss*-tisk) *adj* fantastic

fantom (fahn-*tōam*) *c* phantom

far (faar) *c* (pl fäder) father

fara (*faa*-rah) *c* peril, risk, danger

***fara** (*faa*-rah) *v* *go away; **~ runt om** by-pass

farbror (*fahr*-brōōr) *c* (pl -bröder) uncle

farfar (*fahr*-faar) *c* (pl -fäder) grandfather

farföräldrar (*faar*-furr-*ehld*-rahr) *pl* grandparents *pl*

farlig (*faar*-li) *adj* dangerous

farmakologi (fahr-mah-ko-loo-*gee*) *c* pharmacology

farmor (*fahr*-mōōr) *c* (pl -mödrar) grandmother

fars (fahrs) *c* farce

fart (faart) *c* speed; rate

fartbegränsning (*faart*-bay-*grehns*-ning) *c* speed limit

fartyg (*faar*-tēwg) *nt* ship; vessel

fas (faass) *c* stage, phase

fasa (*faa*-sah) *c* horror

fasad (fah-*saad*) *c* façade

fasan (fah-*saan*) *c* pheasant

fascinera (fah-shi-*nay*-rah) *v* fascinate

fascism (fah-*shism*) *c* fascism

fascist (fah-*shist*) *c* fascist

fascistisk (fah-*shiss*-tisk) *adj* fascist

fast (fahst) *adj* fixed; firm; permanent; *adv* tight

faster (*fahss*-terr) *c* (pl -trar) aunt

fastighet (fahss-ti-*hayt*) *c* house, property; premises *pl*

fastighetsmäklare (*fahss*-ti-hāyts-*maik*-lah-rer) *c* (pl ~) house agent

fastland (*fahst*-lahnd) *nt* mainland

fastställa (*fahst*-steh-lah) *v* establish; determine, ascertain, state

fastän (*fahst*-ehn) *conj* though, although

fat (faat) *nt* dish; barrel

fatal (fah-*taal*) *adj* fatal

fatta (*fah*-tah) *v* conceive; *take

fattas (*fah*-tahss) *v* fail

fattig (*fah*-ti) *adj* poor

fattigdom (*fah*-ti-doom) *c* poverty

fattigkvarter (*fah*-ti-kvahr-*tayr*) *nt* slum

favorit (fan-vōō-*reet*) *c* favourite

fe (fāy) *c* fairy

feber (*fāy*-berr) *c* fever

febrig (*fāyb*-ri) *adj* feverish

februari (fayb-rew-*aa*-ri) February

federation (fay-day-rah-*shōōn*) *c* federation

feg (fāyg) *adj* cowardly

fel (fāyl) *nt* mistake, error, fault; *adj* false, wrong; ***ha ~** *be wrong; ***ta ~** err

felaktig (*fāyl*-ahk-ti) *adj* incorrect; mistaken

felfri (*fāyl*-free) *adj* faultless

felsteg (*fāyl*-stāyg) *nt* slip

fem (fehm) *num* five

feminin (*fay*-mi-neen) *adj* feminine

femte (*fehm*-ter) *num* fifth

femtio (*fehm*-ti) *num* fifty

femton (fehm-ton) *num* fifteen

femtonde (*fehm*-ton-der) *num* fifteenth

feodal (fay-o-*daal*) *adj* feudal

ferieläger (*fay*-ri-er-lai-gerr) *nt* holiday camp

fernissa (fær-*nee*-sah) *c* varnish; *v* varnish

fest (fehst) *c* party; feast

festival (fayss-ti-*vaal*) *c* festival

festlig (*fayst*-li) *adj* festive

fet (*fayt*) *adj* fatty; fat; corpulent

fetma (*feht*-mah) *c* fatness

fett (fayt) *nt* fat, grease

fiber (*fee*-berr) *c* fibre

ficka (*fi*-kah) *c* pocket

fickalmanacka (*fik*-ahl-mah-nah-kah) *c* diary

fickkam (fik-kahm) *c* (pl ~mar) pocket-comb

fickkniv (*fik*-kneev) *c* pocket-knife

ficklampa (*fik*-lahm-pah) *c* torch; flash-light

fickur (*fik*-ewr) *nt* pocket-watch

fiende (*fee*-ayn-der) *c* enemy

fientlig (fi-*ehnt*-li) *adj* hostile

figur (fi-*gewr*) *c* figure

fikon (*fee*-kon) *nt* fig

fiktion (fik-*shoon*) *c* fiction

fil (feel) *c* file; row; lane

filial (fil-i-*aal*) *c* branch

filippinare (fi-li-*pee*-nah-rer) *c* (pl ~) Filipino

Filippinerna (fi-li-*pee*-nerr-nah) Philippines *pl*

filippinsk (fi-li-*peensk*) *adj* Philippine

film (film) *c* film; movie; **tecknad** ~ cartoon

filma (*fil*-mah) *v* film

filmduk (*film*-dewk) *c* screen

filmkamera (*film*-kaa-mer-rah) *c* film camera

filosof (fi-lo-*soaf*) *c* philosopher

filosofi (fi-lo-so-*fee*) *c* philosophy

filt (filt) *c* blanket; felt

filter (*fil*-terr) *nt* filter

fin (feen) *adj* fine; delicate; **fint!** all right!; okay!

finanser (fi-*nahng*-serr) *pl* finances *pl*

finansiell (fi-nahng-si-*ayl*) *adj* financial

finansiera (fi-nahng-si-*ay*-rah) *v* finance

finger (*fing*-err) *nt* (pl fingrar) finger

fingeravtryck (*fing*-err-aav-trewk) *nt* fingerprint

fingerborg (*fing*-er-bor**Y**) *c* thimble

finhacka (*feen*-hah-kah) *v* mince

Finland (*fin*-lahnd) Finland

finländare (*fin*-lehn-der-rer) *c* (pl ~) Finn

finmala (*feen*-maa-lah) *v* *grind

*finna (*fi*-nah) *v* *find

finne (*fi*-ner) *c* pimple; **finnar** acne

finsk (finsk) *adj* Finnish

fiol (fi-*ool*) *c* violin

fira (*fee*-rah) *v* celebrate

firande (fee-*rahn*-der) *nt* celebration

firma (*feer*-mah) *c* firm; company

fisk (fisk) *c* fish

fiska (*fiss*-kah) *v* fish

fiskaffär (fisk-ah-*fæær*) *c* fish shop

fiskare (*fiss*-kah-rer) *c* (pl ~) fisherman

fiskben (*fisk*-bayn) *nt* fishbone; bone

fiskedon (*fiss*-ker-doon) *nt* fishing tackle

fiskekort (*fiss*-ker-koort) *nt* fishing licence

fiskerinäring (fiss-ker-*ree*-næ-ring) *c* fishing industry

fiskmås (*fisk*-moass) *c* seagull

fisknät (*fisk*-nait) *nt* fishing net

fiskredskap (*fisk*-rayd-skaap) *nt* fishing gear

fiskrom *(fisk-rom)* c roe
fjord *(fYōard)* c fjord
fjorton *(fYōor-ton)* num fourteen
fjortonde *(fYōor-ton-der)* num fourteenth
fjäder *(fYai-derr)* c (pl -drar) feather; spring
fjäderfä *(fYai-derr-fai)* nt poultry; fowl
fjädring *(fYaid-ring)* c suspension
fjäll *(fYehl)* nt scale; mountain
fjälla *(fYeh-lah)* v peel
fjärde *(fYææer-der)* num fourth
fjäril *(fYææ-ril)* c butterfly
fjärilsim *(fYææ-ril-sim)* nt butterfly stroke
flagga *(flah-gah)* c flag
flamingo *(flahm-ing-goo)* c flamingo
flanell *(flah-nayl)* c flannel
flanera *(flah-nāy-rah)* v stroll
flanör *(flah-nūrr)* c stroller
flaska *(flahss-kah)* c bottle
flaskhals *(flahsk-hahls)* c bottleneck
flasköppnare *(flahsk-urp-nah-rer)* c (pl ~) bottle opener
flat *(flaat)* adj flat
fler *(flāyr)* adj more; (de) flesta most; flera several
flicka *(fli-kah)* c girl
flicknamn *(flik-nahmn)* nt maiden name; girl's name
flickscout *(flik-skout)* c girl guide
flin *(fleen)* nt grin
flina *(flee-nah)* v grin
flintskallig *(flint-skah-li)* adj bald
flintsten *(flint-stāyn)* c flint
flisa *(flee-sah)* c chip
flit *(fleet)* c diligence
flitig *(flee-ti)* adj industrious, diligent
flod *(flōōd)* c river; flood
flodbank *(flōōd-bahngk)* c bank
flodmynning *(flōōd-mew-ning)* c river mouth, estuary
flodstrand *(flōōd-strahnd)* c (pl -stränder) riverside; river bank

flotta *(flo-tah)* c navy; fleet; flott- naval
flotte *(flo-ter)* c raft
flottig *(flo-ti)* adj greasy
flottör *(flo-tūrr)* c float
fluga *(flew-gah)* c fly; bow tie
fly *(flew)* v escape
flyg *(flewg)* nt flight
*flyga *(flew-gah)* v *fly
flygbolag *(flewg-bōō-laag)* nt airline
flygel *(flew-gerl)* c (pl -glar) grand piano
flygfält *(flewg-fehlt)* nt airfield
flygkapten *(flewg-kahp-tāyn)* c captain
flygmaskin *(flewg-mah-sheen)* c aircraft
flygolycka *(flewg-oo-lew-kah)* c plane crash
flygplan *(flewg-plaan)* nt aeroplane, aircraft, plane; airplane nAm
flygplats *(flewg-plahts)* c airport
flygpost *(flewg-post)* c airmail
flygresa *(flewg-rāy-sah)* c flight
flygsjuka *(flewg-shēw-kah)* c air-sickness
flygvärdinna *(flewg-vær-di-nah)* c stewardess
flykt *(flewkt)* c escape
flyktig *(flewk-ti)* adj passing; volatile
flykting *(flewk-ting)* c refugee
*flyta *(flew-tah)* v flow; float
flytande *(flew-tahn-der)* adj fluent; liquid, fluid
flytta *(flewt-ah)* v move
flyttbar *(flewt-baar)* adj movable
flyttning *(flewt-ning)* c move
flytväst *(flewt-vehst)* c life-jacket
fläck *(flehk)* c stain, spot; speck, blot; fläcka ned
fläckborttagningsmedel *(flehk-boart-taag-nings-māy-dayl)* nt stain remover
fläckfri *(flehk-free)* adj spotless, stain-

less

fläckig (*fleh*-ki) *adj* spotted

fläkt (flehkt) *c* breath of air, breeze; fan

fläktrem (*flehkt*-rehm) *c* (pl ~mar) fan belt

flämta (*flehm*-tah) *v* pant

flöjt (flurˇt) *c* flute

fnittra (*fnit*-rah) *v* giggle

foajé (foo-ah-ˇay) *c* lobby, foyer

fock (fok) *c* foresail

foder (*fōō*-derr) *nt* lining; forage

foderbehållare (*fōō*-derr-bay-*ho*-lah-rer) *c* (pl ~) manger

fodral (foo-*draal*) *nt* case; cover

fogde (*foog*-der) *c* bailiff

folk (folk) *nt* folk, nation, people; *pl* people *pl*; **folk-** national, popular

folkdans (*folk*-dahns) *c* folk-dance

folklore (*folk*-lōar) *c* folklore

folkmassa (*folk*-mah-sah) *c* crowd

folkrik (*folk*-reek) *adj* populous

folkvisa (*folk*-vee-sah) *c* folk song

fond (fond) *c* fund

fondbörs (*fond*-burrs) *c* stock exchange

fondmarknad (*fond*-mahrk-nahd) *c* stock market

fonetisk (fo-*nāy*-tisk) *adj* phonetic

fontän (fon-*tain*) *c* fountain

forcera (for-*sāy*-rah) *v* force

fordon (*fōō*-doon) *nt* vehicle

fordra (*fōōd*-rah) *v* demand; claim

fordran (*fōōd*-rahn) *c* (pl -ringar) claim

fordringsägare (*fōōd*-rings-ai-gah-rer) *c* (pl ~) creditor

forell (fo-*rayl*) *c* trout

form (form) *c* form; shape

forma (*for*-mah) *v* form; model, shape

formalitet (for-mah-li-*tāyt*) *c* formality

format (for-*maat*) *nt* format; size

formel (*for*-merl) *c* (pl -mler) formula

formell (for-*mehl*) *adj* formal

formulär (for-mew-*læær*) *nt* form

forntida (*foorn*-tee-dah) *adj* ancient

forskning (*forsk*-ning) *c* research

fort¹ (foort) *adv* in a hurry

fort² (fort) *nt* fort

***fortgå** (*foort*-gōa) *v* continue

fortkörning (foort-tˇurr-ning) *c* speeding

***fortsätta** (*foort*-seh-tah) *v* *keep on; continue; *go on, *go ahead, carry on; proceed

fortsättning (*foort*-seht-ning) *c* continuation

fosterföräldrar (*fooss*-terr-furr-*ehld*-rahr) *pl* foster-parents *pl*

fosterland (*fooss*-terr-lahnd) *nt* (pl -länder) fatherland, native country

fot (fōōt) *c* (pl fötter) foot; **till fots** on foot; walking

fotboll (*fōōt*-bol) *c* football; soccer

fotbollslag (*fōōt*-bols-laag) *nt* soccer team

fotbollsmatch (*fōōt*-bols-mahch) *c* football match

fotbroms (*fōōt*-broms) *c* foot-brake

fotgängare (*fōōt*-ˇehng-ah-rer) *c* (pl ~) pedestrian

fotnot (*fōōt*-nōōt) *c* note

foto (*fōō*-too) *nt* photo

fotoaffär (*fōō*-too-ah-*fæær*) *c* camera shop

fotogen (fo-to-*shāyn*) *c* paraffin; kerosene

fotograf (foo-too-*graaf*) *c* photographer

fotografera (foo-too-grah-*fāy*-rah) *v* photograph

fotografering (foo-too-grah-*fāy*-ring) *c* photography

fotografi (foo-too-grah-*fee*) *nt* photograph

fotostatkopia (*foo*-too-staat-koo-*pee*-ah) *c* photostat

fotpuder (*fōōt*-pēw-derr) *nt* foot powder

fotspecialist (*foot*-spay-si-ah-*list*) *c* chiropodist

fotvård (*foot*-vord) *c* pedicure

frakt (frahkt) *c* freight

fram (frahm) *adv* forward

framför (*frahm*-fūrr) *prep* before; in front of; *adv* ahead

framföra (*frahm*-fūr-rah) *v* present, state

•**framgå** (frahm-goa) *v* appear

framgång (*frahm*-gong) *c* prosperity

framgångsrik (*frahm*-gongs-reek) *adj* successful

framkalla (*frahm*-kah-lah) *v* develop

•**framlägga** (*frahm*-lehg-ah) *v* present

framsida (*frahm*-see-dah) *c* front; face

framsteg (*frahm*-stāyg) *nt* progress; advance; •**göra** ~ advance, •make progress; •get on

framstegsvänlig (*frahm*-stāygs-vehn-li) *adj* progressive

framstående (*frahm*-stoā-ayn-der) *adj* prominent; distinguished

framställa (*frahm*-steh-lah) *v* produce, represent

framtid (*frahm*-teed) *c* future

framtida (*frahm*-tee-dah) *adj* future

framträda (*frahm*-trai-dah) *v* appear

framträdande (*frahm*-treh-dahn-der) *nt* appearance

framvisa (*frahm*-vee-sah) *v* •show

framåt (*frahm*-ōāt) *adv* onwards, forward, ahead

framåtsträvande (*frahm*-ōāt-strai-vahn-der) *adj* progressive

frankera (frahng-*kāy*-rah) *v* stamp

franko (*frahng*-koo) *adj* post-paid

Frankrike (*frahngk*-ri-ker) France

frans (frahns) *c* fringe

fransa sig (frahn-sah) fray

fransk (frahnsk) *adj* French

fransman (*frahns*-mahn) *m* (pl -män) Frenchman

fras (fraass) *c* phrase

frasig (*fraa*-si) *adj* crisp

fred (frāyd) *c* peace

fredag (*frāy*-daag) *c* Friday

frekvens (frer-*kvehns*) *c* frequency

fresta (*frayss*-tah) *v* tempt

frestelse (*frayss*-tayl-ser) *c* temptation

fri (free) *adj* free

fribiljett (*free*-bil-Ύayt) *c* free ticket

frid (freed) *c* peace

fridfull (*freed*-fewl) *adj* peaceful; serene

•**frige** (*fri*-Ύay) *v* release

frigivande (*free*-Ύee-vahn-der) *nt* liberation

frigörelse (*free*-Ύūr-rerl-ser) *c* emancipation, liberation

frihet (*free*-hāyt) *c* liberty, freedom

friidrott (*free*-ee-drot) *c* athletics *pl*

frikalla (*free*-kah-lah) *v* exempt

frikostig (*free*-koss-ti) *adj* liberal

friktion (frik-*shōōn*) *c* friction

frikännande (*free*-tΎeh-nahn-der) *nt* acquittal

frimärke (*free*-mær-ker) *nt* postage stamp

frimärksautomat (*free*-mærks-ou-too-*maat*) *c* stamp machine

frisk (frisk) *adj* well, healthy

friskintyg (*frisk*-in-tēwg) *nt* health certificate

frisyr (fri-*sēwr*) *c* hair-do

•**frita** (*free*-taa) *v* exempt; ~ **från** discharge of

fritid (*free*-teed) *c* spare time

fritidscenter (*free*-teeds-sehn-terr) *nt* recreation centre

frivillig¹ (*free*-vi-li) *c* (pl ~a) volunteer

frivillig² (*free*-vi-li) *adj* voluntary

frivol (fri-*vol*) *adj* frivolous

from (froom) *adj* pious

frost (frost) *c* frost

frostknöl (*froast-knürl*) c chilblain
frostskyddsvätska (*frost-shewds-vehts-kah*) c antifreeze
frotté (*fro-tay*) c terry cloth
fru (*frew*) c madam
frukost (*frew-kost*) c breakfast
frukt (*frewkt*) c fruit
frukta (*frewk-tah*) v dread, fear
fruktan (*frewk-tahn*) c dread, fright
fruktansvärd (*frewk-tahns-væærd*) adj awful
fruktbar (*frewkt-baar*) adj fertile
fruktsaft (*frewkt-sahft*) c squash, juice
fruktträdgård (*frewkt-trai-gōard*) c orchard
frusen (*frew-sern*) adj frozen, cold
frys (*frewss*) c deep-freeze
***frysa** (*frew-sah*) v *be cold; *freeze
fryspunkt (*frewss-pewngkt*) c freezing-point
fråga (*frōa-gah*) c question; matter, issue; v ask
frågesport (*frōa-ger-sport*) c quiz
frågetecken (*frōa-ger-tay-kern*) nt question mark
frågvis (*frōag-veess*) adj inquisitive
från (*frōan*) prep from; off, as from, out of; ~ **och med** from; as from
frånstötande (*frōan-stür-tahn-der*) adj repellent; repulsive
frånvarande (*frōan-vaa-rahn-der*) adj absent
frånvaro (*frōan-vaa-roo*) c absence
fräck (*frehk*) adj impertinent, insolent; bold
fräckhet (*frehk-hayt*) c nerve
frälsa (*frehl-sah*) v redeem; deliver
frälsning (*frehls-ning*) c delivery
främling (*frehm-ling*) c stranger; alien
främmande (*frehm-ahn-der*) adj strange; foreign
frö (*frür*) nt seed
fröjd (*frur^Yd*) c joy

fröken (*frür-kayn*) c miss; spinster
fukt (*fewkt*) c damp
fukta (*fewk-tah*) v moisten; damp
fuktig (*fewk-ti*) adj damp; humid, moist
fuktighet (*fewk-ti-hāyt*) c humidity, moisture
ful (*fewl*) adj ugly
full (*fewl*) adj full; drunk
fullblods- (*fewl-blōods*) thoroughbred
fullborda (*fewl-boor-dah*) v accomplish; finish
***fullgöra** (*fewl-^Yur-rah*) v fulfill; perform
fullkomlig (*fewl-kom-li*) adj complete; perfect; **fullkomligt** completely; entirely
fullkomlighet (*fewl-kom-li-hāyt*) c perfection
fullkornsbröd (*fewl-kōorns-brürd*) nt wholemeal bread
fullpackad (*fewl-pahk-ahd*) adj chock-full; crowded
fullsatt (*fewl-saht*) adj full up
fullständig (*fewl-stehn-di*) adj complete, total, utter; **fullständigt** completely
fullända (*fewl-ehn-dah*) v complete
fundera på (*fewn-day-rah*) *think over, ponder upon
fungera (*fewng-gay-rah*) v work; operate
funktion (*fewngk-shōon*) c function; working, operation
funktionsoduglig (*fewngk-shōons-ōo-dēwg-li*) adj out of order
fuska (*fewss-kah*) v cheat
fy! (*few*) shame!
fylla (*few-lah*) v fill; ~ **i** fill in; fill out Am
fylld (*fewld*) adj stuffed
fyllning (*fewl-ning*) c filling; stuffing
fynd (*fewnd*) nt discovery, find; bargain

fyr (fewr) *c* lighthouse

fyra (few-rah) *num* four

fyrtio (furr-ti) *num* forty

fysik (few-*seek*) *c* physics

fysiker (few-si-kerr) *c* (pl ~) physicist

fysiologi (few-si-o-lo-*gee*) *c* physiology

fysisk (few-sisk) *adj* physical

få (foā) *v* *get; *may, *have, *be allowed to

fåfänglig (foā-fehng-li) *adj* vain

fågel (foā-gerl) *c* (pl fåglar) bird

fåll (fol) *c* hem

fånga (fong-ah) *v* *catch

fånge (fong-er) *c* prisoner

fångenskap (fong-ayn-skaap) *c* imprisonment

fångvaktare (fong-vahk-tah-rer) *c* (pl ~) jailer

får (foār) *nt* sheep

fåra (foā-rah) *c* furrow, groove

fårkött (foār-tᵛurt) *nt* mutton

*få tag i (faw taag ee) *come across

fåtölj (foā-turlᵛ) *c* armchair; easy chair

fäkta (fehk-tah) *v* fence

fälg (fehlᵛ) *c* rim

fälla (fehl-ah) *c* trap

fält (fehlt) *nt* field

fältkikare (fehlt-tᵛee-kah-rer) *c* (pl ~) field glasses

fältsäng (fehlt-sehng) *c* camp-bed

fängelse (fehng-ayl-ser) *nt* prison; gaol, jail

fängsla (fehngs-lah) *v* imprison, captivate

färdig (fæær-di) *adj* finished; ready

färg (fær ᵛ) *c* colour; dye

färga (fær-ᵛah) *v* dye

färgad (fær-ᵛahd) *adj* coloured, dyed

färgblind (færᵛ-blind) *adj* colour-blind

färgfilm (færᵛ-film) *c* colour film

färglåda (færᵛ-loā-dah) *c* paint-box

färgrik (færᵛ-reek) *adj* richly coloured, vivid

färgstark (færᵛ-stahrk) *adj* colourful

färgäkta (færᵛ-ehk-tah) *adj* fast-dyed

färgämne (færᵛ-ehm-ner) *nt* colourant

färja (fær-ᵛah) *c* ferry-boat

färsk (færsk) *adj* fresh

fästa (fehss-tah) *v* attach, fasten; *stick; ~ **med nål** pin; **fäst vid** attached to

fästman (fehst-mahn) *c* (pl -män) fiancé

fästmö (fehst-mūr) *c* fiancée

fästning (fehst-ning) *c* fortress; stronghold

föda (fūr-dah) *c* food

född (furd) *adj* born

födelse (fūr-dayl-ser) *c* birth

födelsedag (fūr-dayl-ser-daag) *c* birthday

födelseort (fūr-dayl-ser-oort) *c* place of birth

födsel (furd-serl) *c* (pl -slar) birth

föga (fūr-gah) *adj* little

följa (furl-ᵛah) *v* accompany; follow; ~ **efter** follow

följaktligen (furlᵛ-ahkt-li-gayn) *adv* consequently

följande (furl-ᵛahn-der) *adj* following; next, subsequent

följd (furlᵛd) *c* consequence; result; succession

följeslagare (furl-ᵛer-slaa-gah-rer) *c* (pl ~) companion

följetong (furl-ᵛer-tong) *c* serial

fönster (furns-terr) *nt* window

fönsterbräde (furn-sterr-braider) *nt* window-sill

fönstergaller (furns-terr-gahl-err) *nt* bar

fönsterlucka (furns-terr-lew-kah) *c* shutter

för (furr) *prep* for, *conj* for; ~ **att** to

föra (fūr-rah) v convey, carry

förakt (furr-ahkt) nt scorn, contempt

förakta (furr-ahk-tah) v despise; scorn

förare (fūr-rah-rer) c (pl ~) driver

förarga (furr-ahr-Yah) v annoy; displease

förargelse (furr-ahr-Yerl-ser) c annoyance

förarglig (furr-ahrY-li) adj annoying

förband (furr-bahnd) nt bandage

förbandslåda (furr-bahnds-lōa-dah) c first-aid kit

förbanna (furr-bahn-ah) v curse

förbehåll (fūrr-ber-hol) nt reservation; qualification; **utan** ~ unconditionally

förbereda (fūrr-ber-rāy-dah) v prepare

förberedelse (fūrr-ber-rāy-dayl-ser) c preparation

förbi (furr-bee) prep past; *gå ~ pass by

*förbinda (furr-bin-dah) v connect; join; dress

förbindelse (furr-bin-dehl-ser) c connection

förbipasserande (furr-bee-pah-sāy-rahn-der) c (pl ~) passer-by

*förbise (fūrr-bi-sāy) v overlook

förbiseende (fūrr-bi-sāy-ayn-der) nt oversight

*förbjuda (furr-bYew-dah) v *forbid; prohibit

förbjuden (furr-bYew-dayn) adj prohibited

*förbli (furr-blee) v remain; stay

förbluffa (furr-blew-fah) v amaze

förbruka (furr-brēw-kah) v consume; *spend; use up

förbrukning (furr-brēwk-ning) c consumption

förbryllande (furr-brew-lahn-der) adj puzzling

förbrytare (furr-brēw-tah-rer) c (pl ~) criminal

förbud (furr-bēwd) nt prohibition

förbund (furr-bewnd) nt league; **förbunds-** federal

förbundsstat (furr-bewnd-staat) c federation

förbättra (furr-beht-rah) v improve

förbättring (furr-beht-ring) c improvement

fördel (fūrr-dāyl) c advantage; profit

fördelaktig (fūrr-dāyl-ahk-ti) adj advantageous; attractive

fördom (fūrr-doom) c prejudice

*fördriva (furr-dree-vah) v expel, chase

fördröja (furr-drur-Yah) v delay; slow down

fördämning (furr-dehm-ning) c dike

fördärva (furr-dær-vah) v *spoil

före (fūr-rer) prep before; ahead of; ~ **detta** former

förebrå (fūr-rer-brōa) v reproach; blame

förebråelse (fūr-rer-brōa-ayl-ser) c reproach

förebygga (fūr-rer-bewg-ah) v prevent

förebyggande (fūr-rer-bew-gahn-der) adj preventive

*föredra (fūr-rer-draa) v prefer

föredrag (fūr-rer-draag) nt lecture, talk

*föregripa (fūr-rer-gree-pah) v anticipate

*föregå (fur-rer-gōa) v precede

föregående (fūr-rer-gōa-ern-der) adj previous; preceding; prior

föregångare (fūr-rer-gong-ah-rer) c (pl ~) predecessor

*förekomma (fūr-rer-ko-mah) v occur; anticipate

förekomst (fūr-rer-komst) c frequency

föreläsning (fūr-rer-laiss-ning) c lecture

föremål (fūr-rer-mōal) nt object

förena (furr-āy-nah) v join, unite

förenad (furr-*āy*-nahd) *adj* united, combined, joint

förening (furr-*āy*-ning) *c* association; society, club; union

Förenta Staterna (fur-*rayn*-tah-*staa*-terr-nah) United States; the States

*****föreslå** (*fūr*-rer-slōā) *v* propose; suggest

förespråkare (*fūr*-rer-sprōā-kah-ray) *c* (pl ∼) spokesman, advocate

förestående (*fūr*-rer-stōā-ayn-der) *adj* oncoming

föreståndarinna (*fūr*-rer-ston-dah-*ri*-nah) *c* matron; manageress

föreställa (*fūr*-rer-stehl-ah) *v* introduce; represent; ∼ **sig** imagine; fancy

föreställning (*fūr*-rer-stehl-ning) *c* idea; performance, show

*****företa** (*fūr*-rer-tah) *v* *undertake

företag (*fūr*-rer-taag) *nt* enterprise; undertaking; concern, company

företräde (*fūr*-rer-trai-der) *nt* priority

förevisa (*fūr*-rer-vee-sah) *v* exhibit

förevändning (*fūr*-rer-vehnd-ning) *c* pretence

förfader (furr-*faa*-derr) *c* (pl -fäder) ancestor

förfall (furr-*fahl*) *nt* decay

*****förfalla** (furr-*fah*-lah) *v* deteriorate; expire

förfallen (furr-*fahl*-ern) *adj* dilapidated; ∼ **till betalning** overdue

förfallodag (furr-*fah*-lo-daag) *c* due date, day of maturity, expiry

förfalska (furr-*fahls*-kah) *v* forge; counterfeit

förfalskning (furr-*fahlsk*-ning) *c* fake, falsification

förfaringssätt (furr-*faa*-rings-seht) *nt* method

författare (furr-*fah*-tah-rer) *c* (pl ∼) author; writer

förfluten (furr-*flēw*-tayn) *adj* past; **det**

förflutna the past

*****förflyta** (furr-*flēw*-tah) *v* pass

förflyttning (furr-*flewt*-ning) *c* transfer

förfogande (furr-*fōōg*-ahn-der) *nt* disposal

förfriskning (furr-*frisk*-ning) *c* refreshment

förfråga sig (furr-*frōāg*-ah) inquire

förfrågan (furr-*frōā*-gahn) *c* (pl -gningar) request, inquiry; query

förfärlig (furr-*fæær*-li) *adj* terrible; dreadful, frightful

förfölja (furr-*furl*-Yah) *v* pursue; chase

förföra (furr-*fūr*-rah) *v* seduce

förförisk (furr-*fūr*-risk) *adj* seductive

förgasare (furr-*gaa*-sah-rer) *c* (pl ∼) carburettor

förgifta (furr-*Yif*-tah) *v* poison

förgrenas (furr-*grāy*-nahss) *v* fork, ramify

förgrund (*fūrr*-grewnd) *c* foreground

förgylld (furr-*Yewld*) *adj* gilt

*****förgå sig** (furr-*gōā*) offend

förgäves (furr-*Yaiv*-erss) *adv* in vain

på förhand (pōā *fūrr*-hahnd) in advance

förhandla (furr-*hahnd*-lah) *v* negotiate

förhandling (furr-*hahnd*-ling) *c* negotiation

förhastad (furr-*hahss*-tahd) *adj* rash; premature

förhindra (furr-*hin*-drah) *v* prevent

förhoppning (furr-*hop*-ning) *c* hope

förhållande (furr-*hol*-ahn-der) *nt* relation; affair

förhäxa (furr-*hehk*-sah) *v* bewitch

förhör (furr-*hūrr*) *nt* interrogation; examination

förhöra (furr-*hūr*-rah) *v* interrogate; ∼ **sig** inquire; enquire

förkasta (furr-*kahss*-tah) *v* reject; turn down

förklara (furr-*klaa*-rah) *v* explain; declare; ∼ **skyldig** convict

förklaring (furr-*klaa*-ring) *c* explanation; declaration

förklarlig (furr-*klaar*-li) *adj* accountable

förklä sig (furr-*klai*) disguise

förkläde (*furr*-klai-der) *nt* apron

förklädnad (*furr*-*klaid*-nahd) *c* disguise

förkorta (furr-*kor*-tah) *v* shorten

förkortning (furr-*kort*-ning) *c* abbreviation

förkylning (furr-tᵞ*ewl*-ning) *c* cold; *bli förkyld* *catch a cold

förkämpe (*furr*-tᵞehm-per) *c* advocate, champion

förkärlek (*fūrr*-tᵞæær-lāyk) *c* preference

förkörsrätt (*fūrr*-tᵞūrrs-reht) *c* right of way

förlag (furr-*laag*) *nt* publishing house

förlamad (furr-*laa*-mahd) *adj* paralyzed; lame

förlikning (furr-*leek*-ning) *c* settlement

förlopp (furr-*lop*) *nt* process

förlora (furr-*lōō*-rah) *v* *lose

förlossning (furr-*loss*-ning) *c* delivery; redemption

förlovad (furr-*lōa*-vahd) *adj* engaged

förlovning (furr-*lōav*-ning) *c* engagement

förlovningsring (furr-*lōav*-nings-ring) *c* engagement ring

förlust (furr-*lewst*) *c* loss

*förlåta** (furr-*lōa*-tah) *v* *forgive; *förlåt!* sorry!

förlåtelse (furr-*lōa*-tayl-ser) *c* pardon

förlägen (furr-*lai*-gern) *adj* embarrassed; *göra ~* embarrass

*förlägga** (furr-*leh*-gah) *v* place; *mislay

förläggare (furr-*leh*-gah-rer) *c* (pl ~) publisher

förlänga (furr-*lehng*-ah) *v* lengthen; extend; renew

förlängning (furr-*lehng*-ning) *c* extension

förlängningssladd (furr-*lehng*-nings-slahd) *c* extension cord

förlöjliga (furr-*lur*ᵞ-li-gah) *v* ridicule

förman (*fūrr*-mahn) *c* (pl -män) foreman

förmedlare (furr-*māyd*-lah-rer) *c* (pl ~) intermediary

förmiddag (*fūrr*-mi-daag) *c* morning

förminska (furr-*mins*-kah) *v* lessen, reduce

förmoda (furr-*mōōd*-ah) *v* suppose; guess, reckon, assume

förmodan (furr-*mōōd*-ahn) *c* (pl ~den) supposition

förmyndare (*fūrr*-mewn-dah-rer) *c* (pl ~) tutor; guardian

förmynderskap (*fūrr*-mewn-derr-skaap) *nt* custody, guardianship

förmå att (furr-*mōa*) *be able to; cause to

förmåga (furr-*mōa*-gah) *c* ability; faculty, capacity

förmån (*fūrr*-mōan) *c* benefit; *till ~ för* in favour of ...

förmånlig (*fūrr*-mōan-li) *adj* advantageous

förmögen (furr-*mūr*-gern) *adj* wealthy

förmögenhet (furr-*mūr*-gern-hāyt) *c* fortune

förmörkelse (furr-*murr*-kehl-ser) *c* eclipse

förnamn (*fūrr*-nahmn) *nt* first name; Christian name

förneka (furr-*nāy*-kah) *v* deny

*förnimma** (furr-*nim*-ah) *v* sense, perceive; apprehend

förnimmelse (furr-*nim*-erl-ser) *c* sensation; perception

förnuft (furr-*newft*) *nt* reason; sense

förnuftig (furr-*newf*-ti) *adj* reasonable, sensible

förnya (furr-*nēw*-ah) *v* renew

förnämst (furr-*naimst*) *adj* leading,

foremost, greatest

förolämpa (fūrr-ōō-lehm-pah) v insult

förolämpning (furr-ōō-lehmp-ning) c insult

förorda (fūrr-ōōr-dah) v recommend

förorening (fūrr-oo-rāy-ning) c pollution

förorsaka (fūrr-oor-saa-kah) v cause

förort (furr-oort) c suburb

förpackning (furr-pahk-ning) c packing; package

förpliktelse (furr-plik-terl-ser) c obligation; engagement

förr (furr) adv formerly

förra (furr-ah) adj last; past

förresten (furr-rehss-tayn) adv by the way; besides

i förrgår (ee furr-gōar) the day before yesterday

förråd (furr-rōad) nt supply

förråda (furr-rōad-ah) v betray; *give away

förrådsbyggnad (furr-rōads-bewg-nahd) c warehouse

förrädare (furr-rai-dah-rer) c traitor

förräderi (furr-aid-er-ree) nt treason

förrätt (furr-reht) c hors-d'œuvre; first course

församling (furr-sahm-ling) c assembly; parish, congregation

*förse (furr-sāy) v supply, furnish

förseelse (furr-sāy-ayl-ser) c offence

försena (furr-sāy-nah) v delay; **försenad** late; delayed; overdue

försening (furr-sāy-ning) c delay

försiktig (furr-sik-ti) adj cautious, careful

försiktighet (furr-sik-ti-hāyt) c caution; precaution

försiktighetsåtgärd (furr-sik-ti-hayts-ōāt-Ɣæærd) c precaution

förskott (fūrr-skot) nt advance; **betald i ~** prepaid

förskottera (fūrr-sko-tāy-rah) v ad-

vance

förskräcka (furr-skreh-kah) v terrify; ***bli förskräckt** *be frightened

förskräcklig (furr-skrehk-li) adj frightful; dreadful, terrible, horrible

förslag (furr-slaag) nt proposal; suggestion, proposition

försoning (furr-sōōn-ing) c reconciliation

*försova sig (furr-sōā-vah) *oversleep

försprång (fūrr-sprong) nt lead, start

först (furrst) adv at first

första (furrs-tah) num first; adj foremost, initial, earliest, original

förstad (fūr-staad) c (pl städer) suburb; **förstads-** suburban

förstavelse (fūrr-staa-vayl-ser) c prefix

förstklassig (furrst-klahss-i) adj first-class; first-rate

förstoppad (furr-sto-pahd) adj constipated

förstoppning (furr-stop-ning) c constipation

förstora (furr-stōō-rah) v enlarge

förstoring (furr-stōō-ring) c enlargement

förstoringsglas (furr-stōō-rings-glaass) nt magnifying glass

förströelse (furr-strūr-ayl-ser) c amusement; diversion

*förstå (furr-stōā) v *understand; *see; comprehend

förståelse (furr-stōā-ayl-ser) c understanding

förstående (furr-stōā-ern-der) adj understanding

förstånd (furr-stond) nt intellect; reason, brain

förstöra (furr-stūr-rah) v damage, destroy

förstörelse (furr-stūr-rayl-ser) c destruction

försumlig (furr-sewm-li) adj neglectful

försumma (furr-*sewm*-ah) v neglect; fail

försvar (furr-*svaar*) nt defence

försvara (furr-*svaa*-rah) v defend, justify

*****försvinna** (furr-*svi*-nah) v disappear; vanish

försvunnen (furr-*svew*-nayn) adj lost; missing

försäkra (furr-*saik*-rah) v assure; insure

försäkring (furr-*saik*-ring) c insurance

försäkringsbrev (furr-*saik*-rings-brāȳv) nt insurance policy; policy

försäkringspremie (furr-*saik*-rings-prāȳ-mi-ay) c premium

försäljare (furr-*sehl*-Ῠah-rer) c (pl ~) salesman

försäljerska (furr-*sehl*-Ῠerrs-kah) c salesgirl

försäljning (furr-*sehl*Ῠ-ning) c sale

försändelse (furr-*sehn*-dayl-ser) c consignment; item of mail

försök (furr-*sūrk*) nt attempt; experiment, try

försöka (furr-*sūr*-kah) v try; attempt

förtal (furr-*taal*) nt slander, calumny

förteckning (furr-*tayk*-ning) c index, list

förtjusande (furr-t Ῠēwss-ahn-der) adj delightful; lovely

förtjusning (furr-t Ῠēwss-ning) c delight

förtjust (furr-t Ῠēwst) adj delighted; joyful

förtjäna (furr-tῨai-nah) v merit, deserve; earn

förtjänst (furr-t Ῠehnst) c gain; merit

förtret (furr-*trāyt*) c annoyance

förtroende (furr-*trōō*-ern-der) nt confidence; trust

förtrolig (furr-*trōō*-li) adj intimate

förtrollande (furr-*trol*-ahn-der) adj enchanting; glamorous

förtrycka (furr-*trew*-kah) v oppress

förträfflig (furr-*trehf*-li) adj excellent

förtulla (furr-*tew*-ler) v declare

förtunna (furr-*tewn*-ah) v dilute

förtvivla (furr-*tveev*-lah) v despair

förtvivlan (furr-*tveev*-lahn) c despair

förundran (furr-*ewnd*-rahn) c wonder

förundra sig (furr-*ewnd*-rah) wonder

förut (fūrr-ēwt) adv before; formerly

förutsatt att (furr-ēwt-saht aht) provided that

*****förutse** (fūrr-ēwt-sāȳ) v anticipate

förutspå (fūrr-ēwt-spōā) v predict

*****förutsäga** (fūrr-ēwt-seh-Ῠah) v forecast

förutsägelse (fūrr-ēwt-sayayl-ser) c forecast

förutvarande (fūr-ēwt-vaa-rahn-der) adj former

förvaltande (fūrr-*vahl*-tahn-der) adj administrative

förvaltare (furr-*vahl*-tah-rer) c (pl ~) administrator; trustee

förvaltning (furr-*vahlt*-ning) c administration

förvaltningsrätt (furr-*vahlt*-nings-reht) c administrative law

förvandla (furr-*vahnd*-lah) v transform; **förvandlas till** turn into

förvaring (furr-*vaa*-ring) c custody

förvaringsrum (furr-*vaa*-rings-rewm) nt depository

förverkliga (furr-*værk*-li-gah) v realize

förvirra (furr-*vi*-rah) v confuse; muddle

förvirrad (furr-*vi*-rahd) adj confused

förvirring (furr-*vi*-ring) c confusion

förvissa sig om (furr-*viss*-ah) ascertain

förvåna (furr-*vōā*n-ah) v astonish; surprise; amaze

förvånansvärd (furr-*vōā*-nahns-væærd) adj astonishing

förvåning (furr-*vōā*ning) c astonishment; amazement

i förväg (ee *furr*-vaig) in advance

förväntan (furr-*vehn*-tahn) *c* (pl -tningar) expectation

förvänta sig (furr-*vehn*-tah) expect

förvärv (furr-*værv*) *nt* acquisition

förväxla (furr-*vehks*-lah) *v* *mistake, confuse, mix up

föräldrad (furr-*old*-rahd) *adj* antiquated, out-of-date

föräldrar (furr-*ehld*-rahr) *pl* parents *pl*

förälskad (furr-*ehls*-kahd) *adj* in love

förändra (furr-*ehnd*-rah) *v* change; alter

förändring (furr-*ehnd*-ring) *c* change, variation, alteration

föröva (furr-*ūrv*-ah) *v* commit

G

gaffel (*gah*-fayl) *c* (pl -flar) fork

gagnlös (*gahngn*-lūrss) *adj* futile, useless, fruitless

galen (*gaa*-lern) *adj* crazy

galge (*gahl*-Yer) *c* coat-hanger; gallows *pl*

galla (*gahl*-ah) *c* bile; gall

gallblåsa (*gahl*-blōāss-ah) *c* gall bladder

galleri (gah-ler-*ree*) *nt* gallery

gallsten (*gahl*-stāyn) *c* gallstone

galopp (gah-*lop*) *c* gallop

gam (gaam) *c* vulture

gammal (*gahm*-ahl) *adj* old; ancient, aged; stale

gammaldags (*gahm*-ahl-dahks) *adj* old-fashioned; quaint

gammalmodig (*gahm*-ahl-mōō-di) *adj* old-fashioned, outmoded

ganska (*gahns*-kah) *adv* fairly; pretty, rather, quite

gap (gaap) *nt* jaws *pl*, mouth

gapa (*gaapah*) *v* open one's mouth

garage (gah-*raash*) *nt* garage

garantera (gah-rahn-*tāy*-rah) *v* guarantee

garanti (gah-rahn-*tee*) *c* guarantee

garderob (gahr-der-*rōāb*) *c* wardrobe; closet *nAm;* checkroom *nAm*

gardin (gahr-*deen*) *c* curtain

garn (gaarn) *nt* (pl ~er) yarn

gas (gaass) *c* gas

gaskök (*gaass*-tYūrk) *nt* gas cooker

gaspedal (*gaass*-pay-*daal*) *c* accelerator

gasspis (*gaass*-speess) *c* gas cooker

gastronom (gahst-ro-*nōām*) *c* gourmet

gasverk (*gaass*-værk) *nt* gasworks

gasväv (*gaass*-vaiv) *c* gauze

gata (*gaa*-tah) *c* street; road

gatubeläggning (*gaa*-tew-bay-lehg-ning) *c* pavement

gatukorsning (*gaatew*-kors-ning) *c* crossroads

gavel (*gaa*-vayl) *c* (pl gavlar) gable

***ge** (Yāy) *v* *give; pass; ~ **efter** *give in; indulge; ~ **sig** surrender; ~ **sig av** *set out, *leave; ~ **upp** *give up; quit; ~ **ut** publish

gedigen (Yay-*dee*-gern) *adj* solid

gelé (shay-*lāy*) *c* jelly

gemen (Yay-*māyn*) *adj* mean, foul

gemensam (Yay-*māyn*-sahm) *adj* common; joint, mutual; **gemensamt** jointly; in common

gemenskap (Yay-*māyn*-skaap) *c* community, fellowship

genast (*Yāy*-nahst) *adv* immediately, at once, straight away

genera (shay-*nāy*-rah) *v* embarrass

general (Yay-nay-*raal*) *c* general

generation (Yay-nay-rah-*shōōn*) *c* generation

generator (Yay-nay-*raa*-tor) *c* generator

generös (shay-nay-*rūrss*) *adj* generous

geni (*yay*-nee) *nt* (pl ~er) genius

genljud (*yayn*-yewd) *nt* echo

genom (*yay*-nom) *prep* through

genomborra (*yay*-nom-bo-rah) *v* pierce

genomföra (*yay*-nom-fūr-rah) *v* carry out

***genomgå** (*yay*-nom-*goa*) *v* *go through

genomresa (*yay*-nom-*ray*-sah) *c* passage, transit

genomskinlig (*yay*-nom-sheen-li) *adj* transparent; sheer

genomsnitt (*yay*-nom-snit) *nt* average; mean; **i** ~ on the average

genomsnittlig (*yay*-nom-snit-li) *adj* average; medium

genomsöka (*yay*-nom-sūr-kah) *v* search, ransack

genomtränga (*yay*-nom-trehng-ah) *v* penetrate

gentemot (*yaynt*-ay-*mōot*) *prep* towards

genus (*gay*-newss) *nt* gender

geografi (*yay*-o-grah-*fee*) *c* geography

geologi (*yay*-o-lo-*gee*) *c* geology

geometri (*yay*-o-mayt-*ree*) *c* geometry

gest (shehst) *c* gesture

gestikulera (shehss-ti-kew-*layr*-ah) *v* gesticulate

get (*yayt*) *c* (pl ~ter) goat; **getabock** billy goat

geting (*yay*-ting) *c* wasp

getskinn (*yayt*-shin) *nt* kid

gevär (*ver*-væær) *nt* rifle; gun

gift (*yift*) *nt* poison

gifta sig (*yif*-tah) marry

giftig (*yif*-ti) *adj* poisonous; toxic

gikt (*yikt*) *c* gout

gilla (*yi*-lah) *v* like; approve

gillande (*yi*-lahn-der) *nt* approval

giltig (*yil*-ti) *adj* valid

gips (*yips*) *c* plaster

gissa (*yi*-sah) *v* guess

gisslan (*yiss*-lahn) *c* hostage

gitarr (*yi*-tahr) *c* guitar

givetvis (*yee*-vert-veess) *adv* of course

givmild (*yeev*-mild) *adj* generous; liberal

givmildhet (*yeev*-mild-hāyt) *c* generosity

***gjuta** (*yew*-tah) *v* *cast

gjutjärn (*yewt*-yærn) *nt* cast iron

glaciär (glah-si-*yæær*) *c* glacier

glad (glaad) *adj* glad; cheerful, joyful

gladlynt (*glaad*-lewnt) *adj* good-humoured

glans (glahns) *c* gloss

glas (glaass) *nt* glass; **färgat** ~ stained glass; **glas-** glass

glasera (glah-*sāy*-rah) *v* glaze

glass (glahss) *c* ice-cream

glasögon (*glaass*-ūr-gon) *pl* glasses; spectacles

***glida** (*glee*-dah) *v* *slide; glide

glidning (*gleed*-ning) *c* slide

glimt (glimt) *c* glimpse; flash

glob (glōōb) *c* globe

glupsk (glewpsk) *adj* greedy

***glädja** (*glaid*-yah) *v* please, delight

glädje (*glaid*-yer) *c* joy, pleasure; gaiety, gladness; **med** ~ gladly

glänsa (*glehn*-sah) *v* *shine

glänsande (*glehn*-sahn-der) *adj* shining, lustrous

glänta (*glehn*-tah) *c* glade

glöd (glūrd) *c* embers *pl*; glow

glöda (*glūr*-dah) *v* glow

glödlampa (*glūrd*-lahm-pah) *c* light bulb

glödlampshållare (*glūrd*-lahmps-ho-lah-rer) *c* (pl ~) socket

glömma (*glur*-mah) *v* *forget

glömsk (glurmsk) *adj* forgetful

***gnida** (*gneed*-ah) *v* rub

gnissla (*gniss*-lah) *v* creak

gnista (*gniss*-tah) *c* spark

gnistra (*gnist*-rah) v sparkle

gnistrande (*gnist*-rahn-der) adj sparkling

gobeläng (goo-ber-*lehng*) c tapestry

god (gōōd) adj nice; good; kind; var ~ please; var så ~ here you are

goddag! (gōō-daa) hello!

godis (gōōd-iss) nt candy nAm

godkänna (gōōd-tⁱehn-ah) v approve of

godlynt (gōōd-lewnt) adj good-tempered

godmodig (gōōd-mōō-di) adj good-natured

gods (goods) nt estate

godståg (goods-tōāg) nt goods train; freight-train nAm

godsvagn (goods-vahngn) c waggon

godtrogen (gōōd-trōō-gern) adj credulous

godtycklig (gōōd-tewk-li) adj arbitrary, fortuitous

golf (golf) c golf

golfbana (golf-baa-ner) c golf-course; golf-links

golv (golv) nt floor

gondol (gon-dōāl) c gondola

gosse (goss-er) c lad

gottaffär (got-ah-*fæær*) c sweetshop; candy store Am

gotter (got-err) pl sweets

*gottgöra (got-ⱽurr-ah) v *make good, indemnify

gottgörelse (got-ⱽur-rerl-ser) c indemnity

grabb (grahb) c chap

grace (graass) c grace

graciös (grah-si-*ürss*) adj graceful

grad (graad) c degree; grade; till den ~ so

gradvis (graad-veess) adj gradual

grafisk (graa-fisk) adj graphic; ~ framställning diagram

gram (grahm) nt gram

grammatik (grah-mah-*teek*) c grammar

grammatisk (grah-*mah*-tisk) adj grammatical

grammofon (grah-mo-*fōān*) c record-player; gramophone

grammofonskiva (grah-mo-fōān-shee-vah) c record; disc

gran (graan) c fir-tree

granit (grah-*neet*) c granite

granne (grah-ner) c neighbour

grannskap (grahn-skaap) nt neighbourhood

grapefrukt (graip-frewkt) c grapefruit

gratis (graa-tiss) adj free; gratis

gratulation (grah-tew-lah-*shōōn*) c congratulation

gratulera (grah-tew-*lāy*-rah) v compliment, congratulate

grav (graav) c grave; tomb

gravera (grah-*vāy*-rah) v engrave

gravid (grah-*veed*) adj pregnant

gravsten (*graav*-stāyn) c gravestone; tombstone

gravsättning (*graav*-seht-ning) c burial

gravyr (grah-*vēwr*) c engraving

gravör (grah-*vürr*) c engraver

grej (gray) c gadget

grek (grāyk) c Greek

grekisk (grāy-kisk) adj Greek

Grekland (*grāy*k-lahnd) Greece

gren (grāyn) c branch; bough

grepp (grayp) nt grasp; clutch, grip

greve (*grāy*-ver) c count; earl

grevinna (gray-*vi*-nah) c countess

grevskap (*grāy*v-skaap) nt county

griffeltavla (*gri*-ferl-taav-lah) c slate

grilla (*gri*-lah) v grill; roast

grillrestaurang (*gril*-rayss-tew-*rahng*) c grill-room

grind (grind) c gate

*gripa (*greep*-ah) v grasp; *take, grip, seize, *catch

gripbar (*greep*-baar) *adj* tangible

gris (greess) *c* pig

griskött (*greess*-tɤurt) *nt* pork

groda (*grōō*-dah) *c* frog

grodd (grood) *c* germ

grop (grōōp) *c* pit

gropig (*grōō*-pi) *adj* bumpy, rough

gross (gross) *nt* gross

grossist (gro-*sist*) *c* wholesale dealer

grotta (*gro*-tah) *c* grotto; cave

grov (grōōv) *adj* coarse; gross

grund (grewnd) *c* cause; ground; *adj* shallow; **på ~ av** because of; on account of, for

grunda (*grewn*-dah) *v* found; base, ground

grundlag (*grewnd*-laag) *c* constitutional law

grundlig (*grewnd*-li) *adj* thorough

grundläggande (*grewnd*-leh-gahn-der) *adj* fundamental; basic

grundprincip (*grewnd*-prin-*seep*) *c* basis

grundsats (*grewnd*-sahts) *c* fundamental principle

grundval (*grewnd*-vaal) *c* base, foundation

grupp (grewp) *c* group; set

grus (grēwss) *nt* gravel; grit

grusväg (*grēwss*-vaig) *c* gravelled road

gruva (*grew*-vah) *c* mine; pit

gruvarbetare (*grēwv*-ahr-*bāy*-tah-rer) *c* (pl ~) miner

gruvdrift (*grēwv*-drift) *c* mining

grym (grewm) *adj* cruel; harsh

gryning (*grēw*-ning) *c* dawn

gryta (*grēw*-tah) *c* pot, casserole

grå (grōā) *adj* grey

***gråta** (*grōā*-tah) *v* cry; *weep

grädde (*greh*-der) *c* cream

gräddfärgad (*grehd*-fær-ɤahd) *adj* cream

gräl (grail) *nt* quarrel; dispute

gräla (*grai*-lah) *v* argue, quarrel; **~ på** scold

gränd (grehnd) *c* alley; lane

gräns (grehns) *c* frontier, border; limit, bound

gränslinje (*grehns*-lin-ɤer) *c* boundary

gräs (graiss) *nt* grass

gräshoppa (*graiss*-ho-pah) *c* grasshopper

gräslig (*graiss*-li) *adj* horrible

gräslök (*graiss*-lürk) *c* chives *pl*

gräsmatta (*graiss*-mah-tah) *c* lawn

grässtrå (*graiss*-strōā) *nt* blade of grass

gräva (*grai*-vah) *v* *dig; **~ ut** excavate

grön (grürn) *adj* green

grönsak (*grürn*-saak) *c* vegetable

grönsakshandlare (*grürn*-saaks-*hahnd*-lah-rer) *c* (pl ~) greengrocer; vegetable merchant

grönsallad (*grürn*-sahl-ahd) *c* lettuce

gud (gēwd) *c* god

gudfar (*gēwd*-faar) *c* (pl -fäder) godfather

gudinna (gew-*din*-ah) *c* goddess

gudomlig (gew-*doom*-li) *adj* divine

gudstjänst (*gewds*-tɤehnst) *c* worship, divine service

guide (gighd) *c* guide

gul (gēwl) *adj* yellow

guld (gewld) *nt* gold

guldgruva (*gewld*-grēw-vah) *c* goldmine

guldsmed (*gewld*-smāyd) *c* goldsmith

gulsot (*gēwl*-sōōt) *c* jaundice

gummi (*gew*-mi) *nt* rubber; gum

gummiband (*gew*-mi-bahnd) *nt* rubber band

gunga (*gewng*-ah) *c* swing; *v* rock, *swing

gungbräda (*gewng*-brai-dah) *c* seesaw

gunstling (*gewnst*-ling) *c* favourite

gurgla (*gewrg*-lah) *v* gargle

gurka (*gewr*-kah) *c* cucumber
guvernant (*gēw*-verr-*nahnt*) *c* governess
guvernör (gēw-verr-*nūrr*) *c* governor
gylf (Yewlf) *c* fly
gyllene (Yewl-ler-ner) *adj* golden
gymnast (Yewm-*nahst*) *c* gymnast
gymnastik (Yewm-nah-*steek*) *c* gymnastics *pl*
gymnastikbyxor (Yewm-nah-*steek*-bewk-serr) *pl* trunks *pl*
gymnastiksal (Yewm-nah-*steek*-saal) *c* gymnasium
gymnastikskor (Yewm-nah-*steek*-skōōr) *pl* gym shoes; plimsolls *pl;* sneakers *plAm*
gynekolog (Yew-nay-ko-*lōāg*) *c* gynaecologist
gynna (Yewn-ah) *v* favour
gynnsam (Yewn-sahm) *adj* favourable
gyttja (Yewt-Yah) *c* mud
*gå (gōā) *v* *go; walk; ~ **förbi** pass by; ~ **igenom** pass through; ~ **i land** land; ~ **in** enter; ~ **med** consent to; ~ **ombord** embark; ~ **upp** *rise; ~ **ut** *go out
gång (gong) *c* time; gait; passage, corridor, aisle; **en** ~ once; some time; **en** ~ **till** once more; **gång på gång** again and again; **någon** ~ some day; **två gånger** twice
gångart (gong-aart) *c* gait
gångbana (gong-baan-ah) *c* sidewalk *nAm*
gångjärn (gong-Yæærn) *nt* hinge
gångstig (gong-steeg) *c* footpath
gård (gōārd) *c* farm; yard
gås (gōāss) *c* (pl gäss) goose
gåshud (gōāss-hēwd) *c* goose-flesh
gåta (gōā-tah) *c* riddle; enigma
gåtfull (gōāt-fewl) *adj* mysterious
gåva (gōā-vah) *c* gift; present
gädda (Yeh-dah) *c* pike
gäl (Yail) *c* gill

gäll (Yehl) *adj* loud
gälla (Yehl-ah) *v* apply
gällande (Yehl-ahn-der) *adj* current, valid
gäng (Yehng) *nt* gang
gärna (Yæær-nah) *adv* gladly, willingly
gärning (Yæær-ning) *c* deed, act
gäspa (Yehss-pah) *v* yawn
gäst (Yehst) *c* guest
gästfri (Yehst-free) *adj* hospitable
gästfrihet (Yehst-free-hāyt) *c* hospitality
gästrum (Yehst-rewm) *nt* guest-room; spare room
gödsel (Yur-serl) *c* manure
gödselstack (Yur-serl-stahk) *c* dunghill
gök (Yūrk) *c* cuckoo
gömma (Yur-mah) *v* *hide
*göra (Yūr-rah) *v* *do; *make; ~ **illa** harm; ~ **upp** settle; *make up
gördel (Yūrr-dayl) *c* (pl -dlar) girdle

H

*ha (haa) *v* *have
habegär (haa-bay-Yæær) *nt* greed
hacka (hahk-ah) *c* hoe, pick-axe; *v* hoe, chop
hagalen (haa-gaa-lern) *adj* greedy
hagel (haa-gerl) *nt* hail
haj (high) *c* shark
haka (haa-kah) *c* chin
hal (haal) *adj* slippery
halka (hahl-kah) *v* slip
hall (hahl) *c* hall
hallon (hah-lon) *nt* raspberry
halm (hahlm) *c* straw
halmtak (hahlm-taak) *nt* thatched roof
hals (hahls) *c* throat; neck

halsband (hahls-bahnd) *nt* necklace; collar

halsbränna (hahls-breh-nah) *c* heartburn

halsduk (hahls-dewk) *c* scarf

halsfluss (hahls-flewss) *c* tonsilitis

halsmandlar (hahls-mahnd-lahr) *pl* tonsils *pl*

halsont (hahls-oont) *nt* sore throat

halstra (hahl-strah) *v* roast

halt (hahlt) *adj* lame

halta (hahl-tah) *v* limp

halv (hahlv) *adj* half

halvcirkel (hahlv-seer-kerl) *c* (pl -klar) semicircle

halvera (hahl-vāy-rah) *v* halve

halvlek (hahlv-lāyk) *c* half-time

halvpension (hahlv-pahng-shōōn) *c* half board

halvvägs (hahl-vaigs) *adv* halfway

halvö (hahlv-ūr) *c* peninsula

hammare (hah-mah-rer) *c* (pl ~) hammer

hamn (hahmn) *c* port, harbour

hamnarbetare (hahmn-ahr-bāy-tah-rer) *c* (pl ~) docker

hamnpir (hahmn-peer) *c* jetty

hamnstad (hahmn-staad) *c* (pl -städer) seaport

hampa (hahm-pah) *c* hemp

han (hahn) *pron* he

han- (haan) *pref* male

hand (hahnd) *c* (pl händer) hand; **hand-** manual; **ta ~ om* look after; **take care of, attend to

handarbete (hahnd-ahr-bāyt-er) *nt* needlework

handbagage (hahnd-bah-gaash) *nt* hand luggage; hand baggage *Am*

handbojor (hahnd-bo-Yor) *pl* handcuffs *pl*

handbok (hahnd-bōōk) *c* (pl -böcker) handbook

handbroms (hahnd-broms) *c* handbrake

handduk (hahnd-dewk) *c* towel

handel (hahn-derl) *c* trade; business, commerce; **driva ~* trade; **handels-** commercial

handelsman (hahn-derls-mahn) *c* (pl -män) tradesman

handelsrätt (hahn-derls-reht) *c* commercial law

handelsvara (hahn-derls-vaa-rah) *c* merchandise

handfat (hahnd-faat) *nt* wash-basin

handflata (hahnd-flaa-tah) *c* palm

handfull (hahnd-fewl) *c* handful

handgjord (hahnd-Yoord) *adj* handmade

handikappad (hahn-di-kahp-ahd) *adj* handicapped, disabled

handkräm (hahnd-kraim) *c* hand cream

handla (hahnd-lah) *v* shop; act

-handlare (hahnd-lah-rer) *c* dealer

handled (hahnd-lāyd) *c* wrist

handling (hahnd-ling) *c* action; act, plot, deed; certificate; **handlingar** documents *pl*

handpenning (hahnd-pay-ning) *c* down payment, deposit

handske (hahnd-sker) *c* glove

handslag (hahnd-slaag) *nt* handshake

handstil (hahnd-steel) *c* handwriting

handtag (hahnd-taag) *nt* knob, handle

handväska (hahnd-vehss-kah) *c* handbag; bag

hans (hahns) *pron* his

hantera (hahn-tāy-rah) *v* handle

hanterlig (hahn-tāyr-li) *adj* manageable

hantverk (hahnt-værk) *nt* handicraft

hare (haa-rer) *c* hare

harmoni (hahr-mo-nee) *c* harmony

harpa (hahr-pah) *c* harp

hasselnöt (hahss-erl-nūrt) *c* (pl ~ter) hazelnut

hast (hahst) c haste
hastig (hahss-ti) adj fast, rapid; hasty
hastighet (hahss-ti-hāyt) c speed
hastighetsbegränsning (hahss-ti-hāyts-ber-grehns-ning) c speed limit
hastighetsmätare (hahss-ti-hāyts-mai-tah-rer) c (pl ~) speedometer
hat (haat) nt hatred, hate
hata (haa-tah) v hate
hatt (haht) c hat
hatthylla (haht-hew-lah) c hat rack
hav (haav) nt sea
havande (haa-vahn-der) adj pregnant
havre (haav-rer) c oats pl
havsstrand (hahvs-strahnd) c (pl -stränder) seashore
havsvatten (hahvs-vah-tern) nt sea-water
hebreiska (hay-brāy-iss-kah) c Hebrew
hed (hāyd) c moor, heath
heder (hāy-derr) c honour
hederlig (hāy-derr-li) adj honest, straight
hederskänsla (hāy-derrs-tʸehns-lah) c sense of honour
hedning (hāyd-ning) c pagan, heathen
hednisk (hāyd-nisk) adj heathen; pagan
hedra (hāyd-rah) v honour
hej! (hay) hello!
hel (hāyl) adj entire; whole
helgdag (hehlʸ-daag) c holiday
helgedom (hehl-ger-doom) c shrine, sanctuary
helgeflundra (hehl-ʸer-flewnd-rah) c halibut
helgerån (hehl-ʸeh-rōan) nt sacrilege
helgon (hehl-gon) nt saint
helhet (hāyl-hāyt) c whole
helig (hāy-li) adj holy; sacred
hellre (hehl-rer) adv rather; sooner
helpension (hāyl-pahng-shōon) c full board; bed and board; board and lodging

helt (hāylt) adv entirely; quite; ~ och hållet wholly; altogether
helvete (hehl-vāy-ter) nt hell
hem (hehm) nt home; adv home; *gå ~ *go home; hem- domestic
hembiträde (hehm-bee-trai-der) nt housemaid
hemgjord (hehm-ʸōord) adj home-made
hemland (hehm-lahnd) nt (pl -länder) native country
hemlig (hehm-li) adj secret
hemlighet (hehm-li-hāyt) c secret
hemlängtan (hehm-lehng-tahn) c homesickness
hemma (hehm-ah) adv at home; home
hemmafru (heh-mah-frew) c house-wife
hemorrojder (heh-mo-roi-derr) pl haemorrhoids pl; piles pl
hemort (hehm-oort) c domicile
hemsk (hehmsk) adj terrible
hemtrevlig (hehm-trāyv-li) adj cosy
henne (hehn-er) pron her
hennes (hehn-erss) pron her
herde (hāyr-der) c shepherd
herr (hær) mister
herravälde (hær-ah-vehl-der) nt domination; dominion
herre (hær-er) c gentleman; min ~ sir
herrfrisör (hær-fri-sūrr) c barber
herrgård (hær-gōard) c manor-house
herrtoalett (hær-tōo-ah-layt) c men's room
hertig (hær-tig) c duke
hertiginna (hær-ti-gin-ah) c duchess
hes (hāyss) adj hoarse
het (hāyt) adj hot
heta (hāy-tah) v *be called
heterosexuell (heh-ter-ro-sehk-sew-ayl) adj heterosexual

hetlevrad (*hāyt-lāyv-rahd*) *adj* hot-
tempered
hetta (*hay-tah*) *c* heat
hicka (*hi-kah*) *c* hiccup
hierarki (hi-err-ahr-*kee*) *c* hierarchy
himmel (*him-*erl) *c* (pl -mlar) sky;
heaven
hinder (*hin-*derr) *nt* obstacle; impedi-
ment
hindra (*hind-*rah) *v* hinder; impede;
embarrass
hink (hingk) *c* bucket
hinna (*hin-*ah) *c* membrane
***hinna** (*hin-*ah) *v* *catch; *find time
hiss (hiss) *c* lift; elevator *nAm*
hissa (*hiss-*ah) *v* hoist
historia (hiss-*tōō*-ri-ah) *c* history;
story
historiker (hiss-*tōō*-ri-kerr) *c* (pl ~)
historian
historisk (hiss-*tōō*-risk) *adj* historic;
historical
hitta (*hit-*ah) *v* *find
hittegods (*hi-*ter-goods) *nt* lost and
found
hittegodsmagasin (*hi-*ter-goods-mah-
gah-*seen*) *nt* lost property office
hittills (*heet-*tils) *adv* so far
hjord (Yōōrd) *c* herd; flock
hjort (Yoort) *c* deer
hjortdjurshorn (Yoort-Yēwrs-hōōrn) *nt*
antlers *pl*
hjortkalv (Yoort-kahlv) *c* fawn
hjul (Yēwl) *nt* wheel
hjulaxel (Yēwl-*ahk*-serl) *c* (pl -axlar)
axle
hjälm (Yehlm) *c* helmet
hjälp (Yehlp) *c* help; aid, assistance;
relief; helper; **första hjälpen** first-
aid
hjälpa (Yehl-pah) *v* help; aid, assist
hjälpsam (Yehlp-sahm) *adj* helpful
hjälpstation (Yehlp-stah-shōōn) *c* first-
aid post

hjälte (Yehl-ter) *c* hero
hjärna (Yææer-nah) *c* brain
hjärnskakning (Yæern-skaak-ning) *c*
concussion
hjärta (Yær-tah) *nt* heart
hjärtattack (Yært-ah-*tahk*) *c* heart at-
tack
hjärtklappning (Yært-klahp-ning) *c*
palpitation
hjärtlig (Yært-li) *adj* cordial; hearty
hjärtlös (Yært-lūrss) *adj* heartless
hobby (*ho-*bi) *c* (pl -bies, ~er) hobby
hockey (*ho-*ki) *c* hockey
Holland (*ho-*lahnd) Holland
holländare (*ho-*lehn-dah-rer) *c* (pl ~)
Dutchman
holländsk (*ho-*lehndsk) *adj* Dutch
homosexuell (*ho-*moo-sehk-sew-*ayl*)
adj homosexual
hon (hoon) *pron* she
hon- (hōōn) *pref* female
honom (*ho-*nom) *pron* him
honung (*hōā-*newng) *c* honey
hop (hōōp) *c* crowd; bunch
hopp (hop) *nt* hope; jump, leap, hop
hoppa (*ho-*pah) *v* jump; *leap, hop;
~ **över** skip, jump over
hoppas (*ho-*pahss) *v* hope
hoppfull (*hop-*fewl) *adj* hopeful, con-
fident
hopplös (*hop-*lūrss) *adj* hopeless
hora (*hōō-*rah) *c* whore
horisont (ho-ri-*sont*) *c* horizon
horisontal (ho-ri-son-*taal*) *adj* hori-
zontal
horn (hoorn) *nt* horn
hos (hooss) *prep* at
hosta (*hooss-*tah) *v* cough; *c* cough
hot (hōōt) *nt* threat
hota (*hōō-*tah) *v* threaten
hotande (*hōō-*tahn-der) *adj* threaten-
ing
hotell (ho-*tayl*) *nt* hotel
hov[1] (hōāv) *nt* court

hov[2] (hoov) c hoof

hovmästare (hoav-mehss-tah-rer) c (pl ~) head-waiter

hud (hewd) c skin

hudkräm (hewd-krehm) c skin cream

hudutslag (hewd-ewt-slaag) nt rash

*hugga (hew-gah) v *hew

humle (hewm-lay) nt hop

hummer (hew-merr) c (pl -mrar) lobster

humor (hew-mor) c humour

humoristisk (hew-mo-riss-tisk) adj humorous

humör (hew-murr) nt mood; temper, temperament

hund (hewnd) c dog

hundkoja (hewnd-ko-Yah) c kennel

hundra (hewnd-rah) num hundred

hunger (hewng-err) c hunger

hungrig (hewng-ri) adj hungry

hur (hewr) adv how; ~ mycket how much; ~ många how many; ~ som helst anyhow; any way

hus (hewss) nt house; home

husblock (hewss-blok) nt house block Am

husbåt (hewss-boat) c houseboat

hushåll (hewss-hol) nt household

hushållerska (hewss-ho-lerrs-kah) c housekeeper

hushållning (hewss-hol-ning) c housekeeping; economy

hushållsarbete (hewss-hols-ahr-bay-ter) nt housework

hushållssysslor (hewss-hols-sewss-lor) pl housekeeping

husmor (hewss-moor) c (pl -mödrar) mistress

husrum (hewss-rewm) nt accommodation; lodging

hustru (hewst-rew) c wife

husvagn (hewss-vahngn) c caravan; trailer nAm

huttra (hewt-rah) v shiver

huttrande (hewt-rahn-der) adj shivery

huvud (hewv-er) nt (pl ~, ~en) head; huvud- main; chief, cardinal, principal, capital, primary

huvudbry (hew-verd-brew) nt puzzle

huvudgata (hew-verd-gaa-tah) c main street; thoroughfare

huvudkudde (hew-verd-kew-der) c pillow

huvudledning (hew-verd-layd-ning) c mains pl

huvudlinje (hew-verd-lin-Yer) c main line

huvudrätt (hew-verd-reht) c main course

huvudsaklig (hew-verd-saak-li) adj cardinal, capital; huvudsakligen mainly

huvudstad (hew-verd-staad) c (pl -städer) capital

huvudväg (hew-verd-vaig) c main road; thoroughfare

huvudvärk (hew-verd-værk) c headache

hy (hew) c complexion, skin

hycklande (hewk-lahn-der) adj hypocritical

hycklare (hewk-lah-rer) c (pl ~) hypocrite

hyckleri (hewk-ler-ree) nt (pl ~er) hypocrisy

hydda (hew-dah) c hut; cabin

hygien (hew-gi-āyn) c hygiene

hygienisk (hew-gi-āy-nisk) adj hygienic

hylla (hew-lah) v congratulate, honour; c shelf, rack

hyllning (hewl-ning) c tribute; homage; congratulations pl

hymn (hewmn) c hymn, anthem

hypotek (hew-po-tāyk) nt mortgage

hyra (hew-rah) v rent, hire; lease; c rent; ~ ut *let

hyresgäst (hew-rerss-Yehst) c tenant

hyreshus (*hew-rerss-hewss*) *nt* block of flats; apartment house *Am*

hyreskontrakt (*hew-rerss-kon-trahkt*) *nt* lease

hyresvärd (*hew-rerss-væærd*) *c* landlord

hyresvärdinna (*hew-rerss-vær-di-nah*) *c* landlady

hysterisk (hewss-*tāy*-risk) *adj* hysterical

hytt (hewt) *c* cabin; booth

hyttventil (*hewt*-vehn-*teel*) *c* porthole

hågkomst (*hōāg*-komst) *c* remembrance

hål (hōäl) *nt* hole; ***göra ~** pierce

håla (*hōāl*-ah) *c* cavern

hålighet (*hōāl*-i-hāyt) *c* cavity, hollow

håll (hol) *nt* way; stitch

*hålla (*ho*-lah) *v* *hold; *keep; **~** love; **~ fast** *hold; **~ tillbaka** restrain; **~ uppe** support; *hold up; **~ upp med** stop; **~ ut** *keep up

hållning (*hol*-ning) *c* gait, carriage; attitude

hållplats (*hol*-plahts) *c* stop, halt

hån (hōān) *nt* scorn; mockery, derision

håna (*hōā*-nah) *v* mock, deride

hår (hōār) *nt* hair

hårborste (*hōār*-bors-ter) *c* hairbrush

hård (hōārd) *adj* hard

hårdnackad (*hōārd*-nahk-ahd) *adj* obstinate, stubborn

hårig (*hōār*-i) *adj* hairy

hårklippning (*hōār*-klip-ning) *c* haircut

hårklämma (*hōār*-kleh-mah) *c* bobby pin *Am*

hårkräm (*hōār*-kraim) *c* hair cream

hårnål (*hōār*-nōāl) *c* hairpin

hårnät (*hōār*-nait) *nt* hair-net

hårolja (*hōār*-ol-Yah) *c* hair-oil

hårrullar (*hōār*-rew-lahr) *pl* hair rollers

hårspray (*hōār*-spray) *nt* hair-spray

hårspänne (*hōār*-speh-nay) *nt* hair-grip

hårtork (*hōār*-tork) *c* hair-dryer

hårvatten (*hōār*-vah-tern) *nt* hair tonic

häck (hehk) *c* hedge

hädanefter (*hai*-dahn-*ehf*-terr) *adv* henceforth

häftig (*hehf*-ti) *adj* violent, severe; intense, fierce

häftklammer (*hehft*-klah-merr) *c* (pl ~, -mrar) staple

häftplåster (*hehft*-ploss-terr) *nt* sticking-plaster

häftstift (*hehft*-stift) *nt* drawing-pin; thumbtack *nAm*

häger (*hai*-gerr) *c* heron

häkte (*hehk*-ter) *nt* custody

häl (hail) *c* heel

hälft (hehlft) *c* half; **till hälften** half

hälla (*heh*-lah) *v* pour

hälsa (*hehl*-sah) *v* greet; salute; *c* health

hälsning (*hehls*-ning) *c* greeting

hälsosam (*hehl*-soo-sahm) *adj* wholesome, salubrious

hälsovårdscentral (*hehl*-soo-vōārds-sehn-*traal*) *c* health centre

hämnd (hehmnd) *c* revenge

hämta (*hehm*-tah) *v* fetch; *get, collect, pick up

hända (*hehn*-dah) *v* happen; occur

händelse (*hehn*-dayl-ser) *c* event, happening; incident; **i ~ av** in case of

händig (*hehn*-di) *adj* skilful

hänga (*hehng*-ah) *v* *hang; **~ med** *keep up with

hängare (*hehng*-ah-rer) *c* (pl ~) peg, hook, hanger

hängbro (*hehng*-brōō) *c* suspension bridge

hänglås (*hehng*-lōāss) *nt* padlock

hängmatta (*hehng*-mah-tah) *c* hammock

hängslen (*hehngs*-lern) *pl* braces *pl;* suspenders *plAm*

hängsmycke (*hehng*-smew-ker) *nt* pendant

hänsyn (*hain*-sēwn) *c* regard; **med ~ till** considering; as regards; ***ta ~ till** consider

hänsynsfull (*hain*-sēwns-fewl) *adj* considerate

hänsynsfullhet (*hain*-sewns-*fewl*-hāyt) *c* consideration

hänvisa till (*hain*-vee-sah) refer to

hänvisning (*hain*-veess-ning) *c* reference

här (hæær) *adv* here

härbärge (*hæær*-bær-Yah) *nt* hostel

härbärgera (hæær-bær-Yāy-rah) *v* accommodate

härkomst (*hæær*-komst) *c* origin

härleda (*hæær*-lāyd-ah) *v* deduce

härlig (*hæær*-li) *adj* wonderful; delightful; fine

häromdagen (*hæær*-om-daa-gern) *adv* recently

härskare (*hærs*-kah-rer) *c* (pl ~) ruler; sovereign

härsken (*hærs*-kayn) *adj* rancid

härstamning (*hæær*-stahm-ning) *c* origin

häst (hehst) *c* horse

hästkapplöpning (*hehst*-kahp-lūrp-ning) *c* horserace

hästkapplöpningsbana (*hehst*-kahp-lūrp-nings-baa-nah) *c* race-course

hästkraft (*hehst*-krahft) *c* horsepower

hästsko (*hehst*-skōō) *c* horseshoe

hävarm (*haiv*-ahrm) *c* lever

hävstång (*haiv*-stong) *c* (pl -stänger) lever

häxa (*hehk*-sah) *c* witch

hö (hūr) *nt* hay

höft (hurft) *c* hip

höfthållare (*hurft*-ho-lah-rer) *c* (pl ~) girdle

hög (hūrg) *c* lot, heap, pile; *adj* high; tall

högdragen (*hūrg*-draa-gern) *adj* haughty

höger (*hūr*-gerr) *adj* right, right-hand; **på ~ hand** on the right-hand side; **till ~** to the right

högkvarter (*hūrg*-kvahr-*tair*) *nt* headquarters *pl*

högland (*hūrg*-lahnd) *nt* (pl -länder) uplands *pl*

högljudd (*hūrg*-Yewd) *adj* loud

högmodig (*hūrg*-mōō-di) *adj* haughty

högskola (*hūrg*-skōō-lah) *c* college

högsäsong (*hūrg*-seh-song) *c* peak season; high season

högt (hurkt) *adv* aloud

högtalare (*hūrg*-taa-lah-rer) *c* loudspeaker

högtidlig (*hūrg*-teed-li) *adj* solemn, ceremonious

högvatten (*hūrg*-vah-tern) *nt* high tide

höja (hur Y-ah) *v* raise; lift

höjd (hur Yd) *c* height; altitude; **på sin ~** at most

höjdpunkt (hur Yd-pewngt) *c* height; peak, climax

hök (hūrk) *c* hawk

höna (*hūr*-nah) *c* hen

höra (*hūr*-rah) *v* *hear

hörbar (*hūrr*-baar) *adj* audible

hörn (hūrrn) *nt* corner

hörsal (*hūrr*-saal) *c* auditorium

hörsel (*hurr*-sayl) *c* hearing

hösnuva (*hūr*-snēw-vah) *c* hay fever

höst (hurst) *c* autumn; fall *nAm*

hövding (*hurv*-ding) *c* chieftain

hövlig (*hūrv*-li) *adj* polite, civil

I

i (ee) *prep* in; at, for, to

*iaktta (*ee*-ahkt-taa) *v* observe; watch

iakttagelse (*eeahkt*-taa-gerl-ser) *c* observation

ibland (i-*blahnd*) *adv* sometimes; *prep* among

idag (i-*daag*) *adv* today

idé (i-*dāy*) *c* idea

ideal (i-day-*aal*) *nt* ideal

idealisk (i-day-*aal*-isk) *adj* ideal

identifiera (i-dayn-ti-fi-*āyr*-ah) *v* identify

identifiering (i-dayn-ti-fi-*āy*-ring) *c* identification

identisk (i-*dayn*-tisk) *adj* identical

identitet (i-dayn-ti-*tāyt*) *c* identity

identitetskort (i-dayn-ti-*tāyts*-koort) *nt* identity card

idiom (i-di-*ōam*) *nt* idiom

idiomatisk (i-di-o-*maa*-tisk) *adj* idiomatic

idiot (i-di-*ōot*) *c* idiot

idiotisk (i-di-*ōot*-isk) *adj* idiotic

idol (i-*dōal*) *c* idol

idrottsman (*eed*-rots-mahn) *c* (pl -män) sportsman

ifall (i-*fahl*) *conj* if; in case

igelkott (*ee*-gerl-kot) *c* hedgehog

igen (i-*Ɏehn*) *adv* again

igenvuxen (i-*Ɏn*-vewk-sern) *adj* overgrown

ignorera (ing-noa-*rāy*-rah) *v* ignore

igår (i-*gōar*) *adv* yesterday

ihålig (*ee*-hōa-li) *adj* hollow

ihärdig (*ee*-hæær-di) *adj* persevering, tenacious

ikon (i-*kōan*) *c* icon

illaluktande (*i*-lah-lewk-tahn-der) *adj* smelly

illamående (*i*-lah-mōa-ayn-der) *nt* nausea, sickness; *adj* sick

illegal (il-er-*gaal*) *adj* illegal

illtjut (*il*-tɎewt) *nt* shriek

illusion (il-ew-*shōon*) *c* illusion

illustration (i-lew-strah-*shōon*) *c* illustration; picture

illustrera (i-lew-*strāy*-rah) *v* illustrate

illvillig (*il*-vi-li) *adj* spiteful, malicious

ilska (*ils*-kah) *c* anger

imitation (i-mi-tah-*shōon*) *c* imitation

imitera (i-mi-*tāy*-rah) *v* imitate

immigrera (i-mi-*grāy*-rah) *v* immigrate

immunisera (i-mēw-ni-*sāy*-rah) *v* immunize

immunitet (i-mēw-ni-*tāyt*) *c* immunity

imperium (im-*pāy*-ri-ewm) *nt* empire; **imperial**- imperial

imponera (im-po-*nāy*-rah) *v* impress

imponerande (im-po-*nāyr*-ahn-der) *adj* impressive; imposing

impopulär (im-po-pew-*læær*) *adj* unpopular

import (im-*port*) *c* import

importera (im-por-*tāy*-rah) *v* import

importtull (im-*port*-tewl) *c* import duty

importvara (im-*port*-vaa-rah) *c* import

importör (im-por-*tūrr*) *c* importer

impotens (im-po-*tayns*) *c* impotence

impotent (im-po-*taynt*) *adj* impotent

impregnerad (im-prayng-*nāy*-rahd) *adj* rainproof, impregnated

improvisera (im-pro-vi-*sāy*-rah) *v* improvise

impuls (im-*pewls*) *c* impulse

impulsiv (im-pewl-*seev*) *adj* impulsive

in (in) *adv* in; ***gå ~** *go in; **~** i into; inside

inackordering (*in*-ahk-or-*dāyr*-ing) *c* boarder; lodger

inandas (*in*-ahn-dahss) *v* inhale

*inbegripa (*in*-ber-*gree*-pah) *v* comprise

inberäknad (*in*-ber-*raik*-nahd) *adj* included

inbetalning (*in*-ber-taal-ning) *c* payment, deposit

inbillad (*in*-bi-lahd) *adj* imaginary

inbilla sig (*in*-bi-lah) imagine

inbillning (*in*-bil-ning) *c* imagination

*inbjuda (*in*-bᵞew-dah) *v* invite; ask

inbjudan (*in*-bᵞew-dahn) *c* invitation

inblanda (*in*-blahn-dah) *v* involve

inblandad (*in*-blahn-dahd) *adj* involved; concerned

inblandning (*in*-blahnd-ning) *c* interference

inbrott (*in*-brot) *nt* burglary; *göra ~ burgle

inbrottstjuv (*in*-brots-tᵞewv) *c* burglar

inbördes (*in*-būrr-derss) *adj* mutual

indela (*in*-dāyl-ah) *v* divide; classify

indian (in-di-*aan*) *c* Indian

indiansk (in-di-*aansk*) *adj* Indian

Indien (*in*-di-ayn) India

indier (*in*-di-ᵞerr) *c* (pl ~) Indian

indignation (in-ding-nah-*shōon*) *c* indignation

indirekt (*in*-di-raykt) *adj* indirect

indisk (*in*-disk) *adj* Indian

individ (in-di-*veed*) *c* individual

individuell (in-di-vee-dew-*ayl*) *adj* individual

indones (in-doo-*nāyss*) *c* Indonesian

Indonesien (in-doo-*nāy*-si-ᵞern) Indonesia

indonesisk (in-doo-*nāyss*-isk) *adj* Indonesian

industri (in-dewss-*tree*) *c* industry

industriell (in-dewss-tri-*ayl*) *adj* industrial

industriområde (in-dew-*stree*-om-*rōa*-der) *nt* industrial area

ineffektiv (in-ay-fehk-*teev*) *adj* ineffective; inefficient

infall (*in*-fahl) *nt* whim; idea

infanteri (in-fahn-ter-*ree*) *nt* infantry

infektion (in-fehk-*shōon*) *c* infection

infinitiv (*in*-fi-ni-teev) *c* infinitive

inflammation (in-flah-mah-*shōon*) *c* inflammation; *bli inflammerad *become septic

inflation (in-flah-*shōon*) *c* inflation

influensa (in-flew-*ayn*-sah) *c* flu; influenza

inflytelserik (*in*-flew-tayl-say-reek) *adj* influential

infoga (*in*-*fōo*-gah) *v* insert

informator (in-for-*maa*-tor) *c* tutor

informell (in-for-*mayl*) *adj* informal; casual

informera (in-for-*māyr*-ah) *v* inform

infraröd (*in*-frah-rūrd) *adj* infra-red

infödd (*in*-furd) *adj* native

inföding (*in*-fūr-ding) *c* native

införa (*in*-fūrr-ah) *v* import; introduce

införsel (*in*-fūrr-serl) *c* (pl -slar) import

ingefära (*i*-nger-fææ-rah) *c* ginger

ingen (*ing*-ayn) *pron* nobody; none, no one; no

ingendera (*i*-ngayn-dāy-rah) *pron* neither

ingenjör (in-shayn-ᵞūrr) *c* engineer

ingenstans (*ing*-ayn-stahns) *adv* nowhere

ingenting (*ing*-ayn-ting) *pron* nothing; nil

ingrediens (ing-gray-di-*ayns*) *c* ingredient

*ingripa (*in*-gree-pah) *v* interfere; intervene

ingång (*in*-gong) *c* entrance; way in, entry

inhemsk (*in*-haymsk) *adj* domestic

initial (i-ni-tsi-*aal*) *c* initial

initiativ (i-nit-si-ah-*teev*) *nt* initiative

injektion (in-ᵞayk-*shōon*) *c* injection

injektionsspruta (in-ᵞehk-*shōon*-sprēw-tah) *c* syringe

inkassera (*in*-kah-*sāy*-rah) *v* cash

inklusive (ing-klew-*see*-ver) *adj* inclusive; **allt inkluderat** all included, all in

inkompetent (in-kom-per-*tehnt*) *adj* incompetent

inkomst (*in*-komst) *c* income; revenue; **inkomster** earnings *pl*

inkomstskatt (*in*-komst-skaht) *c* income-tax

inkräkta (*in*-krehk-tah) *v* trespass

inkräktare (*in*-krehk-tah-rer) *c* (pl ~) trespasser

inkvartera (*in*-kvahr-$t\overline{ay}$-rah) *v* lodge

inkvartering (*in*-kvahr-$t\overline{ay}$-ring) *c* lodgings *pl*

inköpspris (*in*-t$^Y\overline{u}$rps-preess) *nt* cost price

inledande (*in*-$l\overline{ay}$d-ahn-der) *adj* preliminary

inledning (*in*-$l\overline{ay}$d-ning) *c* introduction

innan (*i*-nahn) *conj* before; *adv* before

innanför (*in*-ahn-f$\overline{u}$rr) *prep* inside

innanmäte (*in*-ahn-mait-er) *nt* entrails, pulp

inne (*i*-ner) *adv* inside, indoors

*****innebära** (*i*-ner-bæær-ah) *v* imply

innefatta (*i*-ner-fah-tah) *v* include

innehavare (*i*-ner-haa-vah-rer) *c* (pl ~) owner; occupant

innehåll (*i*-ner-hol) *nt* contents *pl*

*****innehålla** (*i*-ner-ho-lah) *v* contain

innehållsförteckning (*i*-ner-hols-furr-*tayk*-ning) *c* table of contents

innerslang (*in*-err-slahng) *c* inner tube

innersta (*in*-ayrs-tah) *nt* heart

innertak (*i*-nerr-taak) *nt* ceiling

*****innesluta** (*i*-ner-sl$\overline{ew}$t-ah) *v* encircle; enclose

inofficiell (*in*-o-fi-si-*ayl*) *adj* unofficial

inom (*in*-om) *prep* within; ~ **kort** soon; shortly

inomhus (*in*-om-h$\overline{ew}$ss) *adj* indoor; *adv* indoors

inre (*in*-rer) *adj* inner; internal, inside

inringa (*in*-ring-ah) *v* encircle

inrätta (*in*-reh-tah) *v* institute, establish

insats (*in*-sahts) *c* bet, inset; contribution

*****inse** (*in*-$s\overline{ay}$) *v* realize; *see

insekt (*in*-sehkt) *c* insect; bug *nAm*

insektsgift (*in*-sehkts-^{Y}ift) *nt* insecticide

insektsmedel (*in*-sehkts-$m\overline{ay}$-dayl) *nt* insect repellent

insida (*in*-seed-ah) *c* inside; interior

insikt (*in*-sikt) *c* insight

insistera (in-si-$st\overline{ay}$r-ah) *v* insist

inskription (in-skrip-*shoon*) *c* inscription

*****inskriva** (*in*-skree-vah) *v* list, enter, inscribe; ~ **sig** register

inskrivningsblankett (*in*-skreev-nings-blahng-*kayt*) *c* registration form

inskränkning (*in*-skrehngk-ning) *c* restriction, limitation

inskränkt (*in*-skrehngkt) *adj* restricted; limited; narrow-minded

inspektera (in-spayk-$t\overline{ay}$-rah) *v* inspect

inspektion (in-spayk-*shoon*) *c* inspection

inspektör (in-spayk-t$\overline{u}$rr) *c* inspector

inspelning (*in*-$sp\overline{ay}$l-ning) *c* recording

inspirera (in-spi-$r\overline{ay}$r-ah) *v* inspire

inspruta (*in*-spr$\overline{ew}$-tah) *v* inject

instabil (in-stah-*beel*) *adj* unstable

installation (in-stah-lah-*shoon*) *c* installation

installera (in-stah-$l\overline{ay}$-rah) *v* install; induct

instinkt (*in*-stingt) *c* instinct

institut (in-sti-*tewt*) *nt* institute

institution (in-sti-tew-*shoon*) *c* institution

instruera (in-strew-$\overline{ay}$-rah) *v* instruct

instruktion (in-strewk-*shoon*) *c* direction

instruktör (in-strewk-t$\overline{u}$rr) *c* instructor

instrument (in-strew-*maynt*) *nt* instrument

instrumentbräda (in-str$\overline{ew}$-*maynt*-brai-dah) *c* dashboard

inställning (*in*-stehl-ning) *c* attitude;

position
instämma (in-stehm-ah) v agree
•inta (in-taa) v capture, take
intagning (in-taag-ning) c admission
intakt (in-tahkt) adj unbroken; intact
inte (in-ter) adv not; ~ **alls** by no means; ~ **desto mindre** nevertheless; ~ **ens** not even; ~ **längre** no longer
inteckning (in-tayk-ning) c mortgage
intellekt (in-ter-laykt) nt intellect
intellektuell (in-ter-layk-tew-ayl) adj intellectual
intelligens (in-ter-li-gayns) c intelligence
intelligent (in-ter-li-gaynt) adj intelligent; clever
intendent (in-tern-daynt) c superintendent, curator, controller
intensiv (in-tayn-seev) adj intense
intern (in-tæærn) c prisoner
internationell (in-terr-naht-shoo-nayl) adj international
internatskola (in-terr-naat-skoo-lah) c boarding-school
interrogativ (in-ter-ro-gahteev) adj interrogative
intervall (in-terr-vahl) c interval
intervju (in-terr-vⁱew) c interview
intet (in-tert) nt nothing
intetsägande (in-tert-sai-gahn-der) adj insignificant
intressant (in-tray-sahnt) adj interesting
intresse (in-treh-ser) nt interest
intressera (in-trer-sāy-rah) v interest
intresserad (in-trer-sāy-rahd) adj interested
introducera (in-tro-dew-sāyr-ah) v introduce
intryck (in-trewk) nt impression; **•göra** ~ **på** impress
inträde (in-trai-der) nt entrance; admission

inträdesavgift (in-traiderss-aav-ᵛift) c entrance-fee
intyg (in-tēwg) nt certificate; document; testimonial
intäkter (in-tehk-terr) pl earnings pl
inuti (in-ēw-ti) adv within, inside
invadera (in-vah-dāy-rah) v invade
invalid (in-vah-leed) c invalid
invalidiserad (in-vah-li-di-sāy-rahd) adj crippled; invalid, disabled
invand (in-vaand) adj habitual
invandrare (in-vahnd-rah-rer) c (pl ~) immigrant
invandring (in-vahnd-ring) c immigration
invasion (in-vah-shōōn) c invasion
invecklad (in-vayk-lahd) adj complicated; complex, involved
inventering (in-vayn-tāy-ring) c inventory
investera (in-vayss-tāy-rah) v invest
investering (in-vayss-tāy-ring) c investment
invånare (in-vōā-nah-rer) c (pl ~) inhabitant; resident
invända (in-vehn-dah) v object
invändig (in-vehn-di) adj internal, inside
invändning (in-vehnd-ning) c objection
inåt (in-ōāt) adv inwards
inälvor (in-ehl-vor) pl bowels pl; intestines pl
Irak (i-raak) Iraq
irakier (i-raa-ki-err) c (pl ~) Iraqi
irakisk (i-raak-isk) adj Iraqi
Iran (i-raan) Iran
iranier (i-raan-i-err) c (pl ~) Iranian
iransk (i-raansk) adj Iranian
Irland (eer-lahnd) Ireland
irländare (eer-lehn-dah-rer) c (pl ~) Irishman
irländsk (eer-lehnsk) adj Irish
ironi (i-roo-nee) c irony
ironisk (i-rōōn-isk) adj ironical

irra (eer-ah) *v* err

irritera (eer-i-*tāyr*-ah) *v* irritate; annoy

is (eess) *c* ice

isblåsa (*eess*-blōa-sah) *c* ice-bag

iskall (*eess*-kahl) *adj* freezing

Island (*eess*-lahnd) Iceland

isländsk (*eess*-lehnsk) *adj* Icelandic

islänning (*eess*-lehn-ing) *c* Icelander

isolator (i-soo-laa-*tor*) *c* insulator, insulant

isolera (i-soo-*lāy*-rah) *v* isolate; insulate

isolerad (i-soo-*lāy*-rahd) *adj* isolated

isolering (i-soo-*lāy*-ring) *c* isolation; insulation

Israel (*eess*-rah-ayl) Israel

israelier (iss-rah-*āy*-li-err) *c* (pl ~) Israeli

israelisk (iss-rah-*āy*-lisk) *adj* Israeli

isvatten (*eess*-vah-tern) *nt* iced water

isär (i-*sæær*) *adv* apart

Italien (i-*taal*-Yayn) Italy

italienare (i-tahl-*Yāy*-nah-rer) *c* (pl ~) Italian

italiensk (i-tahl-*Yaynsk*) *adj* Italian

iver (*ee*-verr) *c* zeal; eagerness

ivrig (*eev*-ri) *adj* eager; anxious

iväg (i-*vaig*) *adv* off

J

ja (Yaa) yes; **ja ja!** well!

jacka (*Yah*-kah) *c* jacket

jade (*Yaa*-der) *c* jade

jag (Yaa) *pron* I

jaga (*Yaa*-gah) *v* hunt; ~ **bort** chase; ~ **efter** hunt for

jakande (*Yaa*-kahn-der) *adj* affirmative

jakt (Yahkt) *c* hunt; chase

jaktstuga (*Yahkt*-stēwg-ah) *c* lodge

januari (Yah-new-*aa*-ri) January

Japan (*Yaa*-pahn) Japan

japan (Yah-*paan*) *c* Japanese

japansk (Yah-*paansk*) *adj* Japanese

jerseytyg (*Yūrr*-si-tēwg) *nt* jersey

jetplan (*Yeht*-plaan) *nt* jet

jobb (Yob) *nt* job

jod (Yod) *c* iodine

jolle (*Yo*-ler) *c* dinghy

jord (Yōōrd) *c* earth; soil

Jordanien (Yōōr-*daa*-ni-ern) Jordan

jordanier (Yōōr-*daa*-ni-err) *c* (pl ~) Jordanian

jordansk (Yōōr-*daansk*) *adj* Jordanian

jordbruk (*Yōōrd*-brēwk) *nt* agriculture

jordbävning (*Yōōrd*-behv-ning) *c* earthquake

jordgubbe (*Yōōrd*-gew-ber) *c* strawberry

jordklot (*Yōōrd*-klōōt) *nt* globe

jordlott (*Yōōrd*-lot) *c* allotment, plot

jordmån (*Yōōrd*-mōan) *c* soil

jordnöt (*Yōōrd*-nūrt) *c* (pl ~ter) peanut

jordvall (*Yōōrd*-vahl) *c* dam

journalfilm (shoor-*naal*-film) *c* newsreel

journalism (shoor-nah-*lism*) *c* journalism

journalist (shoor-nah-*list*) *c* journalist

jubileum (Yew-bi-*lāy*-ewm) *nt* (pl -leer) jubilee

jude (*Yēw*-der) *c* Jew

judisk (*Yēw*-disk) *adj* Jewish

jugoslav (Yēw-goo-*slaav*) *c* Yugoslav

Jugoslavien (Yēw-goo-*slah*-vi-ayn) Yugoslavia

jugoslavisk (Yew-goo-*slaa*-visk) *adj* Yugoslav

juice (Yōōss) *c* juice

jul (Yēwl) *c* Christmas; Xmas

juli (*Yēw*-li) July

jumper (*Yewm*-perr) *c* (pl -prar) jumper

jungfru (Yewng-frew) c virgin
juni (Yew-ni) June
junior (Yew-ni-or) adj junior
juridik (Yew-ri-deek) c law
juridisk (Yew-ree-disk) adj juridical, legal
jurist (Yew-rist) c lawyer
jury (Yewr-i) c jury
just¹ (Yewst) adv just
just² (shewst) adj fair
justera (shew-stayr-ah) v adjust
juvel (Yew-vayl) c gem; juveler jewellery
juvelerare (Yew-ver-lay-rah-rer) c (pl ~) jeweller
jägare (Yai-gah-rer) c (pl ~) hunter
jämföra (Yehm-für-rah) v compare
jämförelse (Yehm-für-rayl-say) c comparison
jämlikhet (Yehm-leek-hayt) c equality
jämlöpande (Yehm-lür-pahn-der) adj parallel
jämn (Yehmn) adj even; smooth, level
jämna (Yehm-nah) v level
jämra sig (Yehm-rah) moan
jämvikt (Yehm-vikt) c balance
järn (Yæærn) nt iron; järn- iron
järnhandel (Yæærn-hahn-dayl) c hardware store
järnvaror (Yæærn-vaa-ror) pl hardware
järnverk (Yæærn-værk) nt ironworks
järnväg (Yæærn-vaig) c railway; railroad nAm
järnvägsspår (Yæærn-vaig-spoår) nt track
järnvägsstation (Yæærn-vaig-stah-shoōn) c station
järnvägsvagn (Yæærn-vaigs-vahngn) c carriage; passenger car Am
järnvägsövergång (Yæærn-vaigs-ür-verr-gong) c railway crossing, level crossing
jäsa (Yaiss-ah) v ferment

jäst (Yehst) c yeast
jätte (Yeht-er) c giant
jättestor (Yeh-ter-stoōr) adj huge

K

kabaré (kah-bah-ray) c cabaret
kabel (kaab-erl) c (pl kablar) cable
kabin (kah-been) c cabin
kabinett (kah-bi-nayt) nt cabinet
kafé (kah-fay) nt (pl ~er) café
kafeteria (kah-fer-tay-ri-ah) c cafeteria
kaffe (kah-fay) nt coffee
kaffebryggare (kah-fay-brew-gah-rer) c (pl ~) percolator
kagge (kah-ger) c keg, cask
kaj (kigh) c quay; dock
kajuta (kah-Yew-tah) c cabin
kaka (kaa-kah) c cake
kakel (kaa-kerl) nt tile
kaki (kaa-ki) c khaki
kal (kaal) adj bare, naked
kalas (kah-laass) nt party
kalcium (kahl-si-ewm) nt calcium
kalender (kah-layn-derr) c (pl -drar) calendar
kalk (kahlk) c lime
kalkon (kahl-koōn) c turkey
kall (kahl) adj cold
kalla (kahl-ah) v call; så kallad so-called
kalori (kah-loo-ree) c calorie
kalsonger (kahl-song-err) pl drawers; briefs pl; shorts plAm; underpants plAm
kalv (kahlv) c calf
kalvinism (kahl-vi-nism) c Calvinism
kalvkött (kahlv-Yurt) nt veal
kalvskinn (kahlv-shin) nt calf skin
kam (kahm) c (pl ~mar) comb
kamaxel (kahm-ahks-erl) c (pl -axlar) camshaft

kamé (kah-*māy*) *c* cameo

kamel (kah-*māyl*) *c* camel

kamera (*kaa*-mer-rah) *c* camera

kamgarn (*kahm*-gaarn) *nt* worsted

kamin (kah-*meen*) *c* heater, stove

kamma (*kah*-mah) *v* comb

kammare (*kah*-mah-rer) *c* (pl ~, kamrar) chamber

kammartjänare (*kahm*-ahr-t*Y*ai-nah-rer) *c* (pl ~) valet

kamp (kahmp) *c* fight; struggle, combat, battle

kampa (*kahm*-pah) *v* camp

kampanj (kahm-*pahn*ⁿ) *c* campaign

kampare (*kahm*-pah-rer) *c* (pl ~) camper

kampingplats (*kahm*-ping-plahts) *c* camping site

kamrat (kahm-*raat*) *c* comrade

Kanada (*kah*-nah-dah) Canada

kanadensare (kah-nah-*dayn*-sah-rer) *c* (pl ~) Canadian

kanadensisk (kah-nah-*dayn*-sisk) *adj* Canadian

kanal (kah-*naal*) *c* canal; channel

kanariefågel (kah-*naa*-ri-er-*fōa*-gerl) *c* (pl -glar) canary

kandelaber (kahn-der-*laa*-berr) *c* (pl -brar) candelabrum

kandidat (kahn-di-*daat*) *c* candidate

kanel (kah-*nāyl*) *c* cinnamon

kanhända (kahn-*hehn*-dah) *adv* perhaps

kanin (kah-*neen*) *c* rabbit

kanon (kah-*nōōn*) *c* gun

kanot (kah-*nōōt*) *c* canoe

kanske (*kahn*-sher) *adv* perhaps; maybe

kant (kahnt) *c* edge; border; verge, rim

kantin (kahn-*teen*) *c* canteen

kaos (*kaa*-oss) *nt* chaos

kaotisk (kah-*ōā*-tisk) *adj* chaotic

kapa (*kaa*-pah) *v* hijack

kapabel (kah-*paa*-berl) *adj* capable

kapacitet (kah-pah-si-*tāyt*) *c* capacity

kapare (*kaa*-pah-rer) *c* (pl ~) hijacker

kapell (kah-*payl*) *nt* chapel

kapital (kah-pi-*taal*) *nt* capital

kapitalism (kah-pi-tah-*lism*) *c* capitalism

kapitalplacering (kah-pi-*taal*-plah-*sāy*-ring) *c* investment

kapitulation (kah-pi-tew-lah-*shōōn*) *c* capitulation, surrender

kaplan (kah-*plaan*) *c* chaplain

kappa (*kah*-pah) *c* coat

kapplöpning (*kahp*-lūrp-ning) *c* race

kapplöpningshäst (*kahp*-lūrp-nings-hehst) *c* race-horse

kapprum (*kahp*-rewm) *nt* cloakroom

kappsegling (*kahp*-*sāyg*-ling) *c* regatta

kappsäck (*kahp*-sehk) *c* suitcase, grip

kapsyl (kahp-*sēwl*) *c* capsule

kapten (kahp-*tāyn*) *c* captain

kapuschong (kah-pew-*shong*) *c* hood

karaff (kah-*rahf*) *c* carafe

karakterisera (kah-rahk-ter-ri-*sāy*-rah) *v* characterize

karakteristisk (kah-rahk-ter-*riss*-tisk) *adj* characteristic; typical

karaktär (kah-rahk-*tæær*) *c* character

karaktärsdrag (kah-rahk-*tæærs*-draag) *nt* characteristic

karamell (kah-rah-*mayl*) *c* caramel, sweet; candy *nAm*

karantän (kah-rahn-*tain*) *c* quarantine

karat (kah-*raat*) *c* (pl ~) carat

karbonkopia (kahr-*bōān*-koo-*pee*-ah) *c* carbon copy

karbonpapper (kahr-*bōān*-pah-perr) *nt* carbon paper

kardinal (kahr-di-*naal*) *c* cardinal

karg (kahrⁿ) *adj* bare

karl (kaar) *c* guy; chap, fellow

karmosinröd (kahr-mo-*seen*-rūrd) *adj* crimson

karneval (kahr-nay-*vaal*) c carnival

kaross (kah-*ross*) c coach

karosseri (kah-ro-ser-*ree*) nt (pl ~er) coachwork; motor body Am

karp (kahrp) c carp

karriär (kah-ri-*æær*) c career

karta (*kaar*-tah) c map

kartong (kahr-*tong*) c carton

karusell (kah-rew-*sayl*) c merry-go-round

kaschmir (kahsh-*meer*) c cashmere

kasern (kah-*sæærn*) c barracks pl

kasino (kah-*see*-no) nt casino

kassa (*kah*-sah) c cash, fund; pay-desk

kassaskåp (*kah*-sah-skōap) nt safe

kassavalv (*kah*-sah-vahlv) nt vault

kasse (*kah*-ser) c shopping bag

kassera (kah-*sāy*-rah) v discard

kassör (kah-*sūrr*) c cashier

kassörska (kah-*sūrrs*-kah) c cashier

kast (kahst) nt throw; cast

kasta (*kahss*-tah) v *throw; toss, *cast; *overcast

kastanj (kahss-*tahnУ*) c chestnut

kastanjebrun (kah-*stahn*-Уer-brēwn) adj auburn

kastby (*kahst*-bēw) c gust

kastrull (kahst-*rewl*) c saucepan

katakomb (kah-tah-*komb*) c catacomb

katalog (kah-tah-*lōag*) c catalogue

katarr (kah-*tahr*) c catarrh

katastrof (kah-tah-*strōaf*) c catastrophe; disaster; calamity

katastrofal (kah-tah-stro-*faal*) adj disastrous

katedral (kah-ter-*draal*) c cathedral

kategori (kah-ter-gōa-*ree*) c category

katolsk (kah-*tōōlsk*) adj catholic; romersk ~ Roman Catholic

katrinplommon (kaht-*reen*- plōō-mon) nt prune

katt (kaht) c cat

kavaj (kah-*vigh*) c jacket

kaviar (*kah*-vi-Уahr) c caviar

kedja (tУāyd-Уah) c chain

kejsardöme (tУay-sahr-dūr-mer) nt empire

kejsare (tУay-sah-rer) c (pl ~) emperor

kejsarinna (tУay-sah-*ri*-nah) c empress

kejserlig (tУay-serr-li) adj imperial

kelgris (tУāyl-greess) c pet

kemi (tУay-*mee*) c chemistry

kemikalieaffär (tУay-mi-*kaa*-li-ay-ah-fær) c chemist's; drugstore nAm

kemisk (tУāy-misk) adj chemical

kemtvätt (tУāym-tveht) c dry-cleaner's

kemtvätta (tУāym-tveh-tah) v dry-clean

kennel (*keh*-nerl) c (pl -nlar) kennel

Kenya (*kāyn*-i-ah) Kenya

keramik (tУay-rah-*meek*) c ceramics pl; pottery

kex (kayks) nt biscuit; cookie nAm; cracker nAm

kika (tУee-kah) v peep

kikare (tУee-kah-rer) c (pl ~) binoculars pl

kikhosta (tУeek-hooss-tah) c whooping-cough

kil (tУeel) c wedge, gusset

kilo (tУee-loo) nt kilogram

kilometer (tУee-loo-*māy*-terr) c (pl ~) kilometre

Kina (tУee-nah) China

kind (tУind) c cheek

kindben (tУind-bāyn) nt cheek-bone

kindtand (tУind-tahnd) c (pl -tänder) molar

kines (tУi-*nāyss*) c Chinese

kinesisk (tУi-*nāy*-sisk) adj Chinese

kinin (tУi-*neen*) nt quinine

kinkig (tУing-ki) adj difficult

kiosk (tУi-osk) c kiosk

kirurg (tУi-*rewrg*) c surgeon

kissekatt (ki-ser-*kaht*) c pussy-cat

kista (t*Yiss*-tah) *c* chest; coffin

kittel (t*Yi*-terl) *c* (pl -tlar) kettle

kittla (t*Yit*-lah) *v* tickle

kiv (t*Y*eev) *nt* strife, quarrelling

kivas (t*Y*eev-ahss) *v* quarrel

kjol (t*Yōōl*) *c* skirt

klack (klahk) *c* heel

klaga (klaa-gah) *v* complain

klagomål (klaa-goo-mōal) *nt* complaint

klander (klahn-derr) *nt* blame

klandra (klahn-drah) *v* blame

klang (klahng) *c* tone

klar (klaar) *adj* ready; clear, serene

klara sig (klaa-rah) manage; get along; pass; **klara sig med** *make do with

***klargöra** (klaar-*Y*ur-rah) *v* clarify

***klarlägga** (klaar-lehg-ah) *v* elucidate

klass (klahss) *c* class; form

klassificera (klah-si-fi-sāy-rah) *v* classify, grade

klassisk (klah-sisk) *adj* classical

klasskamrat (klahss-kahm-raat) *c* class-mate

klassrum (klahss-rewm) *nt* classroom

klatsch (klahch) *c* smack

klausul (klahew-sēwl) *c* clause

klenod (klay-nōod) *c* gem

klia (klee-ah) *v* itch

klibbig (kli-bi) *adj* sticky

klient (kli-*aynt*) *c* client; customer

klimat (kli-*maat*) *nt* climate

klimpig (klim-pi) *adj* lumpy

klinik (kli-*neek*) *c* clinic

klippa¹ (kli-pah) *v* *cut; ~ av *cut off

klippa² (kli-pah) *c* rock; cliff

klippbok (klip-bōōk) *c* (pl -böcker) scrap-book

klippig (kli-pi) *adj* rocky

klipsk (klipsk) *adj* smart, shrewd

klister (kliss-terr) *nt* gum

klisterremsa (kliss-terr-raym-sah) *c* adhesive tape

klistra (kliss-trah) *v* paste; *stick

klo (klōō) *c* claw

kloak (kloo-aak) *c* sewer

klocka (klo-kah) *c* watch; bell; **klockan ...** at ... o'clock; **klockan tolv** noon

klockarmband (klok-ahrm-bahnd) *nt* watch-strap

klockspel (klok-spāyl) *nt* chimes *pl*

klok (klōōk) *adj* clever

klor (klōar) *c* chlorine

kloss (kloss) *c* block

kloster (kloss-terr) *nt* cloister; convent, monastery

klot (klōōt) *nt* sphere

klubb (klewb) *c* club

klubba (klew-bah) *c* club; mallet; lollipop

klump (klewmp) *c* lump

klumpig (klewm-pi) *adj* clumsy; awkward

klumpsumma (klewmp-sewm-ah) *c* lump sum

klyfta (klewf-tah) *c* cleft; cleavage; segment

***klyva** (klēw-vah) *v* *split

klåda (klōa-dah) *c* itch

klä (klai) *v* *become; clothe; cover; ~ av sig** undress; **~ om sig** change; **~ på** dress; **~ på sig** *put on; **~ sig** dress; *vara klädd i *wear

klädborste (klaid-bors-ter) *c* clothes-brush

kläder (klai-derr) *pl* clothes *pl*

klädhängare (klehd-hehng-ah-rer) *c* (pl ~) hanger

klädskåp (klaid-skōap) *nt* wardrobe

klämma (klehm-ah) *c* clamp

klänning (klehn-ing) *c* dress; frock, gown

klättra (kleht-rah) *v* climb

klättring (kleht-ring) *c* climb

klösa (klūr-sah) *v* scratch

klöver (klūr-verr) *c* clover

knacka (*knah*-kah) v knock; tap

knackning (*knahk*-ning) c knock

knapp¹ (knahp) c button

knapp² (knahp) adj scarce; **knappast** scarcely; **knappt** adv hardly

knapphet (*knahp*-hāyt) c scarcity

knapphål (*knahp*-hōāl) nt buttonhole

knappnål (*knahp*-nōāl) c pin

knaprig (*knaap*-ri) adj crisp

knekt (knehkt) c knave

knep (knāyp) nt artifice

*knipa (*knee*-pah) v pinch

kniptång (*kneep*-tong) c (pl -tänger) pincers pl

kniv (kneev) c knife

knivblad (*kneev*-blaad) nt blade

knoge (*knōō*-ger) c knuckle

knopp (knop) c bud

knorra (*kno*-rah) v grumble

knubbig (*knewb*-i) adj plump

knuff (knewf) c push

knut (knewt) c knot

knutpunkt (*knewt*-pewngkt) c junction

*knyta (*knew*-tah) v tie; knot; ~ **upp** untie

knytnäve (*knewt*-nai-ver) c fist

knytnävsslag (*knewt*-naivs-slaag) nt punch

knä (knai) nt knee

knäböja (*knai*-bur-ʸah) v *kneel

knäppa (*knehp*-ah) v button; ~ **upp** unbutton

knäskål (*knai*-skōāl) c kneecap

ko (kōō) c cow

koagulera (ko-ah-gew-*lāy*-rah) v coagulate

kock (kok) c cook

kod (kōād) c code

koffein (ko-fer-*een*) nt caffeine

koffeinfri (ko-fer-*een*-free) adj decaffeinated

koffert (*ko*-ferrt) c trunk

kofta (*kof*-tah) c cardigan

kofångare (*kōō*-fong-ah-rer) c (pl ~) bumper

koj (koi) c berth; bunk

koka (*kōō*-kah) v boil

kokain (koo-kah-*een*) nt cocaine

kokbok (*kōōk*-bōōk) c (pl -böcker) cookery-book; cookbook *nAm*

kokosnöt (*kōō*-kooss-nūrt) c (pl ~ter) coconut

kol (kōāl) nt coal

kola (*kōā*-lah) c toffee

kolja (*kol*-ʸah) c haddock

kolla (*kol*-ah) v check

kollapsa (ko-*lahp*-sah) v collapse

kollega (ko-*lāy*-gah) c colleague

kollektiv (ko-lehk-teev) adj collective

kollidera (ko-li-*dāy*-rah) v collide; crash

kollision (ko-li-*shōōn*) c collision; crash

koloni (ko-lo-*nee*) c colony

kolonn (ko-*lon*) c column

kolossal (ko-lo-*saal*) adj huge

koltrast (*kōāl*-trahst) c blackbird

kolumn (ko-*lewmn*) c column

kolv (kolv) c piston

kolvring (*kolv*-ring) c piston ring

kolvstång (*kolv*-stong) c (pl -stänger) piston-rod

koma (*kōā*-mah) c coma

kombination (kom-bi-nah-*shōōn*) c combination

kombinera (koam-bi-*nāy*-rah) v combine

komedi (ko-may-*dee*) c comedy; **musikalisk** ~ musical comedy

komfort (kom-*fort*) c comfort

komfortabel (kom-for-*taa*-berl) adj comfortable

komiker (*kōō*-mi-kerr) c (pl ~) comedian

komisk (*kōō*-misk) adj comic

*komma (ko-mah) v *come; ~ **ihåg** remember; ~ **tillbaka** return; *get back

kommatecken (*ko*-mah-tay-kern) *nt* comma

kommentar (ko-mayn-*taar*) *c* comment

kommentera (ko-mayn-*tāȳ*-rah) *v* comment

kommersiell (ko-mær-si-*ayl*) *adj* commercial

kommission (ko-mi-*shōōn*) *c* commission

kommitté (ko-mi-*tāȳ*) *c* committee

kommun (ko-*mēwn*) *c* municipality; commune; **kommunal-** municipal

kommunfullmäktige (ko-*mēwn*-fewl-mehk-ti-ger) *pl* municipality council

kommunikation (ko-mew-ni-kah-*shōōn*) *c* communication

kommuniké (ko-mew-ni-*kāȳ*) *c* communiqué

kommunism (ko-mew-*nism*) *c* communism

kommunist (ko-mew-*nist*) *c* communist

kompakt (kom-*pahkt*) *adj* compact

kompanjon (koam-pahn-*Yōōn*) *c* partner; associate

kompass (kom-*pahss*) *c* compass

kompensation (kom-payn-sah-*shōōn*) *c* compensation

kompensera (ko-pern-*sāȳ*-rah) *v* compensate

kompetent (koam-pay-*taynt*) *adj* qualified

komplett (kom-*playt*) *adj* complete

komplex (kom-*plehks*) *nt* complex

komplicerad (kom-pli-*sāȳr*-ahd) *adj* complicated

komplimang (kom-pli-*mahng*) *c* compliment

komplimentera (kom-pli-mern-*tāȳr*-ah) *v* compliment

komplott (kom-*plot*) *c* plot; conspiracy

komponera (kom-poo-*nāȳ*-rah) *v* compose

komposition (kom-po-si-*shōōn*) *c* composition

kompositör (kom-po-si-*tūrr*) *c* composer

kompromiss (kom-pro-*miss*) *c* compromise

koncentration (kon-sayn-trah-*shōōn*) *c* concentration

koncentrera (kon-sayn-*trāȳ*-rah) *v* concentrate

koncern (kon-*surrn*) *c* concern

koncession (kon-ser-*shōōn*) *c* concession

koncis (kon-*seess*) *adj* concise

kondition (kon-di-*shōōn*) *c* condition

konditor (kon-*dee*-toar) *c* confectioner

konditori (kon-di-too-*ree*) *nt* (pl ~er) pastry shop

kondom (kon-*dōam*) *c* condom

konduktör (kon-dewk-*tūrr*) *c* ticket collector

konfektionssydd (kon-fayk-*shōōn*-sewd) *adj* ready-made

konferens (kon-fer-*rayns*) *c* conference

konfidentiell (kon-fi-dayn-tsi-*ayl*) *adj* confidential

konfiskera (kon-fi-*skāȳr*-ah) *v* confiscate

konflikt (kon-*flikt*) *c* conflict

konfrontera (kon-fron-*tāȳ*-rah) *v* confront, face

kongregation (kon-gray-gah-*shōōn*) *c* congregation

kongress (kong-*rayss*) *c* congress

konjak (*kon*-Yahk) *c* cognac

konkret (kon-*krāȳt*) *adj* concrete

konkurrens (kon-kew-*rayns*) *c* competition

konkurrent (kon-kew-*raynt*) *c* competitor

konkurrera (kon-kew-*rāȳr*-ah) *v* compete

konkursmässig (kon-*kewrs*-meh-si) *adj* bankrupt

konsekvens (kon-ser-*kvayns*) *c* consequence; issue

konsert (kon-*sæær*) *c* concert

konsertsal (kon-*sær*-saal) *c* concert hall

konservativ (kon-sær-vah-*teev*) *adj* conservative

konservatorium (kon-*sær*-vah-*tōō*-riewm) *nt* (pl -rier) music academy

konservburk (kon-*særv*-bewrk) *c* can, tin

konserver (kon-*særv*-err) *pl* tinned food

konservera (kon-sær-*vāy*-rah) *v* preserve

konservering (kon-sær-*vāy*-ring) *c* preservation

konservöppnare (kon-*særv*-urp-nahrer) *c* (pl ~) can opener, tin-opener

konst (konst) *c* art; **de sköna konsterna** fine arts

konstakademi (*konst*-ah-kah-day-*mee*) *c* art school

konstatera (kons-tah-*tāyr*-ah) *v* ascertain, establish; diagnose

konstgalleri (*konst*-gah-ler-*ri*) *nt* (pl ~er) art gallery; gallery

konstgjord (*konst*-Yōōrd) *adj* artificial

konsthantverk (*konst*-hahnt-værk) *nt* handicraft

konsthistoria (*konst*-hiss-tōō-ri-ah) *c* art history

konstig (*kons*-ti) *adj* funny, odd; queer

konstindustri (*konst*-in-dew-*stree*) *c* arts and crafts

konstnär (*konst*-næær) *c* artist

konstnärinna (*konst*-næ-*ri*-nah) *c* artist

konstnärlig (konst-*næær*-li) *adj* artistic

konstruera (kon-strew-*āyr*-ah) *v* construct

konstruktion (kon-strewk-*shōōn*) *c* construction

konstsamling (*konst*-sahm-ling) *c* art collection

konstsiden (*konst*-see-dern) *c* rayon

konststycke (*konst*-stew-ker) *nt* trick

konstutställning (*konst*-ēwt-stehl-ning) *c* art exhibition

konstverk (*konst*-værk) *nt* work of art

konsul (*kon*-sewl) *c* consul

konsulat (kon-sew-*laat*) *nt* consulate

konsultation (kon-sewl-tah-*shōōn*) *c* consultation

konsument (kon-sew-*maynt*) *c* consumer

kontakt (kon-*tahkt*) *c* contact

kontakta (kon-*tahk*-tah) *v* contact

kontaktlinser (kon-*tahkt*-lin-serr) *pl* contact lenses

kontanter (kon-*tahn*-terr) *pl* cash

kontinent (kon-ti-*naynt*) *c* continent

kontinental (kon-ti-nayn-*taal*) *adj* continental

kontinuerlig (kon-ti-new-*āyr*-li) *adj* continuous

konto (*kon*-too) *nt* account

kontor (kon-*tōōr*) *nt* office

kontorist (kon-too-*rist*) *c* clerk

kontorsartiklar (kon-*tōōrs*-ahr-tik-lahr) *pl* stationery

kontorstid (kon-*tōōrs*-teed) *c* office hours; business hours

kontra (*kont*-rah) *prep* versus

kontrakt (kon-*trahkt*) *nt* contract; agreement

kontrast (kon-*trahst*) *c* contrast

kontroll (kon-*trol*) *c* control; inspection; supervision

kontrollera (kon-tro-*lāy*-rah) *v* control; check, inspect, supervise

kontur (kon-*tewr*) *c* contour

konversation (kon-vær-sah-*shoon*) *c* conversation

kooperation (koo-o-per-rah-*shoon*) *c* co-operative

kooperativ (koo-o-per-rah-*teev*) *adj* co-operative

kopia (ko-*pee*-ah) *c* copy

kopiera (koo-pi-*ayr*-ah) *v* copy

kopp (kop) *c* cup

koppar (*ko*-pahr) *c* copper

koppel (*ko*-payl) *nt* leash; lead

koppla (*kop*-lah) *v* connect; ~ **av** relax; ~ **på** switch on; ~ **till** connect; ~ **ur** disconnect; declutch

koppling (*kop*-ling) *c* clutch

kopplingsbord (*kop*-lings-bōōrd) *nt* switchboard

korall (ko-*rahl*) *c* coral

korg (korÿ) *c* basket; hamper

korint (ko-*rint*) *c* currant

kork (kork) *c* cork

korka upp (*kor*-kah) uncork

korkskruv (*kork*-skrēwv) *c* corkscrew

korn (kōōrn) *nt* grain; corn, barley

korp (korp) *c* raven

korpulent (kor-pew-*laynt*) *adj* corpulent; stout

korrekt (ko-*raykt*) *adj* correct

korrespondens (ko-ray-spon-*dahngs*) *c* correspondence

korrespondent (ko-rayss-pon-*daynt*) *c* correspondent

korrespondera (ko-rayss-pon-*dāy*-rah) *v* correspond

korridor (ko-ri-*dōar*) *c* corridor

korrumpera (ko-rewm-*pāy*-rah) *v* corrupt

korrumperad (ko-rewm-*pāy*-rahd) *adj* corrupt

korruption (ko-rewp-*shoon*) *c* corruption

kors (kors) *nt* cross

korsett (kor-*sayt*) *c* corset

korsfästa (*kors*-fehss-tah) *v* crucify

korsfästelse (*kors*-fehss-tayl-ser) *c* crucifixion

korsning (*kors*-ning) *c* crossing

korståg (*kors*-tōāg) *nt* crusade

kort[1] (kort) *adj* short; brief

kort[2] (koort) *nt* card; snapshot; **grönt** ~ green card

kortfattad (*kort*-faht-ahd) *adj* brief; concise

kortslutning (*kort*-slēwt-ning) *c* short circuit

korv (korv) *c* sausage

kosmetika (koss-*māy*-ti-kah) *pl* cosmetics *pl*

kost (kost) *c* fare

kosta (*koss*-tah) *v* *cost

kostnad (*kost*-nahd) *c* cost

kostnadsfri (*kost*-nahds-free) *adj* free of charge

kostsam (*kost*-sahm) *adj* expensive

kostym (koss-*tēwm*) *c* suit

kotlett (kot-*leht*) *c* chop; cutlet

krabba (*krah*-bah) *c* crab

kraft (krahft) *c* force; energy, strength, power

kraftig (*krahf*-ti) *adj* strong, powerful; robust

kraftverk (*krahft*-værk) *nt* power-station

krage (*kraa*-gay) *c* collar

kragknapp (*kraag*-knahp) *c* collar stud

kram (kraam) *c* hug

krama (*kraam*-ah) *v* cuddle, embrace

kramp (krahmp) *c* cramp; convulsion

krampa (*krahm*-pah) *c* clamp

kran (kraan) *c* tap

krasslig (*krahss*-li) *adj* unwell

krater (*kraa*-terr) *c* (pl -trar) crater

kratta (*krah*-tah) *c* rake

krav (kraav) *nt* requirement

kredit (kray-*deet*) *c* credit

kreditera (kray-di-*tāy*-rah) *v* credit

kreditiv (kray-*di*-teev) *nt* letter of credit

kreditkort (kray-*deet*-koort) *nt* credit card; charge plate *Am*

kremera (kray-*māyr*-ah) *v* cremate

kremering (kray-*māy*-ring) *c* cremation

krets (krayts) *c* circuit; circle

kretslopp (*krayts*-lop) *nt* circulation, orbit, cycle

kricket (*kri*-kayt) *nt* cricket

krig (kreeg) *nt* war

krigsfånge (*kriks*-fong-er) *c* prisoner of war

krigsmakt (*kriks*-mahkt) *c* military force

kriminell (kri-mi-*nayl*) *adj* criminal

kringliggande (*kring*-li-gahn-der) *adj* surrounding

kris (kreess) *c* crisis

kristall (kriss-*tahl*) *c* crystal; **kristall-** crystal

kristen¹ (*kriss*-tern) *c* (pl -tna) Christian

kristen² (*kriss*-tern) *adj* Christian

Kristus (*kriss*-tewss) Christ

krita (*kreet*-ah) *c* chalk

kritik (kri-*teek*) *c* criticism

kritiker (*kree*-ti-kerr) *c* (pl ~) critic

kritisera (kri-ti-*sāy*-rah) *v* criticize

kritisk (*kree*-tisk) *adj* critical

krog (krōōg) *c* restaurant

krok (krōōk) *c* hook

krokig (*krōōk*-i) *adj* crooked, curved, bent

krokodil (kroo-koo-*deel*) *c* crocodile

krom (krōām) *c* chromium

krona (*krōō*-nah) *c* crown

kronblad (*krōōn*-blaad) *nt* petal

kronisk (*krōō*-nisk) *adj* chronic

kronologisk (kroo-noo-*lōāg*-isk) *adj* chronological

kronärtskocka (*krōōn*-ærts-ko-kah) *c* artichoke

kropp (krop) *c* body; **fast ~** solid

krucifix (krew-si-*fiks*) *nt* crucifix

kruka (*krēw*-kah) *c* jar

krus (krēwss) *nt* pitcher

krusa (*krēw*-sah) *v* curl

krusbär (*krēwss*-bæær) *nt* gooseberry

krut (krēwt) *nt* gunpowder

krycka (*krew*-kah) *c* crutch

krydda (*krew*-dah) *c* spice; *v* flavour

kryddad (*krew*-dahd) *adj* spiced; spicy

krympa (*krewm*-pah) *v* *shrink

krympfri (*krewmp*-free) *adj* shrink-proof

*krypa (*krēwp*-ah) *v* *creep; crawl

kryssning (*krewss*-ning) *c* cruise

kråka (*krōāk*-ah) *c* crow

kräfta (*krehf*-tah) *c* crayfish

kräkas (*krai*-kahss) *v* vomit

kräldjur (*krail*-Y̆ewr) *nt* reptile

kräm (kraim) *c* cream

krämpa (*krehm*-pah) *c* ailment

kränka (*krehng*-kah) *v* offend

kränkande (*krehng*-kahn-der) *adj* offensive

kränkning (*krehngk*-ning) *c* offence; violation

kräsen (*krai*-sern) *adj* choosy, fastidious, particular

kräva (*krai*-vah) *v* demand; require, claim

krök (krūrk) *c* bend

kröna (*krūr*-nah) *v* crown

kub (kēwb) *c* cube

Kuba (*kēw*-bah) Cuba

kuban (kew-*baan*) *c* Cuban

kubansk (kew-*baansk*) *adj* Cuban

kudde (*kew*-day) *c* cushion; pillow

kuggas (*kewg*-ahss) *v* fail

kula (*kēw*-lah) *c* bullet

kull (kewl) *c* litter

kulle (*kew*-lay) *c* hill; mound

kullkasta (*kewl*-kahss-tah) *v* *upset

kulspetspenna (*kēwl*-spayts-pay-nah) *c* ballpoint-pen

kultiverad (kewl-ti-*vāy*-rahd) *adj* cultured, refined

kultur (kewl-*tewr*) *c* culture

kund (kewnd) *c* customer; client

kung (kewng) *c* king

kungarike (*kewng*-ah-ree-ker) *nt* kingdom

kunglig (*kewng*-li) *adj* royal

*****kungöra** (*kewn*-Yūr-ah) *v* proclaim

kungörelse (*kewn*-Yūr-rayl-ser) *c* announcement; proclamation, notice

*****kunna** (*kewn*-ah) *v* *can; *may, *be able to

kunskap (*kewn*-skaap) *c* knowledge

kupé (kēw-*pāy*) *c* compartment

kuperad (kēw-*pāy*-rahd) *adj* hilly

kupol (kēw-*pōāl*) *c* dome

kupong (kēw-*pong*) *c* coupon; voucher

kur (kēwr) *c* cure

kurort (*kēwr*-oort) *c* spa

kurs (kewrs) *c* course

kursivering (kewr-si-*vāy*-ring) *c* italics *pl*

kurva (*kewr*-vah) *c* curve, turning, bend

kusin (kew-*seen*) *c* cousin

kuslig (*kēwss*-li) *adj* creepy

kust (kewst) *c* coast; sea-coast, seaside

kuvert (kew-*væær*) *nt* envelope

kuvertavgift (kēw-væær-aav-Yift) *c* cover charge

kvacksalvare (*kvahk*-sahl-vah-rer) *c* (pl ~) quack

kvadrat (kvah-*draat*) *c* square

kvadratisk (kvah-*draa*-tisk) *adj* square

kvalificera sig (kvah-li-fi-*sāyr*-ah) qualify

kvalificerad (kvah-li-fi-*sāyr*-ahd) *adj* qualified

kvalifikation (kvah-li-fi-kah-*shōōn*) *c* qualification

kvalitet (kvah-li-*tāyt*) *c* quality

kvantitet (kvahn-ti-*tāyt*) *c* quantity

kvar (kvaar) *adv* left

kvarleva (*kvaar*-lāy-vah) *c* remnant

kvarn (kvaarn) *c* mill

kvart (kvahrt) *c* quarter of an hour; quarter

kvartal (kvahr-*taal*) *nt* quarter; **kvartals-** quarterly

kvarter (kvahr-*tāyr*) *nt* block

kvast (kvahst) *c* broom

kvav (kvaav) *adj* stuffy

kvick (kvik) *adj* quick

kvicksilver (*kvik*-sil-vehr) *nt* mercury

kvicktänkt (*kvik*-tehngkt) *adj* bright

kvinna (*kvi*-nah) *c* woman

kvinnlig (*kvin*-li) *adj* feminine

kvist (kvist) *c* twig

kvitto (*kvi*-too) *nt* receipt

kvot (kvōōt) *c* quota

kväll (kvehl) *c* evening; night; **i ~ to**-night

kvällsmat (*kvehls*-maat) *c* supper

kväva (*kvai*-vah) *v* choke

kvävas (*kvai*-vahss) *v* choke

kväve (*kvai*-ver) *nt* nitrogen

kyckling (*tYewk*-ling) *c* chicken

kyla (*tYēw*-lah) *c* cold

kylig (*tYēw*-li) *adj* cool; chilly

kylskåp (*tYēwl*-skōāp) *nt* fridge, refrigerator

kylsystem (*tYēwl*-sew-*stāym*) *nt* cooling system

kypare (*tYēw*-pah-rer) *c* (pl ~) waiter

kyrka (*tYewr*-kah) *c* church

kyrkogård (*tYewr*-koo-gōārd) *c* churchyard; cemetery

kyrktorn (*tYewrk*-toorn) *nt* church tower

kyrkvaktmästare (*tYewrk*-vahkt-mehss-tah-rer) *c* (pl ~) sexton

kysk (tYewsk) *adj* chaste

kyss (tYewss) *c* kiss

kyssa (*tYew*-sah) *v* kiss

kåda (*kōād*-ah) *c* resin

kål (koāl) c cabbage
käck (t ᵛehk) adj plucky
käft (t ᵛehft) c mouth
kägelspel (t ᵛai-gerl-spāyl) nt bowling
käke (t ᵛai-ker) c jaw
kälkborgerlig (t ᵛehlk-bor-ᵛerr-li) adj
bourgeois
kälke (t ᵛehl-ker) c sleigh, sledge
källa (t ᵛehl-ah) c spring; source, foun-
tain
källare (t ᵛeh-lah-rer) c (pl ∼) cellar
källarvåning (t ᵛeh-lahr-vōā-ning) c
basement
kämpa (t ᵛehm-pah) v *fight; struggle,
combat, battle
känd (t ᵛehnd) adj famous, known,
noted
känguru (t ᵛehng-gew-rew) c kangaroo
känna (t ᵛehn-ah) v *feel; *know; ∼
igen recognize
kännare (t ᵛeh-nah-rer) c (pl ∼) con-
noisseur
kännbar (t ᵛehn-baar) adj perceptible,
noticeable
kännedom (t ᵛehn-er-doom) c know-
ledge
kännemärke (t ᵛehn-er-mær-ker) nt
feature
kännetecken (t ᵛeh-ner-tay-kern) nt
characteristic
känsel (t ᵛehn-serl) c touch; feeling;
utan ∼ numb
känsla (t ᵛehns-lah) c emotion, sensa-
tion
känslig (t ᵛehns-li) adj sensitive; deli-
cate
känslolös (t ᵛayns-loo-lūrss) adj insen-
sitive
käpp (t ᵛehp) c cane; stick
käpphäst (t ᵛehp-hehst) c hobby-horse
kär (t ᵛæær) adj dear
kärl (t ᵛæærl) nt vessel
kärlek (t ᵛæær-lāyk) c love
kärleksaffär (t ᵛææær-lāyks-ah-fæær) c
affair
kärleksfull (t ᵛæær-lāyks-fewl) adj af-
fectionate
kärlekshistoria (t ᵛæær-lāyks-hiss-tōō-
ri-ah) c love-story
kärn- (t ᵛæærn) nuclear; atomic
kärna (t ᵛær-nah) c stone, pip; core,
essence; nucleus
kärnhus (t ᵛæærn-hewss) nt core
kärnkraft (t ᵛæærn-krahft) c nuclear
energy
kärra (t ᵛæ-rah) c cart; barrow
kö (kūr) c queue
köa (kūr-ah) v queue; stand in line
Am
kök (t ᵛūrk) nt kitchen
kökschef (t ᵛurks-shāyf) c chef
kökshandduk (t ᵛurks-hahn-dēwk) c
tea-cloth
köksredskap (t ᵛurks-rāyd-skaap) nt
utensil
köksspis (t ᵛurk-speess) c stove, cook-
er
köksträdgård (t ᵛurks-trai-gōārd) c kit-
chen garden
köl (t ᵛūrl) c keel
kön (t ᵛūrn) nt sex; köns- genital
könssjukdom (t ᵛūrns-shēwk-doom) c
venereal disease
köp (t ᵛūrp) nt purchase
köpa (t ᵛūr-pah) v *buy; purchase
köpare (t ᵛūr-pah-rer) c (pl ∼) buyer;
purchaser
köpesumma (t ᵛūr-per-sew-mah) c
purchase price
köpman (t ᵛūrp-mahn) c (pl -män)
merchant; trader
*köpslå (t ᵛūrp-slōa) v bargain
kör (kūr) c choir
köra (t ᵛūr-rah) v *drive; ∼ för fort
*speed; ∼ om *overtake; pass
vAm
körbana (t ᵛūrr-baan-ah) c carriage-
way; roadway nAm

körfil (t^Y*ürr*-feel) *c* lane
körkort (t^Y*ürr*-koort) *nt* driving licence
körriktningsvisare (t^Yurr-rikt-nings-vee-sah-rer) *c* (pl ~) trafficator; directional signal *Am*
körsbär (t^Yurrs-bæær) *nt* cherry
körsnär (t^Yurrs-*næær*) *c* furrier
körtel (t^Y*ürr*-terl) *c* (pl -tlar) gland
kött (t^Yurt) *nt* flesh; meat

L

laboratorium (lah-bo-rah-*too*-ri-ewm) *nt* (pl -rier) laboratory
labyrint (lah-bew-*rint*) *c* labyrinth; maze
lack (lahk) *nt* lacquer; varnish
lada (*laa*-dah) *c* barn
laddning (*lahd*-ning) *c* charge; cargo
lag (laag) *c* law; *nt* team
laga (*laa*-gah) *v* fix; mend
lager (*laa*-gerr) *nt* store, stock; layer
laglig (*laag*-li) *adj* legal; lawful
lagra (*laag*-rah) *v* store; stock
lagring (*laag*-ring) *c* storage
lagun (lah-*gewn*) *c* lagoon
lakan (*laa*-kahn) *nt* sheet
lakrits (*laa*-krits) *c* liquorice
lamm (lahm) *nt* lamb
lammkött (*lahm*-t^Yurt) *nt* lamb
lampa (*lahm*-pah) *c* lamp
lampskärm (*lahmp*-shærm) *c* lampshade
land (lahnd) *nt* (pl länder) land; country; *gå i ~ land, disembark; i ~ ashore
landa (*lahn*-dah) *v* land
landgräns (*lahnd*-grehns) *c* boundary
landgång (*lahnd*-gong) *c* gangway
landmärke (*lahnd*-mær-ker) *nt* landmark

landsbygd (*lahnds*-bewgd) *c* countryside; country
landsflykt (*lahnds*-flewkt) *c* exile
landsflykting (*lahnds*-flewk-ting) *c* exile
landskap (*lahnd*-skaap) *nt* province, landscape; scenery
landsman (*lahnds*-mahn) *c* (pl -män) countryman
***landstiga** (*lahnd*-steeg-ah) *v* disembark
landsväg (*lahnds*-vaig) *c* highway
lantbruk (*lahnt*-brewk) *nt* farm; **lantbruks-** agrarian
lantbrukare (*lahnt*-brew-kah-rer) *c* (pl ~) farmer
lantegendom (*lahnt*-ay-gayn-doom) *c* estate
lantlig (*lahnt*-li) *adj* rural
lantställe (*lahnt*-steh-ler) *nt* country house
lappa (*lahp*-ah) *v* patch
larma (*lahr*-mah) *v* alarm; clamour
lasarett (lah-sah-*reht*) *nt* hospital
last (lahst) *c* cargo; load, freight; vice
lasta (*lahss*-tah) *v* load; charge; ~ av unload
lastbil (*lahst*-beel) *c* lorry; truck *nAm*
lastkaj (*lahst*-kigh) *c* wharf
lastrum (*lahst*-rewm) *nt* hold
lat (laat) *adj* lazy; idle
Latinamerika (lah-*teen*-ah-*may*-ri-kah) Latin America
latinamerikansk (lah-*teen*-ah-*may*-ri-*kaansk*) *adj* Latin-American
lavin (lah-*veen*) *c* avalanche
lax (lahks) *c* salmon
***le** (lay) *v* smile
led (layd) *c* joint; **ur ~** dislocated
leda (*lay*d-ah) *v* *lead; head, direct
ledande (*lay*-dahn-der) *adj* leading
ledare (*lay*-dah-rer) *c* (pl ~) leader
ledarhund (*lay*d-ahr-hewnd) *c* guidedog

ledarskap (*lāyd*-ahr-skaap) *nt* leadership

ledig (*lāy*-di) *adj* vacant; unoccupied

ledighet (*lāy*-di-hāyt) *c* leave; leisure

ledning (*lāyd*-ning) *c* lead, guidance; management

ledsaga (*lāyd*-saag-ah) *v* accompany; conduct

ledsen (*lay*-sayn) *adj* sad, sorry

ledstång (*lāyd*-stong) *c* (pl -stänger) rail, banister

leende (*lāy*-ern-der) *nt* smile

legal (lay-*gaal*) *adj* legal

legalisering (lay-gah-li-*sāyr*-ing) *c* legalization

legat (lay-*gaat*) *nt* legacy

legation (lay-gah-*shōōn*) *c* legation

legitimation (lay-gi-ti-mah-*shōōn*) *c* identification

lejon (*lay*-on) *nt* lion

lek (lāyk) *c* play

leka (*lāyk*-ah) *v* play

lekman (*lāyk*-mahn) *c* (pl -män) layman

lekplats (*lāyk*-plahts) *c* playground

leksak (*lāyk*-saak) *c* toy

leksaksaffär (*lāyk*-sahks-ah-*fǣær*) *c* toyshop

lekskola (*lāyk*-skōōl-ah) *c* kindergarten

lektion (lehk-*shōōn*) *c* lesson

lektor (*lehk*-tor) *c* lecturer, senior master

lem (laym) *c* (pl ~mar) limb

len (lāyn) *adj* soft, smooth

lera (*lāy*-rah) *c* clay

lergods (*lair*-goods) *nt* pottery, ceramics *pl*; crockery

lerig (*lāy*-ri) *adj* muddy

leta efter (*lāy*-tah) look for

leva (*lāy*-vah) *v* live

levande (*lāy*-vahn-der) *adj* alive; live

lever (*lāy*-verr) *c* (pl levrar) liver

leverans (lay-vay-*rahns*) *c* delivery;

supply

leverera (lay-vay-*rāy*-rah) *v* deliver; furnish

levnadsstandard (*lāyv*-nahds-stahn-dahrd) *c* standard of living

libanes (li-bah-*nāyss*) *c* Lebanese

libanesisk (li-bah-*nāyss*-isk) *adj* Lebanese

Libanon (*lee*-bah-non) Lebanon

liberal (li-bay-*raal*) *adj* liberal

Liberia (li-*bāyri*-ah) Liberia

liberian (li-bay-ri-*aan*) *c* Liberian

liberiansk (li-bǎy-ri-*aansk*) *adj* Liberian

licens (li-*sayns*) *c* licence

***lida** (*lee*-dah) *v* suffer

lidande (*leed*-ahn-der) *nt* suffering; ailment, affliction

lidelse (*leed*-erl-ser) *c* passion

lidelsefull (*leed*-erl-ser-*fewl*) *adj* passionate

lifta (*lif*-tah) *v* hitchhike

liftare (*lif*-tah-rer) *c* (pl ~) hitchhiker

***ligga** (*li*-gah) *v* *lie; *be situated

lik (leek) *nt* corpse; *adj* alike, like

lika (*lee*-kah) *adj* equal; even; *adv* equally, as;. ~ **mycket** as much

likadan (*lee*-kah-daan) *adj* alike

likaledes (*lee*-kah-*lāyd*-erss) *adv* likewise

likasinnad (*lee*-kah-*sin*-ahd) *adj* likeminded

likaså (*lee*-kah-*sōa*) *adv* likewise; as well, as much

likformig (*leek*-for-mi) *adj* uniform, homogeneous

likgiltig (*leek*-Ɣil-ti) *adj* indifferent

likhet (*leek*-hāyt) *c* resemblance; similarity

likna (*leek*-nah) *v* resemble

liknande (*leek*-nahn-der) *adj* similar, such

liksom (*lik*-som) *conj* as

likström (*leek*-strurm) *c* direct current

liktorn (*leek*-tōarn) *c* corn

likväl (leek-*vail*) *adv* yet; however, still

likvärdig (*leek*-vær-di) *adj* equivalent; •**vara** ~ equal

likör (li-*kurr*) *c* liqueur

lilja (*lil*-Yah) *c* lily

lillfinger (*lil*-fing-ayr) *nt* (pl -fingrar) little finger

lim (lim) *nt* glue

limpa (*lim*-pah) *c* loaf; carton of cigarettes

lina (*leen*-ah) *c* cord, line

lind (lind) *c* lime; limetree

linda (*lin*-dah) *v* •wind

lindra (*lind*-rah) *v* relieve, mitigate, soothe

linjal (lin-*Yaal*) *c* ruler

linje (*leen*-Yer) *c* line

linjefartyg (*leen*-Yer-faar-tēwg) *nt* liner

linjerederi (*lin*-Yer-ray-day-ree) *nt* (pl ~er) shipping line

linne (*li*-ner) *nt* linen

lins (lins) *c* lens; lentil

list (list) *c* ruse; artifice; border

lista (*liss*-tah) *c* list

listig (*liss*-ti) *adj* cunning

lita på (*lee*-tah) trust; rely on

liten (*lee*-tern) *adj* (pl små) minor, small; little; petty; short; **ytterst** ~ minute

liter (*lee*-terr) *c* litre

litteratur (li-ter-rah-*tēwr*) *c* literature; **litteratur-** literary

litterär (li-ter-*ræær*) *adj* literary

liv (leev) *nt* life

livbälte (*leev*-behl-ter) *nt* lifebelt

livfull (*leev*-fewl) *adj* lively

livförsäkring (*liv*-furr-*saik*-ring) *c* life insurance

livlig (*leev*-li) *adj* vivid; busy

livmoder (*leev*-mōōd-err) *c* (pl -drar) womb

livräddare (*leev*-reh-dah-rer) *c* (pl ~) life-saver

livsfarlig (*lifs*-faar-li) *adj* perilous

livsmedel (*lifs*-māy-derl) *nt* food

livsmedelsbutik (*lifs*-māy-derls-bew-teek) *c* grocer's

livstid (*lifs*-teed) *c* lifetime

livsviktig (*lifs*-vik-ti) *adj* vital

livvakt (*leev*-vahkt) *c* bodyguard

ljud (Yēwd) *nt* sound

•**ljuda** (Yēw-dah) *v* sound

ljudband (Yēwd-bahnd) *nt* tape

ljuddämpare (Yēwd-dehm-pah-rer) *c* (pl ~) silencer; muffler *nAm*

ljudisolerad (Yēwd-i-soo-lāy-rahd) *adj* soundproof

•**ljuga** (Yēwg-ah) *v* lie

ljum (Yewm) *adj* lukewarm, tepid

ljumske (Yewms-ker) *c* groin

ljung (Yewng) *c* heather

ljunghed (Yewng-hāyd) *c* moor

ljus (Yēwss) *adj* light; *nt* light

ljushårig (Yēwss-hōā-ri) *adj* fair

ljuvlig (Yēwv-li) *adj* lovely

lock (lok) *nt* cover, lid, top; *c* curl

locka (*lok*-ah) *v* curl; entice, tempt

lockelse (*lo*-kayl-ser) *c* attraction

lockig (*lo*-ki) *adj* curly

locktång (*lok*-tong) *c* (pl -tänger) curling-tongs *pl*

lodrät (*lōōd*-rait) *adj* vertical; perpendicular

logera (lo-*shāy*-rah) *v* accommodate

logi (lo-*shee*) *nt* (pl ~er, ~n) accommodation

logik (loo-*geek*) *c* logic

logisk (*lawg*-isk) *adj* logical

lojal (lo-*Yaal*) *adj* loyal

lok (lōōk) *nt* locomotive

lokal (loo-*kaal*) *adj* local; **lokal-** local

lokalisera (loo-kah-li-*sāy*-rah) *v* locate

lokalsamtal (loo-*kaal*-sahm-taal) *nt* local call

lokaltåg (loo-*kaal*-tōāg) *nt* local train

lokomotiv (loo-koo-moo-*teev*) *nt* engine

longitud (*long*-gi-tewd) *c* longitude

lopp (lop) *nt* race; course

lort (loort) *c* dirt, filth

lortig (*loort*-i) *adj* filthy, dirty

lossa (*loss*-ah) *v* loosen; unfasten; discharge

lots (loots) *c* pilot

lott (lot) *c* lot; lottery ticket

lotteri (lo-ter-*ree*) *nt* lottery

lov (lōav) *nt* vacation; permission

lova (*lōa*-vah) *v* promise

LP-skiva (ayl-pay-*shee*-vah) *c* long-playing record

lucka (*lew*-kah) *c* hatch

luffare (*lewf*-ah-rer) *c* (pl ~) tramp

luft (lewft) *c* air; sky; **luft-** air-; pneumatic

lufta (*lewf*-tah) *v* air, ventilate

luftfilter (*lewft*-fil-terr) *nt* (pl ~, -trer) air-filter

luftig (*lewf*-ti) *adj* airy

luftkonditionerad (*lewft*-kon-di-shoo-*nāy*-rahd) *adj* air-conditioned

luftkonditionering (*lewft*-kon-di-shoo-*nāy*r-ing) *c* air-conditioning

luftrörskatarr (*lewft*-rūrrs-kah-*tahr*) *c* bronchitis

lufttryck (*lewft*-trewk) *nt* atmospheric pressure

lufttät (*lewft*-tait) *adj* airtight

lugn (lewngn) *adj* calm; quiet, tranquil; sedate, restful

lugna (*lewng*-nah) *v* calm down; reassure; ~ **sig** calm down

lukt (lewkt) *c* smell; odour

lukta (*lewk*-tah) *v* *smell

lunch (lewnsh) *c* lunch; luncheon

lunga (*lewng*-ah) *c* lung

lunginflammation (*lewng*-in-flah-mah-*shōōn*) *c* pneumonia

lura (*lew*-rah) *v* cheat

lus (lēwss) *c* (pl löss) louse

lust (lewst) *c* desire; zest; ***ha ~ att**

*feel like; fancy

lustig (*lewss*-ti) *adj* funny; amusing, jolly, humorous

lustjakt (*lewst*-Yahkt) *c* yacht

lustspel (*lewst*-spāyl) *nt* comedy

luta (*lēw*-tah) *v* *lean; ~ **sig** *lean

lutande (*lēw*-tahn-der) *adj* slanting

lutning (*lēwt*-ning) *c* inclination

luxuös (lewk-sew-*ūrss*) *adj* luxurious

lya (*lēw*-ah) *c* den

lycka (*lewk*-ah) *c* happiness; fortune, luck

lyckas (*lewk*-ahss) *v* manage, succeed

lycklig (*lewk*-li) *adj* happy; fortunate

lyckosam (*lew*-ko-sahm) *adj* lucky

lyckönska (*lewk*-urns-kah) *v* congratulate

lyckönskning (*lewk*-urnsk-ning) *c* congratulation

lyda (*lēwd*-ah) *v* obey

lydig (*lēw*-di) *adj* obedient

lydnad (*lēwd*-nahd) *c* obedience

lyfta (*lewf*-tah) *v* lift; *take off

lyftkran (*lewft*-kraan) *c* crane

lykta (*lewk*-tah) *c* lantern

lyktstolpe (*lewkt*-stol-per) *c* lamp-post

lymmel (*lew*-merl) *c* (pl -mlar) rascal

lysande (*lēw*-sahn-der) *adj* luminous

lysa upp (*lēw*-sah) illuminate, light up; brighten

lyssna (*lewss*-nah) *v* listen

lyssnare (*lewss*-nah-rer) *c* (pl ~) listener

lyx (lewks) *c* luxury

låda (*lōa*-dah) *c* drawer

låg (lōag) *adj* low

låga (*lōa*-gah) *c* flame

lågland (*lōag*-lahnd) *nt* (pl -länder) lowlands *pl*

lågsäsong (*lōag*-seh-*song*) *c* low season; off season

lågtryck (*lōag*-trewk) *nt* depression

lågvatten (*lōag*-vaht-ern) *nt* low tide

lån (lōan) *nt* loan

låna (lōā-nah) *v* borrow; ~ **ut** *lend

lång (long) *adj* long; tall

långbyxor (long-bewks-err) *pl* trousers *pl;* slacks *pl*

långsam (long-sahm) *adj* slow

långt (longt) *adv* far; ~ **bort** far-away; **längre bort** further away; **längst bort** furthest; **på** ~ **när** by far

långtråkig (long-trōā-ki) *adj* boring; dull

långvarig (long-vaar-i) *adj* long, lengthy

lår (lōār) *nt* thigh

lås (lōāss) *nt* lock

låsa (lōā-sah) *v* lock; ~ **in** lock up; ~ **upp** unlock

***låta** (lōā-tah) *v* sound; allow to, *let; *leave

låtsa (lot-sah) *v* simulate, pretend

läcka (leh-kah) *c* leak; *v* leak

läcker (lehk-err) *adj* delicious

läder (leh-derr) *nt* leather; **läder-**leather

läge (lai-ger) *nt* location; position; situation, site

lägenhet (lai-gern-hāyt) *c* flat; apartment *nAm*

läger (lai-gerr) *nt* camp

***lägga** (lehg-ah) *v* *put; *lay; ~ **på** *put on; apply; add; ~ **sig** *lie down; ~ **till** add

läggningsvätska (lehg-nings-vehts-kah) *c* setting lotion

läka (lai-kah) *v* heal

läkare (lai-kah-rer) *c* (pl ~) doctor; physician; **allmänpraktiserande** ~ general practitioner

läkarmottagning (lai-kahr-moot taag-ning) *c* surgery

läkarvetenskap (lai-kahr-vāy-tern-skaap) *c* medicine

läkemedel (lai-ker-māy-dayl) *nt* rem-

edy

läktare (lehk-tah-rer) *c* (pl ~) stand

lämna (lehm-nah) *v* *leave; check out; ~ **i sticket** *let down

lämplig (lehmp-li) *adj* appropriate; proper, fit, convenient

län (lain) *nt* province

längd (lehngd) *c* length; **på längden** lengthways

längs (lehngs) *prep* along; past

längta (lehng-tah) *v* desire; ~ **efter** long for

längtan (lehng-tahn) *c* longing; wish

länk (lehngk) *c* link

läpp (lehp) *c* lip

läppstift (lehp-stift) *nt* lipstick

lära (læær-ah) *c* teachings *pl; v* *teach; ~ **sig** *learn; ~ **sig utan-till** memorize

lärare (læær-ah-rer) *c* (pl ~) teacher; master, schoolmaster, schoolteacher

lärarinna (læær-ah-*rin*-ah) *c* teacher

lärd (læærd) *c* scholar

lärka (lær-kah) *c* lark

lärobok (lææ-roo-bōōk) *c* (pl -böcker) textbook

lärorik (lææ-roo-reek) *adj* instructive

läroverk (lææ-roo-værk) *nt* secondary school

läsa (lai-sah) *v* *read

läsesal (lai-ser-saal) *c* reading-room

läskedryck (lehss-ker-drewk) *c* lemon-ade

läskpapper (lehsk-pahp-err) *nt* blotting paper

läslampa (laiss-lahm-pah) *c* reading-lamp

läslig (laiss-li) *adj* legible

läsning (laiss-ning) *c* reading

lätt (leht) *adj* easy; light, slight

lätta (leht-ah) *v* relieve; lighten, ease

lätthanterlig (leht-hahn-tayr-li) *adj* easy to handle

lätthet (*leht*-hāyt) *c* facility, ease

lättnad (*leht*-nahd) *c* relief

lättretad (*leht*-rāy-tahd) *adj* irritable

lättretlig (*leht*-rāyt-li) *adj* irascible, touchy; quick-tempered

lättsmält (*leht*-smehlt) *adj* digestible

läxa (*lehks*-ah) *c* homework, lesson

löda (*lūrd*-ah) *v* solder

lödder (*lur*-derr) *nt* lather

lödkolv (*lūrd*-kolv) *c* soldering-iron

löfte (*lurf*-ter) *nt* promise; vow

lögn (lurngn) *c* lie

löjeväckande (*lur*-Yer-veh-kahn-der) *adj* ludicrous

löjlig (*lur*Y-li) *adj* ridiculous; ludicrous, foolish

lök (lūrk) *c* onion

lön (lūrn) *c* salary; wages *pl*, pay

löna sig (*lūrn*-ah) *pay

lönande (*lūrn*-ahn-der) *adj* paying

löneförhöjning (*lūrn*-er-furr-hur*Y*-ning) *c* rise; raise *nAm*

lönlös (*lūrn*-lūrss) *adj* useless, futile

lönn (lurn) *c* maple

lönsam (*lūrn*-sahm) *adj* profitable

löntagare (*lūrn*-taa-gah-rer) *c* (pl ~) employee

lördag (*lūrr*-daag) *c* Saturday

lös (lūrss) *adj* loose

lösa (*lūr*-sah) *v* solve; ~ **in** cash; ~ **upp** *undo

lösdriveri (*lūrss*-dree-ver-*ree*) *nt* vagrancy

lösen (*lūr*-sern) *c* ransom

lösenord (*lūrss*-ern-ōōrd) *nt* password

löshår (*lūrss*-hōar) *nt* hair piece

löslig (*lūrss*-li) *adj* soluble

lösning (*lūrss*-ning) *c* solution

löständer (*lūrss*-tehn-derr) *pl* false teeth

löv (lūrv) *nt* leaf

M

madrass (mah-*drahss*) *c* mattress

magasin (mah-gah-*seen*) *nt* storehouse; warehouse

mage (*maa*-ger) *c* stomach; **mag-** gastric

mager (*maa*-gerr) *adj* thin; lean

magisk (*maag*-isk) *adj* magic

magnetapparat (mahng-*nāyt*-ah-pah-raat) *c* magneto

magnetisk (mahng-*nāy*-tisk) *adj* magnetic

magnifik (mahng-ni-*feek*) *adj* magnificent

magont (*maag*-oont) *nt* stomach-ache

magplågor (*maag*-plōag-or) *pl* stomach-ache

magra (*maag*-rah) *v* slim

magsår (*maag*-sōar) *nt* gastric ulcer

maj (migh) May

major (mah-*Yōōr*) *c* major

majoritet (mah-Yoo-ri-*tāyt*) *c* majority

majs (mighss) *c* maize

majskolv (*mighss*-kolv) *c* corn on the cob

maka (*maak*-ah) *c* wife

make (*maak*-er) *c* husband

makrill (*mahk*-ril) *c* mackerel

makt (mahkt) *c* power; might, force; rule

maktbefogenhet (*mahkt*-bay-fōō-gern-hāyt) *c* authority

maktlös (*mahkt*-lūrss) *adj* powerless

mal (maal) *c* moth

mala (*maa*-lah) *v* *grind

malaria (mah-*laa*-ri-Yah) *c* malaria

Malaysia (mah-*ligh*-si-ah) Malaysia

malaysier (mah-*ligh*-si-err) *c* (pl ~) Malay

malaysisk (mah-*ligh*-sisk) *adj* Malaysian

mallig (*mahl*-i) *adj* cocky

malm (mahlm) *c* ore

malplacerad (mahl-plah-*sāyr*-ahd) *adj* misplaced

mammut (*mahm*-ewt) *c* mammoth

man¹ (mahn) *pron* one

man² (mahn) *c* (pl män) man

manchester (mahn-*shayss*-terr) *c* corduroy

mandarin (mahn-dah-*reen*) *c* mandarin; tangerine

mandat (mahn-*daat*) *nt* mandate

mandel (*mahn*-dayl) *c* (pl -dlar) almond

manet (mah-*nāyt*) *c* jelly-fish

mani (mah-*nee*) *c* craze

manikyr (mah-ni-*kēwr*) *c* manicure

manikyrera (mah-ni-kew-*rāy*-rah) *v* manicure

manlig (*mahn*-li) *adj* masculine

mannekäng (mah-ner-*kehng*) *c* model

manschett (mahn-*shayt*) *c* cuff

manschettknappar (mahn-*shayt*-knah-pahr) *pl* cuff-links *pl*

manuskript (mah-new-*skript*) *nt* manuscript

mardröm (*maar*-drurm) *c* (pl ~mar) nightmare

margarin (mahr-gah-*reen*) *nt* margarine

marginal (mahr-Yi-*naal*) *c* margin

marinmålning (mah-*reen*-mōal-ning) *c* seascape

maritim (mah-ri-*teem*) *adj* maritime

mark (mahrk) *c* ground, earth; grounds

markant (mahr-*kahnt*) *adj* striking

markera (mahr-*kāy*-rah) *v* mark

markis (mahr-*keess*) *c* awning; marquis

marknad (*mahrk*-nahd) *c* fair

marmelad (mahr-may-*laad*) *c* marmalade

marmor (*mahr*-moor) *c* marble

marockan (mah-ro-*kaan*) *c* Moroccan

marockansk (mah-ro-*kaansk*) *adj* Moroccan

Marocko (mah-*rok*-o) Morocco

mars (mahrs) March

marsch (mahrsh) *c* march

marschera (mahr-*shāy*-rah) *v* march

marschfart (*mahrsh*-faart) *c* cruising speed

marsvin (*maar*-sveen) *nt* guinea-pig

martyr (mahr-*tēwr*) *c* martyr

mask (mahsk) *c* worm; mask

maska (*mahss*-kah) *c* mesh; ladder

maskara (mahss-*kaa*-rah) *c* mascara

maskin (mah-*sheen*) *c* engine; machine; *skriva ~ type

maskineri (mah-shi-ner-*ree*) *nt* (pl ~er) machinery

maskinskriven (mah-*sheen*-skree-vern) *adj* typewritten

maskinskriverska (mah-*sheen*-skree-vayrs-kah) *c* typist

maskros (*mahsk*-rōōss) *c* dandelion

massa (*mahss*-ah) *c* mass; bulk

massage (mah-*saash*) *c* massage

massera (mah-*sāy*-rah) *v* massage

massiv (mah-*seev*) *adj* solid; massive

massmöte (*mahss*-mūr-ter) *c* rally

massproduktion (*mahss*-pro-dewk-*shōōn*) *c* mass production

massör (mah-*surr*) *c* masseur

mast (mahst) *c* mast

mat (maat) *c* food; fare; **djupfryst ~** frozen food; **laga ~** cook; **~ och logi** bed and board; room and board, board and lodging; **smälta maten** digest

mata (*maa*-tah) *v* *feed

match (mahch) *c* match

matematik (mah-tay-mah-*teek*) *c* mathematics

matematisk (mah-tay-*maat*-isk) *adj* mathematical

materia (mah-*tāy*-ri-ah) *c* matter

material (mah-teh-ri-*aal*) *nt* material

materiell (mah-teh-ri-*ayl*) *adj* material

matförgiftning (*maat*-furr-ˠift-ning) *c* food poisoning

matlust (*maat*-lewst) *c* appetite

matros (mah-*trōoss*) *c* seaman

maträtt (*maat*-reht) *c* dish

matsal (*maat*-saal) *c* dining-room

matsedel (*maat*-sāy-derl) *c* menu

matservis (*maat*-sehr-*veess*) *c* dinner-service

matsked (*maat*-shāyd) *c* tablespoon

matsmältning (*maat*-smehlt-ning) *c* digestion

matsmältningsbesvär (*maat*-smehlt-nings-bay-svæær) *nt* indigestion

matt (maht) *adj* dim, mat; dull

matta (*mah*-tah) *c* carpet; mat

matvaror (*maat*-vaa-roor) *pl* foodstuffs *pl*

mausoleum (mou-so-*lāy*-ewm) *nt* (pl -leer) mausoleum

med (māyd) *prep* with; by; *ha ~ sig *bring

medalj (may-*dahlˠ*) *c* medal

medan (*māy*-dahn) *conj* while; whilst

medarbetare (*māyd*-ahr-bāy-tah-rer) *c* (pl ~) colleague

medborgare (*māyd*-bor-ˠah-rer) *c* (pl ~) citizen; **medborgar-** civic

medborgarskap (*māyd*-bor-ˠahr-skaap) *nt* citizenship

medborgerlig (*māyd*-bor-ˠayr-li) *adj* civil

medbrottsling (*māyd*-brots-ling) *c* accessary

meddela (*māyd*-dāy-lah) *v* inform; report, communicate, notify

meddelande (*māyd*-dāy-lahn-day) *nt* message; information, communication

medel (*māy*-derl) *nt* means; **antiseptiskt ~** antiseptic; **lugnande ~** sedative; tranquillizer; **smärtstillande ~** analgesic; **stärkande ~** tonic

medel- (*māy*-derl) medium

Medelhavet (*māy*-derl-haa-vert) Mediterranean

medelklass (*māy*-derl-klahss) *c* middle class

medelmåttig (*māyd*-erl-mot-i) *adj* moderate; medium

medelpunkt (*māyd*-erl-pewngt) *c* centre

medeltida (*māy*-derl-tee-dah) *adj* mediaeval

Medeltiden (*māy*-derl-tee-dern) Middle Ages

medfödd (*māyd*-furd) *adj* inborn

medföra (*māyd*-fūr-rah) *v* *bring

***medge** (*māyd*-ˠay) *v* admit; grant

medhjälpare (*māyd*-ˠehl-pah-rer) *c* (pl ~) assistant

medicin (may-di-*seen*) *c* medicine; drug

medicinsk (may-di-*seensk*) *adj* medical

meditera (may-di-*tāy*-rah) *v* meditate

medkänsla (*māyd*-tˠehns-lah) *c* sympathy

medla (*māyd*-lah) *v* mediate

medlare (*māyd*-lah-rer) *c* (pl ~) mediator

medlem (*māyd*-laym) *c* (pl ~mar) member; associate

medlemskap (*māyd*-laym-skaap) *nt* membership

medlidande (*māyd*-lee-dahn-der) *nt* pity; *ha ~ med* pity

medräkna (*māyd*-raik-nah) *v* count, include

medströms (*māyd*-strurms) *adv* downstream

medtävlare (*māyd*-taiv-lah-rer) *c* (pl ~) competitor

medvetande (*māyd*-vāy-tahn-der) *nt* consciousness

medveten (*māyd*-vāy-tern) *adj* conscious; aware

medvetslös (*māyd*-vāyts-lurss) *adj* unconscious

mejeri (may-ᵞay-ree) *nt* (pl ~er) dairy

mejsel (*may*-sayl) *c* (pl -slar) chisel

mekaniker (may-*kaa*-ni-kerr) *c* (pl ~) mechanic

mekanisk (may-*kaa*-nisk) *adj* mechanical

mekanism (may-kah-*nism*) *c* mechanism

mellan (*may*-lahn) *prep* between; among

mellanmål (*may*-lahn-mōal) *nt* snack

mellanrum (*may*-lahn-rewm) *nt* space

mellanspel (*may*-lahn-spāyl) *nt* interlude

mellantid (*may*-lahn-teed) *c* interim

mellanvåning (*may*-lahn-vōa-ning) *c* mezzanine

mellersta (*may*-lerrs-tah) *adj* middle

melodi (may-lo-dee) *c* melody; tune

melodisk (mer-*lōōd*-isk) *adj* melodious

melodrama (may-loo-*draam*-ah) *nt* (pl -mer) melodrama

melon (may-*lōōn*) *c* melon

memorandum (may-moo-*rahn*-dewm) *nt* (pl -da) memo

men (mayn) *conj* but; only

mena (*māyn*-ah) *v* *mean

mened (*māyn*-āyd) *c* perjury

mening (*māy*-ning) *c* sentence; sense; meaning

meningslös (*māy*-nings-lūrss) *adj* meaningless

menstruation (mayn-strew-ah-*shōōn*) *c* menstruation

mental (mayn-*taal*) *adj* mental

mentalsjukhus (mehn-*taal*-shewk-hēwss) *nt* asylum

meny (mer-*nēw*) *c* menu; **fast** ~ set menu

mer (māyr) *adv* more; **lite** ~ some

more

mest av allt (mayst aav ahlt) most of all

för det mesta (furr day *mayss*-tah) mostly

meta (*māyt*-ah) *v* fish; angle

metall (may-*tahl*) *c* metal; **metall-** metal

meter (*māy*-terr) *c* (pl ~) metre

metkrok (*māyt*-krōōk) *c* fishing hook

metod (may-*tōōd*) *c* method

metodisk (may-*tōō*-disk) *adj* methodical

metrev (*māyt*-rāyv) *c* fishing line

metrisk (*māyt*-risk) *adj* metric

metspö (*māyt*-spur) *nt* fishing rod

mexikanare (mayks-i-*kaa*-nah-rer) *c* (pl ~) Mexican

mexikansk (mayks-i-*kaansk*) *adj* Mexican

Mexiko (*mayks*-i-koo) Mexico

middag (*mi*-dah) *c* dinner; ***äta** ~ dine

midja (*meed*-ᵞah) *c* waist

midnatt (*meed*-naht) *c* midnight

midsommar (*mid*-so-mahr) *c* midsummer

mig (may) *pron* me; myself

migrän (mi-*grain*) *c* migraine

mikrofon (mik-ro-*fōan*) *c* microphone

mil (meel) *c* ten kilometres

mild (mild) *adj* mild; gentle

miljon (mil-ᵞōōn) *c* million

miljonär (mil-ᵞoo-*næær*) *c* millionaire

miljö (mil-ᵞ*ūr*) *c* environment; milieu

milstolpe (*meel*-stol-per) *c* milestone

min (min) *pron* (nt mitt, pl mina) my

mindervärdig (*min*-derr-væær-di) *adj* inferior

minderårig (*min*-derr-ōa-ri) *adj* under age; *c* minor

mindre (*mind*-rer) *adv* less; *adj* minor

mineral (mi-ner-*raal*) *nt* mineral

mineralvatten (mi-ner-*raal*-vah-tern) *nt*

mineral water; soda-water

miniatyr (mi-ni-ah-*tēwr*) *c* miniature

minimum (*mee*-ni-mewm) *nt* (pl ~, -ma) minimum

minister (mi-*niss*-terr) *c* (pl -trar) minister

mink (mingk) *c* mink

minnas (*min*-ahss) *v* remember, recollect

minne (*minah*) *nt* memory; remembrance

minnesfest (*mi*-nayss-fehst) *c* commemoration

minnesmärke (*mi*-nayss-mær-ker) *nt* memorial; monument

minnesvärd (*mi*-nayss-væærd) *adj* memorable

minoritet (mi-noo-ri-*tāyt*) *c* minority

minska (*mins*-kah) *v* decrease; subtract; lower

minskning (*minsk*-ning) *c* decrease, reduction

minst (minst) *adj* least

minus (*mee*-newss) *prep* minus

minut (mi-*nēwt*) *c* minute

mirakel (mi-*raa*-kayl) *nt* (pl -kler) miracle

missa (*miss*-ah) *v* miss

missbelåten (*miss*-ber-*lōā*-tern) *adj* discontented

missbruk (*miss*-brēwk) *nt* abuse; misuse

missbruka (*miss*-brēwkah) *v* abuse

missfall (*miss*-fahl) *nt* miscarriage

missfärgad (*miss*-fær-ᵞahd) *adj* discoloured

*missförstå (*miss*-furr-*stōā*) *v* *misunderstand

missförstånd (*miss*-furr-*stond*) *nt* misunderstanding

misshaga (*miss*-haa-gah) *v* displease

misslyckad (*miss*-lew-kahd) *adj* unsuccessful

misslyckande (*miss*-lew-kahn-der) *nt* failure

misslyckas (*miss*-lew-kahss) *v* fail

missnöjd (*miss*-nur ᵞd) *adj* dissatisfied

*missta (*miss*-taa) *be mistaken; err

misstag (*miss*-taag) *nt* mistake; error

misstanke (*miss*-tahng-ker) *c* suspicion

misstro (*miss*-trōō) *v* mistrust; *c* distrust

misstrogen (*miss*-trōō-gern) *adj* distrustful

misstänka (*miss*-tehng-kah) *v* suspect

misstänksam (*miss*-tehngk-sahm) *adj* suspicious

misstänksamhet (*miss*-tayngk-sahm-hāyt) *c* suspicion

misstänkt¹ (*miss*-tehngt) *c* (pl ~a) suspect

misstänkt² (*miss*-tehngt) *adj* suspicious, suspected

missunna (*miss*-ewn-ah) *v* grudge

mista (*miss*-tah) *v* *lose

mitt (mit) *c* middle; midst; ~ i amid; ~ ibland amid

mittemellan (*mit*-ay-may-lahn) *adv* in between

mittemot (mit-ay-*mōōt*) *prep* opposite; facing

mixer (*miks*-err) *c* (pl ~) mixer

mjuk (m ᵞēwk) *adj* soft; smooth; supple

mjuka upp (m ᵞēw-kah) soften

mjäll (m ᵞehl) *nt* dandruff; *adj* tender

mjöl (m ᵞūrl) *nt* flour

mjölk (m ᵞurlk) *c* milk

mjölkbud (m ᵞurlk-bēwd) *nt* milkman

mjölkig (m ᵞurl-ki) *adj* milky

mjölnare (m ᵞūrl-nah-rer) *c* (pl ~) miller

mockaskinn (*mo*-kah-shin) *nt* suede

mod (mōōd) *nt* courage; guts

mode (*mōō*-der) *nt* fashion

modell (moo-*dayl*) *c* model

modellera (moo-day-*lāyr*-ah) *v* model

moderat (moo-de̩r-*raat*) *adj* moderate

modern (moo-*dæærn*) *adj* modern; fashionable

modersmål (mōō-derrs-*mōāl*) *nt* mother tongue; native language

modig (mōō-di) *adj* brave, courageous

modist (moo-*dist*) *c* milliner

mogen (mōō-gayn) *adj* mature; ripe

mognad (mōōg-nahd) *c* maturity

mohair (moo-*hæær*) *c* mohair

moln (mōāln) *nt* cloud

molnig (mōāl-ni) *adj* cloudy

monark (moo-*nahrk*) *c* monarch

monarki (moo-nahr-*kee*) *c* monarchy

monetär (mo-ner-*tæær*) *adj* monetary

monolog (mo-noo-*lōāg*) *c* monologue

monopol (mo-no-*pōāl*) *nt* monopoly

monoton (mo-no-*tōān*) *adj* monotonous

monter (mon-terr) *c* (pl -trar) showcase

montera (mon-*tāy*-rah) *v* assemble

montering (mon-*tāy*-ring) *c* assembly

montör (mon-*tūrr*) *c* fitter, assembler

monument (mo-new-*mehnt*) *nt* monument

moped (moo-*pāyd*) *c* moped; motorbike *nAm*

mor (mōōr) *c* (pl mödrar) mother

moral (moo-*raal*) *c* moral

moralisk (moo-*raa*-lisk) *adj* moral

morallära (moo-*raal*-læ̈æ-rah) *c* morality

morbror (*moor*-broor) *c* (pl -bröder) uncle

mord (mōōrd) *nt* murder; assassination

morfar (*moor*-fahr) *c* (pl -fäder) grandfather

morfin (mor-*feen*) *nt* morphine; morphia

morgon (*mor*-on) *c* (pl -gnar) morning; **i ~** tomorrow

morgonrock (*mo*-ron-rok) *c* dressing-gown

morgontidning (*mo*-ron-teed-ning) *c* morning paper

morgonupplaga (*mor*-on-ewp-laag-ah) *c* morning edition

mormor (*moor*-moor) *c* (pl -mödrar) grandmother

morot (mōō-rōōt) *c* (pl morötter) carrot

morra (*mor*-ah) *v* growl

i morse (ee *mor*-ser) this morning

mosa (mōōss-ah) *v* mash

mosaik (moo-sah-*eek*) *c* mosaic

moské (moss-*kāy*) *c* mosque

moskit (mo-*skeet*) *c* mosquito

mossa (*moss*-ah) *c* moss

moster (*mooss*-terr) *c* (pl -trar) aunt

mot (mōōt) *prep* against; towards

motbjudande (*mōōt*-bᵛew-dahn-day) *adj* revolting

motell (moo-*tayl*) *nt* motel

motgång (*mōōt*-gong) *c* adversity

motion (mot-*shōōn*) *c* exercise; motion

motiv (moo-*teev*) *nt* motive

motor (mōō-tor) *c* engine, motor

motorbåt (mōō-tor-*bōāt*) *c* motorboat

motorcykel (mōō-tor-sew-kerl) *c* (pl -klar) motor-cycle

motorfartyg (mōō-tor-*faar*-tēwg) *nt* motor vessel

motorhuv (mōō-tor-hēwv) *c* bonnet; hood *nAm*

motorskada (mōō-tor-skaa-dah) *c* engine failure

motorstopp (mōō-tor-stop) *nt* breakdown

motorväg (mōō-tor-vaig) *c* motorway; highway *nAm*

motsats (mōōt-sahts) *c* contrary; reverse

motsatt (*mōōt*-saht) *adj* opposite;

contrary

motstående (*mōōt-stōā-ayn-der*) *adj*
opposite

motstånd (*mōōt-stond*) *nt* resistance;
resistor

motståndare (*mōōt-ston-dah-rer*) *c* (pl
~) opponent

motsvara (*mōōt-svaar-ah*) *v* corre-
spond to

motsvarande (*mōōt-svaar-ahn-der*) *adj*
equivalent

motsvarighet (*mōōt-svaa-ri-hāyt*) *c*
equivalence

*****motsäga** (*mōōt-say-ah*) *v* contradict

motsägande (*mōōt-say-ahn-der*) *adj*
contradictory

*****motta** (*mōōt-taa*) *v* receive; accept

mottagande (*mōōt-taag-ahn-der*) *nt*
reception; receipt

mottagning (*mōōt-taag-ning*) *c* recep-
tion; **mottagningstid** consultation
hours

mottagningsbevis (*mōōt-taag-nings-
ber-veess*) *nt* receipt

motto (*mot-oo*) *nt* motto

motvilja (*mōōt-vil-ɣah*) *c* antipathy;
dislike; aversion

mousserande (*moo-sāy-rahn-der*) *adj*
sparkling

mugg (mewg) *c* mug

mulen (*mēwl-ern*) *adj* overcast,
cloudy

mullbär (*mewl-bæær*) *nt* mulberry

multe (*mewl-ter*) *c* mullet

multiplicera (mewl-ti-pli-*sāy*-rah) *v*
multiply

multiplikation (mewl-ti-pli-kah-*shōōn*)
c multiplication

mulåsna (*mēwl-ōass-nah*) *c* mule

mun (mewn) *c* (pl ~nar) mouth

munk (mewngk) *c* monk

munsbit (*mewns*-beet) *c* bite

munstycke (*mewn*-stew-ker) *nt* nozzle

munter (*mewn*-terr) *adj* merry; gay,

cheerful

munterhet (*mewn*-terr-hāyt) *c* gaiety

muntlig (*mewnt*-li) *adj* oral; verbal

muntra upp (*mewnt*-rah) cheer up

munvatten (*mewn*-vah-tern) *nt*
mouthwash

mur (mēwr) *c* wall

mura (*mēwr*-ah) *v* *lay bricks

murare (*mēw*-rah-rer) *c* (pl ~) brick-
layer

murgröna (*mēwr*-grūr-nah) *c* ivy

mus (mēwss) *c* (pl möss) mouse

museum (mew-*sāy*-ewm) *nt* (pl muse-
er) museum

musik (mēw-*seek*) *c* music

musikal (mēw-si-*kaal*) *c* musical

musikalisk (mēw-si-*kaa*-lisk) *adj* musi-
cal

musiker (*mēw*-si-kerr) *c* (pl ~) musi-
cian

musikinstrument (*mēw*-seek-in-strēw-
mehnt) *nt* musical instrument

muskel (*mewss*-kerl) *c* muscle

muskotnöt (*mewss*-kot-nūrt) *c* (pl
~ter) nutmeg

muskulös (mewss-kew-lūrss) *adj* mus-
cular

muslin (mewss-*leen*) *nt* muslin

mustasch (mewss-*taash*) *c* moustache

muta (*mēwt*-ah) *v* bribe

mutning (*mēwt*-ning) *c* bribery

mutter (*mew*-terr) *c* (pl -trar) nut

mycket (*mew*-ker) *adv* very; much,
far

mygga (*mewg*-ah) *c* mosquito

myggnät (*mewg*-nait) *nt* mosquito-net

myndig (*mewn*-di) *adj* of age

myndigheter (*mewn*-di-*hāy*-terr) *pl*
authorities *pl*

mynning (*mewn*-ing) *c* mouth

mynt (mewnt) *nt* coin

mynta (*mewn*-tah) *c* mint

myntenhet (*mewnt*-āyn-hāyt) *c* mon-
etary unit

myntöppning (*mewnt-urp-ning*) *c* slot

myra (*mēw-rah*) *c* ant

mysig (*mēw-si*) *adj* cosy

mysterium (*mewss-tāy-ri-ewm*) *nt* (pl -rier) mystery

mystisk (*mewss-tisk*) *adj* mysterious

myt (*mēwt*) *c* myth

myteri (*mew-ter-ree*) *nt* (pl ~er) mutiny

må (*mōā*) *v* *feel

mål (*mōāl*) *nt* goal; meal

måla (*mōāl-ah*) *v* paint

målare (*mōā-lah-rer*) *c* (pl ~) painter

målarfärg (*mōā-lahr-færⱽ*) *c* paint

mållinje (*mōāl-lin-ⱽer*) *c* finish, finishing line

mållös (*mōāl-lūrss*) *adj* speechless

målning (*mōāl-ning*) *c* painting

målsättning (*mōāl-seht-ning*) *c* objective, aim

måltavla (*mōāl-taav-lah*) *c* target

måltid (*mōāl-teed*) *c* meal

målvakt (*mōāl-vahkt*) *c* goalkeeper

månad (*mōā-nahd*) *c* month

månadstidning (*mōā-nahds-teed-ning*) *c* monthly magazine

månatlig (*mōā-naht-li*) *adj* monthly

måndag (*mon-daag*) *c* Monday

måne (*mōā-ner*) *c* moon

många (*mong-ah*) *adj* many; much

mångsidig (*mong-see-di*) *adj* all-round

månsken (*mōān-shāyn*) *nt* moonlight

mås (*mōāss*) *c* gull

*måste (*moss-ter*) *v* *must; *be obliged to, *have to, need to; *be bound to

mått (*mot*) *nt* measure

måttband (*mot-bahnd*) *nt* tapemeasure

måttlig (*mot-li*) *adj* moderate

mäklare (*maik-lah-rer*) *c* (pl ~) broker

mäktig (*mehk-ti*) *adj* powerful; mighty

mängd (*mehngd*) *c* amount; lot

människa (*meh-ni-shah*) *c* human being; man

mänsklig (*mehnsk-li*) *adj* human

mänsklighet (*mehn-skli-hāyt*) *c* humanity; mankind

märg (*mæærⱽ*) *c* marrow

märka (*mæær-kah*) *v* notice, sense; mark

märkbar (*mærk-baar*) *adj* noticeable; perceptible

märke (*mær-ker*) *nt* mark; brand; *lägga ~ till notice

märkvärdig (*mærk-væær-di*) *adj* curious

mässa (*meh-sah*) *c* Mass

mässing (*meh-sing*) *c* brass

mässingsorkester (*mehss-ings-or-kehss-terr*) *c* (pl -trar) brass band

mässling (*mehss-ling*) *c* measles

mästare (*mayss-tah-rer*) *c* (pl ~) master; champion

mästerverk (*mehss-terr-værk*) *nt* masterpiece

mäta (*mai-tah*) *v* measure

mätare (*mait-ah-rer*) *c* (pl ~) meter; gauge

möbelben (*mūr-berl-bāyn*) *nt* leg

möbler (*mūrb-lerr*) *pl* furniture

möblera (*mūr-blāy-rah*) *v* furnish

möda (*mūrdah*) *c* pains, trouble

mögel (*mūr-gerl*) *nt* mildew

möglig (*mūrg-li*) *adj* mouldy

möjlig (*murⱽ-li*) *adj* possible

*möjliggöra (*murⱽ-li-ⱽūr-rah*) *v* *make possible; enable

möjlighet (*murⱽ-li-hāyt*) *c* possibility

mönster (*murns-terr*) *nt* pattern

mör (*mūrr*) *adj* tender

mörda (*mūrr-dah*) *v* murder

mördare (*mūrr-dah-rer*) *c* (pl ~) murderer

mörk (*murrk*) *adj* dark; obscure

mörker (*murr*-kerr) *nt* dark; darkness
mört (murrt) *c* roach
mössa (*mur*-sah) *c* cap
möta (*mūr*-tah) *v* *meet; encounter
mötande (*mūr*-tahn-der) *adj* oncoming
möte (*mūrt*-er) *nt* meeting; **avtalat** ~ appointment; engagement
mötesplats (*mūr*-tayss-plahts) *c* meeting-place

N

nackdel (*nahk*-dāyl) *c* disadvantage
nacke (*nahk*-er) *c* nape of the neck
nagel (*naa*-gayl) *c* (pl naglar) nail
nagelborste (*naa*-gayl-bors-ter) *c* nail-brush
nagelfil (*naa*-gayl-feel) *c* nail-file
nagellack (*naa*-gayl-lahk) *nt* nail-polish
nagelsax (*naa*-gayl-sahks) *c* nail-scissors *pl*
naiv (nah-*eev*) *adj* naïve
naken (*naa*-kern) *adj* naked; nude, bare
nakenstudie (*naa*-kern-stēw-di-er) *c* nude
namn (nahmn) *nt* name; **i ... namn** in the name of
narkos (nahr-*kōass*) *c* narcosis
narkotika (nahr-*kōa*-ti-kah) *c* narcotic
nation (naht-*shōon*) *c* nation
nationaldräkt (naht-shoo-*naal*-drehkt) *c* national dress
nationalisera (naht-shoo-nah-li-*sāyr*-ah) *v* nationalize
nationalitet (naht-shoo-nah-li-*tāyt*) *c* nationality
nationalpark (naht-shoo-*naal*-pahrk) *c* national park
nationalsång (naht-shoo-*naal*-song) *c* national anthem
nationell (naht-shoo-*nayl*) *adj* national
natt (naht) *c* (pl nätter) night; **i** ~ tonight; **om natten** by night; **över natten** overnight
nattaxa (*naht*-tahk-sah) *c* night rate
nattflyg (*naht*-flēwg) *nt* night flight
nattklubb (*naht*-klewb) *c* nightclub; cabaret
nattkräm (*naht*-kraim) *c* night-cream
nattlig (*naht*-li) *adj* nightly
nattlinne (*naht*-li-ner) *nt* nightdress
nattåg (*naht*-tōāg) *nt* night train
natur (nah-*tēwr*) *c* nature
naturlig (nah-*tēwr*-li) *adj* natural
naturligtvis (nah-*tēwr*-lit-veess) *adv* of course; naturally
naturskön (nah-*tēwr*-shūrn) *adj* scenic
naturvetenskap (nah-*tēwr*-vāyt-ern-skaap) *c* physics
navel (*naav*-erl) *c* (pl navlar) navel
navigation (nah-vi-gah-*shōon*) *c* navigation
navigera (nah-vi-*gāy*-rah) *v* navigate
necessär (nay-ser-*sær*) *c* toilet case
ned (nāyd) *adv* down
nedan (*nāy*-dahn) *adv* beneath, below
nedanför (*nāy*-dahn-fürr) *prep* below; under
nederbörd (*nāyd*-err-būrrd) *c* precipitation
nederlag (*nāyd*-err-laag) *nt* defeat
nederländare (*nāy*-derr-lehn-dah-rer) *c* (pl ~) Dutchman
Nederländerna (*nāy*-derr-lehn-derr-nah) the Netherlands
nederländsk (*nāy*-dayr-lehnsk) *adj* Dutch
nedersta (*nāy*-derr-stah) *adj* bottom, lowest
nedre (*nāyd*-rer) *adj* inferior
nedslående (*nāyd*-slōā-ayn-der) *adj* depressing
nedsmutsad (*nāyd*-smewt-sahd) *adj*

soiled

nedstigning (*nāyd*-steeg-ning) *c* descent

nedstämd (*nāyd*-stehmd) *adj* low; down, down-hearted

nedåt (*nāyd*-ot) *adv* down; downwards

negativ (nay-gah-teev) *adj* negative; *nt* negative

neger (*nāy*-gerr) *c* (pl negrer) Negro

negligé (nay-gli-*shāy*) *c* negligee

nej (nay) no

neka (*nāyk*-ah) *v* deny

nekande (*nāyk*-ahn-der) *adj* negative

neon (nay-*ōan*) *nt* neon

ner (nāyr) *adv* down, downstairs

nerv (nærv) *c* nerve

nervös (nær-*vūrss*) *adj* nervous

netto- (*nayt*-oo) net

neuralgi (nayv-rahl-*gee*) *c* neuralgia

neuros (nayv-*rōass*) *c* neurosis

neutral (*nay*ᵉʷ-traal) *adj* neutral

neutrum (*nāy*-ewt-rewm) neuter

Ni (nee) *pron* you

ni (nee) *pron* you

nick (nik) *c* nod

nicka (*nik*-ah) *v* nod

nickel (*nik*-erl) *c* nickel

*niga (*nee*-gah) *v* curtsy

Nigeria (ni-*gāyr*-i-ah) Nigeria

nigerian (ni-gay-ri-*aan*) *c* Nigerian

nigeriansk (ni-gay-ri-*aansk*) *adj* Nigerian

nikotin (ni-koo-*teen*) *nt* nicotine

nio (*neeoo*) *num* nine

nionde (*nee*-on-der) *num* ninth

nit (neet) *nt* zeal, ardour

nittio (*nit*-i) *num* ninety

nitton (*nit*-on) *num* nineteen

nittonde (*nit*-on-der) *num* nineteenth

nivå (ni-*voa*) *c* level

njure (*n*ᵞ*ew*-rer) *c* kidney

*njuta (*n*ᵞ*ew*-tah) *v* enjoy

njutning (*n*ᵞ*ewt*-ning) *c* delight

nog (nōōg) *adv* enough; probably

noga (*nōō*-gah) *adj* precise

noggrann (*nōōg*-rahn) *adj* accurate, precise

nolla (*no*-lah) *c* zero; nought

nominell (noo-mi-*nayl*) *adj* nominal

nominera (noo-mi-*nāyr*-ah) *v* nominate

nominering (noo-mi-*nāyr*-ing) *c* nomination

nord (nōōrd) *c* north

nordlig (*nōōrd*-li) *adj* northern; northerly, north

nordost (nōōrd-*oost*) *c* north-east

Nordpolen (*nōōrd*-pōō-lern) North Pole

nordväst (nōōrd-*vehst*) *c* north-west

Norge (*nor*-Yer) Norway

norm (norm) *c* norm, standard

normal (nor-*maal*) *adj* normal; regular

norrman (*nor*-mahn) *c* (pl -män) Norwegian

norsk (norsk) *adj* Norwegian

nos (nōōss) *c* snout

noshörning (*nōōss*-hūrr-ning) *c* rhinoceros

nota (*nōōt*-ah) *c* bill; check *nAm*

notera (noo-*tāyr*-ah) *v* note

nougat (noo-*gaat*) *c* nougat

novell (noo-*vehl*) *c* short story

november (noo-*vehm*-berr) November

nu (new) *adv* now

nudistbadstrand (new-*dist*-baad-strahnd) *c* (pl -stränder) nudist beach

nuförtiden (*nēw*-furr-*tee*-dayn) *adv* nowadays

nummer (*newm*-err) *nt* number; act

nummerplåt (*new*-merr-plōat) *c* registration plate; licence plate *Am*

nunna (*newn*-ah) *c* nun

nunnekloster (*newn*-er-*kloss*-terr) *nt* nunnery

nutid (*nēw*-teed) *c* present

nutida (*nēw*-tee-dah) *adj* contemporary

nuvarande (*nēw*-vaa-rahn-der) *adj* present; current

ny (nēw) *adj* new; recent; **splitter ~** brand-new

nyans (new-*ahngs*) *c* nuance; shade

Nya Zeeland (*nēwah sāy*-lahnd) New Zealand

nybörjare (*nēw*-burr-Yah-rer) *c* (pl ~) beginner; learner

nyck (newk) *c* whim; fancy

nyckel (*new*-kerl) *c* (pl -klar) key

nyckelben (*new*-kerl-bāyn) *nt* collarbone

nyckelhål (*new*-kerl-hōal) *nt* keyhole

nyfiken (*nēw*-fee-kern) *adj* curious

nyfikenhet (*nēw*-fee-kern-hāyt) *c* curiosity

nyhet (*nēw*-hāyt) *c* news

nyheter (*nēw*-hāy-terr) *pl* news; tidings *pl*

nykter (*newk*-terr) *adj* sober

nyligen (*nēw*-li-gayn) *adv* recently; lately

nylon (new-*lōan*) *nt* nylon

nynna (*newn*-ah) *v* hum

*nypa (*nēw*-pah) *v* pinch

*nysa (*nēw*-sah) *v* sneeze

nyss (newss) *adv* a moment ago

nytta (*new*-tah) *c* use; benefit; profit; ***ha ~ av** benefit by, profit by

nyttig (*new*-ti) *adj* useful

nyttighet (*new*-ti-hāyt) *c* utility

nyttja (*newt*-Yah) *v* use, employ

nyår (*nēw*-ōar) *nt* New Year

nå (nōa) *v* reach

nåd (nōad) *c* grace; mercy

någon (*nōa*-gon) *pron* somebody; any, someone

någonsin (*nōa*-gon-*sin*) *adv* ever

någonstans (*nōa*-gon-stahns) *adv* somewhere

någorlunda (*nōa*-goor-lewn-dah) *adv* quite; rather

något (*nōa*-got) *pron* something, some

några (*nōag*-rah) *pron* some; *adj* some

nål (nōal) *c* needle

näbb (nehb) *c* beak

näktergal (nehk-terr-*gaal*) *c* nightingale

nämligen (nehm-li-gern) *adv* namely

nämna (*nehm*-nah) *v* mention

när (næær) *adv* when; *conj* when

nära (*næær*-ah) *adj* near; close

närande (*næær*-ahn-der) *adj* nourishing; nutritious

närapå (*næær*-rah-poa) *adv* nearly

närbelägen (*næær*-bay-*laig*-ern) *adj* near

närgången (*næær*-gong-ern) *adj* inquisitive

närhelst (næær-*hehlst*) *conj* whenever

närhet (*næær*-hāyt) *c* vicinity

närliggande (*næær*-li-gahn-der) *adj* nearby

närma sig (*nær*-mah) approach

närmast (*nær*-mahst) *adv* closest; nearest

närsynt (*næær*-sēwnt) *adj* shortsighted

närvarande (*næær*-vaa-rahn-der) *adj* present; ***vara ~ vid** attend, assist at

närvaro (*næær*-vaa-roo) *c* presence

näs (naiss) *nt* isthmus

näsa (*nai*-sah) *c* nose

näsblod (naiss-blōod) *nt* nosebleed

näsborre (naiss-bo-rer) *c* nostril

näsduk (naiss-dēwk) *c* handkerchief

nästa (*nehss*-tah) *adj* following, next

nästan (*nehss*-tahn) *adv* practically; almost; nearly

näsvis (*naiss*-veess) *adj* impertinent

näsvishet (*naiss*-veess-hāyt) *c* impertinence

nät (nait) *nt* net

näthinna (*nait*-hin-ah) *c* retina

nätverk (*nait*-værk) *nt* network

nöd (nūrd) *c* misery; distress

nödläge (*nūrd*-lai-ger) *nt* emergency

nödsignal (*nūrd*-sing-naal) *c* distress signal

nödsituation (*nūrd*-si-tew-ah-shōōn) *c* emergency

nödtvång (*nūrd*-tvong) *nt* urgency

nödutgång (*nūrd*-ēwt-gong) *c* emergency exit

nödvändig (*nūrd*-vehn-di) *adj* necessary

nödvändighet (*nūrd*-vehn-di-hāyt) *c* necessity; need

nöja sig (*nur*-Yah) content oneself

nöjd (nurYd) *adj* content; pleased

nöje (*nur*Y-er) *nt* pleasure; enjoyment, fun, amusement

nöt (nūrt) *c* (pl ~ter) nut

nötknäppare (*nūrt*-knehp-ah-rer) *c* (pl ~) nutcrackers *pl*

nötskal (*nūrt*-skaal) *nt* nutshell

O

oaktat (*ōō*-ahk-taht) *prep* in spite of

oanad (*ōō*-aan-ahd) *adj* unexpected

oangenäm (*ōō*-ahn-Yer-naim) *adj* unpleasant

oansenlig (*ōō*-ahn-*sāyn*-li) *adj* insignificant; inconspicuous

oanständig (*ōō*-ahn-stehn-di) *adj* obscene

oantagbar (*ōō*-ahn-taag-baar) *adj* unacceptable

oas (oo-*aass*) *c* oasis

oavbruten (*ōō*-aav-brēw-tern) *adj* continuous; uninterrupted

oavsiktlig (*ōō*-aav-sikt-li) *adj* unintentional

obduktion (ob-dewk-*shōōn*) *c* autopsy

obebodd (*ōō*-ber-*bood*) *adj* uninhabited

obeboelig (*ōō*-ber-*boo*-ay-li) *adj* uninhabitable

obegriplig (*ōō*-ber-*greep*-li) *adj* incomprehensible

obegränsad (*ōō*-ber-*grehn*-sahd) *adj* unlimited

obehaglig (*ōō*-ber-*haag*-li) *adj* unpleasant; disagreeable

obekant (*ōō*-ber-*kahnt*) *adj* unfamiliar

obekväm (*ōō*-ber-*kvaim*) *adj* uncomfortable, inconvenient

oberoende (*ōō*-ber-*rōō*-ayn-der) *adj* independent

oberättigad (*ōō*-ber-*reh*-ti-gahd) *adj* unauthorized

obestämd (*ōō*-ber-*stehmd*) *adj* indefinite

obesvarad (*ōō*-ber-*svaa*-rahd) *adj* unanswered

obetydlig (*ōō*-ber-*tēwd*-li) *adj* insignificant; petty

obetänksam (*ōō*-ber-*tehngk*-sahm) *adj* thoughtless, rash

obildad (*ōō*-bil-dahd) *adj* uneducated

objekt (ob-Yaykt) *nt* object

objektiv (ob-Yerk-teev) *adj* objective

obligation (ob-li-gah-*shōōn*) *c* bond

obligatorisk (ob-li-gah-*tōō*-risk) *adj* compulsory; obligatory

oblyg (*ōō*-blēwg) *adj* immodest

obotlig (*ōō*-*bōōt*-li) *adj* incurable

observation (ob-serr-vah-*shōōn*) *c* observation

observatorium (ob-serr-vah-*tōō*-ri-ewm) *nt* (pl -rier) observatory

observera (ob-serr-*vāyr*-ah) *v* observe; note

och (o) *conj* and

också (ok-*sōa*) *adv* also; too

ockupation (o-kew-pah-*shōōn*) *c* occupation

ockupera (o-kew-*pāy*-rah) *v* occupy

odla (*ōōd*-lah) *v* cultivate; *grow, raise

oduglig (ōō-*dēw*g-li) *adj* incapable, incompetent

odygdig (ōō-dewg-di) *adj* mischievous, naughty

*vara **oenig** (*vaa*-rah ōō-*āy*-ni) disagree

*vara **oense** (*vaa*-rah ōō-ayn-say) disagree

oerfaren (ōō-*āyr*-faa-rern) *adj* inexperienced

oerhörd (ōō-ayr-*hūrrd*) *adj* immense; tremendous

ofantlig (oo-*fahnt*-li) *adj* vast

ofarlig (ōō-*faar*-li) *adj* harmless

ofattbar (ōō-*faht*-baar) *adj* incomprehensible, inconceivable

offensiv (*of*-ern-seev) *adj* offensive; *c* offensive

offentlig (o-*faynt*-li) *adj* public

*offentliggöra** (o-*faynt*-li-Yūr-rah) *v* announce; publish

offentliggörande (o-*faynt*-li-Yūr-rahn-der) *nt* publication

offer (*o*-ferr) *nt* sacrifice; victim; casualty

officer (o-fi-*sāyr*) *c* officer

officiell (o-fi-si-*ayl*) *adj* official

offra (*of*-rah) *v* sacrifice

ofog (ōō-*fōōg*) *nt* mischief

oframkomlig (ōō-*frahm*-kom-li) *adj* impassable

ofta (*of*-tah) *adv* often; frequently

ofullkomlig (ōō-*fewl*-kom-li) *adj* imperfect

ofullständig (ōō-*fewl*-stehn-di) *adj* incomplete

ofärdig (ōō-*fæær*-di) *adj* crippled, disabled

oförarglig (ōō-*furr*-ahrY-li) *adj* harmless

oförklarlig (ōō-*furr*-*klaar*-li) *adj* inexplicable, unaccountable

oförmodad (ōō-furr-*mōō*-dahd) *adj* unexpected, casual

oförmögen (ōō-*furr*-mūr-gern) *adj* incapable, unable

oförskämd (ōō-furr-*shehmd*) *adj* impertinent; insolent, impudent

oförskämdhet (ōō-furr-*shehmd*-hāyt) *c* insolence

oförståndig (ōō-furr-*ston*-di) *adj* unwise

oförtjänt (ōō-furr-tYaint) *adj* unearned

ogift (ōō-Yift) *adj* single

ogilla (ōō-Yi-lah) *v* disapprove of, dislike

ogiltig (ōō-Yil-ti) *adj* invalid; expired, void

ogräs (ōō-graiss) *nt* weed

ogynnsam (ōō-Yewn-sahm) *adj* unfavourable

ohälsosam (ōō-hehl-soo-sahm) *adj* unhealthy

ohövlig (ōō-*hūrv*-li) *adj* impolite; rude

ojust (ōō-shewst) *adj* unfair

ojämn (ōō-Yehmn) *adj* uneven; rough

ok (ōōk) *nt* yoke

oklanderlig (oo-*klahn*-derr-li) *adj* faultless

oklar (ōō-klaar) *adj* dim; obscure

okonstlad (ōō-konst-lahd) *adj* simple, ingenious

okrossbar (ōō-kross-baar) *adj* unbreakable

oktober (ok-*tōō*-berr) October

okunnig (ōō-kew-ni) *adj* ignorant

okvalificerad (ōō-kvah-li-fi-*sāy*-rahd) *adj* unqualified

okänd (ōō-tYehnd) *adj* unknown

olaglig (ōō-laag-li) *adj* unlawful; illegal

olik (ōō-leek) *adj* different; distinct, unlike; *vara ~ differ; vary

olika (ōō-lee-kah) *adj* different; unequal; various

oliv (o-*leev*) *c* olive

olivolja (o-*leev*-ol-Yah) *c* olive oil

olja (*ol*-Yah) *c* oil; *v* lubricate

oljebyte (*ol*-Yer-bēw-ter) *nt* oil-change

oljefilter (*ol*-Yer-*fil*-terr) *nt* (pl -trer, ~) oil filter

oljefyndighet (*ol*-Yer-fewn-di-hāyt) *c* oil-well

oljekälla (*ol*-Yer-tYeh-lah) *c* oil-well

oljemålning (*ol*-Yer-mōal-ning) *c* oil-painting

oljeraffinaderi (*ol*-Yer-rah-fi-nah-der-*ree*) *nt* (pl ~er) oil-refinery

oljetryck (*ol*-Yer-trewk) *nt* oil pressure

oljig (*ol*-Yi) *adj* oily; greasy

oljud (ōō-Yēwd) *nt* noise

olustig (ōō-lewss-ti) *adj* uneasy; out of spirits

olycka (ōō-lew-kah) *c* accident; misfortune, calamity, disaster

olycklig (ōō-lewk-li) *adj* unhappy; miserable, unfortunate

olycksbådande (ōō-lewks-*bōad*-ahn-der) *adj* ominous; sinister

olycksfall (ōō-lewks-*fahl*) *nt* accident

olägenhet (ōō-leh-gern-hāyt) *c* inconvenience

olämplig (ōō-lehmp-li) *adj* inconvenient; inappropriate

oläslig (ōō-laiss-li) *adj* illegible

om (om) *conj* if; whether; *prep* about, in; **runt** ~ round

ombord (om-*bōōrd*) *adv* aboard; *gå ~ embark

ombordläggning (om-*bōōrd*-lehg-ning) *c* collision

omdirigering (om-di-ri-*shāy*-ring) *c* diversion, detour

omdöme (om-dur-mer) *nt* judgement

omdömesgill (om-dur-merss-Yil) *adj* judicious

omedelbar (ōō-māy-dayl-baar) *adj* immediate; spontaneous; **omedelbart** instantly, immediately, straight

away

omedveten (ōō-māyd-vāy-tern) *adj* unaware

omelett (o-mer-*layt*) *c* omelette

omfamna (om-fahm-nah) *v* embrace; hug

omfamning (om-fahm-ning) *c* embrace

omfartsled (om-faarts-lāyd) *c* by-pass

omfatta (om-fah-tah) *v* comprise; include

omfattande (om-faht-ahn-der) *adj* extensive; comprehensive

omfång (om-fong) *nt* extent

omfångsrik (om-fongs-*reek*) *adj* bulky, big; extensive

*__omge__ (om-*gāy*) *v* surround; circle

omgivning (om-*Yeev*-ning) *c* setting; environment

omgående (om-gōa-ayn-der) *adj* prompt

*__omkomma__ (om-kom-ah) *v* perish

omkostnader (om-kost-nah-derr) *pl* expenses *pl*

omkring (om-*kring*) *prep* round; around; *adv* about

omkull (om-*kewl*) *adv* down, over; *slå ~ knock down

omkörning förbjuden (om-tYurr-ning furr-*bYēw*-dayn) no overtaking; no passing *Am*

omlopp (om-lop) *nt* circulation

omnämna (om-nehm-nah) *v* mention

omnämnande (om-nehm-nahn-der) *nt* mention

omodern (ōō-moo-dæærn) *adj* out of date

omringa (om-ring-ah) *v* surround; encircle

område (om-rōad-er) *nt* district; region, area, zone

omräkna (om-raik-nah) *v* convert

omräkningstabell (om-raik-nings-tah-bayl) *c* conversion chart

omslagspapper (om-slaags-pah-perr)

nt wrapping paper

•**omsluta** (*om*-slew-tah) *v* surround; encircle

omsorgsfull (*om*-sor^ys-fewl) *adj* thorough, careful

omstridd (*om*-strid) *adj* controversial

omständighet (*om*-stehn-di-hāyt) *c* circumstance

omsvängning (*om*-svehng-ning) *c* sudden change

omsättning (*om*-seht-ning) *c* turnover

omtvistad (*om*-tviss-tahd) *adj* controversial

omtänksam (*om*-tehngk-sahm) *adj* considerate, thoughtful

omtänksamhet (*om*-tehngk-sahm-hāyt) *c* thoughtfulness

omvandla (*om*-vahnd-lah) *v* transform

omväg (*om*-vaig) *c* detour

omvänd (*om*-vehnd) *adj* inverted; converted

omvända (*om*-vehn-dah) *v* convert

omväxlande (*om*-vehks-lahn-der) *adj* varied

omväxling (*om*-vehks-ling) *c* change; variety

omåttlighet (ōō-mot-li-hāyt) *c* immoderation

omöblerad (ōō-murb-*lāy*-rahd) *adj* unfurnished

omöjlig (ōō-mur^y-li) *adj* impossible

ond (oond) *adj* evil; wicked

ondska (*oonds*-kah) *c* evil

ondskefull (*oond*-skay-fewl) *adj* vicious; spiteful

onsdag (*oons*-daag) *c* Wednesday

ont (oont) *nt* harm

onyx (ōā-newks) *c* onyx

onödig (ōō-*nūr*-di) *adj* unnecessary

oordentlig (ōō-or-*daynt*-li) *adj* untidy; sloppy

oordning (ōō-oard-ning) *c* mess

opal (oo-*paal*) *c* opal

opartisk (ōō-paart-isk) *adj* impartial

opassande (ōō-pah-sahn-der) *adj* improper; indecent, unsuitable

opera (ōō-per-rah) *c* opera

operahus (ōō-per-rah-hewss) *nt* opera house

operation (o-per-rah-*shōōn*) *c* operation

operera (o-per-*rāyr*-ah) *v* operate

operett (oo-per-*rayt*) *c* operetta

opersonlig (ōō-pehr-*sōōn*-li) *adj* impersonal

opponera sig (o-po-*nāy*-rah) oppose

opposition (o-po-si-*shōōn*) *c* opposition

optiker (*op*-ti-kerr) *c* (pl ~) optician

optimism (op-ti-*mism*) *c* optimism

optimist (op-ti-*mist*) *c* optimist

optimistisk (op-ti-*miss*-tisk) *adj* optimistic

opålitlig (ōō-pōā-leet-li) *adj* unreliable; untrustworthy

ord (ōōrd) *nt* word

ordbok (*ōōrd*-bōōk) *c* (pl -böcker) dictionary

ordentlig (or-*dehnt*-li) *adj* thorough

order (*ōār*-derr) *c* (pl ~) order

orderblankett (*ōār*-derr-blahng-*keht*) *c* order-form

ordförande (*ōōrd*-fūr-rahn-der) *c* (pl ~) chairman; president

ordförråd (*ōōrd*-furr-*rōād*) *nt* vocabulary

ordinera (ōār-di-*nāy*-rah) *v* prescribe

ordinär (ōār-di-*nær*) *adj* ordinary, common

ordlista (*ōōrd*-liss-tah) *c* vocabulary, wordbook

ordna (*ōārd*-nah) *v* arrange; settle; sort

ordning (*ōārd*-ning) *c* order; method; tidiness; •**göra i** ~ prepare; **i** ~ in order

ordningsföljd (*awrd*-nings-furl^yd) *c* order; sequence ordspråk (o͞ord-sproāk) *nt* proverb

ordväxling (o͞ord-vehks-ling) *c* argument

oreda (o͞o-rāyd-ah) *c* disorder; mess, muddle

oregelbunden (o͞o-rāy-gayl-bewn-dayn) *adj* irregular

oren (o͞o-rāyn) *adj* unclean

organ (or-*gaan*) *nt* organ

organisation (or-gah-ni-sah-*sho͞on*) *c* organization

organisera (or-gah-ni-*sāy*-rah) *v* organize

organisk (or-*gaa*-nisk) *adj* organic

orgel (or-Yerl) *c* (pl orglar) organ

orientalisk (o-ri-ayn-*taa*-lisk) *adj* oriental

Orienten (o-ri-*ayn*-tayn) the Orient

orientera sig (o-ri-ayn-*tāy*-rah) orientate oneself

originell (or-gi-*nayl*) *adj* original

oriktig (o͞o-rik-ti) *adj* incorrect; inaccurate

orimlig (o͞o-rim-li) *adj* unreasonable; absurd

orkan (or-*kaan*) *c* hurricane

orkester (or-*kayss*-terr) *c* (pl -trar) orchestra

orm (oorm) *c* snake

oro (o͞o-ro͞o) *c* concern; disturbance, fear, worry; unrest

oroa (o͞o-ro͞o-ah) *v* alarm; ~ sig worry

orolig (o͞o-roo-li) *adj* anxious

oroväckande (o͞o-ro͞o-veh-kahn-der) *adj* alarming

orsak (o͞or-saak) *c* cause; reason

orsaka (o͞or-saa-kah) *v* cause

ort (oort) *c* place

ortodox (or-to-doks) *adj* orthodox

orubblig (o͞o-rewb-li) *adj* steadfast

orätt (o͞o-reht) *c* wrong; *adj* wrong; *göra ~ wrong

orättvis (o͞o-reht-veess) *adj* unfair,

unjust

orättvisa (o͞o-reht-veesah) *c* injustice

osann (o͞o-sahn) *adj* untrue

osannolik (o͞o-sah-noo-leek) *adj* unlikely

osjälvisk (o͞o-shehl-visk) *adj* unselfish

oskadad (o͞o-skaa-dahd) *adj* unhurt; whole

oskuld (o͞o-skewld) *c* innocence; virgin; virginity

oskyddad (o͞o-shew-dahd) *adj* unprotected

oskyldig (o͞o-shewl-di) *adj* innocent, harmless

osnygg (o͞o-snewg) *adj* slovenly, foul

oss (oss) *pron* us; ourselves

ost (oost) *c* cheese

ostadig (o͞o-staa-di) *adj* unsteady

ostlig (oost-li) *adj* easterly, eastern

ostron (oost-ron) *nt* oyster

osund (o͞o-sewnd) *adj* unsound

osympatisk (o͞o-sewm-*paat*-isk) *adj* disagreeable

osynlig (o͞o-sēwn-li) *adj* invisible

osäker (o͞o-sai-kerr) *adj* uncertain

osäkerhet (o͞o-sai-kerr-hāyt) *c* insecurity; incertainty

otacksam (o͞o-tahk-sahm) *adj* ungrateful

otillfredsställande (o͞o-til-frāyds-steh-lahn-der) *adj* unsatisfactory

otillgänglig (o͞o-til-Yehng-li) *adj* inaccessible

otillräcklig (o͞o-til-rehk-li) *adj* insufficient; inadequate

otrevlig (o͞o-trāyv-li) *adj* unpleasant

otrogen (o͞o-tro͞o-gayn) *adj* unfaithful

otrolig (o͞o-tro͞o-li) *adj* incredible; improbable

otur (o͞o-tēwr) *c* bad luck; misfortune

oturlig (o͞o-tēwr-li) *adj* unlucky

otvivelaktigt (o͞o-tveev-erl-ahk-tit) *adv* undoubtedly

otålig (o͞o-toāl-i) *adj* impatient; eager

otäck (ōō-tehk) adj nasty
otät (ōō-tait) adj leaky
oumbärlig (ōō-ewm-bæær-li) adj indispensable
oundviklig (ōō-ewnd-veek-li) adj unavoidable, inevitable
oupphörligen (ōō-ewp-hūrr-li-ern) adv continually
ouppodlad (ōō-ewp-ōōd-lahd) adj uncultivated
outhärdlig (ōō-ēwt-hæærd-li) adj unbearable, intolerable
ouvertyr (oo-vær-tēwr) c overture
oval (oo-vaal) adj oval
ovan¹ (ōa-vahn) adv above; overhead
ovan² (ōō-vaan) adj unaccustomed
ovanför (ōa-vahn-fūrr) prep over; above
ovanlig (ōō-vaan-li) adj unusual; uncommon; exceptional
ovanpå (ōa-vahn-pōa) prep on top of
overall (ōa-ver-rōal) c overalls pl
overklig (ōō-værk-li) adj unreal
overksam (ōō-værk-sahm) adj idle
oviktig (ōō-vik-ti) adj unimportant; insignificant
ovillig (ōō-vi-li) adj unwilling
ovillkorlig (ōō-vil-kōar-li) adj unconditional
oviss (ōō-viss) adj uncertain; vague
oväder (ōō-vai-derr) nt tempest
ovälkommen (ōō-verl-ko-mern) adj unwelcome, undesirable
ovänlig (ōō-vehn-li) adj unkind; unfriendly
oväntad (ōō-vehn-tahd) adj unexpected
ovärderlig (ōō-vær-dāyr-li) adj priceless
oväsen (ōō-vai-sayn) nt noise; racket
oväsentlig (ōō-vai-sehnt-li) adj petty
oxe (ooks-er) c ox
oxkött (ooks-tⁿurt) nt beef
oåterkallelig (ōō-ōāt-err-kahl-er-li) adj irrevocable
oäkta (ōō-ehk-tah) adj false
oändlig (ōō-ehnd-li) adj infinite, endless; immense
oärlig (ōō-æær-li) adj dishonest; crooked
oätbar (ōō-ait-baar) adj inedible
oöverkomlig (ōō-ūr-verr-kom-li) adj insurmountable; prohibitive
oöverträffad (ōō-ūrv-err-trehf-ahd) adj unsurpassed

P

pacifism (pah-si-fism) c pacifism
pacifist (pah-si-fist) c pacifist
pacifistisk (pah-si-fiss-tisk) adj pacifist
packa (pah-kah) v pack; ~ in pack; ~ upp unpack
packning (-pahk-ning) c pack; packing
padda (pahd-ah) c toad
paddel (pah-dayl) c (pl -dlar) paddle
paket (pah-kāyt) nt packet; parcel, package
Pakistan (pah-ki-staan) Pakistan
pakistanier (pah-ki-staa-ni-err) c (pl ~) Pakistani
pakistansk (pah-ki-staansk) adj Pakistani
palats (pah-lahts) nt palace
palm (pahlm) c palm
panel (pah-nāyl) c panel; panelling
panik (pah-neek) c panic
pank (pahngk) adj broke
panna (pahn-ah) c forehead; pan
pant (pahnt) c pledge; security
pantlånare (pahnt-lōa-nah-ray) c (pl ~) pawnbroker
*pantsätta (pahnt-seh-tah) v pawn
papegoja (pah-per-goi-ah) c parakeet, parrot

papiljott (pah-pil-*Yot*) c curler

papp (pahp) c cardboard; **papp-cardboard**

pappa (*pah*-pah) c daddy

papper (*pah*-perr) nt paper; **pappers-paper**

pappershandel (*pah*-perrs-hahn-dayl) c (pl -dlar) stationer's

papperskniv (*pah*-perrs-kneev) c paper-knife

papperskorg (*pah*-perrs-kor*Y*) c wastepaper-basket

pappersnäsduk (*pah*-perrs-naiss-dēwk) c paper hanky, tissue

papperspåse (*pah*-perrs-pōa-ser) c paper bag

pappersservett (*pah*-perrs-sær-vayt) c paper napkin

par (paar) nt pair; couple; **äkta ~** married couple

parad (pah-*raad*) c parade

parafera (pah-rah-*fāy*-rah) v initial

paragraf (pah-rah-*graaf*) c paragraph

parallell (pah-rah-*layl*) c parallel, adj parallel

paralysera (pah-rah-lew-*sāy*-rah) v paralise

paraply (pah-rah-*plēw*) nt umbrella

parfym (pahr-*fēwm*) c perfume

park (pahrk) c park; **offentlig ~** public garden

parkera (pahr-*kāy*-rah) v park

parkering (pahr-*kāy*-ring) c parking; **~ förbjuden** no parking

parkeringsavgift (pahr-*kāy*-rings-aav-*Y*ift) c parking fee

parkeringsljus (pahr-*kāy*-rings-*Y*ēwss) nt parking light

parkeringsmätare (pahr-*kāy*-rings-mai-tah-rer) c (pl ~) parking meter

parkeringsplats (pahr-*kāy*-rings-plahts) c car park; parking lot Am

parkeringszon (pahr-*kāy*-rings-sōon) c parking zone

parkett (pahr-*kayt*) c parquet; stall; orchestra seat Am

parlament (pahr-lah-*maynt*) nt parliament

parlamentarisk (pahr-lah-mayn-*taar*-isk) adj parliamentary

parlör (pahr-*lūrr*) c phrase-book

parti (pahr-*tee*) nt (pl ~er) party; side

partisk (*paar*-tisk) adj partial

partner (*paart*-nerr) c (pl ~) partner

pass (pahss) nt passport; pass

passa (*pahss*-ah) v fit; suit; look after, match

passage (pah-*saash*) c passage

passagerare (pah-sah-*shāy*-rah-rer) c (pl ~) passenger

passande (*pahss*-ahn-der) adj proper, suitable; convenient, adequate

passera (pah-*sāy*r-ah) v pass

passfoto (*pahss*-fōō-too) nt passport photograph

passion (pah-*shōōn*) c passion

passiv (*pah*-seev) adj passive

passkontroll (*pahss*-kon-*trol*) c passport control

patent (pah-*taynt*) nt patent

patentbrev (pah-*taynt*-brāyv) nt patent

pater (*paa*-terr) c (pl patrar) father

patient (pah-si-*ehnt*) c patient

patricierhus (paht-*ree*-si-err-hēwss) nt mansion

patriot (paht-ri-*ōōt*) c patriot

patron (paht-*rōōn*) c cartridge

patrull (paht-*rewl*) c patrol

patrullera (pah-trew-*lāy*r-ah) v patrol

paus (pouss) c pause; intermission, interval; ***göra ~** pause

paviljong (pah-vil-*Yong*) c pavilion

pedal (pay-*daal*) c pedal

peka (*pāy*k-ah) v point

pekfinger (*pāy*k-fing-err) nt (pl -grar) index finger

pelare (*pāyl*-ah-rer) *c* (pl ~) column; pillar

pelargång (*pāy*-lahr-gong) *c* arcade

pelikan (pay-li-*kaan*) *c* pelican

pendlare (*pehnd*-lah-rer) *c* (pl ~) commuter

pengar (*payng*-ahr) *pl* money; **placera ~** invest

penicillin (pay-ni-si-*leen*) *nt* penicillin

penna (*peh*-nah) *c* pen

penningförsändelse (*payn*-ing-furr-sehn-dayl-ser) *c* remittance

pennkniv (*pehn*-kneev) *c* penknife

pennvässare (*pehn*-veh-sah-rer) *c* (pl ~) pencil-sharpener

pensel (*pehn*-serl) *c* (pl -slar) paintbrush

pension (pahng-*shōōn*) *c* pension; board

pensionat (pahng-shoo-*naat*) *nt* boarding-house; pension; guesthouse

pensionerad (pahng-shoo-*nāy*-rahd) *adj* retired

peppar (*pay*-pahr) *c* pepper

pepparmint (*pay*-pahr-mint) *nt* peppermint

pepparrot (*pay*-pahr-rōōt) *c* horse-radish

perfekt (pær-*faykt*) *adj* perfect

period (pay-ri-*ōōd*) *c* period; term

periodisk (pay-ri-*ōō*-disk) *adj* periodical

permanent (pær-mah-*naynt*) *c* permanent wave

permanentveck (pær-mah-*naynt*-vayk) permanent press

perrong (pæ-*rong*) *c* platform

perrongbiljett (pæ-*rong*-bil-*Y*ayt) *c* platform ticket

perser (*pær*-serr) *c* (pl ~) Persian

Persien (*pær*-si-ern) Persia

persienn (pær-si-*æn*) *c* blind; shutter

persika (*pær*-si-kah) *c* peach

persilja (pær-*sil*-Yah) *c* parsley

persisk (*pær*-sisk) *adj* Persian

person (pær-*sōōn*) *c* person; **enskild ~** individual; **per ~** per person

personal (pær-soo-*naal*) *c* staff; personnel

personbil (pær-*sōōn*-beel) *c* car

personlig (pær-*sōōn*-li) *adj* personal; private

personlighet (pær-*sōōn*-li-hāyt) *c* personality

persontåg (pær-*sōōn*-tōag) *nt* slow train

perspektiv (pær-spayk-*teev*) *nt* perspective

peruk (per-*rēwk*) *c* wig

pessimism (pay-si-*mism*) *c* pessimism

pessimist (pay-si-*mist*) *c* pessimist

pessimistisk (pay-si-*miss*-tisk) *adj* pessimistic

petition (pay-ti-*shōōn*) *c* petition

pianist (pi-ah-*nist*) *c* pianist

piano (pi-*aa*-noo) *nt* piano

pickels (*pik*-erls) *pl* pickles *pl*

picknick (*pik*-nik) *c* picnic

picknicka (*pik*-ni-kah) *v* picnic

pigg (pig) *adj* brisk; alert

piggsvin (*pig*-sveen) *nt* porcupine

pikant (pi-*kahnt*) *adj* spicy

pil (peel) *c* arrow; willow

pilgrim (*peel*-grim) *c* pilgrim

pilgrimsfärd (*peel*-grims-fæærd) *c* pilgrimage

piller (*pi*-lerr) *nt* pill

pilot (pi-*lōōt*) *c* pilot

pimpsten (*pimp*-stāyn) *c* pumice stone

pina (*pee*-nah) *c* torment

pincett (pin-*sayt*) *c* tweezers *pl*

pingst (pingst) *c* Whitsun

pingvin (ping-*veen*) *c* penguin

pinsam (*peen*-sahm) *adj* embarrassing

pionjär (pi-on-*Y*æær) *c* pioneer

pipa (*pee*-pah) *c* pipe
•pipa (*pee*-pah) *v* chirp
piprensare (*peep*-rayn-sah-rer) *c* (pl
~) pipe cleaner
piptobak (*peep*-too-bahk) *c* pipe to-
bacco
pir (peer) *c* pier
piska (*piss*-kah) *c* whip
pistol (piss-*tool*) *c* pistol
pittoresk (pi-to-*raysk*) *adj* pictur-
esque
pjäs (p Yaiss) *c* play
pjäxor (p Yehks-or) *pl* ski boots
placera (plah-*sāyr*-ah) *v* place; *lay,
*put
plakat (plah-*kaat*) *nt* placard
plan (plaan) *c* plan; project, scheme,
map; *nt* level; *adj* even, level, plane
planera (plah-*nāy*-rah) *v* plan
planet (plah-*nāyt*) *c* planet
planetarium (plah-nay-*taa*-ri-ewm) *nt*
(pl -rier) planetarium
planka (*plahng*-kah) *c* plank
•planlägga (*plaan*-leh-gah) *v* plan, de-
sign
planta (*plahn*-tah) *c* plant
plantage (plahn-*taash*) *c* plantation
plantera (plahn-*tāy*-rah) *v* plant
plantskola (*plahnt*-skōōl-ah) *c* nursery
plast (plahst) *c* plastic; **plast-** plastic
platina (plah-*tee*-nah) *c* platinum
plats (plahts) *c* place; spot; seat;
room; job; **ställa på ~** *put away;
öppen ~ square
platsbiljett (*plahts*-bil-Yeht) *c* seat reser-
vation
platt (plaht) *adj* flat
platta (*plaht*-ah) *c* plate
plattform (*plaht*-form) *c* platform
platå (plah-*tōā*) *c* plateau
plikt (plikt) *c* duty
plocka (*plok*-ah) *v* pick; ~ **upp** pick
up
plog (plōōg) *c* plough

plomb (plomb) *c* filling
plommon (*ploom*-on) *nt* plum
plural (*plēw*-raal) *c* plural
plus (plewss) *prep* plus
plåga (*plōag*-ah) *c* plague; *v* torment
plånbok (*plōān*-bōōk) *c* (pl -böcker)
wallet; pocket-book
plåster (*ploss*-terr) *nt* plaster
plåt (plōāt) *c* sheet metal; plate
plåtburk (*plōāt*-bewrk) *c* tin, can
plädera (pleh-*dāyr*-ah) *v* plead
plöja (*plurY*-ah) *v* plough
plötslig (*plurts*-li) *adj* sudden; **plöts-
ligt** suddenly
pocketbok (*po*-kert-bōōk) *c* (pl -böc-
ker) paperback
poesi (poo-ay-*see*) *c* poetry
pojke (*poi*-ker) *c* boy
pokal (poo-*kaal*) *c* cup
polack (poo-*lahk*) *c* Pole
Polen (*pōā*-lern) Poland
polera (poo-*lāy*-rah) *v* polish
polio (*pōō*-li-oo) *c* polio
polis (poo-*leess*) *c* police *pl;* police-
man
poliskonstapel (poo-*leess*-kon-staa-
perl) *c* (pl -plar) policeman
polisonger (po-li-*song*-err) *pl* whiskers
pl; sideburns *pl*
polisstation (poo-*leess*-stah-shōōn) *c*
police-station
politik (poo-li-*teek*) *c* politics; policy
politiker (poo-*lee*-ti-kerr) *c* (pl ~)
politician
politisk (poo-*lee*-tisk) *adj* political
pollett (po-*layt*) *c* token
polsk (pōālsk) *adj* Polish
pommes frites (pom-*frit*) chips
ponny (*po*-new) *c* (pl -nies, ~er)
pony
poplin (pop-*leen*) *nt* poplin
popmusik (*pop*-mēw-seek) *c* pop mu-
sic
populär (po-pēw-*læær*) *adj* popular

porslin (pors-*leen*) *nt* china; crockery, porcelain

port (pōōrt) *c* front door, gate

portfölj (port-*furl*ᵛ) *c* briefcase

portier (port-ᵛ*āy*) *c* hall porter, receptionist

portion (port-*shōōn*) *c* portion; helping

portmonnä (port-mo-*nai*) *c* purse

portnyckel (*poort*-new-kerl) *c* (pl -klar) latchkey

porto (*por*-too) *nt* postage

portofri (*por*-too-free) *adj* postage paid

porträtt (poort-*reht*) *nt* portrait

Portugal (*por*-tew-gahl) Portugal

portugis (por-tew-*geess*) *c* Portuguese

portugisisk (por-tew-*gee*-sisk) *adj* Portuguese

portvakt (*poort*-vahkt) *c* janitor, concierge

position (po-si-*shōōn*) *c* position; station

positiv¹ (*poo*-si-teev) *adj* positive

positiv² (poo-si-*teev*) *nt* street-organ

post (post) *c* item; mail; post

posta (*poss*-tah) *v* mail; post

postanvisning (*post*-ahn-veess-ning) *c* postal order; money order; mail order *Am*

poste restante (post rer-*stahnt*) poste restante

postkontor (*post*-kon-tōōr) *nt* post-office

postnummer (*post*-new-merr) *nt* zip code *Am*

postväsen (*post*-vai-sern) *nt* postal service

potatis (poo-*taa*-tiss) *c* potato

poäng (po-*ehng*) *c* point; *få ~* score

poängsumma (po-*ehng*-sew-mah) *c* score

prakt (prahkt) *c* splendour

praktfull (*prahkt*-fewl) *adj* splendid;

magnificent, glorious, gorgeous

praktik (prahk-*teek*) *c* practice

praktisera (prahk-ti-*sāy*-rah) *v* practise

praktisk (*prahk*-tisk) *adj* practical

prat (praat) *nt* chat

prata (*praat*-ah) *v* chat; talk; *~ strunt* talk rubbish

pratmakare (*praat*-maa-kah-rer) *c* (pl *~*) chatterbox

pratsam (*praat*-sahm) *adj* talkative

pratstund (*praat*-stewnd) *c* chat

precis (pray-*seess*) *adj* exact, precise; *adv* exactly, just

predika (pray-*deek*-ah) *v* preach

predikan (pray-*deek*-ahn) *c* sermon

predikstol (*pray*-dik-stōōl) *c* pulpit

preliminär (pray-li-mi-*næær*) *adj* preliminary

premiärminister (pray-mi-ær-mi-niss-terr) *c* (pl -trar) premier

prenumerant (pray-new-mer-*rahnt*) *c* subscriber

preposition (pray-po-si-*shōōn*) *c* preposition

presenning (pray-*say*-ning) *c* tarpaulin

present (pray-*saynt*) *c* present

presentation (pray-sayn-tah-*shōōn*) *c* introduction

presentera (pray-sayn-*tāy*-rah) *v* introduce; present

president (pray-si-*daynt*) *c* president

pressa (*prayss*-ah) *v* press

presskonferens (*prayss*-kon-fer-rayns) *c* press conference

prestation (prayss-tah-*shōōn*) *c* achievement; feat

prestera (pray-*stāy*-rah) *v* achieve

prestige (pray-*steesh*) *c* prestige

preventivmedel (pray-vayn-*teev*-māy-dayl) *nt* contraceptive

pricka av (*prik*-ah) tick off

prickskytt (*prik*-shewt) *c* sniper

primär (pri-*mæær*) *adj* primary
princip (prin-*seep*) *c* principle
prins (prins) *c* prince
prinsessa (prin-*say*-sah) *c* princess
prioritet (pri-o-ri-*tāyt*) *c* priority
pris (preess) *nt* (pl ~,~er) price;
cost, rate; award, prize
prisfall (*preess*-fahl) *nt* fall in prices;
break; slump
prislista (*preess*-liss-tah) *c* price-list
prisnedsättning (*preess*-nāyd-seht-
ning) *c* reduction
*****prissätta** (*preess*-seh-tah) *v* price
privat (pri-*vaat*) *adj* private
privatliv (pri-*vaat*-leev) *nt* privacy
privilegiera (pri-vi-lay-gi-*āyr*-ah) *v*
privilege, favour
privilegium (pri-vi-*lāy*-gi-ewm) *nt* (pl
-gier) privilege
problem (proo-*blāym*) *nt* problem;
question
procedur (proo-ser-*dēwr*) *c* procedure
procent (proo-*saynt*) *c* (pl ~) percent
procentsats (proo-*saynt*-sahts) *c* per-
centage
process (proo-*sayss*) *c* process; law-
suit
procession (proo-seh-*shōōn*) *c* pro-
cession
producent (proo-*dēw*-sehnt) *c* pro-
ducer
produkt (proo-*dewkt*) *c* produce;
product
produktion (proo-dewk-*shōōn*) *c* pro-
duction; output
professor (pro-*fay*-sor) *c* professor
profet (pro-*fāyt*) *c* prophet
program (proo-*grahm*) *nt* programme
projekt (pro-*shaykt*) *nt* project
proklamera (prok-lah-*māy*-rah) *v* pro-
claim
promenad (pro-mer-*naad*) *c* walk;
promenade, stroll
promenadkäpp (pro-mer-*naad*-tᵛehp)

c walking-stick
promenera (pro-mer-*nāy*-rah) *v* walk
pronomen (pro-*nōā*-mayn) *nt* pronoun
propaganda (pro-pah-*gahn*-dah) *c*
propaganda
propeller (pro-*pay*-lerr) *c* (pl -lrar)
propeller
proportion (pro-por-*shōōn*) *c* propor-
tion
proportionell (pro-por-shōō-*nayl*) *adj*
proportional
propp (prop) *c* stopper; fuse
proppfull (*prop*-fewl) *adj* chock-full
prospekt (proo-*spaykt*) *nt* prospectus
prostituerad (pross-ti-tēw-*āy*-rahd) *c*
(pl ~e) prostitute
protein (proo-tay-*een*) *nt* protein
protest (proo-*tayst*) *c* protest
protestantisk (proo-tay-*stahn*-tisk) *adj*
Protestant
protestera (proo-tay-*stāy*-rah) *v* pro-
test; object; ~ **mot** object to
protokoll (pro-to-*kol*) *nt* record; min-
utes
prov (prōōv) *nt* test; trial; proof;
sample; **skriftligt** ~ written test;
exercise
prova (*prōō*-vah) *v* try on
proviant (proo-vi-*ahnt*) *c* provisions *pl*
provinsiell (proo-vin-si-*ayl*) *adj* provin-
cial
provisorisk (proo-vi-*sōōr*-isk) *adj* tem-
porary; provisional
provrum (*prōōv*-rewm) *nt* fitting
room
pruta (*prēw*-tah) *v* bargain
prydlig (*prēwd*-li) *adj* neat
präst (prehst) *c* clergyman; parson,
minister, rector; **katolsk** ~ priest
prästgård (*prehst*-gōārd) *c* vicarage;
rectory, parsonage
pröva (*prūr*-vah) *v* attempt; test
prövning (*prūrv*-ning) *c* test
psalm (sahlm) *c* hymn

psykiater (psew-ki-*aa*-terr) *c* (pl ∼) psychiatrist

psykisk (*psew*-kisk) *adj* mental, psychic

psykoanalytiker (psew-ko-ah-nah-*lew*-ti-kerr) *c* (pl ∼) analyst; psychoanalyst

psykolog (psew-ko-*lōāg*) *c* psychologist

psykologi (psew-ko-lo-*gee*) *c* psychology

psykologisk (psew-ko-*lōā*-gisk) *adj* psychological

publicera (pewb-li-*sāy*-rah) *v* publish

publicitet (pewb-li-si-*tāyt*) *c* publicity

publik (pew-*bleek*) *c* audience; public

puder (*pēw*-derr) *nt* powder

puderdosa (*pēw*-derr-d*ōō*-sah) *c* powder compact

pudervippa (*pēw*-derr-vi-pah) *c* powder-puff

pullover (pew-*lōāv*-err) *c* pullover

puls (pewls) *c* pulse

pulsåder (*pewls*-ōā-derr) *c* (pl -dror) artery

pump (pewmp) *c* pump

pumpa (*pewm*-pah) *v* pump

pund (pewnd) *nt* pound

pung (pewng) *c* pouch

punkt (pewngkt) *c* point; item; full stop, period

punkterad (pewngk-*tāy*-rahd) *adj* punctured

punktering (pewngk-*tāy*-ring) *c* puncture; flat tyre, blow-out

punktlig (*pewngkt*-li) *adj* punctual

pur (pēwr) *adj* sheer

purpur (pewr-pewr) *adj* purple

puss (pewss) *c* kiss

pussel (*pewss*-erl) *nt* jigsaw puzzle; puzzle

pyjamas (pew-*Yaa*-mahss) *c* (pl ∼, ∼ar) pyjamas *pl*

pytteliten (*pew*-ter-lee-tern) *adj* tiny

på (p*ōā*) *prep* on; upon, at; in

påfallande (p*ōā*-fahl-ahn-der) *adj* striking

påfrestning (p*ōā*-frayst-ning) *c* strain

påfyllningsförpackning (p*ōā*-fewl-nings-furr-*pahk*-ning) *c* refill

påfågel (p*ōā*-fōag-erl) *c* (pl -glar) peacock

***pågå** (p*ōā*-gōa) *v* *be in progress

påhitt (p*ōā*-hit) *nt* idea, invention

påk (p*ōā*k) *c* cudgel

påklädningsrum (p*ōā*-klaid-nings-rewm) *nt* dressing-room

påle (p*ōā*-ler) *c* pole

pålitlig (p*ōā*-leet-li) *adj* reliable; sound, trustworthy

***pålägga** (p*ōā*-leh-gah) *v* impose, inflict

påminna (p*ōā*-mi-nah) *v* remind

påpeka (p*ōā*-pāy-kah) *v* remark; indicate

påringning (p*ōā*-ring-ning) *c* call

påse (p*ōā*-ser) *c* bag

till påseende (til p*ōā*-sāy-ayn-der) on approval

påsk (posk) *c* Easter

påsklilja (posk-lil-ᵞah) *c* daffodil

påssjuka (p*ōā*ss-shēw-kah) *c* mumps

***påstå** (p*ōā*-stōa) *v* claim

påstående (p*ōā*-stōa-ayn-der) *nt* statement

påtryckning (p*ōā*-trewk-ning) *c* pressure

påve (p*ōā*-ver) *c* pope

påverka (p*ōā*-vær-kah) *v* affect; influence

påverkan (p*ōā*-vær-kahn) *c* (pl -kning-ar) influence

päls (pehls) *c* fur coat; fur

pälsverk (*pehls*-værk) *nt* furs

pärla (*pæær*-lah) *c* pearl; bead

pärlemor (*pæær*-ler-mōōr) *c* mother-of-pearl

pärlhalsband (*pæærl*-hahls-bahnd) *nt*

pearl necklace, beads *pl*
pärm (pærm) *c* cover
päron (*pææ*-ron) *nt* pear
pöl (pūrl) *c* puddle

R

rabarber (rah-*bahr*-berr) *c* rhubarb
rabatt (rah-*baht*) *c* discount; rebate; flowerbed
rabies (*raa*-bi-erss) *c* rabies
racket (rah-kayt) *c* racquet
rad (raad) *c* row; line, file, rank
radband (*raad*-bahnd) *nt* rosary; beads *pl*
radergummi (rah-*dayr*-gew-mi) *nt* eraser
radie (*raa*-di-ᵞer) *c* radius
radikal (rah-di-*kaal*) *adj* radical
radio (*raa*-di-oo) *c* radio; wireless
raffinaderi (rah-fi-nah-der-*ree*) *nt* (pl ~er) refinery
rak (raak) *adj* straight
raka sig (*raa*-kah) shave
rakapparat (*raak*-ah-pah-raat) *c* electric razor; shaver
rakblad (*raak*-blaad) *nt* razor-blade
rakborste (*raak*-bors-ter) *c* shaving-brush
raket (rah-*kayt*) *c* rocket
rakhyvel (*raak*-hēw-verl) *c* (pl-vlar) safety-razor
rakkniv (*raak*-kneev) *c* razor
rakkräm (*raak*-kraim) *c* shaving-cream
rakt (raakt) *adv* straight; ~ **fram** straight ahead; straight on
raktvål (*raak*-tvōal) *c* shaving-soap
rakvatten (*raak*-vah-tern) *nt* after-shave lotion
ram (raam) *c* frame
ramp (rahmp) *c* ramp

rand (rahnd) *c* (pl ränder) stripe
randig (*rahn*-di) *adj* striped
rang (rahng) *c* rank
ranson (rahn-*sōon*) *c* ration
rapphöna (*rahp*-hūrn-ah) *c* partridge
rappning (*rahp*-ning) *c* plaster
rapport (rah-*port*) *c* report
rapportera (rah-por-*tay*-rah) *v* report
raring (*raa*-ring) *c* sweetheart
raritet (rah-ri-*tayt*) *c* curio
ras (raass) *c* breed, race; *nt* landslide; **ras-** racial
rasa (*raass*-ah) *v* collapse; rage
rasande (*raass*-ahn-der) *adj* furious; mad; *vara ~ rage
raseri (raa-say-*ree*) *nt* fury, rage
rask (rahsk) *adj* swift
rast (rahst) *c* break
rastlös (*rahst*-lūrss) *adj* restless
rastlöshet (*rahst*-lūrss-hāyt) *c* unrest
ratt (raht) *c* steering-wheel
rattstång (*raht*-stong) *c* (pl -stänger) steering-column
reagera (ray-ah-*gay*-rah) *v* react
reaktion (ray-ahk-*shōon*) *c* reaction
realisation (ray-ah-li-sah-*shōon*) *c* sales; clearance sale
realisera (ray-ah-li-*sayr*-ah) *v* realize
recension (ray-sayn-*shōon*) *c* review
recept (ray-*saypt*) *nt* prescription; recipe
reception (ray-sayp-*shōon*) *c* reception office
receptionist (ray-sayp-shoo-*nist*) *c* receptionist
redaktör (ray-dahk-*tūrr*) *c* editor
redan (*rāy*-dahn) *adv* already
redigera (ray-di-*shāy*-rah) *v* edit; *write, *draw up
redogörelse (*rāy*-doo-ᵞūr-rayl-ser) *c* report; account
redovisa (*rāy*-doo-vee-sah) *v* account for
redskap (*rāyd*-skaap) *nt* tool; imple-

ment, utensil

reducera (ray-dew-*sāy*-rah) *v* reduce

reduktion (ray-dewk-*shōōn*) *c* reduction

referens (ray-fer-*rayns*) *c* reference

reflektera (ray-flayk-*tāy*-rah) *v* reflect

reflektor (ray-*flayk*-tor) *c* reflector

reflex (rayf-*lehks*) *c* reflection

Reformationen (ray-for-mah-*shōō*-nern) reformation

regel[1] (*rāy*-gerl) *c* rule; regulation; **som ~** as a rule

regel[2] (*rāy*-gerl) *c* bolt

regelbunden (*rāy*-gerl-bewn-dayn) *adj* regular

regelmässig (*rāy*-gerl-mehss-i) *adj* regular

regent (ray-*Yehnt*) *c* ruler

regera (ray-*Yāy*-rah) *v* rule; govern, reign

regering (ray-*Yāy*-ring) *c* government; rule

regeringstid (ray-*Yāy*-rings-teed) *c* reign

regi (ray-*shee*) *c* direction

regim (ray-*sheem*) *c* régime

region (ray-gi-*ōōn*) *c* region

regional (ray-gi-oo-*naal*) *adj* regional

regissera (rer-shi-*sāyr*-ah) *v* direct

regissör (ray-shi-*sürr*) *c* director

register (ray-*Yiss*-terr) *nt* index

registrering (ray-*Yi*-strāy-ring) *c* registration

registreringsnummer (ray-*Yi*-strāy-rings-newm-err) *nt* registration number; licence number *Am*

reglemente (rayg-ler-*mayn*-ter) *nt* regulation

reglera (ray-*glāy*-rah) *v* regulate

reglering (ray-*glāyr*-ing) *c* regulation

regn (rehngn) *nt* rain

regna (*rehng*-nah) *v* rain

regnbåge (*rehngn*-bōā-ger) *c* rainbow

regnig (*rehng*-ni) *adj* rainy

regnrock (*rehng*-rok) *c* mackintosh; raincoat

regnskur (*rehngn*-skēwr) *c* shower

reguljär (ray-gewl-*Yǣær*) *adj* regular

rehabilitering (ray-hah-bi-li-*tāy*-ring) *c* rehabilitation

reklam (rayk-*laam*) *c* advertising

reklamationsbok (rayk-lah-mah-*shōōns*-bōōk) *c* (pl ~böcker) complaints book

reklamsändning (rayk-*laam*-sehnd-ning) *c* commercial

rekommendation (ray-ko-mayn-dah-*shōōn*) *c* recommendation

rekommendationsbrev (ray-ko-mayn-dah-*shōōns*-brāyv) *nt* letter of recommendation

rekommendera (ray-ko-mayn-*dāy*-rah) *v* recommend; register

rekord (rer-*kord*) *nt* record

rekreation (rayk-rāy-ah-*shōōn*) *c* recreation

rekryt (ray-*krēwt*) *c* recruit

rektangel (rayk-*tahng*-erl) *c* (pl -glar) rectangle; oblong

rektangulär (rayk-tahng-gew-*lǣær*) *adj* rectangular

rektor (*rayk*-tor) *c* headmaster; principal

relatera (ray-lah-*tāy*-rah) *v* relate

relation (ray-lah-*shōōn*) *c* relation

relativ (*ray*-lahteev) *adj* relative; comparative

relief (ray-li-*ayf*) *c* relief

religion (ray-li-*Yōōn*) *c* religion

religiös (ray-li-*shürss*) *adj* religious

relik (ray-*leek*) *c* relic

relikskrin (ray-*leek*-skreen) *nt* shrine

rem (raym) *c* strap

remsa (*raym*-sah) *c* strip

ren[1] (rāyn) *c* reindeer

ren[2] (rāyn) *adj* pure, neat, clean; sheer

*****rengöra** (*rāyn*-*Yür*-rah) *v* clean

rengöring (*rāyn-Yūr*-ring) *c* cleaning

rengöringsmedel (*rāyn-Yūr*-rings-*māy*-dayl) *nt* cleaning fluid; detergent

renommé (rer-no-*māy*) *nt* reputation

rep (rāyp) *nt* rope; cord

repa (*rāyp*-ah) *c* scratch

reparation (rer-pah-rah-*shōōn*) *c* repair; reparation

reparera (rer-pah-*rāyr*-ah) *v* repair; mend

repertoar (ray-pær-too-*aar*) *c* repertory

repetera (ray-pay-*tāyr*-ah) *v* rehearse

repetition (ray-pay-ti-*shōōn*) *c* rehearsal; repetition; revision

reporter (ray-*pōar*-terr) *c* (pl -trar) reporter

representant (rer-pray-sayn-*tahnt*) *c* representative, agent

representation (rer-pray-sayn-tah-*shōōn*) *c* representation

representativ (rer-pray-sayn-tah-*teev*) *adj* representative

representera (rer-pray-sayn-*tāy*-rah) *v* represent

reproducera (rer-pro-dew-*sāy*-rah) *v* reproduce

reproduktion (rer-pro-dewk-*shōōn*) *c* reproduction

republik (rer-pew-*bleek*) *c* republic

republikansk (rer-pewb-li-*kaansk*) *adj* republican

resa (*rāy*-sah) *c* journey; voyage, trip; *v* travel; ~ bort *leave; ~ sig *get up

resebyrå (*rāy*-ser-bēw-*rōa*) *c* travel agency

resecheck (*rāy*-ser-t Yayk) *c* traveller's cheque

reseförsäkring (*rāy*-ser-furr-*saik*-ring) *c* travel insurance

resehandbok (*rāy*-ser-hahnd-bōōk) *c* (pl -böcker) guidebook

resekostnader (*rāy*-ser-kost-nah-derr) *pl* travelling expenses

reseledare (*rāy*-ser-lāy-dah-rer) *c* (pl ~) guide, tour leader

resenär (*rāy*-ser-*næær*) *c* traveller

reserv (rer-*særv*) *c* reserve; reservspare

reservation (rer-sær-vah-*shōōn*) *c* reservation; booking

reservdel (rer-*særv*-dāyl) *c* spare part

reservdäck (rer-*særv*-dehk) *nt* spare tyre

reservera (rer-sær-*vāyr*-ah) *v* reserve; book

reserverad (rer-sær-*vāy*-rahd) *adj* reserved

reservhjul (rer-*særv*-Yēwl) *nt* spare wheel

reservoar (rer-sær-voo-*aar*) *c* reservoir

reservoarpenna (rer-sær-voo-*aar*-pay-nah) *c* fountain-pen

resgodsfinka (*rāyss*-goots-*fin*-kah) *c* luggage van

resolut (rer-so-*lēwt*) *adj* resolute

resonera (rer-so-*nāyr*-ah) *v* reason

respekt (rer-*spaykt*) *c* respect; esteem

respektabel (rer-spayk-*taa*-berl) *adj* respectable

respektera (rer-spayk-*tāy*-rah) *v* respect

respektfull (rer-*spaykt*-fewl) *adj* respectful

respektive (rayss-payk-teev-er) *adj* respective

resplan (*rāyss*-plaan) *c* itinerary

resrutt (*rāyss*-rewt) *c* itinerary

rest (rayst) *c* rest; remnant, remainder

restaurang (rayss-to-*rahng*) *c* restaurant

restaurangvagn (rayss-to-*rahng*-vahngn) *c* dining-car

resterande (ray-*stāyr*-ahn-der) *adj* remaining

restriktion (rayst-rik-*shoon*) c restriktion

resultat (ray-sewl-*taat*) nt result; outcome; issue

resultera (rer-sewl-*tāy*-rah) v result

resväska (*rāyss*-vehss-kah) c suitcase; case, bag

resårband (ray-*sōar*-bahnd) nt elastic band

reta (*rāyt*-ah) v tease; annoy, irritate

retsam (*rāyt*-sahm) adj teasing, annoying

returflyg (ray-*tewr*-flewg) nt return flight

returnera (ray-tewr-*nāy*-rah) v *send back

reumatism (ray-ew-mah-*tism*) c rheumatism

rev (rāyv) nt reef

reva (*rāy*-vah) c tear

revben (*rāyv*-bāyn) nt rib

revidera (rer-vi-*dāy*-rah) v revise

revision (rer-vi-*shoon*) c revision

revolt (rer-*volt*) c revolt

revolution (rer-vo-lew-*shoon*) c revolution

revolutionär (rer-vo-lew-shoo-*næær*) adj revolutionary

revolver (rer-*vol*-verr) c revolver

revy (rer-*vēw*) c revue

revyteater (rer-*vēw*-tay-*aa*-terr) c (pl -trar) music-hall

***rida** (*reed*-ah) v *ride

riddare (*rid*-ah-rer) c (pl ~) knight

ridning (*reed*-ning) c riding

ridskola (*reed*-skōōl-ah) c riding-school

ridå (ri-*dōa*) c curtain

rik (reek) adj rich

rike (*reek*-er) nt country; kingdom; empire

rikedom (*ree*-ker-doom) c wealth; riches pl

riklig (*reek*-li) adj abundant; plentiful

riklighet (*reek*-li-hāyt) c plenty

riksdagsman (*riks*-dahks-mahn) c (pl -män) Member of Parliament

rikssamtal (*riks*-sahm-taal) nt trunk-call

riksväg (*riks*-vaig) c trunk road

rikta (*rik*-tah) v direct

riktig (*rik*-ti) adj right; just, correct, proper

riktighet (*rik*-ti-hāyt) c correctness

riktning (*rikt*-ning) c direction; way

riktnummer (*rikt*-new-merr) nt area code

rim (rim) nt rhyme

rimlig (*rim*-li) adj reasonable

ring (ring) c ring

ringa (*ring*-ah) v call; *ring; ~ **upp** phone, ring up; call up Am

ringaktning (*ring*-ahkt-ning) c contempt

ringklocka (*ring*-klo-kah) c bell

***rinna** (*ri*-nah) v *run

ris (reess) nt rice

risk (risk) c risk; hazard, chance

riskabel (riss-*kaa*-berl) adj unsafe

riskera (ri-*skāyr*-ah) v risk

riskfylld (*risk*-fewld) adj risky

rispa (*riss*-pah) v scratch

rita (*ree*-tah) v *draw

***riva** (*ree*-vah) v *tear, demolish; grate

rival (ri-*vaal*) c rival

rivalitet (ri-vah-li-*tāyt*) c rivalry

rivjärn (*reev*-Υæærn) nt grater

rivning (*reev*-ning) c demolition

ro (rōō) c quiet; v row

roa (*rōō*-ah) v amuse; entertain

roande (*rōō*-ahn-der) adj entertaining

robust (ro-*bewst*) adj robust

rock (rok) c coat

rockslag (*rok*-slaag) nt lapel

roddbåt (*rood*-bōat) c rowing-boat

roder (*rōō*-derr) nt rudder

rodna (*rōad*-nah) v blush

rolig (r$\overline{oo}$-li) *adj* funny; enjoyable
rom (rom) *c* roe
roman (roo-*maan*) *c* novel
romanförfattare (roo-*maan*-furr-*fah*-tah-rer) *c* (pl ~) novelist
romans (roo-*mahns*) *c* romance
romantisk (roo-*mahn*-tisk) *adj* romantic
rond (rond) *c* round
rondell (ron-*dayl*) *c* roundabout
rop (r$\overline{oo}$p) *nt* call; cry
ropa (r$\overline{oo}$-pah) *v* call; cry
rorkult (r$\overline{oo}$r-kewlt) *c* helm
rorsman (r$\overline{oo}$rs-mahn) *c* (pl -män) steersman; helmsman
ros (r$\overline{oo}$ss) *c* rose
rosa (r$\overline{oa}$-sah) *adj* rose, pink
rost (rost) *c* rust
rostig (ross-ti) *adj* rusty
rot (r$\overline{oo}$t) *c* (pl rötter) root
rotting (rot-ing) *c* rattan
rouge (r$\overline{oo}$sh) *c* rouge
rovdjur (r$\overline{oo}$v-^yewr) *nt* beast of prey
rubin (rew-*been*) *c* ruby
rubrik (rew-*breek*) *c* headline, heading
ruin (rew-*een*) *c* ruins
ruinera (rew-ee-*nay*-rah) *v* ruin
rulett (rew-*layt*) *c* roulette
rulla (rewl-ah) *v* roll
rulle (rewl-er) *c* roll
rullgardin (rewl-gahr-*deen*) *c* blind
rullskridskoåkning (rewl-skri-skoo-$\overline{oa}$k-ning) *c* roller-skating
rullstol (rewl-st$\overline{oo}$l) *c* wheelchair
rulltrappa (rewl-trah-pah) *c* escalator
rum (rewm) *nt* room; space; ~ med frukost bed and breakfast
rumsbetjäning (rewms-ber-t^yai-ning) *c* room service
rumstemperatur (rewms-taym-per-rah-*tewr*) *c* room temperature
rumän (rew-*main*) *c* Rumanian
Rumänien (rew-*mai*-ni-ern) Rumania

rumänsk (rew-*mainsk*) *adj* Rumanian
rund (rewnd) *adj* round
rundad (rewn-dahd) *adj* rounded
rundhänt (rewnd-hehnt) *adj* liberal
rundresa (rewnd-r$\overline{ay}$-sah) *c* tour
runt (rewnt) *adv* around
rusa (r$\overline{ew}$ss-ah) *v* rush; dash
rusningstid (r$\overline{ew}$ss-nings-*teed*) *c* rush-hour; peak hour
russin (rewss-in) *nt* raisin
rustik (r$\overline{ew}$-steek) *adj* rustic
rustning (rewst-ning) *c* armour
ruta (r$\overline{ew}$t-ah) *c* square; pane
rutig (r$\overline{ew}$t-i) *adj* chequered
rutin (r$\overline{ew}$-teen) *c* routine
rutschbana (rewch-baan-ah) *c* slide
rutt (rewt) *c* route
rutten (rewt-ern) *adj* rotten
ryck (rewk) *nt* tug; wrench
rygg (rewg) *c* back
ryggrad (rewg-raad) *c* backbone; spine
ryggskott (rewg-skot) *nt* lumbago
ryggsäck (rewg-sehk) *c* rucksack; knapsack
ryggvärk (rewg-værk) *c* backache
*ryka (r$\overline{ew}$-kah) *v* smoke
ryktbarhet (rewkt-baar-h$\overline{ay}$t) *c* fame
rykte (rewk-ter) *nt* rumour; reputation; renown
rymd (rewmd) *c* space
rymlig (rewm-li) *adj* spacious; roomy, large
rymling (rewm-ling) *c* runaway
rymma (rewm-ah) *v* *run away; contain
rynka (rewng-kah) *c* wrinkle
rysk (rewsk) *adj* Russian
ryslig (r$\overline{ew}$ss-li) *adj* horrible; awful
rysning (r$\overline{ew}$ss-ning) *c* shiver; shudder, *nt* chill
ryss (rewss) *c* Russian
Ryssland (rewss-lahnd) Russia
*ryta (r$\overline{ew}$-tah) *v* roar

rytm (rewtm) c rhythm

ryttare (rewt-ah-rer) c (pl ~) rider; horseman

rå (rōā) adj raw

råd (rōād) nt advice; *ha ~ med afford

råda (rōā-dah) v advise

rådfråga (rōād-frōā-gah) v consult

*rådgiva (rōād-Yee-vah) v advise

rådgivare (rōād-Yee-vah-rer) c (pl ~) counsellor

rådjurskalv (rōā-Yewrs-kahlv) c fawn

rådman (rōād-mahn) c (pl -män) magistrate

rådsförsamling (rōāds-furr-sahm-ling) c council

rådsmedlem (rōāds-māyd-lehm) c (pl ~mar) councillor

råmaterial (rōā-mah-tay-ri-aal) nt raw material

rån¹ (rōān) nt robbery; väpnat ~ hold-up

rån² (rōān) nt wafer

råna (rōā-nah) v rob

rånare (rōā-nah-reh) c (pl ~) robber

råolja (rōā-ol-Yah) c petroleum

råtta (ro-tah) c rat

räcka (rehk-ah) v suffice

räcke (rehk-er) nt rail; railing

räckhåll (rehk-hol) nt reach

räckvidd (rehk-vid) c range

räd (raid) c raid

rädd (rehd) adj afraid

rädda (rehd-ah) v save; rescue

räddning (rehd-ning) c rescue

rädisa (rai-di-sah) c radish

rädsla (raids-lah) c fear

räka (rai-kah) c shrimp; prawn

räkna (raik-nah) v reckon, count; ~ ut calculate

räknemaskin (raik-ner-mah-sheen) c adding-machine

räkneord (raik-ner-ōōrd) nt numeral

räkning (raik-ning) c bill; arithmetic

rännsten (rehn-stāyn) c gutter

ränsel (rehn-sayl) c (pl -slar) haversack

ränta (rehn-tah) c interest

rätt¹ (reht) c course

rätt² (reht) adj appropriate, right, correct; adv rather; c justice; *ha ~ * be right; med rätta rightly

rätta (reht-ah) v correct; ~ till correct, adjust

rättegång (reh-ter-gong) c trial; lawsuit

rättelse (reh-terl-ser) c correction

rättfärdig (reht-fæær-di) adj righteous

rättighet (reh-ti-hāyt) c right

rättmätig (reht-mai-ti) adj legitimate

rättskaffens (reht-skahf-erns) adj honourable

rättskrivning (reht-skreev-ning) c dictation

rättvis (reht-veess) adj just; fair, right

rättvisa (reht-vee-sah) c justice

räv (raiv) c fox

röd (rūrd) adj red

rödbeta (rūrd-bāy-tah) c beetroot

rödhake (rūrd-haa-ker) c robin

rödlila (rūrd-lee-lah) adj mauve

rödspätta (rūrd-speh-tah) c plaice

rök (rūrk) c smoke

röka (rūr-kah) v smoke

rökare (rūr-kah-rer) c (pl ~) smoker

rökelse (rūrk-erl-ser) c incense

rökkupé (rūrk-kēw-pāy) c smoker, smoking-compartment

rökning förbjuden (rūrk-ning furr-bYew-dern) no smoking

rökrum (rūrk-rewm) nt smoking-room

röntga (rurnt-kah) v X-ray

röntgenbild (rurnt-kern-bild) c X-ray

rör (rūrr) nt pipe; tube; cane

röra¹ (rūrr-ah) v touch; move; ~ om stir; ~ sig move

röra² (rūrr-ah) c muddle

rörande (*rūrr*-ahn-der) *adj* touching; *prep* regarding

rörelse (*rūrr*-erl-ser) *c* motion, movement; emotion; **sätta i ~ move

rörlig (*rūrr*-li) *adj* mobile

rörmokare (*rūrr*-moo-kah-rer) *c* (pl ~) plumber

röst (rurst) *c* voice; vote

rösta (*rurss*-tah) *v* vote

röstning (*rurst*-ning) *c* vote

rösträtt (*rurst*-reht) *c* franchise; suffrage

S

sackarin (sah-kah-*reen*) *nt* saccharin

sadel (*saa*-dayl) *c* (pl sadlar) saddle

safir (sah-*feer*) *c* sapphire

saft (sahft) *c* syrup

saftig (*sahf*-ti) *adj* juicy

saga (*saa*-gah) *c* fairytale; tale

sak (saak) *c* thing; matter, affair

sakkunnig (*saak*-kewn-i) *adj* expert

saklig (*saak*-li) *adj* matter-of-fact

sakna (*saak*-nah) *v* lack, miss

saknad (*saak*-nahd) *c* lack

sakta ned (*sahk*-tah) slow down

sal (saal) *c* hall

saldo (*sahl*-doo) *nt* balance

saliv (sah-*leev*) *c* saliva, spit

sallad (*sahl*-ahd) *c* salad

salladsolja (*sah*-lahds-ol-Yah) *c* salad-oil

salong (sah-*long*) *c* drawing-room; salon

salt (sahlt) *nt* salt; *adj* salty

saltkar (*sahlt*-kaar) *nt* salt-cellar

till salu (til *saa*-lew) for sale

saluhall (*saa*-lew-hahl) *c* market

salva (*sahl*-vah) *c* ointment; salve

samarbete (*sahm*-ahr-bāy-ter) *nt* co-operation

samarbetsvillig (*sahm*-ahr-bāyts-vi-li) *adj* co-operative

samband (*sahm*-bahnd) *nt* relation

samfund (*sahm*-fewnd) *nt* society

samhälle (*sahm*-heh-ler) *nt* community; locality; **samhälls-** social

samhällsbevarande (*sahm*-hehls-ber-vaa-rahn-der) *adj* conservative

samla (*sahm*-lah) *v* gather; assemble, collect; ~ **ihop** compile; ~ **in** collect

samlag (*sahm*-laag) *nt* sexual intercourse

samlare (*sahm*-lah-rer) *c* (pl ~) collector

samlas (*sahm*-lahss) *v* gather

samling (*sahm*-ling) *c* collection

samma (*sahm*-ah) *adj* same

*****sammanbinda** (*sah*-mahn-bin-dah) *v* link

sammandrag (*sah*-mahn-draag) *nt* summary

*****sammanfalla** (*sahm*-ahn-fahl-ah) *v* coincide

sammanfatta (*sahm*-ahn-fah-tah) *v* summarize

sammanfattning (*sah*-mahn-faht-ning) *c* summary, résumé

sammanfoga (*sahm*-ahn-fōōg-ah) *v* join, **put together

sammanhang (*sahm*-ahn-hahng) *nt* connection; coherence, reference

sammankomst (*sahm*-ahn-komst) *c* meeting; assembly

sammanlagd (*sahm*-ahn-lahgd) *adj* overall, total

sammanslagning (*sahm*-ahn-slaag-ning) *c* merger

sammanslutning (*sah*-mahn-slewt-ning) *c* society; association

sammanställa (*sahm*-ahn-stehl-ah) *v* compose; compile

sammanstöta (*sahm*-ahn-stūr-tah) *v* bump

sammanstötning (*sahm*-ahn-stürt-ning) *c* collision

***sammansvärja sig** (*sahm*-ahn-svær-ᵞah) conspire

sammansvärjning (sahm-ahn-svær-ᵞ-ning) *c* conspiracy, plot

sammansättning (*sahm*-ahn-seht-ning) *c* composition

sammanträde (*sahm*-ahn-traid-er) *nt* meeting

sammanträffande (*sahm*-ahn-trehf-ahn-der) *nt* concurrence; encounter

sammet (*sah*-mayt) *c* velvet

samordna (*sahm*-ord-nah) *v* co-ordinate

samordning (*sahm*-ord-ning) *c* co-ordination

samtal (*sahm*-taal) *nt* conversation; talk, discussion

samtalsämne (*sahm*-taals-aim-ner) *nt* topic

samtida (*sahm*-tee-dah) *adj* contemporary

samtidig (*sahm*-tee-di) *adj* simultaneous

samtycka (*sahm*-tew-kah) *v* consent

samtycke (*sahm*-tew-ker) *nt* consent

samverkan (*sahm*-vær-kahn) *c* co-operation

samvete (*sahm*-vāy-ter) *nt* conscience

sanatorium (sah-nah-tōō-ri-ewm) *nt* (pl -rier) sanatorium

sand (sahnd) *c* sand

sandal (sahn-*daal*) *c* sandal

sandig (*sahn*-di) *adj* sandy

sandpapper (*sahnd*-pahp-err) *nt* sandpaper

sanitär (sah-ni-*tæær*) *adj* sanitary

sann (sahn) *adj* very, true

sannfärdig (sahn-*fæær*-di) *adj* truthful

sanning (*sah*-ning) *c* truth

sannolik (*sahn*-oo-leek) *adj* likely; probable

sansad (*sahns*-ahd) *adj* sober

sardin (sahr-*deen*) *c* sardine

satellit (sah-tay-*leet*) *c* satellite

satäng (sah-*tehng*) *c* satin

Saudiarabien (sou-di-ah-*raa*-bi-ern) Saudi Arabia

saudiarabisk (sou-di-ah-*raab*-isk) *adj* Saudi Arabian

sax (sahks) *c* scissors *pl*

scen (sāyn) *c* scene, stage

schack (shahk) *nt* chess; **schack!** check!

schackbräde (*shahk*-brai-der) *nt* checkerboard *nAm*

schal (shaal) *c* shawl

schampo (*shahm*-pōō) *nt* shampoo

scharlakansfeber (shahr-*laa*-kahns-fāy-berr) *c* scarlet fever

scharlakansröd (shahr-*laa*-kahns-rūrd) *adj* scarlet

schema (*shāy*-mah) *nt* scheme

schlager (*shlaa*-gerr) *c* (pl ~, -rar) hit

Schweiz (shvayts) Switzerland

schweizare (*shvay*-tsah-rer) *c* (pl ~) Swiss

schweizisk (*shvay*-tsisk) *adj* Swiss

scout (skout) *c* boy scout

***se** (sāy) *v* *see; notice; ~ **på** look at; ~ **till** attend to; ~ **upp** look out; watch out; ~ **ut** look

sebra (*sāyb*-rah) *c* zebra

sedan (*sāy*-dahn) *adv* then; afterwards; *conj* since, after; *prep* since; **för ...** ~ ago; ~ **dess** since

sedel (*sāy*-dayl) *c* (pl sedlar) banknote

seder (*sāy*-derr) *pl* customs *pl*

sediment (say-di-*maynt*) *nt* deposit

sedlig (*sāyd*-li) *adj* moral

sedvanlig (*sāyd*-vaan-li) *adj* customary

sedvänja (*sāyd*-vehn-ᵞah) *c* usage

seg (sāyg) *adj* tough

segel (*sāy*-gerl) *nt* sail

segelbar (*sāy*-gerl-baar) *adj* navigable

segelbåt (*sāy*-gerl-bōat) *c* sailing-boat

segelflygplan (*sāy*-gerl-flēwg-plaan) *nt* glider

segelsport (*sāy*-gerl-sport) *c* yachting

segelsällskap (*sāy*-gerl-sehl-skaap) *nt* yacht-club

seger (*sāy*-gerr) *c* (pl segrar) victory

segerrik (*sāy*-gerr-reek) *adj* triumphant

segla (*sāyg*-lah) *v* sail; navigate

segra (*sāyg*-rah) *v* *win

segrare (*sāyg*-rah-ray) *c* (pl ~) winner, victor

sekreterare (sayk-ray-*tāy*-rah-rer) *c* (pl ~) secretary; clerk

sektion (sehk-*shōon*) *c* section

sekund (ser-*kewnd*) *c* second

sekundär (ser-kewn-*dæær*) *adj* secondary

selleri (say-ler-*ree*) *nt* celery

semester (say-*mayss*-terr) *c* holiday

semesterort (say-*mayss*-terr-oort) *c* holiday resort

semikolon (say-mi-*kōo*-lon) *nt* semicolon

sen (*sāyn*) *adj* late; **för sent** too late

sena (*sāyn*-ah) *c* sinew; tendon

senap (*sāy*-nahp) *c* mustard

senat (ser-*naat*) *c* senate

senator (ser-*naa*-tor) *c* senator

senil (say-*neel*) *adj* senile

sensation (sayn-sah-*shōon*) *c* sensation

sensationell (sayn-sah-shoo-*nayl*) *adj* sensational

sentimental (sayn-ti-mayn-*taal*) *adj* sentimental

separat (say-pah-*raat*) *adv* separately

september (sayp-*taym*-berr) September

septisk (*sayp*-tisk) *adj* septic

serie (*sāy*-ri-er) *c* series; **tecknad ~** comics *pl*

seriös (say-ri-*ūrss*) *adj* serious

serum (*sāy*-rewm) *nt* serum

servera (sær-*vāy*-rah) *v* serve

serveringsfat (sær-*vāy*-rings-faat) *nt* dish

servett (sær-*vayt*) *c* napkin; serviette

servitris (sær-vit-*reess*) *c* waitress

servitör (sær-vi-*tūrr*) *c* waiter

session (say-*shōon*) *c* session

sevärdhet (*sāy*-væærd-hāyt) *c* sight

sex (sayks) *num* six

sextio (*sayks*-ti) *num* sixty

sexton (*sayks*-ton) *num* sixteen

sextonde (*sayks*-ton-der) *num* sixteenth

sexualitet (sayk-sew-ah-li-*tāyt*) *c* sexuality

sexuell (sayk-sew-*ayl*) *adj* sexual

Siam (*see*-ahm) Siam

siames (see-ah-*māyss*) *c* Siamese

siamesisk (see-ah-*māyss*-isk) *adj* Siamese

sida (*see*-dah) *c* side; page; **på andra sidan** across; **på andra sidan om** beyond; **åt sidan** aside; sideways

siden (*see*-dayn) *nt* silk; **siden-** silken

sidogata (*see*-doo-*gaat*-ah) *c* side-street

sidoljus (*see*-doo-*Yēwss*) *nt* sidelight

sidoskepp (*see*-doo-shayp) *nt* aisle

siffra (*sif*-rah) *c* figure; digit

sifon (si-*fōan*) *c* siphon, syphon

sig (say) *pron* himself, herself; themselves

sigill (si-*Yil*) *nt* seal

signal (sing-*naal*) *c* signal

signalement (sing-nah-lay-*maynt*) *nt* description

signalera (sing-nah-*lāyr*-ah) *v* signal

signalhorn (sing-*naal*-hōorn) *nt* hooter, horn

signatur (sing-nah-*tēwr*) *c* signature

sikt (sikt) *c* visibility

sikta¹ (*sik*-tah) *v* aim at; ~ **på** aim at

sikta² (*sik*-tah) *v* sift

sil (seel) *c* strainer

sila (*seel*-ah) *v* strain

sill (sil) *c* herring

silver (*sil*-verr) *nt* silver; silverware

silversmed (*sil*-verr-smāyd) *c* silver-smith

simbassäng (*sim*-bah-*sehng*) *c* swimming pool

simma (*sim*-ah) *v* *swim

simmare (*si*-mah-rer) *c* (pl ~) swimmer

simning (*sim*-ning) *c* swimming

simpel (*sim*-perl) *adj* common

simulera (si-mew-*lāy*r-ah) *v* pretend

sin (sin) *pron* (nt sitt, pl sina) his, her, its, one's, their

singularis (*sing*-gēw-laa-riss) *nt* singular

sinne (*si*-ner) *nt* sense

sinnesförvirrad (*si*-nerss-furr-*vi*-rahd) *adj* mad

sinnesrörelse (*si*-nerss-rūr-rayl-ser) *c* emotion

sinnessjuk¹ (*si*-nerss-shēwk) *adj* insane

sinnessjuk² (*si*-nerss-shēwk) *c* (pl ~a) lunatic

sinnesstämning (*si*-nerss-stehm-ning) *c* spirits

siren (si-*rāyn*) *c* siren

sist (sist) *adj* last; **till** ~ at last

sista (*siss*-tah) *adj* ultimate

sitta (*sit*-ah) *v* *sit

sittplats (*sit*-plahts) *c* seat

situation (si-tew-ah-*shōōn*) *c* situation

sju (shew) *num* seven

sjuk (shēwk) *adj* ill; sick

sjukdom (*shēwk*-doom) *c* illness; sickness, disease

sjukhus (*shēwk*-hēwss) *nt* hospital

sjukledighet (*shēwk*-lāy-di-hāyt) *c* sick-leave

sjuksköterska (*shēwk*-shūrt-err-skah) *c* nurse

sjukvård (*shēwk*-vōārd) *c* public health

sjukvårdsrum (*shēwk*-vōārds-rewm) *nt* infirmary

sjunde (*shewn*-der) *num* seventh

***sjunga** (*shewng*-ah) *v* *sing

***sjunka** (*shewng*-kah) *v* *sink

sjuttio (*shewt*-i) *num* seventy

sjutton (*shewt*-on) *num* seventeen

sjuttonde (*shewt*-on-der) *num* seventeenth

själ (shail) *c* soul

själv (shehlv) *pron* myself, yourself, himself, herself, itself, oneself

själva (*shehl*-vah) *pron* ourselves, yourselves, themselves

självbetjäning (*shehlv*-ber-tⱽai-ning) *c* self-service

självgod (*shehlv*-gōōd) *adj* self-righteous

självisk (*shehl*-visk) *adj* selfish

självklar (*shehlv*-klaar) *adj* self-evident

självmord (*shehlv*-mōōrd) *nt* suicide

självservering (*shehlv*-sayr-vāy-ring) *c* self-service restaurant

självstyre (*shehlv*-stēw-rer) *nt* self-government

självständig (*shehlv*-stehn-di) *adj* independent

självständighet (*shehlv*-stehn-di-hāyt) *c* independence

självupptagen (*shehlv*-ewp-taag-ern) *adj* self-centred

sjätte (*sheh*-ter) *num* sixth

sjö (shūr) *c* lake

sjöborre (*shūr*-bo-rer) *c* sea-urchin

sjöfart (*shūr*-faart) *c* navigation; shipping

sjöfågel (*shūr*-fōa-gayl) *c* (pl -glar) sea-bird

sjöjungfru (*shūr*-ⱽewng-frew) *c* mermaid

sjökort (*shūr*-koort) *nt* nautical chart

sjöman (*shūr*-mahn) *c* (pl -män) sailor

sjörövare (*shūr*-rūr-vah-rer) *c* (pl ~) pirate

sjösjuk (*shūr*-shewk) *adj* seasick

sjösjuka (*shūr*-shew-kah) *c* seasickness

sjösättning (*shūr*-seht-ning) *c* launching

sjötunga (*shūr*-tewng-ah) *c* sole

*ska (skaa) *v* *shall; *will

skada (*skaa*-dah) *c* injury; damage, mischief, harm; *v* *hurt, injure, harm

skadad (*skaa*-dahd) *adj* injured

skadeersättning (*skaa*-der-*ayr*-*seht*-ning) *c* compensation; indemnity

skadlig (*skaad*-li) *adj* harmful; hurtful

skaffa (*skahf*-ah) *v* get, procure, provide; ~ **sig** acquire, *v* acquire; obtain

skafferi (skah-fay-*ree*) *nt* (pl ~er) larder

skaft (skahft) *nt* handle

skaka (*skaa*-kah) *v* *shake

skal (skaal) *nt* skin, peel; shell

skala (*skaa*-lah) *c* scale; *v* peel

skalbagge (*skaal*-bahg-er) *c* beetle; bug

skald (skahld) *c* poet

skaldjur (*skaal*-Yēwr) *nt* shellfish

skalle (*skah*-ler) *c* skull

skam (skahm) *c* shame; disgrace

skamsen (*skahm*-sayn) *adj* ashamed

skandal (skahn-*daal*) *c* scandal

skandinav (skahn-di-*naav*) *c* Scandinavian

Skandinavien (skahn-di-*naav*-i-ern) Scandinavia

skandinavisk (skahn-di-*naav*-isk) *adj* Scandinavian

skapa (*skaa*-pah) *v* create

skarp (skahrp) *adj* sharp; keen; strong

skata (*skaa*-tah) *c* magpie

skatt (skaht) *c* tax; treasure

skattefri (*skah*-ter-free) *adj* tax-free

skattmästare (*skaht*-mehss-tah-rer) *c* (pl ~) treasurer

ske (shāy) *v* happen; occur

sked (shāyd) *c* spoon; spoonful

skelett (skay-*layt*) *nt* skeleton

skelögd (*shāyl*-ūrgd) *adj* cross-eyed

sken (shāyn) *nt* glare

skenhelig (*shāyn*-hāy-li) *adj* hypocritical

skepp (shayp) *nt* boat

skeppa (*shayp*-ah) *v* ship

skeppsredare (*shayps*-rāy-dah-rer) *c* (pl ~) shipowner

skeppsvarv (*shayps*-vahrv) *nt* shipyard

skicka (*shik*-ah) *v* *send; ~ **bort** dismiss; ~ **efter** *send for; ~ **iväg** *send off; ~ **tillbaka** *send back

skicklig (*shik*-li) *adj* skilled, skilful; clever

skicklighet (*shik*-li-hāyt) *c* ability; skill

skida (*shee*-dah) *c* ski; **åka skidor** ski

skidbyxor (*sheed*-bewks-err) *pl* ski pants

skidlift (*sheed*-lift) *c* ski-lift

skidstavar (*sheed*-staa-vahr) *pl* ski sticks; ski poles *Am*

skidåkare (*sheed*-ōā-kah-rer) *c* (pl ~) skier

skidåkning (*sheed*-ōāk-ning) *c* skiing

skiffer (*shif*-err) *nt* slating

skift (shift) *nt* gang, shift

skiftnyckel (*shift*-new-kayl) *c* (pl -klar) spanner; wrench

skilja (*shil*-Yah) *v* separate; part; **skiljas** divorce; ~ **sig** divorce

skiljevägg (*shil*-Yer-vehg) *c* partition

skillnad (*shil*-nahd) *c* difference; distinction; ***göra** ~ distinguish

skilsmässa (*shils*-meh-sah) *c* divorce

***skina** (*shee*-nah) *v* *shine

skinka (*shing*-kah) *c* ham; buttock

skinn (shin) *nt* hide; **skinn-** leather

skinna (*shi*-nah) *v* skin, fleece

skir (sheer) *adj* sheer

skiss (skiss) *c* sketch

skissbok (*skiss*-bōōk) *c* (pl -böcker) sketch-book

skissera (ski-*sāy*-rah) *v* sketch

skiva (*sheev*-ah) *c* slice; disc

skivspelare (*shiv*-spāy-lah-rer) *c* (pl ~) record-player

skjorta (*shoor*-tah) *c* shirt

skjul (shewl) *nt* shed

***skjuta** (*shewt*-ah) *v* fire, *shoot; push

skjutdörr (*shewt*-durr) *c* sliding door

sko (skōō) *c* shoe

skoaffär (*skōō*-ah-fæær) *c* shoe-shop

skog (skōōg) *c* forest; wood

skogig (*skōōg*-i) *adj* wooded

skogsdunge (*skoogs*-dew-nger) *c* grove

skogstrakt (*skoogs*-trahkt) *c* woodland

skogvaktare (*skōōg*-vahk-tah-rer) *c* (pl ~) forester

skoj (skoi) *nt* fun

skoja (*skoi*-ah) *v* joke, fool

skokräm (*skōō*-krehm) *c* shoe polish

skola (*skōōl*-ah) *c* school

skolbänk (*skōōl*-behngk) *c* desk

skolflicka (*skōōl*-fli-kah) *c* schoolgirl

skolka (*skol*-kah) *v* play truant

skollärare (*skōōl*-læær-ah-rer) *c* (pl ~) schoolmaster, schoolteacher

skolpojke (*skōōl*-poi-ker) *c* schoolboy

skolväska (*skōōl*-vehss-kah) *c* satchel

skomakare (*skōō*-maa-kah-rer) *c* (pl ~) shoemaker

skorpa (*skor*-pah) *c* crust; rusk

skorsten (*skors*-tāyn) *c* chimney

skosnöre (*skōō*-snūr-rer) *nt* shoe-lace

skotsk (skotsk) *adj* Scottish; Scotch

skott (skot) *nt* shot

skottavla (*skot*-taav-lah) *c* target

skotte (*sko*-ter) *c* Scot

skottkärra (*skot*-tⱽæær-ah) *c* wheelbarrow

Skottland (*skot*-lahnd) Scotland

skottår (*skot*-ōār) *nt* leap-year

skovel (*skōā*-verl) *c* (pl -vlar) shovel

skrapa (*skraap*-ah) *v* scrape; scratch

skratt (skraht) *nt* laugh; laughter

skratta (*skrah*-tah) *v* laugh

skreva (*skrāy*-vah) *c* cleft

skri (skree) *nt* scream

skridsko (*skri*-skoo) *c* skate; **åka skridskor** skate

skridskobana (*skri*-skoo-baa-nah) *c* skating-rink

skridskoåkning (*skri*-skoo-ōāk-ning) *c* skating

skriftlig (*skrift*-li) *adj* written

skrik (skreek) *nt* cry; scream, shout

***skrika** (*skree*-kah) *v* shriek; scream, shout; cry

***skriva** (*skree*-vah) *v* *write; ~ **in** book; enter; ~ **in sig** check in; ~ **om** *rewrite; ~ **på** endorse; ~ **upp** *write down

skrivblock (*skreev*-blok) *nt* writing-pad

skrivbord (*skreev*-bōōrd) *nt* desk; bureau

skrivmaskin (*skreev*-mah-sheen) *c* typewriter

skrivmaskinspapper (*skreev*-mah-sheens-pah-perr) *nt* typing paper

skrivpapper (*skreev*-pah-perr) *nt* note-paper

skrot (skrōōt) *nt* scrap-iron

skrovlig (*skrōāv*-li) *adj* hoarse

skrubbsår (*skrewb*-sōār) *nt* graze

skruv (skrēⱽv) *c* screw

skruva (*skrēⱽ*-vah) *v* screw; ~ **av** unscrew; ~ **på** screw on, turn on

skruvmejsel (*skrēwv*-may-sayl) *c* (pl -slar) screw-driver

skrymmande (*skrewm*-ahn-der) *adj* bulky

skrynkla (*skrewngk*-lah) *c* crease; *v* crease

•**skryta** (*skrēwt*-ah) *v* boast

skråma (*skrōā*-mah) *c* scratch

skräck (skrehk) *c* scare; fright; horror, terror

skräddare (*skreh*-dah-rer) *c* (pl ~) tailor

skräddarsydd (*skreh*-dahr-sewd) *adj* tailor-made

skrämd (skrehmd) *adj* frightened

skrämma (*skrehm*-ah) *v* frighten; scare

skrämmande (*skrehm*-ahn-der) *adj* terrifying

skräp (skraip) *nt* rubbish; refuse, junk

skugga (*skewg*-ah) *c* shadow; shade

skuggig (*skewg*-i) *adj* shady

skuld (skewld) *c* guilt, fault; debt

skulptur (skewlp-*tēwr*) *c* sculpture

skulptör (skewlp-*tūrr*) *c* sculptor

skum (skewm) *nt* foam, froth; *adj* obscure

skumgummi (*skewm*-gewm-i) *nt* foam-rubber

skumma (*skewm*-ah) *v* foam

skura (*skēw*-rah) *v* scrub

skurk (skewrk) *c* villain

skutta (*skew*-tah) *v* skip; *leap

skvadron (skvah-*drōōn*) *c* squadron

skvaller (*skvah*-lerr) *nt* gossip

skvallra (*skvahl*-rah) *v* gossip

sky (shēw) *c* sky, cloud; gravy

skydd (shewd) *nt* protection; shelter, cover

skydda (*shewd*-ah) *v* protect; shelter

skyfall (*shēw*-fahl) *nt* cloud-burst

skygg (shewg) *adj* shy

skygghet (*shewg*-hāyt) *c* shyness

skyldig (*shewl*-di) *adj* guilty; •**vara** ~ owe

skyltdocka (*shewlt*-do-kah) *c* dummy, mannequin

skyltfönster (*shewlt*-furns-terr) *nt* shop-window

skymfa (*shewm*-fah) *v* call names

skymning (*shewm*-ning) *c* twilight; dusk

skymt (shewmt) *c* glimpse

skymta (*shewm*-tah) *v* glimpse

skynda sig (*shewn*-dah) hurry; hasten

skyskrapa (*shēw*-skraa-pah) *c* skyscraper

skådespel (*skōā*-der-spāyl) *nt* spectacle; drama

skådespelare (*skōā*-der-spāy-lah-rer) *c* (pl ~) actor; comedian

skådespelerska (*skōā*-der-spāy-lerrs-kah) *c* actress

skådespelsförfattare (*skōā*-der-spāyls-furr-*fah*-tah-rer) *c* (pl ~) playwright

skål (skōāl) *c* bowl; basin; toast

skåp (skōāp) *nt* cupboard; closet

skåpvagn (*skōāp*-vahngn) *c* pick-up van

skägg (shehg) *nt* beard

skäl (shail) *nt* reason

skälla (*shehl*-ah) *v* bark, bay; scold; ~ ut scold

skälm (shehlm) *c* rascal

skälva (*shehl*-vah) *v* shiver; tremble

skämma bort (*sheh*-mah bort) *spoil

skämmas (*shehm*-ahss) *v* *be ashamed

skämt (shehmt) *nt* joke

skämtsam (*shehmt*-sahm) *adj* humorous

skär (shæær) *adj* pink

•**skära** (*shææ*-rah) *v* *cut; carve; ~ av *cut off; ~ ned reduce, *cut down; decrease

skärgård (*shæær*-gōārd) *c* archipelago

skärm (shærm) c screen

skärmmössa (shærm-mur-sah) c cap

skärpt (shærpt) adj bright

skärsår (shæær-soar) nt cut

sköldpadda (shurld-pahd-ah) c turtle

skölja (shurl-Yah) v rinse

sköljning (shurlY-ning) c rinse

skön (shurn) adj beautiful, fine; comfortable

skönhet (shurn-hāyt) c beauty

skönhetsmedel (shurn-hāyts-māyd-ayl) pl cosmetics pl

skönhetssalong (shurn-hāyts-sah-long) c beauty parlour; beauty salon

skönhetsvård (shurn-hāyts-voard) c beauty treatment

skör (shurr) adj fragile

skörd (shurrd) c harvest; crop

skörda (shurr-dah) v reap; harvest; gather

sköta (shurt-ah) v look after; ~ om *take care of

sladd (slahd) c flex, electric cord; skid

slag[1] (slaag) nt a sort of, a kind of; **all slags** all sorts of

slag[2] (slaag) nt battle; blow, tap; bump

slaganfall (slaag-ahn-fahl) nt stroke

slagsmål (slahgs-mōāl) nt fight

slaktare (slahk-tah-rer) c (pl ~) butcher

slangtryck (slahng-trewk) nt tyre pressure

slank (slahngk) adj slender; slim

slant (slahnt) c coin

slapp (slahp) adj limp

slappna av (slahp-nah) relax

slarv (slahrv) nt neglect

slarvig (slahr-vi) adj careless; slovenly

slav (slaav) c slave

slicka (slik-ah) v lick

slingra sig (sling-rah) *wind

slingrande (sling-rahn-der) adj winding

slipa (slee-pah) v sharpen

*slippa (sli-pah) v not *have to

slipprig (slip-ri) adj slippery

slips (slips) c necktie

slira (slee-rah) v skid; slip

*slita (slee-tah) v *tear; ~ ut wear out

sliten (sleet-ern) adj worn

slogan (slōā-gahn) c (pl ~) slogan

slott (slot) nt castle

slug (slēwg) adj sly

sluka (slēw-kah) v swallow

slump (slewmp) c chance, luck; **av en ~** by chance

slumpartad (slewmp-ahr-tahd) adj accidental

sluss (slewss) c lock; sluice

slut (slēwt) nt end; finish

till slut at last

sluta (slēwt-ah) v end; discontinue, finish

*sluta (slēwt-ah) v close

slutbetala (slēwt-ber-taa-lah) v *pay off

sluten (slēwt-ern) adj closed; reserved

slutlig (slēwt-li) adj final; eventual

slutresultat (slēwt-ray-sewl-taat) nt final result

slutsats (slēwt-sahts) c conclusion

slutta (slewt-ah) v slope; slant

sluttande (slewt-ahn-der) adj slanting, sloping

sluttning (slewt-ning) c hillside, slope; incline

*slå (slōā) v *beat; *strike, *hit; slap, punch; ~ ifrån switch off; ~ igen slam; ~ ihjäl kill; ~ in wrap; ~ till *strike; ~ upp look up

slående (slōā-ayn-der) adj striking

*slåss (sloss) v struggle

släcka (slehk-ah) v *put out; extinguish

släde (*slai*-der) *c* sleigh, sledge

släkt (slehkt) *c* family

släkting (*slehk*-ting) *c* relative; relation

slänga (*slehng*-ah) *v* *throw

släpa (*slaip*-ah) *v* drag; haul

släppa in (*slehp*-ah) admit; *let in

släpvagn (*slaip*-vahngn) *c* trailer

slät (slait) *adj* smooth; level

slätt (sleht) *c* plain

slätvar (*slait*-vaar) *c* brill

slö (slūr) *adj* blunt, dull

slöja (*slur*-Yah) *c* veil

slösa bort (*slūr*-sah bort) waste

slösaktig (*slūrss*-ahk-ti) *adj* wasteful; lavish, extravagant

slöseri (slur-ser-*ree*) *nt* waste, wastefulness

smak (smaak) *c* taste; flavour

smaka (*smaa*-kah) *v* taste

smaklig (*smaak*-li) *adj* savoury

smaklös (smaak-lūrss) *adj* tasteless

smaksätta (*smaak*-say-tah) *v* flavour

smal (smaal) *adj* narrow

smaragd (smah-*rahgd*) *c* emerald

smed (smāyd) *c* blacksmith; smith

smekmånad (*smāyk*-mōa-nahd) *c* honeymoon

smeknamn (*smāyk*-nahmn) *nt* nickname

smet (smāyt) *c* batter

smidig (*smeed*-i) *adj* supple; flexible

smink (smingk) *c* make-up

*smita (*smee*-tah) *v* slip away

smitta (*smit*-ah) *v* infect

smittande (*smi*-tahn-der) *adj* contagious

smittkoppor (*smit*-ko-poor) *pl* smallpox

smittosam (*smi*-too-sahm) *adj* infectious; contagious

smoking (*smōa*-king) *c* dinner-jacket; tuxedo *nAm*

smuggla (*smewg*-lah) *v* smuggle

smula (*smew*-lah) *c* crumb; bit

smultron (*smewlt*-ron) *nt* wild strawberry

smuts (smewts) *c* dirt

smutsig (*smewt*-si) *adj* dirty; filthy

smycke (*smew*-ker) *nt* jewel; **smycken** jewellery

*smyga (*smēw*-gah) *v* sneak

småaktig (*smōa*-ahk-ti) *adj* stingy

småfranska (*smōa*-frahns-kah) *c* roll

småningom (*smōa*-ning-om) *adv* gradually

småpengar (*smōa*-payng-ahr) *pl* change

småprat (*smōa*-praat) *nt* chat

småprata (*smōa*-praat-ah) *v* chat

småskratta (*smōa*-skraht-ah) *v* chuckle

smäll (smehl) *c* spanking; crack

smälla (*smehl*-ah) *v* spank; crack

smälta (*smehl*-tah) *v* melt, thaw; digest

smärta (*smær*-tah) *c* pain

smärtfri (*smært*-free) *adj* painless

smärting (*smær*-ting) *c* canvas

smärtsam (*smært*-sahm) *adj* painful

smärtstillande (*smært*-sti-lahn-der) *adj* pain-relieving, analgesic

smör (smūrr) *nt* butter

smörgås (*smūrr*-gōass) *c* sandwich

smörja (*smurr*-Yah) *c* trash

*smörja (*smurr*-Yah) *v* grease, lubricate

smörjning (*smurr*Y-ning) *c* lubrication

smörjolja (*smurr*Y-ol-Yah) *c* lubrication oil

smörjsystem (*smurr*Y-sew-*stāym*) *nt* lubrication system

snabb (snahb) *adj* rapid; fast

snabbgående (*snahb*-gōa-ayn-der) *adj* express, high-speed

snabbhet (*snahb*-hāyt) *c* rapidity, swiftness

snabbkurs (*snahb*-kewrs) *c* intensive

course

snabbköp (*snahb*-t Ⱨürp) *nt* supermarket

snackbar (*snahk*-baar) *c* snack-bar

snarare (*snaar*-ah-rer) *adv* rather

snarka (*snahr*-kah) *v* snore

snart (snaart) *adv* soon; presently, shortly; **så ~ som** as soon as

snask (snahsk) *nt* candy *nAm*

sned (snayd) *adj* slanting

snickare (*snik*-ah-rer) *c* (pl ~) carpenter

snida (*snee*-dah) *v* carve

snideri (snee-der-*ree*) *nt* carving

snideriarbete (snee-der-*ree*-ahr-*bay*-ter) *nt* wood-carving

snigel (*snee*-gayl) *c* (pl -glar) snail

snilleblixt (*sni*-ler-blikst) *c* brain-wave

snitt (snit) *nt* cut

snodd (snood) *c* twine

snorkel (*snor*-kayl) *c* (pl -klar) snorkel

snubbla (*snewb*-lah) *v* stumble

snurra (*snew*-rah) *v* *spin

snygg (snewg) *adj* good-looking

*snyta sig (*snew*-tah) *blow one's nose

snål (snoal) *adj* avaricious

snäcka (*sneh*-kah) *c* sea-shell

snäckskal (*snehk*-skaal) *nt* shell

snäll (snehl) *adj* good; sweet, kind, nice

snälltåg (*snehl*-toag) *nt* through train, express train

snäv (snaiv) *adj* narrow

snö (snür) *c* snow

snöa (*snür*-ah) *v* snow

snöig (*snür*-i) *adj* snowy

snöre (*snür*-rer) *nt* string; tape

snöslask (*snür*-slahsk) *nt* slush

snöstorm (*snür*-storm) *c* snowstorm; blizzard

social (soo-si-*aal*) *adj* social

socialism (soo-si-ah-*lism*) *c* socialism

socialist (soo-si-ah-*list*) *c* socialist

socialistisk (soo-siah-*liss*-tisk) *adj* socialistic

socka (*sok*-ah) *c* sock

socker (*so*-kerr) *nt* sugar

sockerbit (*so*-kerr-beet) *c* lump of sugar

sockerlag (*so*-kerr-laag) *c* syrup

sockersjuk (*so*-kerr-shewk) *c* (pl ~a) diabetic

sockersjuka (*so*-kerr-shew-kah) *c* diabetes

sodavatten (*soo*-dah-vah-tern) *nt* soda-water

soffa (*so*-fah) *c* sofa; couch

sol (sool) *c* sun

solbada (*sool*-baa-dah) *v* sunbathe

solbränd (*sool*-brehnd) *adj* tanned

solbränna (*sool*-breh-nah) *c* suntan

soldat (sol-*daat*) *c* soldier

solfjäder (*sool*-f Ⱨeh-derr) *c* fan

solglasögon (*sool*-glaass-*ür*-goan) *pl* sun-glasses *pl*

solid (so-*leed*) *adj* firm

solig (*soo*-li) *adj* sunny

solistframträdande (soo-*list*-frahm-trai-dahn-der) *nt* recital

solljus (*sool*-Ⱨewss) *nt* sunlight

solnedgång (*sool*-nayd-gong) *c* sunset

sololja (*sool*-ol-Ⱨah) *c* suntan oil

solparasoll (*sool*-pah-rah-sol) *nt* sunshade

solsken (*sool*-shayn) *nt* sunshine

solsting (*sool*-sting) *nt* sunstroke

soluppgång (*sool*-ewp-gong) *c* sunrise

som (som) *conj* as; *pron* who, that, which; **~ om** as if

somliga (*som*-li-gah) *pron* some

sommar (*so*-mahr) *c* summer

sommartid (*so*-mahr-teed) *c* summertime

son (soan) *c* (pl söner) son

sondotter (*soan*-do-terr) *c* (pl -döttrar) granddaughter

sonson (*sōān*-sōān) *c* (pl -söner) grandson

sopa (*sōō*-pah) *v* *sweep

sophink (*sōōp*-hingk) *c* rubbish-bin

sopor (*soo*-por) *pl* garbage

soppa (*sop*-ah) *c* soup

soppsked (*sop*-shāyd) *c* soup-spoon

sopptallrik (*sop*-tahl-rik) *c* soup-plate

soptunna (*sōōp*-tewn-ah) *c* dustbin; trash can *Am*

sorg (sor*y*) *c* sorrow; mourning, grief

sorgespel (sor-*yer*-spāyl) *nt* tragedy

sorglös (sor*y*-lürss) *adj* carefree

sorgsen (sor*y*-sayn) *adj* sad

sort (sort) *c* kind; sort

sortera (sor-*tāyr*-ah) *v* sort; assort

sortiment (sor-ti-*maynt*) *nt* assortment

souvenir (soo-ver-*neer*) *c* souvenir

*sova (*sōā*-vah) *v* *sleep

sovande (*sōāv*-ahn-der) *adj* asleep

sovbrits (*sōāv*-brits) *c* berth

sovjetisk (sov-*yāy*-tisk) *adj* Soviet

Sovjetunionen (sov-*yāyt*-ew-ni-*ōō*-nern) Soviet Union

sovrum (*sōāv*-rewm) *nt* bedroom

sovsal (*sōāv*-saal) *c* dormitory

sovsäck (*sōāv*-sehk) *c* sleeping-bag

sovvagn (*sōāv*-vahngn) *c* sleeping-car; Pullman

spade (spaa-der) *c* spade

Spanien (*spah*-ni-ayn) Spain

spanjor (spahn-*yōōr*) *c* Spaniard

spannmål (*spahn*-mōāl) *c* corn, cereals *pl*

spansk (spahnsk) *adj* Spanish

spara (spaa-rah) *v* save; economize

sparbank (*spaar*-bahngk) *c* savings bank

spark (spahrk) *c* kick

sparka (*spahr*-kah) *v* kick

sparkcykel (*spahrk*-sew-kerl) *c* (pl -klar) scooter

sparris (*spahr*-iss) *c* asparagus

sparsam (*spaar*-sahm) *adj* economical

sparv (spahrv) *c* sparrow

speceriaffär (spay-say-*ree*-ah-fæær) *c* grocer's

specerier (spay-say-*ree*-err) *pl* groceries *pl*

specerihandlare (spay-say-*ree*-hahnd-lah-rer) *c* (pl ~) grocer

specialisera sig (spay-si-ah-li-*sāy*-rah) specialize

specialist (spay-si-ah-*list*) *c* specialist

specialitet (spay-si-ah-li-*tāyt*) *c* speciality

speciell (spay-si-*ayl*) *adj* special

specifik (spay-si-*feek*) *adj* specific

specimen (*spāy*-si-mern) *nt* specimen

spegel (*spāy*-gayl) *c* (pl -glar) mirror; looking-glass

spegelbild (*spāy*-gerl-bild) *c* reflected image, reflection

spekulera (spay-kew-*lāyr*-ah) *v* speculate

spel (spāyl) *nt* game

spela (*spāyl*-ah) *v* play; act

spelare (*spāy*-lah-rer) *c* (pl ~) player

spelkort (*spāyl*-koort) *nt* playing-card

spelkula (*spāyl*-kewl-ah) *c* marble

spelmark (*spāyl*-mahrk) *c* chip, counter

spenat (spay-*naat*) *c* spinach

spendera (spayn-*dāyr*-ah) *v* *spend

spets (spayts) *c* tip; point; lace

spetsig (*spayt*-si) *adj* pointed

spett (spayt) *nt* spit

spetälska (*spāyt*-ehls-kah) *c* leprosy

spik (speek) *c* nail

spikböld (*speek*-burld) *c* boil

spilla (*spil*-ah) *v* *spill

spindel (*spin*-dayl) *c* (pl -dlar) spider

spindelnät (*spin*-derl-*nait*) *nt* cobweb; spider's web

*spinna (*spin*-ah) *v* purr; *spin

spion (spi-*ōōn*) *c* spy

spira (*spee*-rah) *c* spire

spirituell (spi-ri-tew-*ayl*) *adj* witty

spis (speess) *c* cooker; **öppen ~** fireplace

spisgaller (*speess*-gah-lerr) *c* grate

spjut (sp Υewt) *nt* spear

spjäla (sp Υai-lah) *c* lath; bar; splint

spjällåda (sp Υail-lōad-ah) *c* crate

splitter (*spli*-terr) *nt* splinter

splitterfri (*spli*-terr-free) *adj* shatterproof

spole (spōōl-er) *c* spool

spoliera (spoo-li-*āy*-rah) *v* mess up

sporra (spo-rah) *v* incite

sport (sport) *c* sport

sportbil (*sport*-beel) *c* sports-car

sportjacka (*sport*-Υah-kah) *c* sportsjacket

sportkläder (*sport*-klai-derr) *pl* sportswear

spott (spot) *nt* spit

spotta (*spo*-tah) *v* *spit

spratt (spraht) *nt* trick

spray (spray) *c* atomizer

sprayflaska (*spray*-flahss-kah) *c* atomizer

spricka (*sprik*-ah) *c* chink, crack

*spricka (*sprik*-ah) *v* crack; *burst

*sprida (*spreed*-ah) *v* *spread; *shed

*springa (*spring*-ah) *v* *run

sprit (spreet) *c* liquor; **denaturerad ~** methylated spirits

spritdrycker (*spreet*-drewk-err) *pl* spirits

spritkök (*spreet*-t Υűrk) *nt* spirit stove

spritvaror (*spreet*-vaa-ror) *pl* spirits

spruta (*sprēwt*-ah) *c* shot

språk (sprōak) *nt* language; speech

språklaboratorium (*sprōak*-lah-bo-rah-tōō-ri-ewm) *nt* (pl -rier) language laboratory

språng (sprong) *nt* jump

spräcka (*spreh*-kah) *v* crack

sprängämne (*sprehng*-ehm-ner) *nt* explosive

spy (spēw) *v* vomit

spår (spōar) *nt* trace; trail

spåra (*spōar*-ah) *v* trace

spårvagn (*spōar*-vahngn) *c* tram; streetcar *nAm*

spädbarn (*spaid*-baarn) *nt* infant

spädgris (*spaid*-greess) *c* piglet

spänd (spehnd) *adj* tense

spänna fast (*speh*-nah) fasten

spännande (*spehn*-ahn-der) *adj* exciting

spänne (*speh*-ner) *nt* buckle; fastener

spänning (*speh*-ning) *c* excitement; voltage, tension

spärra (*spæ*-rah) *v* block

spöke (*spūr*-ker) *nt* ghost; spook, spirit

spörsmål (*spurrs*-mōal) *nt* question, problem

stabil (stah-*beel*) *adj* stable

stad (staad) *c* (pl städer) city, town; **stads-** urban

stadig (*staa*-di) *adj* steady

stadigvarande (*staa*-di-vaa-rahn-der) *adj* permanent

stadion (*staad*-Υon) *nt* stadium

stadium (*staa*-d Υewm) *nt* (pl -dier) stage

stadsbo (*stahds*-bōō) *c* citizen

stadscentrum (*stahds*-saynt-rewm) *nt* town centre

stadsdel (*stahds*-dāyl) *c* district

stadshus (*stahds*-hēwss) *nt* town hall

staket (stah-*kāyt*) *nt* fence

stall (stahl) *nt* stable

stam (stahm) *c* trunk; tribe

stamanställd (*stahm*-ahn-stehld) *c* (pl ~a) cadre, regular

stamma (*stahm*-ah) *v* falter

stampa (*stahm*-pah) *v* stamp

standard- (*stahn*-dahrd) standard

stanna (*stahn*-ah) *v* halt; pull up; **~ kvar** stay

stapel (*staa*-perl) *c* (pl -plar) pile,

stack
stapla (*staap*-lah) v pile, stack
stare (*staar*-er) c starling
stark (stahrk) *adj* strong; powerful
start (staart) c take-off
starta (*staar*-tah) v start
startbana (*stahrt*-baa-nah) c runway
startmotor (*stahrt*-mōō-tor) c starter
  motor
stat (staat) c state; **stats-** national
station (stah-*shōōn*) c depot *nAm*
stationsinspektor (stah-*shōōns*-in-
  spayk-*tōōr*) c station-master
statistik (stah-ti-*steek*) c statistics *pl*
statskassa (*stahts*-kah-sah) c treasury
statsman (*stahts*-mahn) c (pl -män)
  statesman
statsminister (*stahts*-mi-*niss*-terr) c
  (pl -trar) Prime Minister
statstjänsteman (*stahts*-t ᵛehns-ter-
  mahn) c (pl -män) civil servant
statsöverhuvud (*stahts*-ūr-verr-hēw-
  vewd) nt (pl ~, ~en) head of state
staty (stah-*tēw*) c statue
stava (*staa*-vah) v *spell
stavelse (*staa*-vayl-ser) c syllable
stavning (*staav*-ning) c spelling
stearinljus (*stāy*-ah-*reen*-ᵛēwss) nt
  candle
steg (stāyg) nt step, move; pace
stege (*stāy*-ger) c ladder
steka (*stāy*-kah) v fry
stekpanna (*stāyk*-pahn-ah) c frying-
  pan
stel (stāyl) *adj* stiff
sten (stāyn) c stone; **sten-** stone
stenblock (*stāyn*-blok) nt boulder
stenbrott (*stāyn*-brot) nt quarry
stengods (*stāyn*-goods) nt stoneware
***stenlägga** (*stāyn*-leh-gah) v pave
stenograf (stay-noo-*graaf*) c stenogra-
  pher
stenografi (stay-noo-grah-*fee*) c short-
  hand

steril (stay-*reel*) *adj* sterile
sterilisera (stay-ri-li-*sāy*-rah) v steril-
  ize
steward (st ᵛōō-ahrd) c steward
stick (stik) nt sting
sticka (*stik*-ah) v *knit
***sticka** (*stik*-ah) v *sting; prick; ~ **in**
  plug in
stickkontakt (*stik*-kon-tahkt) c plug,
  socket
stifta (*stif*-tah) v found; institute
stiftelse (*stif*-tayl-ser) c foundation
stig (steeg) c trail, path
***stiga** (*steeg*-ah) v *rise; ascend; ~
  av *get off; ~ **ned** descend; ~ **på**
  *get on; ~ **upp** *rise; *get up; ~
  uppåt ascend
stigbygel (*steeg*-bēw-gerl) c (pl-glar)
  stirrup
stigning (*steeg*-ning) c ascent
stil (steel) c style
stilla (*stil*-ah) *adj* quiet; calm, still
Stilla havet (*sti*-lah-*haa*-vert) Pacific
  Ocean
stillastående (*sti*-lah-stōā-ayn-der) *adj*
  stationary, still
stillhet (*stil*-hāyt) c quiet, stillness
stillsam (*stil*-sahm) *adj* calm, quiet
stimulans (*sti*-mew-lahngs) c stimu-
  lant; impulse
stimulera (sti-mew-*lāyr*-ah) v stimu-
  late
sting (sting) nt sting
***stinka** (*sting*-kah) v *stink
stipendium (sti-*payn*-di-ewm) nt (pl --
  dier) grant, scholarship
stipulera (sti-pēw-*lāy*-rah) v stipulate
stirra (*sti*-rah) v gaze, stare
***stjäla** (shail-ah) v *steal
stjälk (shehlk) c stem
stjärna (*shæær*-nah) c star
stjärt (shært) c bottom
sto (stōō) nt mare
stol (stōōl) c chair

stola (*stōal*-ah) c stole
stolpe (*stol*-per) c post; pillar
stolpiller (*stōol*-pi-lerr) nt suppository
stolt (stolt) adj proud
stolthet (*stolt*-hāyt) c pride
stoppa (*stop*-ah) v stop; *put; darn;
upholster; stopp! stop!
stoppgarn (*stop*-gaarn) nt (pl ~er)
darning wool
stor (stōor) adj large; great, big, ma-
jor
storartad (*stōor*-aar-tahd) adj magnif-
icent, superb, terrific
Storbritannien (*stōor*-bri-*tahn*-yayn)
Great Britain
stork (stork) c stork
storlek (*stōor*-lāyk) c size
storm (storm) c gale, storm
stormig (*stor*-mi) adj stormy; gusty
stormlykta (*storm*-lewk-tah) c hurri-
cane lamp
storslagen (*stōor*-slaa-gern) adj grand
straff (strahf) nt punishment; penalty
straffa (*strah*-fah) v punish
strafflag (*strahf*-laag) c criminal law
straffspark (*strahf*-spahrk) c penalty
kick
stram (straam) adj tight
strama åt (*straa*-mah) tighten
strand (strahnd) c (pl stränder)
beach; shore
strandsnäcka (*strahnd*-sneh-kah) c
winkle
strandsten (*strahnd*-stāyn) c pebble
strax (strahks) adv presently
streberaktig (*strāy*-berr-ahk-ti) adj
ambitious
streck (strayk) nt line
strejk (strayk) c strike
strejka (*stray*-kah) v *strike
stress (strayss) c stress
strid (streed) c fight; combat, strife,
struggle
*strida (*streed*-ah) v *fight

strikt (strikt) adj strict
strof (strōaf) c stanza
struktur (strewk-*tēwr*) c structure,
fabric; texture
strumpa (*strewm*-pah) c stocking
strumpbyxor (*strewmp*-bewks-err) pl
tights pl; panty-hose
strumpebandshållare (*strewm*-per-
bahnds-ho-lah-rer) c (pl ~) suspend-
er belt; garter belt Am
strunt (strewnt) nt rubbish
strupe (*strēw*-per) c throat
strupkatarr (*strēwp*-kah-*tahr*) c laryn-
gitis
struts (strewts) c ostrich
*stryka (*strēw*-kah) v iron; ~ under
underline
strykfri (*strēwk*-fri) adj drip-dry;
wash and wear
strykjärn (*strēwk*-Yæærn) nt iron
*strypa (*strēwp*-ah) v strangle; choke
strålande (*strōā*-lahn-der) adj splen-
did, bright
stråle (*strōāl*-er) c ray, beam; spout,
jet, squirt
strålkastare (*strōāl*-kahss-tah-rer) c
(pl ~) searchlight; spotlight,
headlamp, headlight
sträcka (*streh*-kah) c stretch
sträng (strehng) adj severe; strict,
harsh; c string
sträv (straiv) adj harsh
sträva (*straiv*-ah) v aspire; ~ efter
aim at
strö (strūr) v scatter, strew; sprinkle
ström (strurm) c (pl ~mar) stream,
current
strömbrytare (strurm-*brēw*-tah-rer) c
(pl ~) switch
strömdrag (strurm-draag) nt rapids pl
strömfördelare (strurm-furr-*dāyl*-ah-
rer) c (pl ~) distributor
strömma (*strurm*-ah) v stream; flow
ströva (*strūrv*-ah) v roam

stubintråd (stew-*been*-tro͞ad) c fuse
student (stew-*daynt*) c student
studentska (stew-*daynt*-skah) c student
studera (stew-*da͞yr*-ah) v study
studerande (stew-*da͞y*-rahn-der) c (pl ~) student
studium (*ste͞w*-di-ewm) nt (pl -dier) study
stuga (*ste͞w*-gah) c cottage
stuka (*ste͞w*-kah) v sprain
stukning (*ste͞wk*-ning) c sprain
stum (stewm) adj dumb; mute
stund (stewnd) c while
stup (ste͞wp) nt precipice
stycke (*stewk*-er) nt piece; part, chunk
stygg (stewg) adj naughty; bad
stygn (stewngn) nt stitch
styra (*ste͞w*-rah) v manage; rule
styrbord (*ste͞wr*-bo͞ord) starboard
styrelse (*ste͞w*-rayl-ser) c government; direction, management; commitee
styrelseordförande (stew-rayl-ser-o͞ord-fur-rahn-der) c (pl ~) chairman of the board
styrelsesätt (ste͞w-rayl-ser-seht) nt rule
styrka (stewr-kah) c strength, power; beväpnade styrkor armed forces
styvbarn (*ste͞wv*-baarn) nt stepchild
styvfar (*ste͞wv*-faar) c (pl -fäder) stepfather
styvmor (*ste͞wv*-mo͞or) c (pl -mödrar) stepmother
*stå (sto͞a) v *stand; ~ ut med endure
stål (sto͞al) nt steel; rostfritt ~ stainless steel
ståltråd (sto͞al-tro͞ad) c wire
stånd (stond) nt stand; stall; *vara i ~ till *be able to
ståndpunkt (stond-poongkt) c standpoint

stång (stong) c (pl stänger) bar; rod
ståtlig (sto͞at-li) adj magnificent
städa (staid-ah) v clean; tidy up
städad (stai-dahd) adj tidy
städerska (stai-derr-skah) c chambermaid, cleaning-woman
ställa (steh-lah) v *put; ~ in tune in; ~ ut exhibit
ställe (steh-ler) nt place; spot
i stället för (ee steh-lert furr) instead of
ställföreträdare (stehl-fūr-rer-trai-dah-rer) c (pl ~) substitute; deputy
ställning (stehl-ning) c position
stämma överens (steh-mah ūrver-rayns) agree, tally
stämning (stehm-ning) c atmosphere; summons
stämpel (stehm-perl) c (pl -plar) stamp
ständig (stehn-di) adj constant; permanent, continual
stänga (stehng-ah) v *shut, close; fasten; ~ av turn off; *cut off; ~ in *shut in
stängd (stehngd) adj closed; shut
stängsel (stehng-serl) nt fence
stänka (stehng-kah) v splash
stänkskärm (stehngk-shærm) c mudguard
stärka (stær-kah) v starch
stärkelse (stær-kayl-ser) c starch
stöd (stūrd) nt support
stödja (stūrd-Yah) v support
stödstrumpor (stūrd-strewm-por) pl support hose
stöld (sturld) c theft; robbery
stöna (stūrn-ah) v groan
störa (stūr-rah) v disturb; bother
störning (stūrr-ning) c disturbance
större (sturr-er) adj major, superior, bigger
störst (sturrst) adj major, main, biggest

störta (*sturr*-tah) *v* crash
störtregn (*sturrt*-rehngn) *nt* downpour
störtskur (*sturrt*-skewr) *c* shower
stöt (stürt) *c* bump, thrust
stöta (*stürt*-ah) *v* bump; ~ **emot** knock against; ~ **på** *come across
stötdämpare (*stürt*-dehm-pah-rer) *c* (pl ~) shock absorber
stötfångare (*stürt*-fong-ah-rer) *c* (pl ~) fender
stötta (*stur*-tah) *v* *hold up, prop
stövel (*stur*-verl) *c* (pl -vlar) boot
subjekt (sewb-*Yehkt*) *nt* subject
substans (sewb-*stahns*) *c* substance
substantiv (*sewb*-stahn-teev) *nt* noun
subtil (sewb-*teel*) *adj* subtle
succé (sewk-*say*) *c* success
suddgummi (*sewd*-gew-mi) *nt* eraser, rubber
*suga (*sew*-gah) *v* suck
sula (*sew*-lah) *c* sole
summa (*sewm*-ah) *c* sum; total, amount
sumpig (*sewm*-pi) *adj* marshy
sumpmark (*sewmp*-mahrk) *c* marsh
*supa (*sew*-pah) *v* booze
superlativ (*sew*-perr-lah-teev) *adj* superlative; *c* superlative
sur (sewr) *adj* sour
surfingbräda (sewr-fing-brai-dah) *c* surf-board
surrogat (sew-roo-*gaat*) *nt* substitute
suspendera (sewss-payn-*dayr*-ah) *v* suspend
svag (svaag) *adj* weak; faint, slight, feeble
svaghet (*svaag*-hayt) *c* weakness
svala (*svaal*-ah) *c* swallow
svalka (*svahl*-kah) *v* refresh
svamp (svahmp) *c* mushroom; toadstool
svan (svaan) *c* swan
svans (svahns) *c* tail
svar (svaar) *nt* answer; reply

svara (*svaa*-rah) *v* answer; reply
svart (svahrt) *adj* black
svartsjuk (svahrt-shewk) *adj* jealous
svartsjuka (svahrt-shew-kah) *c* jealousy
svensk (svaynsk) *adj* Swedish; *c* Swede
svepskäl (*svayp*-shail) *nt* pretext
Sverige (svær-Yer) Sweden
svetsa (svayt-sah) *v* weld
svetsfog (svayts-foog) *c* welding seam
svett (svayt) *c* sweat; perspiration
svettas (svay-tahss) *v* sweat, perspire
svettning (svayt-ning) *c* perspiration
*svika (svee-kah) *v* fail; betray
svimma (svi-mah) *v* faint
svindel (svin-derl) *c* vertigo; swindle
svindla (svind-lah) *v* swindle
svindlare (svind-lah-rer) *c* (pl ~) swindler
svinläder (sveen-lai-derr) *nt* pigskin
svit (sveet) *c* suite
svordom (svoor-doom) *c* curse
svullnad (svewl-nahd) *c* swelling
svulst (svewlst) *c* tumour, growth
svåger (svoa-gerr) *c* (pl -grar) brother-in-law
svår (svoar) *adj* difficult, hard
svårighet (svoa-ri-hayt) *c* difficulty
svägerska (svai-gayr-skah) *c* sister-in-law
*svälja (svehl-Yah) *v* swallow
svälla (sveh-lah) *v* *swell
svälta (svehl-tah) *v* starve
svänga (svehng-ah) *v* turn; *swing
svängdörr (svehng-durr) *c* revolving door
*svära (svææ-rah) *v* *swear, curse; vow
svärd (svæærd) *nt* sword
svärdotter (svæær-do-terr) (pl -döttrar) daughter-in-law
svärfar (svæær-faar) *c* (pl -fäder) fa-

ther-in-law

svärföräldrar (svæær-furr-ehld-rahr) pl parents-in-law pl

svärmor (svæær-mōōr) c (pl -mödrar) mother-in-law

svärson (svæær-sōan) c (pl -söner) son-in-law

sväva (svai-vah) v float in the air

swahili (svah-hee-li) Swahili

sy (sēw) v *sew; ~ **ihop** *sew up

sybehörsaffär (sēw-ber-hurrs-ah-fæær) c haberdashery

Sydafrika (sēwd-aaf-ri-kah) South Africa

sydlig (sēwd-li) adj southern; southerly

sydost (sēwd-oost) c south-east

Sydpolen (sēwd-pōō-lern) South Pole

sydväst (sēwd-vehst) c south-west

syfte (sewf-ter) nt aim; purpose, object

sylt (sewlt) c jam

symaskin (sēw-mah-sheen) c sewing-machine

symbol (sewm-bōāl) c symbol

symfoni (sewm-fo-nee) c symphony

sympati (sewm-pah-tee) c sympathy

sympatisk (sewm-paat-isk) adj nice

symptom (sewmp-tōām) nt symptom

syn (sēwn) c eyesight; sight; outlook

synagoga (sew-nah-gōō-gah) c synagogue

synas (sēw-nahss) v seem; appear; **det syns att** it is obvious that

synbar (sēwn-baar) adj visible

synbarligen (sēwn-baar-li-ern) adv apparently

synd (sewnd) c sin; **så synd!** what a pity!

syndabock (sewn-dah-bok) c scapegoat

synhåll (sēwn-hol) nt sight

synlig (sēwn-li) adj visible

synnerligen (sew-nerr-li-ern) adj extremely

synonym (sew-noo-nēwm) c synonym

synpunkt (sēwn-pewngkt) c point of view

syntetisk (sewn-tāy-tisk) adj synthetic

syra (sēwr-ah) c acid

syre (sēw-rer) nt oxygen

Syrien (sēwr-i-ern) Syria

syrier (sēwr-i-err) c Syrian

syrisk (sēwr-isk) adj Syrian

syrsa (sewr-sah) c cricket

*****sysselsätta** (sew-serl-seht-ah) v occupy, employ; ~ **sig** occupy oneself

sysselsättning (sew-sayl-seht-ning) c occupation; employment

syssla (sewss-lah) c work, task

system (sewss-tāym) nt system

systematisk (sewss-tay-maa-tisk) adj systematic

systembolag (sew-stāym-boo-laag) nt off-licence; liquor store

syster (sewss-terr) c (pl -trar) sister

systerdotter (sewss-terr-do-terr) c (pl -döttrar) niece

systerson (sewss-terr-soan) c (pl -söner) nephew

så[1] (sōā) adv how, so, such; conj so that, so; ~ **att** so that

så[2] (sōā) v *sow

sådan (sōā-dahn) adj such; ~ **som** such as

såg (sōāg) c saw

sågspån (sōāg-spōān) nt sawdust

sågverk (sōāg-væærk) nt saw-mill

således (sōā-lāy-dayss) adv thus

sålla (sol-ah) v sift

sång (song) c song

sångare (song-ah-rer) c (pl ~) singer

sångerska (song-err-skah) c singer

sår (sōār) nt wound; ulcer, sore

såra (sōār-ah) v injure, wound; offend, *hurt

sårbar (*sōar*-baar) *adj* vulnerable

sås (*sōass*) *c* sauce

såsom (*sōa*-som) *conj* like

såväl som (*sōa*-vail som) as well as

säck (sehk) *c* sack

säd (said) *c* corn

sädesfält (*sai*-derss-fehlt) *nt* cornfield

sädeskorn (*sai*-derss-kōōrn) *nt* grain

*säga (seh-*Y*ah) *v* *say

säker (*sai*-kerr) *adj* sure; certain; safe, secure; **helt säkert** without fail

säkerhet (*sai*-kerr-hāyt) *c* safety, security; guarantee

säkerhetsbälte (*sai*-kerr-hāyts-behl-ter) *nt* safety-belt; seat-belt

säkerhetsnål (*sai*-kerr-hāyts-nōal) *c* safety-pin

säkerligen (*sai*-kerr-li-ern) *adv* surely

säl (sail) *c* seal

*sälja (*sehl*-*Y*ah) *v* *sell

säljbar (*sehl*Y-baar) *adj* saleable

sällan (*sehl*-ahn) *adv* seldom, rarely

sällsam (*sehl*-sahm) *adj* strange, singular

sällskap (*sehl*-skaap) *nt* society; company, party

sällskaplig (*sehl*-skaap-li) *adj* sociable

sällskapsdjur (*sehl*-skaaps-Y*ewr*) *nt* pet

sällskapsrum (*sehl*-skaaps-rewm) *nt* lounge

sällsynt (*sehl*-sēwnt) *adj* rare; uncommon, infrequent

sämre (*sehm*-rer) *adj* worse; inferior

sända (*sehn*-dah) *v* *send; transmit

sändare (*sehn*-dah-rer) *c* (pl ~) transmitter

sändning (*sehnd*-ning) *c* transmission

säng (sehng) *c* bed

sängkläder (*sehng*-klai-derr) *pl* bedding

sängöverkast (*sehng*-ūr-verr-kahst) *nt* bedspread, counterpane

sänka (*sehng*-kah) *v* lower

säregen (*sæær*-āy-gern) *adj* peculiar; singular

särskild (*sæær*-shild) *adj* special; particular, separate; **särskilt** especially; in particular

säsong (seh-*song*) *c* season

säte (*sai*-ter) *nt* seat

sätt (seht) *nt* way; fashion, manner; **på samma** ~ alike

*sätta (*seht*-ah) *v* place; *set; *lay; ~ **ihop** assemble; ~ **in** bank; ~ **på** turn on; ~ **sig** *sit down; ~ **upp** *make up

säv (saiv) *c* rush

söder (*sūr*-derr) *c* south

söka (*sūr*-kah) *v* *seek; search

sökare (*sūr*-kah-rer) *c* (pl ~) viewfinder

söm (surm) *c* (pl ~mar) seam

sömmerska (*surm*-err-skah) *c* seamstress; dressmaker

sömn (surmn) *c* sleep

sömnig (*surm*-ni) *adj* sleepy

sömnlös (*surmn*-lūrss) *adj* sleepless

sömnlöshet (*surmn*-lūrss-hāyt) *c* insomnia

sömntablett (*surmn*-tahb-*layt*) *c* sleeping-pill

söndag (*surn*-daag) *c* Sunday

sönder (*surn*-derr) *adj* broken; *gå* ~ *break down; *riva* ~ rip

sörja (*surr*-Y*ah) *v* grieve; ~ **för** see to

söt (sūrt) *adj* sweet; nice, pretty, lovely

söta (*sūr*-tah) *v* sweeten

sötsaker (*sūrt*-saa-kerr) *pl* sweets

sötvatten (*sūrt*-vah-tern) *nt* fresh water

T

***ta** (taa) *v* *take; ~ **bort** *take away; ~ **illa upp** resent; ~ **med** *bring; ~ **reda på** inquire; ~ **upp** *bring up; ~ **ut** *take out; *draw
tabell (tah-*bayl*) *c* table; chart
tablett (tahb-*layt*) *c* tablet
tabu (tah-*bew̄*) *nt* taboo
tack! (tahk) thank you!
tacka (*tahk*-ah) *v* thank; ***ha att ~ för** owe
tacksam (*tahk*-sahm) *adj* grateful; thankful
tacksamhet (*tahk*-sahm-hāyt) *c* gratitude
tagg (tahg) *c* thorn
tak (taak) *nt* roof
takräcke (*taak*-reh-ker) *nt* roof-rack
takt (tahkt) *c* tact; beat
taktik (tahk-*teek*) *c* tactics *pl*
tal (taal) *nt* speech; number
tala (*taa*-lah) *v* *speak; talk; ~ **om** talk about; *tell
talang (tah-*lahng*) *c* gift, talent; faculty
talarstol (*taa*-lahr-stōōl) *c* pulpit; desk
talförmåga (*taal*-furr-*mōā*-gah) *c* speech
talk (tahlk) *c* talc powder
tall (tahl) *c* pine
tallrik (*tahl*-rik) *c* plate; dish
talong (tah-*long*) *c* counterfoil; stub
talrik (*taal*-reek) *adj* numerous
tam (taam) *adj* tame
tampong (tahm-*pong*) *c* tampon
tand (tahnd) *c* (pl tänder) tooth
tandborste (*tahnd*-bors-ter) *c* toothbrush
tandkräm (*tahnd*-kraim) *c* toothpaste
tandkött (*tahnd*-t^yurt) *nt* gum
tandläkare (*tahnd*-lai-kah-rer) *c* (pl ~) dentist
tandpetare (*tahnd*-pāy-tah-rer) *c* (pl ~) toothpick
tandprotes (*tahnd*-proo-*tāyss*) *c* denture
tandpulver (*tahnd*-pewl-verr) *nt* toothpowder
tandvärk (*tahnd*-værk) *c* toothache
tank (tahngk) *c* tank
tanka (*tahng*-kah) *v* fill up
tanke (*tahng*-ker) *c* idea, thought
tankfartyg (*tahngk*-faar-tēwg) *nt* tanker
tankfull (*tahngk*-fewl) *adj* thoughtful
tanklös (*tahngk*-lūrss) *adj* scatterbrained
tankstreck (*tahngk*-strayk) *nt* dash
tant (tahnt) *c* aunt
tapet (tah-*pāyt*) *c* wallpaper
tappa (*tahp*-ah) *v* drop
tapper (*tahp*-err) *adj* courageous; brave
tapperhet (*tahp*-err-hāyt) *c* courage
tariff (tah-*rif*) *c* tariff
tarm (tahrm) *c* intestine; gut; **tarmar** bowels *pl*
tass (tahss) *c* paw
taverna (tah-*vær*-nah) *c* tavern
tavla (taav-lah) *c* picture; board
taxa (*tahk*-sah) *c* rate
taxameter (tahks-ah-*māy*-terr) *c* (pl -trar) taxi-meter
taxi (*tahk*-si) *c* (pl ~) taxi; cab
taxichaufför (*tahk*-si-sho-*fūrr*) *c* cab-driver; taxi-driver
taxistation (*tahks*-i-stah-*shōōn*) *c* taxi rank; taxi stand *Am*
te (tāy) *nt* tea
teater (tay-*aa*-terr) *c* (pl -trar) theatre
tecken (*tay*-kayn) *nt* sign, indication; token; signal
teckna (*tayk*-nah) *v* sketch
teckning (*tayk*-ning) *c* drawing; sketch

tefat (*tāy*-faat) *nt* saucer

tegelpanna (*tāy*-gerl-pah-nah) *c* tile

tegelsten (*tāy*-gerl-stāyn) *c* brick

tejp (tayp) *c* adhesive tape

tekanna (*tāy*-kah-nah) *c* teapot

teknik (tayk-*neek*) *c* technique

tekniker (tayk-ni-kerr) *c* (pl ~) technician

teknisk (tayk-nisk) *adj* technical

teknologi (tayk-no-lo-*gee*) *c* technology

tekopp (*tāy*-kop) *c* teacup

telefon (tay-lay-*fōan*) *c* telephone; phone

telefonera (tay-lay-foo-*nāyr*-ah) *v* phone

telefonhytt (tay-lay-*fōan*-hewt) *c* telephone booth

telefonist (tay-lay-fo-*nist*) *c* telephone operator; telephonist

telefonkatalog (tay-lay-*fōan*-kah-tah-*lōag*) *c* telephone directory; telephone book *Am*

telefonlur (tay-lay-*fōan*-lēwr) *c* receiver

telefonsamtal (tay-lay-*fōan*-sahm-taal) *nt* telephone call

telefonväxel (tay-lay-*fōan*-vehks-ayl) *c* (pl -xlar) telephone exchange, switchboard

telegrafera (tay-ler-grah-*fāy*-rah) *v* telegraph; cable

telegram (tay-ler-*grahm*) *nt* telegram; cable

teleobjektiv (*tāy*-ler-ob-Υayk-*teev*) *nt* telephoto lens

telepati (tay-ler-pah-*tee*) *c* telepathy

television (tay-ler-vi-*shōon*) *c* television

televisionsapparat (tay-ler-vi-*shōons*-ah-pah-*raat*) *c* television set

telex (*tāy*-layks) *nt* telex

tema (*tāy*-mah) *nt* theme

tempel (*taym*-payl) *nt* temple

temperatur (taym-per-rah-*tēwr*) *c* temperature

tempo (*taym*-poo) *nt* pace

tendens (tayn-*dayns*) *c* tendency

tendera (tayn-*dāyr*-ah) *v* tend; ~ åt tend to

tenn (tayn) *nt* tin; pewter

tennis (*tayn*-iss) *c* tennis

tennisbana (*tayn*-iss-baa-nah) *c* tennis-court

tennisskor (*tayn*-iss-skōōr) *pl* tennis shoes

teologi (tay-o-lo-*gee*) *c* theology

teoretisk (tay-o-*rāyt*-isk) *adj* theoretical

teori (tay-o-*ree*) *c* theory

terapi (tay-rah-*pee*) *c* therapy

term (tærm) *c* term

termin (tær-*meen*) *c* term

termometer (tær-moo-*māy*-terr) *c* (pl -trar) thermometer

termosflaska (*tær*-mooss-flahss-kah) *c* vacuum flask

termostat (tær-moo-*staat*) *c* thermostat

terpentin (tær-payn-*teen*) *nt* turpentine

terrass (tay-*rahss*) *c* terrace

territorium (tær-i-*tōō*-ri-ewm) *nt* (pl -rier) territory

terror (*teh*-ror) *c* terrorism

terrorism (teh-ro-*rism*) *c* terrorism

terrorist (teh-ro-*rist*) *c* terrorist

terräng (tær-*ehng*) *c* terrain

tes (*tāyss*) *c* thesis

tesalong (*tāy*-sah-*loang*) *c* tea-shop

teservis (*tāy*-sær-*veess*) *c* tea-set

tesked (*tāy*-shāyd) *c* teaspoon; teaspoonful

testa (*tayss*-tah) *v* test

testamente (tayss-tah-*mayn*-tay) *nt* will

text (taykst) *c* text

textilier (tehk-*stee*-li-ayr) *pl* textiles *pl*

Thailand (*tigh*-lahnd) Thailand

thailändare (*tigh*-lehn-dah-rer) *c* (pl ~) Thai

thailändsk (*tigh*-lehndsk) *adj* Thai

tid (teed) *c* time; **hela tiden** all the time; **i ~** in time; **på sista tiden** lately

tidig (*tee*-di) *adj* early

tidigare (*tee*-di-gah-rer) *adj* previous

tidning (*teed*-ning) *c* paper

tidningsbilaga (*teed*-nings-bi-*laa*-gah) *c* supplement

tidningsförsäljare (teed-nings-furr-sehl-Yah-rer) *c* (pl ~) newsagent

tidningskiosk (*teed*-nings-tYosk) *c* newsstand

tidningspress (*teed*-nings-prayss) *c* press

tidsbesparande (teeds-ber-*spaa*-rahn-der) *adj* time-saving

tidskrift (*teed*-skrift) *c* periodical; magazine, review, journal

tidsschema (teeds-shā̄y-mah) *nt* schedule

tidtabell (*teed*-tah-bayl) *c* schedule, timetable

tidvatten (*teed*-vah-tern) *nt* tide

*tiga (*teeg*-ah) *v* *be silent; *keep quiet

tiger (*teeg*-err) *c* (pl tigrar) tiger

tigga (*ti*-gah) *v* beg

tiggare (*ti*-gah-rer) *c* (pl ~) beggar

tik (teek) *c* bitch

till (til) *prep* to; for, until, till; **en ~** another; **~ och med** even

tillaga (*til*-laag-ah) *v* cook

tillbaka (til-*baa*-kah) *adv* back; ***gå ~** *go back

tillbakagång (til-*baa*-kah-gong) *c* recession; decline

tillbakaväg (til-*baa*-kah-vaig) *c* way back

tillbehör (*til*-bay-hŭrr) *nt* accessory

tillbringa (*til*-bring-ah) *v* *spend

tillbringare (*til*-bring-ah-rer) *c* (pl ~) jug

tillbörlig (*til*-bŭrr-li) *adj* proper

tilldela (*til*-dāȳl-ah) *v* allot; assign to, award

tilldragande (*til*-draag-ahn-der) *adj* attractive

tilldragelse (*til*-draag-ayl-ser) *c* event, occurrence

*tilldra sig (*til*-draa) happen, occur; attract

tillfredsställa (*til*-fray-*stehl*-ah) *v* satisfy

tillfredsställd (*til*-fray-*stehld*) *adj* satisfied

tillfredsställelse (*til*-fray-*stehl*-ayl-ser) *c* satisfaction

tillfriskna (*til*-frisk-nah) *v* recover

tillfrisknande (*til*-frisk-nahn-der) *nt* recovery

*tillfångata (til-*fo*-ngah-taa) *v* capture

tillfångatagande (til-*fong*-ah-taag-ahn-der) *nt* capture

tillfälle (*til*-fehl-er) *nt* opportunity; occasion

tillfällig (*til*-feh-li) *adj* temporary; incidental, momentary

tillfällighet (*til*-feh-li-hāȳt) *c* coincidence, chance

tillgiven (*til*-Yeev-ern) *adj* affectionate

tillgivenhet (*til*-Yeev-ern-hāȳt) *c* affection

tillgjord (*til*-Yōord) *adj* affected

tillgång (*til*-gong) *c* asset; access

tillgänglig (*til*-Yehng-li) *adj* accessible; available

tillhöra (*til*-hŭr-rah) *v* belong to, belong

tillhörigheter (*til*-hŭr-ri-hāȳ-terr) *pl* belongings *pl*

tillit (*til*-leet) *c* faith

tillitsfull (*til*-leets-fewl) *adj* confident

*tillkännage (til-tYeh-nah-Yāȳ) *v* announce

tillkännagivande (til-t^Yehn-ah-^Yeev-ahn-der) *nt* announcement

tillmötesgående (til-mūr-terss-gōa-ayn-der) *adj* obliging

tillråda (til-rōa-dah) *v* recommend

tillräcklig (til-rehk-li) *adj* sufficient; adequate, enough

tillrättavisa (til-reht-ah-veess-ah) *v* reprimand

tills (tils) *prep* till; until

tillsammans (til-sah-mahns) *adv* together

tillstånd (til-stond) *nt* permission, permit; condition, state

tillståndsbevis (til-stonds-ber-veess) *nt* licence, permit, permission

*****tillta** (til-taa) *v* increase

tilltagande (til-taa-gahn-der) *adj* increasing, progressive

tillträde (til-trai-der) *nt* entrance; access, admittance, entry; ~ förbjudet no entry, no admittance

tillvaro (til-vaa-roo) *c* existence

tillverka (til-vær-kah) *v* manufacture

*****gå tillväga** (gōa til-vai-gah) proceed

tillvägagångssätt (til-vai-gah-gongs-seht) *nt* procedure

*****tillåta** (til-lōa-tah) *v* allow; permit; *****vara tillåten** *be allowed

tillåtelse (til-lōat-ayl-ser) *c* authorization; permission

tillägg (til-lehg) *nt* addition; surcharge

*****tillägga** (til-leh-gah) *v* add

tillämpa (til-lehm-pah) *v* apply

timjan (tim-^Yahn) *c* thyme

timme (tim-er) *c* hour; varje ~ hourly

timmer (tim-err) *nt* timber

tinning (tin-ing) *c* temple

tio (tee-oo) *num* ten

tionde (tee-on-der) *num* tenth

tisdag (teess-daag) *c* Tuesday

tistel (tiss-terl) *c* (pl -tlar) thistle

titel (ti-tayl) *c* (pl titlar) title

titta (tit-ah) *v* look; ~ på look at

tjata (t^Yaa-tah) *v* nag

tjeckoslovak (t^Yeh-ko-slo-vaak) *c* Czech

Tjeckoslovakien (t^Yeh-ko-slo-vaak-i-ern) Czechoslovakia

tjeckoslovakisk (t^Yeh-ko-slo-vaak-isk) *adj* Czech

tjock (t^Yok) *adj* fat, big; corpulent, thick, stout; *****göra** ~ thicken

tjocklek (t^Yok-layk) *c* thickness

tjockna (t^Yok-nah) *v* thicken

tjugo (t^Yew-goo) *num* twenty

tjugonde (t^Yew-gon-der) *num* twentieth

tjur (t^Yewr) *c* bull

tjurfäktning (t^Yewr-fehkt-ning) *c* bullfight

tjurfäktningsarena (t^Yewr-fehkt-nings-ah-ray-nah) *c* bullring

tjurskallig (t^Yewr-skahl-i) *adj* pigheaded

tjusig (t^Yew-si) *adj* charming

tjusning (t^Yewss-ning) *c* charm

tjut (t^Yewt) *nt* yell

*****tjuta** (t^Yewt-ah) *v* yell; scream; roar

tjuv (t^Yewv) *c* thief

tjuvlyssna (t^Yewv-lewss-nah) *v* eavesdrop

*****tjuvskjuta** (t^Yewv-shewt-ah) *v* poach

tjäder (t^Yai-derr) *c* (pl -drar) capercailzie

tjäna (t^Yai-nah) *v* earn; *****make**; ~ till *be of use

tjänare (t^Yain-ah-rer) *c* (pl ~) domestic; boy

tjänst (t^Yehnst) *c* service, favour; post

tjära (t^Yæær-ah) *c* tar

tjärn (t^Yæærn) *nt* tarn

toalett (too-ah-layt) *c* toilet, bathroom, lavatory; washroom *nAm*

toalettartiklar (too-ah-layt-ahr-tik-lahr) *pl* toiletry

toalettbord (too-ah-*layt*-bōōrd) *nt* dressing-table

toalettpapper (too-ah-*layt*-pahp-err) *nt* toilet-paper

tobak (*too*-bahk) *c* tobacco

tobaksaffär (*too*-bahks-ah-*fæær*) *c* tobacconist's

tobakshandlare (*too*-bahks-*hahnd*-lah-rer) *c* (pl ~) tobacconist

tobakspung (*too*-bahks-*pewng*) *c* tobacco pouch

toffel (*to*-fayl) *c* (pl -flor) slipper

tofsvipa (*tofs*-veep-ah) *c* pewit

tokig (*tōō*-ki) *adj* mad; crazy

tolfte (*tolf*-ter) *num* twelfth

tolk (tolk) *c* interpreter

tolka (*tol*-kah) *v* interpret

tolv (tolv) *num* twelve

tom (toom) *adj* empty

tomat (too-*maat*) *c* tomato

tomt (tomt) *c* site

ton¹ (tōōn) *c* tone, note

ton² (ton) *nt* ton

tonfisk (*tōōn*-fisk) *c* tuna

tonskala (*tōōn*-skaa-lah) *c* scale

tonvikt (*tōōn*-vikt) *c* accent

tonåring (tōōn-oā-ring) *c* teenager

topp (top) *c* top, peak; summit

topplock (*top*-lok) *nt* cylinder head

torg (tor ᵛ) *nt* market-place; square

torka (*tor*-kah) *v* dry; *c* drought; ~ av wipe; ~ bort wipe

torktumlare (*tork*-tewm-lah-rer) *c* dryer

torn (tōōrn) *nt* tower

torr (tor) *adj* dry

•torrlägga (*tor*-leh-gah) *v* drain

torsdag (*toors*-daag) *c* Thursday

torsk (torsk) *c* cod

tortera (tor-*tāȳr*-ah) *v* torture

tortyr (tor-*tēwr*) *c* torture

total (too-*taal*) *adj* total; utter; **totalt** completely

totalisator (to-tah-li-*saa*-toar) *c* totalizator

totalitär (to-tah-li-*tæær*) *adj* totalitarian

tradition (trah-di-*shōōn*) *c* tradition

traditionell (trah-di-shoo-*nayl*) *adj* traditional

trafik (trah-*feek*) *c* traffic; **enkelriktad** ~ one-way traffic

trafikljus (trah-*feek*-ᵛēwss) *nt* traffic light

trafikolycka (trah-*feek*-ōō-lew-kah) *c* traffic accident

trafikomläggning (trah-*feek*-om-lehg-ning) *c* diversion

trafikstockning (trah-*feek*-stok-ning) *c* traffic jam; jam

tragedi (trah-shay-*dee*) *c* tragedy

tragisk (*traa*-gisk) *adj* tragic

trakt (trahkt) *c* area

traktat (trahk-*taat*) *c* treaty

traktor (*trahk*-tor) *c* tractor

trampa (*trahm*-pah) *v* tread, tramp

trams (trahms) *nt* rubbish

transaktion (trahns-ahk-*shōōn*) *c* transaction

transatlantisk (trahns-aht-*lahn*-tisk) *adj* transatlantic

transformator (trahns-for-*maa*-tor) *c* transformer

transpiration (trahn-spi-rah-*shōōn*) *c* perspiration

transpirera (trahn-spi-*rāȳr*-ah) *v* perspire

transport (trahns-*port*) *c* transportation; transport

transportbil (trahns-*port*-beel) *c* van

transportera (trahns-por-*tāȳ*-rah) *v* transport

trappa (*trah*-pah) *c* stairs *pl;* staircase

trappräcke (*trahp*-reh-ker) *nt* banisters *pl*

trasa (*traass*-ah) *c* rag; cloth

trasig (*traass*-i) *adj* broken

trast (trahst) *c* thrush

tratt (traht) c funnel

tre (trāy) num three

tredje (trāyd-Yay) num third

trekantig (trāy-kahn-ti) adj triangular

treklöver (trāy-klūrv-err) c shamrock

trettio (tray-ti) num thirty

tretton (tray-ton) num thirteen

trettonde (tray-ton-der) num thir-teenth

trevlig (trāyv-li) adj enjoyable, pleas-ant, nice

triangel (tri-ahng-erl) c (pl -glar) tri-angle

trick (trik) nt trick

trikåvaror (tri-kōā-vaa-ror) pl hosiery

trimma (trim-ah) v trim

tripp (trip) c trip

triumf (tri-ewmf) c triumph

triumfera (tri-ewm-fāyr-ah) v triumph

trivsam (treev-sahm) adj pleasant, comfortable, cosy

tro (trōō) c belief, faith; v believe

trofast (trōō-fahst) adj true

trogen (trōō-gern) adj faithful; true

trolig (trōō-li) adj presumable, prob-able

trolleri (tro-ler-ree) nt magic

trollkarl (trol-kaar) c magician

trollkonst (trol-konst) c magic

tron (trōōn) c throne

tropikerna (tro-pee-kerr-nah) pl trop-ics pl

tropisk (trōā-pisk) adj tropical

trosor (trōō-sor) pl panties pl; briefs pl

trots (trots) prep in spite of; despite

trottoar (troo-too-aar) c pavement; sidewalk nAm

trottoarkant (troo-too-aar-kahnt) c curb

trovärdig (trōō-væær-di) adj credible

trubbig (trewb-i) adj blunt

trumhinna (trewm-hin-ah) c ear-drum

trumma (trewm-ah) c drum

trumpet (trewm-pāyt) c trumpet

trupper (trew-perr) pl troops pl

tryck (trewk) nt pressure; print

trycka (trewk-ah) v press; print

tryckknapp (trewk-knahp) c press-stud; push-button

tryckkokare (trewk-kōō-kah-rer) c (pl ~) pressure-cooker

trycksak (trewk-saak) c printed mat-ter

tråd (trōād) c thread

trådbuss (trōād-bewss) c trolley-bus

trådsliten (trōād-slee-tern) adj threadbare

tråka ut (trōā-kah) bore

tråkig (trōāk-i) adj dull; boring

tråkmåns (trōāk-mons) c bore

trång (trong) adj narrow; tight

trä (trai) nt wood; trä- wooden

trä upp (trai) thread

träd (traid) nt tree

trädgård (treh-gōārd) c garden

trädgårdsmästare (treh-gōārds-mehss-tah-rer) c (pl ~) gardener

trädgårdsodling (treh-gōārds-ōōd-ling) c horticulture

träff (trehf) c hit; date; get-together

träffa (trehf-ah) v encounter, *meet; *hit

träkol (trai-kōāl) nt charcoal

träna (train-ah) v train; drill

tränare (trai-nah-rer) c (pl ~) coach

tränga sig fram (trehng-ah) push one's way

trängande (trehng-ahn-der) adj press-ing

träning (trai-ning) c training

träsk (trehsk) nt swamp; bog

träsko (treh-skōō) c clog, wooden shoe

trög (trūrg) adj sluggish; inert

trögtänkt (trūrg-tehngkt) adj slow

tröja (trur-Yah) c sweater

tröskel (trūrss-kayl) c (pl -klar)

threshold
tröst (trurst) c comfort
trösta (trurss-tah) v comfort
tröstpris (trurst-preess) nt (pl~, ~er) consolation prize
trött (trurt) adj tired; weary; ~ **på** tired of
trötta (trurt-ah) v tire
tröttsam (trurt-sahm) adj tiring
tub (tewb) c tube
tuberkulos (tew-behr-kew-lōass) c tuberculosis
tugga (tewg-ah) v chew
tuggummi (tewg-gew-mi) nt chewing-gum
tull (tewl) c Customs duty; Customs pl
tullavgift (tewl-aav-Yift) c Customs duty; duty
tullfri (tewl-free) adj duty-free
tullpliktig (tewl-plik-ti) adj dutiable
tulltjänsteman (tewl-t Yehns-ter-mahn) c (pl -män) Customs officer
tulpan (tewl-paan) c tulip
tumme (tewm-er) c thumb
tumvantar (tewm-vahn-tahr) pl mittens pl
tumör (tew-mūrr) c tumour
tung (tewng) adj heavy
tunga (tewng-ah) c tongue
tunika (tēw-ni-kah) c tunic
Tunisien (tew-nee-si-ern) Tunisia
tunisier (tew-nee-si-err) c (pl ~) Tunisian
tunisisk (tew-nee-sisk) adj Tunisian
tunn (tewn) adj thin; weak, light
tunna (tewn-ah) c barrel; cask
tunnel (tew-nayl) c (pl -nlar) tunnel
tunnelbana (tew-nayl-baa-nah) c underground; subway nAm
tupp (tewp) c cock
tupplur (tewp-lēwr) c nap
tur (tēwr) c luck; turn; ~ **och retur** round trip Am

turbin (tewr-been) c turbine
turbojet (tewr-bo-Yeht) c turbojet
turism (tēw-rism) c tourism
turist (tēw-rist) c tourist
turistbyrå (tēw-rist-bēw-rōa) c tourist office
turistklass (tēw-rist-klahss) c tourist class
turistsäng (tēw-rist-sehng) c folding bed, cot nAm
turk (tewrk) c Turk
Turkiet (tewr-kee-ayt) Turkey
turkisk (tewr-kisk) adj Turkish; **turkiskt bad** Turkish bath
turnering (tewr-nāyr-ing) c tournament
tusen (tēw-sern) num thousand
tuta (tew-tah) v hoot; honk vAm, toot vAm
tveka (tvāy-kah) v hesitate
tvekan (tvāy-kahn) c hesitation
tvetydig (tvāy-tēwd-i) adj ambiguous
tvillingar (tvi-ling-ahr) pl twins pl
tvinga (tving-ah) v force; compel
tvist (tvist) c dispute
tvista (tviss-tah) v dispute
tvisteämne (tviss-ter-ehm-ner) nt controversial issue
tvivel (tveev-erl) nt doubt
tvivelaktig (tvee-verl-ahk-ti) adj doubtful
tvivla (tveev-lah) v doubt
två (tvōa) num two
tvådelad (tvōa-dāy-lahd) adj two-piece
tvål (tvōal) c soap
tvåltvättmedel (tvōal-tveht-māy-dayl) nt soap powder
tvång (tvong) nt compulsion; **med ~** by force; ***vara tvungen att *be obliged to**
tvåspråkig (tvōa-sprōak-i) adj bilingual
tvärtom (tvært-om) adv the other

way round, on the contrary
tvätt (tveht) *c* laundry; washing
tvätta (*tveht*-ah) *v* wash
tvättbar (*tveht*-baar) *adj* washable
tvättinrättning (*tveht*-in-*reht*-ning) *c* laundry
tvättmaskin (*tveht*-mah-*sheen*) *c* washing-machine
tvättmedel (*tveht*-māy-dayl) *nt* washing-powder
tvättomat (tveh-too-*maat*) *c* launderette
tvättställ (*tveht*-stehl) *nt* wash-stand
tvättsvamp (*tveht*-svahmp) *c* sponge
tvättäkta (*tveht*-ehk-tah) *adj* washable, fast-dyed
tycka (*tewk*-ah) *v* *think; **inte** ~ **om** dislike; ~ **illa om** dislike; ~ **om** like; fancy, *be fond of
tyckas (*tewk*-ahss) *v* look; appear
tyda (*tēw*-dah) *v* decipher
tydlig (*tēwd*-li) *adj* clear; obvious, evident, apparent, distinct
tyfus (*tēw*-fewss) *c* typhoid
tyg (tēwg) *nt* cloth; fabric, material
tygla (*tēwg*-lah) *v* curb; restrain
tynga (*tewng*-ah) *v* oppress
tyngdkraft (*tewngd*-krahft) *c* gravity
typ (tēwp) *c* type
typisk (*tēw*-pisk) *adj* typical
tyrann (tew-*rahn*) *c* tyrant
tysk (tewsk) *adj* German; *c* German
Tyskland (*tewsk*-lahnd) Germany
tyst (tewst) *adj* silent
tysta (*tewss*-tah) *v* silence
tystnad (*tewst*-nahd) *c* silence
tyvärr (tew-*vær*) *adv* unfortunately
tå (tōa) *c* toe
tåg (tōag) *nt* train
tågfärja (*tōag*-fær-Yah) *c* train ferry
tåla (*tōal*-ah) *v* *bear
tålamod (*tōal*-ah-mōod) *nt* patience
tålmodig (*tōal*-mōod-i) *adj* patient
tång (tong) *c* (pl tänger) tongs *pl*;

pliers *pl*
tår (tōar) *c* tear
tårta (*tōar*-tah) *c* cake
täcka (*tehk*-ah) *v* cover
täcke (*tehk*-er) *nt* quilt
tält (tehlt) *nt* tent
tältsäng (*tehlt*-sehng) *c* camp-bed
tämja (*tehm*-Yah) *v* tame
tämligen (*tehm*-li-ern) *adv* fairly, rather, pretty
tända (*tehn*-dah) *v* *light; turn on
tändare (*tehn*-dah-rer) *c* (pl ~) lighter
tändning (*tehnd*-ning) *c* ignition; lighting
tändspole (*tehnd*-spōol-er) *c* ignition coil
tändsticka (*tehnd*-sti-kah) *c* match
tändsticksask (*tehnd*-stiks-ahsk) *c* match-box
tändstift (*tehnd*-stift) *nt* sparking-plug
tänja (*tehn*-Yah) *v* stretch
tänjbar (*tehn*Y-baar) *adj* elastic
tänka (*tehng*-kah) *v* *think; ~ **på** *think of; ~ **sig** imagine; fancy; ~ **ut** conceive
tärning (*tær*-ning) *c* dice *pl;* cube; **spela** ~ play dice
tät (tait) *adj* dense; thick
tätort (*tait*-oort) *c* built-up area
tävla (*taiv*-lah) *v* compete
tävlan (*taiv*-lahn) *c* (pl-lingar) competition
tävling (*taiv*-ling) *c* competition; contest
tävlingsbana (*taiv*-lings-baa-nah) *c* race-track
töa (*tūr*-ah) *v* thaw
tölp (turlp) *c* lout, bastard
tömma (*tur*-mah) *v* empty
törst (turrst) *c* thirst
törstig (*turrs*-ti) *adj* thirsty
töväder (*tūr*-vai-derr) *nt* thaw

U

udda (*ewd*-ah) *adj* odd

udde (*ewd*-er) *c* headland, cape

uggla (*ewg*-lah) *c* owl

ugn (ewngn) *c* stove; furnace, oven

ull (ewl) *c* wool

ultraviolett (ewlt-rah-vi-ōō-*layt*) *adj* ultraviolet

*****umgås med** (*ewm*-gōāss) mix with; associate with

undanröjning (ewn-dahn-rur ᵞ-ning) *c* removal

undantag (ewn-dahn-taag) *nt* exception; **med ~ av** except

under[1] (*ewn*-derr) *prep* under; beneath, below; during; *adv* underneath; **~ tiden** meanwhile; in the meantime

under[2] (*ewn*-derr) *nt* wonder; marvel

underbar (ewn-derr-*baar*) *adj* wonderful; marvellous

underbyxor (*ewn*-derr-*bewks*-err) *pl* pants *pl*; knickers *pl*

undergång (*ewn*-derr-*gong*) *c* ruin; destruction

underhåll (*ewn*-derr-*hol*) *nt* allowance; alimony; maintenance, upkeep

*****underhålla** (*ewn*-derr-*hol*-ah) *v* entertain; amuse

underhållande (*ewn*-derr-*hol*-ahn-der) *adj* entertaining

underhållning (*ewn*-derr-*hol*-ning) *c* entertainment

underjordisk (*ewn*-derr-ᵞōōr-disk) *adj* underground

underkasta sig (*ewn*-derr-*kahss*-tah) submit

underkläder (*ewn*-derr-*klai*-derr) *pl* underwear

underklänning (*ewn*-derr-*kleh*-ning) *c* slip

underkuva (ewn-derr-kē̄w-vah) *v* subdue, subjugate

underlagskräm (*ewn*-derr-laags-kraim) *c* foundation cream

underlig (*ewn*-derr-li) *adj* queer, odd

underlägsen (*ewn*-derr-laig-sern) *adj* inferior

undernäring (*ewn*-derr-næær-ing) *c* malnutrition

underordnad (*ewn*-derr-awrd-nahd) *adj* subordinate; minor

underrätta (*ewn*-derr-*reht*-ah) *v* inform; notify; **~ sig** enquire

underrättelse (*ewn*-derr-*reht*-erl-ser) *c* notice, information, news

underskatta (*ewn*-derr-skah-tah) *v* underestimate

underskott (*ewn*-derr-skot) *nt* deficit

underström (*ewn*-derr-strurm) *c* (pl ~mar) undercurrent

understöd (*ewn*-derr-stū̃rd) *nt* subsidy; assistance

understödja (*ewn*-derr-stū̃rd-ᵞah) *v* support

undersåte (*ewn*-derr-sōā-ter) *c* subject

undersöka (*ewn*-derr-sū̃r-kah) *v* examine; enquire

undersökning (*ewn*-derr-sū̃rk-ning) *c* inquiry; enquiry; examination; check-up

underteckna (*ewn*-derr-tayk-*nah*) *v* sign

undertecknad (*ewn*-derr-*tayk*-nahd) *c* the undersigned

undertitel (*ewn*-derr-ti-terl) *c* (pl -tlar) subtitle

undertrycka (*ewn*-derr-*trewk*-ah) *v* suppress

undertröja (*ewn*-derr-*trur*-ᵞah) *c* vest; undershirt

undervattens- (*ewn*-derr-vah-tayns) underwater

undervisa (*ewn*-derr-vee-sah) *v* *teach

undervisning (*ewn*-derr-veess-ning) *c*

instruction; tuition

*undgå (ewnd-gōa) v avoid; escape

undra (ewnd-rah) v wonder

*undslippa (ewnd-slip-ah) v escape

*undvika (ewnd-veek-ah) v avoid

ung (ewng) adj young

ungdom (ewng-doom) c youth

ungdomlig (ewng-doom-li) adj juvenile

ungdomshärbärge (ewng-doomshæær-hæær-Yer) nt youth hostel

unge (ewng-er) c kid

ungefär (ewn-Yay-fæær) adv about; approximately

ungefärlig (ewn-Yay-fæær-li) adj approximate

Ungern (ewng-errn) Hungary

ungersk (ewng-ayrsk) adj Hungarian

ungkarl (ewng-kaar) c bachelor

ungmö (ewng-mūr) c spinster

ungrare (ewng-rah-rer) c (pl ~) Hungarian

uniform (ēw-ni-form) c uniform

unik (ēw-neek) adj unique

union (ēw-ni-ōon) c union

universell (ēw-ni-vær-sayl) adj universal

universitet (ēw-ni-vær-si-tāyt) nt university

universum (ēw-ni-vær-sewm) nt universe

upp (ewp) adv up; upwards; upstairs; ~ och ner upside-down; up and down

uppassa (ewp-pah-sah) v attend on, wait on

uppblomstring (ewp-blomst-ring) c prosperity

uppblåsbar (ewp-blōäss-baar) adj inflatable

uppbygga (ewp-bewg-ah) v erect; edify

uppdikta (ewp-dik-tah) v invent

uppdrag (ewp-draag) nt assignment

uppehåll (ew-pay-hol) nt pause; utan ~ without stopping

*uppehålla sig (ew-pay-hol-ah) stay

uppehållstillstånd (ew-pay-hols-til-stond) nt residence permit

uppehälle (ew-per-hehl-er) nt livelihood

uppenbar (ewp-ern-baar) adj apparent

uppenbara (ewp-ern-baar-ah) v reveal

uppenbarelse (ewp-ern-baar-erl-ser) c apparition

uppfatta (ewp-faht-ah) v apprehend, *catch

uppfattning (ewp-faht-ning) c view, opinion; conception

*uppfinna (ewp-fin-ah) v invent

uppfinnare (ewp-fi-nah-rer) c (pl ~) inventor

uppfinning (ewp-fi-ning) c invention

uppfinningsrik (ewp-fi-nings-reek) adj inventive

uppfostra (ewp-foost-rah) v *bring up; rear, educate; raise

uppfostran (ewp-foost-rahn) c education

uppfriskande (ewp-friss-kahn-der) adj refreshing

uppföda (ewp-fūrd-ah) v *breed; raise

uppför (ewp-fūrr) adv uphill

uppföra (ewp-fūrr-ah) v construct; ~ sig behave; act

uppförande (ewp-fūr-rahn-day) nt behaviour; manners pl, conduct; production; construction

*uppge (ewp-Yāy) v state; declare

uppgift (ewp-Yift) c task; information

*uppgå till (ewp-gōa) amount to

uppgörelse (ewp-Yūr-rayl-ser) c settlement

upphetsa (ewp-hayt-sah) v excite

upphängningsanordning (ewp-hehngnings-ahn-ōārd-ning) nt suspension

upphäva (ewp-haiv-ah) v nullify; annul

upphöjning (*ewp*-hur ^{Y}-ning) *c* rise

upphöra (*ewp*-hūr-rah) *v* cease, stop; quit

uppkalla (*ewp*-kah-lah) *v* name

uppköp (*ewp*-t ^{Y}ūrp) *nt* purchase

upplaga (*ewp*-laa-gah) *c* edition; issue

uppleva (*ewp*-lāy-vah) *v* experience

upplevelse (*ewp*-lāy-vayl-say) *c* experience

upplopp (*ewp*-lop) *nt* riot

upplysa (*ewp*-lēwss-ah) *v* inform

upplysning (*ewp*-lēwss-ning) *c* information

upplysningsbyrå (*ewp*-lēwss-nings-bēw-roā) *c* information bureau; inquiry office

upplösa (*ewp*-lūrss-ah) *v* dissolve; ~ sig dissolve

uppmana (*ewp*-maan-ah) *v* exhort, urge

uppmuntra (*ewp*-mewn-trah) *v* encourage

uppmärksam (*ewp*-mærk-sahm) *adj* attentive

uppmärksamhet (*ewp*-mærk-sahm-hāyt) *c* notice, attention

uppmärksamma (*ewp*-mærk-sahm-ah) *v* attend to, notice, *pay attention to

uppnå (*ewp*-noā) *v* achieve; attain

uppnåelig (*ewp*-noā-er-li) *adj* attainable

upprepa (*ewp*-rāy-pah) *v* repeat

upprepning (*ewp*-rāyp-ning) *c* repetition

uppriktig (*ewp*-rik-ti) *adj* sincere; honest

uppror (*ewp*-rōōr) *nt* rebellion; rising; *göra ~ revolt

upprätt (*ewp*-reht) *adv* upright; *adj* erect, upright

upprätta (*ewp*-reh-tah) *v* found, establish

***upprätthålla** (*ewp*-reht-ho-lah) *v* maintain

upprättstående (*ewp*-reht-stoā-ayn-der) *adj* upright, erect

upprörande (*ewp*-rūr-rahn-der) *adj* shocking, revolting

upprörd (*ewp*-rūrrd) *adj* upset

uppsats (*ewp*-sahts) *c* essay, paper

uppseendeväckande (*ewp*-sāy-ern-der-*vehk*-ahn-der) *adj* sensational

uppsikt (*ewp*-sikt) *c* supervision

uppskatta (*ewp*-skah-tah) *v* appreciate; esteem

uppskattning (*ewp*-skaht-ning) *c* appreciation

***uppskjuta** (*ewp*-shēw-tah) *v* *put off, adjourn; delay, postpone

uppskov (*ewp*-skōōv) *nt* delay; respite

uppslagsbok (*ewp*-slaags-bōōk) *c* (pl -böcker) encyclopaedia

uppstigning (*ewp*-steeg-ning) *c* rise, ascent

***uppstå** (*ewp*-stoā) *v* *arise

uppståndelse (*ewp*-stond-ayl-ser) *c* commotion, excitement; resurrection

uppsving (*ewp*-sving) *nt* rise

uppsyningsman (*ewp*-sēw-nings-mahn) *c* (pl -män) supervisor

uppsättning (*ewp*-seht-ning) *c* set

***uppta** (*ewp*-taa) *v* *take up; occupy

upptagen (*ewp*-taa-gern) *adj* engaged; busy

uppträda (*ewp*-trææ-dah) *v* act

upptäcka (*ewp*-teh-kah) *v* discover; detect

upptäckt (*ewp*-tehkt) *c* discovery

uppvisa (*ewp*-vee-sah) *v* exhibit

uppvärma (*ewp*-vær-mah) *v* heat

uppvärmning (*ewp*-værm-ning) *c* heating

uppåt (*ewp*-ot) *adv* up

ur (ēwr) *prep* out of; *nt* clock

urbena (ēwr-bāy-nah) v bone

urin (ēw-reen) nt urine

urinblåsa (ēw-reen-blōa-sah) c bladder

urmakare (ēwr-maa-kah-rer) c (pl ~) watch-maker

ursinne (ewr-sin-er) nt rage; fury

ursinnig (ēwr-si-ni) adj furious

urskilja (ēwr-shil-Yah) v distinguish

urskog (ewr-skōōg) c jungle

ursprung (ēwr-sprewng) nt origin

ursprunglig (ēwr-sprewng-li) adj original; initial; **ursprungligen** originally

ursäkt (ēwr-sehkt) c apology; excuse; *be om ~ apologize

ursäkta (ēwr-sehk-tah) v excuse; **ursäkta! sorry!**

Uruguay (ew-rew-gew-igh) Uruguay

uruguayare (ew-rew-gew-igh-ah-rer) c (pl ~) Uruguayan

uruguaysk (ew-rew-gew-ighsk) adj Uruguayan

urval (ēwr-vaal) nt choice; selection, assortment

usel (ēw-serl) adj poor

ut (ēwt) adv out; ~ **och in** inside out

utan (ēw-tahn) prep without; *vara ~ *be without, spare

utandas (ēwt-ahn-dahss) v expire; exhale

utanför (ēw-tahn-fūrr) prep outside; out of

utantill (ēw-tahn-til) adv by heart

utarbeta (ēwt-ahr-bāyt-ah) v compose, elaborate, prepare

utbetalning (ēwt-bay-taal-ning) c payment

utbilda (ēwt-bil-dah) v educate

utbildning (ēwt-bild-ning) c education, background

utbreda (ēwt-brāyd-ah) v *spread; expand

utbrott (ēwt-brot) nt outbreak; eruption

utbud (ēwt-bēwd) nt supply

utbyta (ēwt-bēwt-ah) v exchange

utbyte (ēwt-bēw-ter) nt exchange; benefit

utdela (ēwt-dāyl-ah) v distribute

*****utdra** (ēwt-draa) v extract

utdrag (ēwt-draag) nt excerpt; extract

ute (ēw-ter) adv out

utelämna (ēw-ter-lehm-nah) v *leave out; omit

*****utesluta** (ēw-ter-slēw-tah) v exclude

uteslutande (ēw-ter-slēw-tahn-der) adv exclusively; solely

utfart (ēwt-faart) c exit

utfattig (ēwt-fah-ti) adj destitute

utflykt (ēwt-flewkt) c excursion; trip

utforska (ēwt-fors-kah) v explore

utföra (ēwt-fūr-rah) v perform; execute; carry out

utförbar (ēwt-fūrr-baar) adj feasible; realizable

utförlig (ēwt-fūrr-li) adj detailed

utförsel (ēwt-furr-serl) c exportation

*****utge** (ēwt-gāy) v issue; publish

utgift (ēwt-Yift) c expense; **utgifter** expenditure

utgivning (ēwt-Yeev-ning) c issue, publication

*****utgjuta** (ēwt-Yēw-tah) v *shed

utgrävning (ēwt-graiv-ning) c excavation

utgång (ēwt-gong) c way out, exit; expiration; result

utgångspunkt (ēwt-gongs-pewngkt) c starting-point

till uthyrning (til ēwt-hewr-ning) for hire

uthållighet (ēwt-hol-i-hāyt) c stamina, perseverance

uthärda (ēwt-hæær-dah) v *stand, endure

uthärdlig (ēwt-hæærd-li) adj tolerable, endurable

utjämna (ēwt-Yehm-nah) v equalize; level

utkant (ēwt-kahnt) c outskirts pl

utkast (ēwt-kahst) nt draft, design

utled (ewt-lāyd) adj fed up

utlämna (ēwt-lehm-nah) v give out; extradite

utländsk (ēwt-lehnsk) adj foreign; alien

utlänning (ēwt-lehn-ing) c foreigner; alien

utlöpa (ēwt-lǖrp-ah) v expire

utmana (ēwt-maan-ah) v challenge; dare

utmaning (ēwt-maan-ing) c challenge

utmatta (ēwt-maht-ah) v exhaust

utmattad (ēwt-maht-ahd) adj exhausted

utmärka (ēwt-mær-kah) v mark; ~ sig excel

utmärkt (ēwt-mærkt) adj excellent

utnyttja (ēwt-newt-Yah) v exploit; utilize

utnämna (ēwt-nehm-nah) v appoint

utnämning (ēwt-nehm-ning) c appointment; nomination

utom (ēwt-om) prep except; but, besides

utomhus (ēw-tom-hēwss) adv outdoors; outside

utomlands (ēwt-om-lahnds) adv abroad

utomordentlig (ēwt-om-or-daynt-li) adj extraordinary

utpeka (ēwt-pāy-kah) v point out

utplocka (ēwt-plo-kah) v select

utpressa (ēwt-prayss-ah) v extort; ~ pengar blackmail

utpressning c blackmail, extortion

utreda (ēwt-rāy-dah) v investigate

utredning (ēwt-rāyd-ning) c investigation

utrop (ēwt-rōōp) nt exclamation

utropa (ēwt-rōō-pah) v exclaim

utrusta (ēwt-rewss-tah) v equip

utrustning (ēwt-rewst-ning) c outfit, equipment; kit, gear

utrymma (ēwt-rew-mah) v vacate

utrymme (ēwt-rew-mer) nt room

utsatt för (ēwt-saht) liable to, subject to

utseende (ēwt-sāy-ayn-der) nt look; semblance, appearance

utsida (ēwt-seed-ah) c outside

utsikt (ēwt-sikt) c view; prospect, outlook

utskott (ēwt-skot) nt committee

*utskära (ēwt-shææ-rah) v carve

utsliten (ēwt-slee-tern) adj worn-out

utsmyckning (ēwt-smewk-ning) c ornament

utspäda (ēwt-spai-dah) v dilute

utsträckt (ēwt-strehkt) adj extended

*utstå (ēwt-stōā) v endure, *bear

utställa (ēwt-steh-lah) v issue; show, exhibit; display

utställning (ēwt-stehl-ning) c exhibition; exposition, display, show

utställningslokal (ēwt-stehl-nings-lo-kaal) c showroom

*utsuga (ēwt-sēw-gah) v exploit

utsåld (ēwt-sold) adj sold out

utsända (ēwt-sehn-dah) v *broadcast

utsändning (ēwt-sehnd-ning) c broadcast

utsökt (ēwt-sūrkt) adj exquisite; delicious, superb

uttal (ēwt-taal) nt pronunciation

uttala (ēwt-taa-lah) v pronounce; ~ fel mispronounce

uttorkad (ēwt-tor-kahd) adj dried-up, parched

uttryck (ēwt-trewk) nt expression; *ge ~ åt express

uttrycka (ēwt-trew-kah) v express

uttrycklig (ēwt-trewk-li) adj explicit; express

uttröttad (ēwt-trur-tahd) adj over-

tired
uttänka (ēwt-tehng-kah) v devise
utvald (ēwt-vaald) adj select
utvandra (ēwt-vahnd-rah) v emigrate
utvandrare (ēwt-vahnd-rah-rer) c (pl
~) emigrant
utvandring (ēwt-vahnd-ring) c emigra-
tion
utveckla (ēwt-vayk-lah) v develop
utveckling (ēwt-vayk-ling) c develop-
ment
utvidga (ēwt-vid-gah) v extend; en-
large, expand
utvidgande (ēwt-vid-gahn-der) nt ex-
tension
utvisa (ēwt-vee-sah) v expel
utväg (ēwt-vaig) c way out
***utvälja** (ēwt-vehl-Yah) v select
utvändig (ēwt-vehn-di) adj external
utåt (ēwt-ot) adv outwards
utöva (ēwt-ūrv-ah) v exercise
utöver (ēwt-ūrv-err) prep beyond, be-
sides

V

vaccination (vahk-si-nah-shōōn) c vac-
cination
vaccinera (vahks-i-nāy-rah) v vacci-
nate
vacker (vah-kerr) adj beautiful;
pretty
vackla (vahk-lah) v stagger, waver
vacklande (vahk-lahn-der) adj totter-
ing, failing
vad[1] (vaad) pron what; ~ som helst
anything; ~ som än whatever
vad[2] (vaad) nt bet; *slå ~ *bet
vad[3] (vaad) c calf
vada (vaa-dah) v wade
vadhållningsagent (vaad-hol-nings-ah-
gehnt) c bookmaker

vadställe (vaad-steh-ler) nt ford
vag (vaag) adj faint, vague; dim
vagga (vah-gah) c cradle
vagn (vahngn) c carriage, coach
vakans (vah-kahns) c vacancy
vaken (vaa-kayn) adj awake
vakna (vaak-nah) v *wake up
vaksam (vaak-sahm) adj vigilant
vakt (vahkt) c guard; warden
vaktel (vahk-tayl) c (pl -tlar) quail
vaktmästare (vahkt-mehss-tah-rer) c
(pl ~) waiter
vakuum (vaa-kewm) nt vacuum
val (vaal) nt election, pick, choice; c
whale
valfri (vaal-free) adj optional
valk (vahlk) c callus
valkrets (vaal-krayts) c constituency
vallfartsort (vahl-faarts-oort) c place
of pilgrimage
vallgrav (vahl-graav) c moat
vallmo (vahl-mōō) c poppy
valnöt (vaal-nūrt) c (pl ~ter) walnut
vals (vahls) c waltz
valspråk (vaal-sprōāk) nt motto
valuta (vah-lōō-tah) c currency; ut-
ländsk ~ foreign currency
valutakurs (vah-lēw-tah-kewrs) c rate
of exchange
valv (vahlv) nt vault; arch
valvbåge (vahlv-bōā-ger) c arch
van (vaan) adj accustomed; *vara ~
vid *be used to
vana (vaa-nah) c habit; custom
vandra (vahnd-rah) v wander; hike,
tramp
vanilj (vah-nilY) c vanilla
vankelmodig (vahng-kerl-mōō-di) adj
irresolute
vanlig (vaan-li) adj usual; normal, or-
dinary, common, plain; frequent;
vanligen generally, as a rule
vanligtvis (vaan-lit-veess) adv usually
vansinne (vaan-sin-er) nt madness;

lunacy

vansinnig (*vaan*-sin-i) *adj* crazy; lunatic

vanskapt (*vaan*-skaapt) *adj* deformed

vansklig (*vahnsk*-li) *adj* precarious

vanställd (*vaan*-stehld) *adj* deformed, disfigured

vanvettig (*vaan*-vay-ti) *adj* mad; absurd

vapen (*vaap*-ern) *nt* weapon; arm

var¹ (vaar) *conj* where; *adv* where; ~ **som helst** anywhere

var² (vaar) *pron* each; ~ **för sig** apart; ~ **och en** everybody, everyone

var³ (vaar) *nt* pus

vara (*vaar*-ah) *v* last

*****vara** (*vaar*-ah) *v* *be

varaktig (*vaar*-ahk-ti) *adj* lasting; permanent

varaktighet (*vaar*-ahk-ti-hāyt) *c* duration

varandra (vaar-*ahnd*-rah) *pron* each other

vardag (*vaar*-daag) *c* weekday

vardagsrum (*vaar*-daags-rewm) *nt* living-room; sitting-room

vare sig ... eller (*vaa*-rer say ... *eh*-lerr) whether ... or

varelse (*vaa*-rayl-ser) *c* being; creature

varför (*vahr*-furr) *adv* why; what for

varg (vahr^Y) *c* wolf

varhelst (vaar-*hehlst*) *adv* wherever

variation (vah-ri-ah-*shōōn*) *c* variation, variety

variera (vah-ri-*āy*-rah) *v* vary

varierad (vah-ri-*āy*-rahd) *adj* varied

varietéföreställning (vah-ri-ay-*tāy*-fürrer-*stehl*-ning) *c* variety show

varietéteater (vah-ri-ay-*tāy*-tay-aaterr) *c* (pl -trar) variety theatre

varifrån (vaar-i-*frōān*) *adv* from where

varje (*vahr*-^Yer) *pron* every; anyone,

each

varken ... eller (*vahr*-kern ... *eh*-lerr) neither ... nor

varm (vahrm) *adj* warm; hot

varmvattensflaska (*vahrm*-vah-ternsflahss-kah) *c* hot-water bottle

varna (*vaar*-nah) *v* warn; caution

varning (*vaar*-ning) *c* warning

varor (*vaar*-or) *pl* goods *pl;* wares *pl*

varsam (*vaar*-sahm) *adj* careful; wary

varubil (*vaa*-rēw-beel) *c* delivery van

varuhus (*vaa*-rēw-hēwss) *nt* department store

varumärke (*vaa*-rēw-mær-ker) *nt* trademark

varumässa (*vaa*-rēw-meh-sah) *c* trade fair

varuprov (*vaarēw*-proov) *nt* sample

varv (vahrv) *nt* revolution; shipyard

vas (vaass) *c* vase

vask (vahsk) *c* sink

vass (vahss) *c* reed; *adj* sharp

vatten (*vah*-tern) *nt* water; **rinnande** ~ running water

vattenblåsa (*vaht*-ern-blōā-sah) *c* blister

vattenfall (*vaht*-ern-fahl) *nt* waterfall

vattenfärg (*vaht*-ern-fær^Y) *c* watercolour

vattenkran (*vaht*-ern-kraan) *c* faucet, tap

vattenkrasse (*vaht*-ern-krah-ser) *c* watercress

vattenmelon (*vah*-tern-may-*lōōn*) *c* watermelon

vattenpass (*vaht*-ern-pahss) *nt* level

vattenpump (*vaht*-ern-pewmp) *c* water pump

vattenskida (*vah*-tern-shee-dah) *c* water ski

vattentät (*vah*-tern-tait) *adj* waterproof

vattkoppor (*vaht*-ko-perr) *pl* chickenpox

vax (vahks) *nt* wax

vaxkabinett (*vahks*-kah-bi-*nayt*) *nt* waxworks *pl*

veck (vayk) *nt* fold; crease

vecka (*vay*-kah) *c* week; **vecko-** weekly

veckla upp (*vayk*-lah) unwrap

veckla ut (*vayk*-lah) unfold

veckopeng (*vay*-koo-pehng) *c* weekly allowance

veckoslut (*vay*-koo-slēwt) *nt* weekend

veckotidning (*vay*-koo-teed-ning) *c* weekly magazine

vedervärdig (*vāy*-derr-væær-di) *adj* repulsive

vedträ (*vāyd*-trai) *nt* log

vegetarian (vay-ger-tahr-i-*aan*) *c* vegetarian

vegetation (vay-ger-tah-*shōōn*) *c* vegetation

vem (vaym) *pron* who; **till ~** to whom; **~ som helst** anybody; **~ som än** whoever

vemod (*vāy*-mōōd) *nt* melancholy; sadness

vemodig (*vāy*-mōōd-i) *adj* melancholy, sad

Venezuela (vay-nay-tsew-*āy*-lah) Venezuela

venezuelan (vay-nay-tsew-ay-*laan*) *c* Venezuelan

venezuelansk (vay-nay-tsew-ay-*laansk*) *adj* Venezuelan

ventil (vayn-*teel*) *c* valve

ventilation (vayn-ti-lah-*shōōn*) *c* ventilation

ventilator (vayn-ti-*laa*-tor) *c* ventilator

ventilera (vayn-ti-*lāy*-rah) *v* ventilate

veranda (vay-*rahn*-dah) *c* veranda

verb (værb) *nt* verb

verifiera (vay-ri-fi-*āy*-rah) *v* verify

verka (*vær*-kah) *v* appear, seem

verkan (*vær*-kahn) *c* effect; result; consequence

verklig (*værk*-li) *adj* real; actual, true; very; **verkligen** really; indeed

verklighet (*værk*-li-hāyt) *c* reality; **i verkligheten** in real life; as a matter of fact

verksam (*værk*-sahm) *adj* active, effective

verkstad (*værk*-staad) *c* (pl -städer) workshop; garage

verkställande (*værk*-stehl-ahn-der) *adj* executive

verktyg (*værk*-tēwg) *nt* tool; utensil, implement

verktygslåda (*værk*-tēwgs-*lōa*-dah) *c* tool box

vers (værs) *c* verse

version (vær-*shōōn*) *c* version

vespa (*vayss*-pah) *c* scooter

vestibul (vehss-ti-*bewl*) *c* lobby

***veta** (*vāy*-tah) *v* *know

vete (*vāy*-tay) *nt* wheat

vetemjöl (*vāy*-tay-m*yūrl*) *nt* flour

vetenskap (*vāy*-tayn-skaap) *c* science

vetenskaplig (*vāy*-tayn-skaap-li) *adj* scientific

vetenskapsman (*vāy*-tayn-skaaps-mahn) *c* (pl -män) scientist

veterinär (vay-tay-ri-*næær*) *c* veterinary surgeon

vetgirig (*vāyt*-Yee-ri) *adj* eager to learn

vevaxel (*vāyv*-ahks-ayl) *c* (pl -xlar) crankshaft

vevhus (*vāyv*-hēwss) *nt* crankcase

vi (vee) *pron* we

via (*vee*-ah) *prep* via

viadukt (vee-ah-*dewkt*) *c* viaduct

vibration (vi-brah-*shōōn*) *c* vibration

vibrera (vi-*brāy*-rah) *v* vibrate

vid (veed) *prep* on, by; *adj* wide

vidbränna (*veed*-breh-nah) *v* *burn

vidga (*vid*-gah) *v* widen

***vidhålla** (*veed*-hol-ah) *v* insist

vidrig (*veed*-ri) *adj* disgusting

vidröra (*veed*-rǖr-rah) v touch
vidskepelse (*veed*-shāy-payl-ser) c superstition
vidsträckt (*vid*-strehkt) adj broad, vast; extensive
vigselring (*vig*-sehl-ring) c wedding-ring
vik (veek) c bay; creek
*vika (*vee*-kah) v fold
vikt (vikt) c weight
viktig (*vik*-ti) adj important, essential; self-important; *vara viktigt matter
vila (*veel*-ah) v rest; c rest
vild (vild) adj wild; fierce, savage
vilja (*vil*-Yah) c will; med ~ on purpose
*vilja (*vil*-Yah) v want, *will
viljekraft (*vil*-Yer-krahft) c will-power
vilken (*vil*-kayn) pron which
villa (*vi*-lah) c villa
villebråd (*vi*-ler-brōad) nt game
villfarelse (*vil*-faa-rayl-ser) c illusion
villig (*vi*-li) adj willing
villkor (*vil*-kōar) nt condition; term
villkorlig (*vil*-kōar-li) adj conditional
villrådig (*vil*-rōa-di) adj irresolute
vilohem (*vee*-loo-haym) nt rest-home
vilsegången (*vil*-ser-gong-ern) adj lost
vilstol (*veel*-stōōl) c deck chair
vilthandlare (*vilt*-hahnd-lah-rer) c (pl ~) poulterer
vin (veen) nt wine
*vina (*vee*-nah) v howl
vinbär (*veen*-bæær) nt currant; svarta ~ black-currant
vind (vind) c wind; attic
vindbrygga (*vind*-brewg-ah) c draw-bridge
vindpust (*vind*-pewst) c whiff of wind
vindruta (*vind*-rēw-tah) c windscreen; windshield nAm
vindrutetorkare (*vind*-rēw-ter-tor-kah-rer) c (pl ~) windscreen wiper;

windshield wiper Am
vindruvor (*veen*-drēw-voor) pl grapes pl
vindsrum (*vinds*-rewm) nt attic
vinge (*ving*-er) c wing
vingård (*veen*-gōard) c vineyard
vinhandlare (*veen*-hahnd-lah-rer) c (pl ~) wine-merchant
vink (vingk) c wave; hint
vinka (*ving*-kah) v wave
vinkel (*ving*-kerl) c (pl -klar) angle
vinkypare (*veen*-tYēw-pah-rer) c (pl ~) wine-waiter
vinkällare (*veen*-tYeh-lah-rer) c (pl ~) wine-cellar
vinlista (*veen*-liss-tah) c wine-list
*vinna (*vi*-nah) v *win; gain
vinnande (*vi*-nahn-der) adj winning
vinranka (*veen*-rahn-kah) c vine
vinskörd (*veen*-shürrd) c grape harvest, vintage
vinst (vinst) c benefit, profit; winnings pl
vinstbringande (*vinst*-bring-ahn-der) adj profitable
vinter (*vin*-terr) c (pl -trar) winter
vintersport (*vin*-terr-sport) c winter sports
vinthund (*vint*-hewnd) c greyhound
vinäger (*vi*-nai-gerr) c vinegar
viol (vi-ōōl) c violet
violett (vi-ēw-*layt*) adj violet
virka (*veer*-kah) v crochet
virrvarr (*veer*-vahr) nt muddle
vis (veess) nt way, manner; adj wise
visa¹ (*veess*-ah) v *show; indicate, point out, display
visa² (*veess*-ah) c tune
visdom (*veess*-doom) c wisdom
vision (vi-shōōn) c vision
visit (vi-*seet*) c visit
visitera (vi-si-*tāyr*-ah) v search
visitering (vi-si-*tāy*-ring) nt search
visitkort (vi-*seet*-koort) nt visiting-

card
viska (viss-kah) v whisper
viskning (visk-ning) c whisper
vispa (viss-pah) v whip
viss (viss) adj certain
visselpipa (vi-serl-pee-pah) c whistle
vissla (viss-lah) v whistle
vistas (viss-tahss) v stay
vistelse (viss-tayl-ser) c stay
visum (vee-sewm) nt (pl visa) visa
vit (veet) adj white
vitamin (vi-tah-meen) nt vitamin
vitling (vit-ling) c whiting
vitlök (veet-lūrk) c garlic
vits (vits) c joke
vittna (vit-nah) v testify
vittne (vit-ner) nt witness
vokal (voo-kaal) c vowel
vokalist (voo-kah-list) c vocalist
volt (volt) c (pl ~) volt
volym (vo-lewm) c volume; bulk
vrak (vraak) nt wreck
vred (vrāyd) adj angry
vrede (vrāy-day) c anger
vresig (vrāyss-i) adj cross
*****vrida** (vree-dah) v twist, turn; wrench; ~ **om** turn
vriden (vreed-ern) adj crooked
vridning (vreed-ning) c twist
vrål (vrōāl) nt roar
vulgär (vewl-gææær) adj vulgar
vulkan (vewl-kaan) c volcano
vuxen[1] (vewk-sern) adj adult; grown-up
vuxen[2] (vewk-sern) c (pl vuxna) grown-up; adult
vykort (vēw-koort) nt picture post-card
våffla (vof-lah) c waffle
våg[1] (vōāg) c (pl ~or) wave
våg[2] (vōāg) c (pl ~ar) scales pl; weighing-machine
våga (vōā-gah) v dare; venture
vågad (vōāg-ahd) adj risky

vågig (vōā-gi) adj wavy; undulating
våglängd (vōāg-lehngd) c wave-length
våld (vold) nt violence; force
våldsam (vold-sahm) adj violent
våldsdåd (volds-dōād) nt act of vio-lence; outrage
*****våldta** (vold-taa) v rape; assault
vålla (vol-ah) v cause
våning (vōān-ing) c floor; storey; apartment nAm
vår (vōār) c spring; springtime; pron our
vård (vōārd) c care
vårda (vōār-dah) v nurse; tend
vårdhem (vōārd-haym) nt nursing home
vårdslös (vōārds-lūrss) adj careless
våt (vōāt) adj wet
väcka (veh-kah) v *wake; *awake
väckarklocka (veh-kahr-klo-kah) c alarm-clock
väder (vai-derr) nt weather
väderkvarn (vai-derr-kvaarn) c wind-mill
väderleksrapport (vai-derr-lāyks-rah-port) c weather forecast
vädjan (vaid-Yahn) c appeal
vädra (vaid-rah) v ventilate
väg (vaig) c road; drive, way; **på ~ till** bound for
väga (vai-gah) v weigh
vägarbete (vaig-ahr-bāy-ter) nt road up, road work
vägavgift (vaig-aav-Yift) c toll
vägbank (vaig-bahngk) c embankment
vägg (vehg) c wall
vägglus (vehg-lēwss) c (pl -löss) bug
vägkant (vaig-kahnt) c roadside; way-side
vägkarta (vaig-kaar-tah) c road map
vägkorsning (vaig-kors-ning) c junc-tion, intersection
vägleda (vaig-lāyd-ah) v direct; guide
vägmärke (vaig-mær-ker) c road sign

på ... vägnar (pōā *vehng*-nahr) on behalf of

vägnät (*vaig*-nait) *nt* road system

vägra (*vaig*-rah) *v* refuse; deny

vägran (*vaig*-rahn) *c* refusal

vägräcke (*vaig*-rehk-er) *nt* crash barrier

vägskäl (*vaig*-shail) *nt* road fork

vägvisare (*vaig*-vee-sah-rer) *c* (pl ~) signpost

välbefinnande (*vail*-ber-*fin*-ahn-der) *nt* well-being; comfort

välbärgad (*vail*-bær-Vahd) *adj* well-to-do

väldig (*vehl*-di) *adj* enormous; huge, gigantic

välgrundad (*vail*-grewn-dahd) *adj* well-founded

välgång (*vail*-gong) *c* prosperity

välgörenhet (*vail*-Vur-rern-*hāy*t) *c* charity

***välja** (*vehl*-Vah) *v* *choose; elect, pick

välkommen (*vail*-ko-mern) *adj* welcome

välkomna (*vail*-kom-nah) *v* welcome

välkomnande (*vail*-kom-nahn-der) *nt* welcome

välkänd (*vail*-tVehnd) *adj* well-known; familiar

välsigna (vehl-*sing*-nah) *v* bless

välsignelse (vehl-*sing*-nayl-ser) *c* blessing

välsmakande (*vail*-smaak-ahn-der) *adj* tasty; savoury

välstånd (*vail*-stond) *nt* prosperity

välvilja (*vail*-vil-Vah) *c* goodwill

välvårdad (*vail*-vōar-dahd) *adj* neat

vämjelig (*vehm*-Ver-li) nauseous

vän (vehn) *c* (pl ~ner) friend

vända (*vehn*-dah) *v* turn; ~ **bort** avert; ~ **på** turn round; ~ **sig om** turn round; ~ **sig till** address; ~ **tillbaka** turn back; ~ **upp och ner**

turn over

vändning (*vehnd*-ning) *c* change, turn

vändpunkt (*vehnd*-pewngkt) *c* turning-point

väninna (veh-*nin*-ah) *c* friend; girl-friend

***vänja** (*vehn*-Vah) *v* accustom

vänlig (*vehn*-li) *adj* friendly; kind

vänskap (*vehn*-skaap) *c* friendship

vänskaplig (*vehn*-skaap-li) *adj* friendly

vänster (*vehns*-terr) *adj* left; left-hand

vänsterhänt (*vehns*-terr-hehnt) *adj* left-handed

vänta (*vehn*-tah) *v* wait; ~ **på** await; ~ **sig** expect; await

väntad (*vehn*-tahd) *adj* due

väntan (*vehn*-tahn) *c* waiting

väntelista (*vehn*-ter-liss-tah) *c* waiting-list

väntrum (*vehnt*-rewm) *nt* waiting-room

värd (væærd) *c* host

värde (*væær*-der) *nt* worth, value; ***vara värd** *be worth

värdefull (*væær*-der-fewl) *adj* valuable

värdelös (*væær*-der-lūrss) *adj* worthless

värdepapper (*væær*-der-pah-perr) *pl* stocks and shares

värdera (vær-*dāy*r-ah) *v* value; estimate, evaluate

värdering (vær-*dāy*r-ing) *c* appraisal

värdesaker (*væær*-der-saa-kerr) *pl* valuables *pl*

***värdesätta** (*væær*-der-seh-tah) *v* value, appreciate

värdig (*væær*-di) *adj* dignified; worthy of

värdinna (vær-*di*-nah) *c* hostess

värdshus (*væærds*-hēwss) *nt* inn; roadhouse; roadside restaurant

värdshusvärd (*væærds*-hēwss-væærd)

c inn-keeper
värk (værk) *c* ache; **värkar** labour pains
värka (vær-kah) *v* ache; *hurt
värld (væærd) *c* world
världsberömd (væærds-ber-rurmd) *adj* world-famous
världsdel (væærds-dāyl) *c* continent
världshav (væærds-haav) *nt* ocean
världskrig (væærds-kreeg) *nt* world war
världsomfattande (væærds-om-fah-tahn-der) *adj* global
världsomspännande (væærds-om-speh-nahn-der) *adj* world-wide
värma (vær-mah) *v* warm
värme (vær-mer) *c* heat; warmth
värmedyna (vær-mer-dēw-nah) *c* heating pad
värmeelement (vær-mer-ay-ler-mehnt) *nt* radiator
värnpliktig (væærn-plik-tig) *c* (pl ~a) conscript
värre (væ-rer) *adv* worse; *adj* worse; **värst** worst
väsen (vaiss-ern) *nt* essence; noise; fuss
väsentlig (veh-saynt-li) *adj* essential; **väsentligen** essentially
väska (vehss-kah) *c* bag
vässa (veh-sah) *v* sharpen
väst (vehst) *c* waistcoat, vest *nAm;* west
väster (vehss-terr) *c* west
västlig (vehst-li) *adj* western; westerly
väte (vai-ter) *nt* hydrogen
vätesuperoxid (vai-ter-sēwp-rok-seed) *c* peroxide
vätska (veht-skah) *c* fluid
väva (vai-vah) *v* *weave
vävare (vai-vah-rer) *c* (pl ~) weaver
vävnad (vaiv-nahd) *c* tissue
växa (vehks-ah) *v* *grow

växel (vehks-ayl) *c* (pl växlar) gear; draft
växelkontor (vehks-ayl-kon-tōōr) *nt* exchange office; money exchange
växelkurs (vehks-ayl-kewrs) *c* exchange rate
växellåda (vehks-ayl-lōā-dah) *c* gearbox
växelpengar (vehks-ayl-peh-ngahr) *pl* small change
växelspak (vehks-ayl-spaak) *c* gear lever
växelström (vehks-ayl-strurm) *c* alternating current
växla (vehks-lah) *v* change; switch; exchange; change gear
växlande (vehks-lahn-der) *adj* variable
växt (vehkst) *c* growth; plant
växthus (vehkst-hēwss) *nt* greenhouse
vördnad (vūrrd-nahd) *c* veneration, respect
vördnadsvärd (vūrrd-nahds-væærd) *adj* venerable

W

watt (vaht) *c* (pl ~) watt

Y

ylle- (ew-ler) woollen
ylletröja (ew-ler-trur-ᵞah) *c* jersey
ympa (ewm-pah) *v* inoculate; graft
ympning (ewmp-ning) *c* grafting
ynkrygg (ewngk-rewg) *c* coward
yr (ēwr) *adj* dizzy; giddy
yrke (rōād-mahn) *nt* profession; trade; **yrkes-** professional
yrkesutbildad (ewr-kerss-ēwt-bil-dahd)

adj skilled, trained

yrsel (ewr-serl) *c* dizziness; giddiness

yta (ēw-tah) *c* surface; area

ytlig (ēwt-li) *adj* superficial

ytterlig (ewt-err-li) *adj* extreme

ytterligare (ewt-err-li-gah-rer) *adj* further; additional

ytterlighet (ewt-err-li-hāyt) *c* extreme

ytterlinje (ewt-err-lin-Yer) *c* outline

yttersta (ew-terrs-tah) *adj* utmost; extreme

yttra (ewt-rah) *v* utter

yttrande (ewt-rahn-der) *nt* expression

yttrandefrihet (ewt-rahn-der-fri-hāyt) *c* freedom of speech

yttre (ewt-rer) *nt* exterior; *adj* outer; exterior

yxa (ewks-ah) *c* axe

Z

zenit (sāy-nit) zenith

zigenare (si-Yāy-nah-rer) *c* (pl ~) gipsy

zink (singk) *c* zinc

zon (sōōn) *c* zone

zoo (sōō) *nt* zoo

zoologi (so-o-lo-gee) *c* zoology

zoomlins (sōōm-lins) *c* zoom lens

Å

å (ōā) *c* river, stream

åder (ōā-derr) *c* (pl ådror) vein

åderbrock (ōā-derr-brok) *nt* varicose vein

***ådraga sig** (ōā-draa-gah) contract

åhörare (ōā-hūrr-ah-rer) *c* (pl ~) listener, auditor

åka (ōā-kah) *v* *ride, *drive, *go; ~

bort *go away; ~ fort *speed; ~ runt om by-pass; ~ tillbaka *go back

åker (ōāk-err) *c* (pl åkrar) field

ål (ōāl) *c* eel

ålder (ol-derr) *c* (pl åldrar) age

ålderdom (ol-derr-doom) *c* age; old age

åldrig (old-ri) *adj* aged

***ålägga** (ōā-lehg-ah) *v* enjoin

ånga (ong-ah) *c* steam; vapour

ångare (ong-ah-rer) *c* (pl ~) steamer

ånger (ong-err) *c* repentance

ångest (ong-erst) *c* anguish; fear

ångra (ong-rah) *v* regret, repent

år (ōār) *nt* year; per ~ per annum

åra (ōā-rah) *c* oar

årgång (ōār-gong) *c* vintage

århundrade (ōār-hewnd-rah-der) *nt* century

årlig (ōār-li) *adj* annual; yearly

årsbok (ōārs-bōōk) *c* (pl -böcker) annual

årsdag (ōārs-daag) *c* anniversary

årstid (ōārs-teed) *c* season

åsikt (ōā-sikt) *c* opinion; view

åska (oss-kah) *c* thunder; *v* thunder; **åsk-** thundery

åskväder (osk-vai-derr) *nt* thunderstorm

åskådare (ōā-skōā-dah-rer) *c* (pl ~) spectator

åsna (ōāss-nah) *c* donkey; ass

***åstadkomma** (ōā-stah-kom-ah) *v* effect

åsyn (ōā-sēwn) *c* sight

åt (ōāt) *prep* to; towards

åtala (ōā-taa-lah) *v* prosecute

***åta sig** (ōā-taa) *take upon oneself

åter (ōāt-err) *adv* again

återbetala (ōāt-err-bay-taal-ah) *v* *repay; reimburse, refund

återbetalning (ōāt-err-bay-taal-ning) *c* repayment; refund *återfå (*ōā*-terr-fōā) v *find again, recover

återföra (*ōāt*-err-fūrr-ah) v *bring back

återförena (*ōāt*-err-fur-*rāy*-nah) v reunite

återkalla (*ōāt*-err-kahl-ah) v recall

återkomst (*ōāt*-err-komst) c return

återresa (*ōāt*-err-*rāy*-sah) c return journey

återstod (*ōāt*-err-stōōd) c remainder

*återstå (*ōāt*-err-stōā) v remain

*återuppta (*ōāt*-err-ewp-tah) v resume

återvända (*ōāt*-err-vehn-dah) v return

återvändsgränd (*ōāt*-err-vehnds-grehnd) c cul-de-sac

åtfölja (*ōā-furl-*ᵞah) v accompany

åtgärd (*ōāt*-Υærd) c measure

åtkomlig (*ōāt*-kom-li) adj attainable

åtminstone (*ōāt*-*mins*-to-ner) adv at least

åtrå (*ōā*-trōā) c lust

åtråvärd (*ōā*-trōā-*væærd*) adj desirable

åtskild (*ōāt*-shild) adj separate

åtskilja (*ōāt*-shil-Υah) v divide; disconnect

åtskilliga (*ōāt*-shi-li-gah) adj several; various

åtstrama (*ōāt*-straam-ah) v tighten

åtta (*o*-tah) num eight

åttio (*o*-ti) num eighty

åttonde (*o*-ton-der) num eighth

åverkan (*ōā*-vehr-kahn) c damage, mischief

Ä

äcklig (*ehk*-li) adj disgusting; revolting

ädel (*ai*-dayl) adj noble

ädelsten (*ai*-dayl-stāyn) c stone; gem

äga (*ai*-gah) v own; possess; ~ rum *take place

ägare (*ai*-gah-rer) c (pl ~) owner; proprietor

ägg (ehg) nt egg

äggkopp (*ehg*-kop) c egg-cup

äggplanta (*ehg*-plahn-tah) c eggplant

äggula (*ehg*-gēwl-ah) c egg-yolk; yolk

ägna (*ehng*-nah) v devote; dedicate

ägodelar (*ai*-goo-*dāyl*-ahr) pl property; possessions

äkta (*ehk*-tah) adj true; authentic, genuine; ~ man husband

äktenskap (*ehk*-tayn-skaap) nt marriage; matrimony

äktenskaplig (*ehk*-tayn-skaap-li) adj matrimonial

äldre (*ehld*-rer) adj elder; elderly; äldst eldest

älg (ehlᵞ) c elk, moose

älska (*ehls*-kah) v love

älskad (*ehls*-kahd) adj beloved

älskare (*ehls*-kah-rer) c (pl ~) lover

älskarinna (ehls-kah-*rin*-ah) c mistress

älskling (*ehlsk*-ling) c darling; sweetheart; älsklings- favourite; pet

älv (ehlv) c river

ämbar (*ehm*-baar) nt pail

ämbete (*ehm*-bāyt-er) nt office

ämbetsdräkt (*ehm*-bāyts-drehkt) c official dress, robe

ämna (*ehm*-nah) v intend

ämne (*ehm*-ner) nt theme; matter

än (ehn) conj than

ända till (*ehn*-dah til) until; as far as

ändamål (*ehn*-dah-mōāl) nt purpose; object

ändamålsenlig (*ehn*-dah-*mōāls*-*āyn*-li) adj suitable, appropriate

ände (*ehn*-der) c end

ändra (*ehnd*-rah) v alter; change, vary, modify

ändring (*ehnd*-ring) c alteration

ändstation (*ehnd*-stah-shoōn) *c* terminal

ändtarm (*ehnd*-tahrm) *c* rectum

äng (ehng) *c* meadow

ängel (*ehng*-ayl) *c* (pl änglar) angel

ängslig (*ehngs*-li) *adj* afraid; worried

änka (*ehng*-kah) *c* widow

änkling (*ehngk*-ling) *c* widower

ännu (*ehn*-ew) *adv* still; yet; ~ **en gång** once more

äpple (*ehp*-lay) *nt* apple

ära (*ææær*-ah) *v* honour; *c* glory

ärelysten (*ææær*-er-lewss-tern) *adj* ambitious

ärende (*æææ*-rayn-der) *nt* errand

ärftlig (*ærft*-li) *adj* hereditary

ärkebiskop (*ær*-ker-biss-kop) *c* archbishop

ärlig (*ææær*-li) *adj* honest

ärlighet (*ææær*-li-hāyt) *c* honesty

ärm (ærm) *c* sleeve

ärofull (*æææ*-roo-fewl) *adj* honourable

ärr (ær) *nt* scar

ärta (*ær*-tah) *c* pea

ärva (*ær*-vah) *v* inherit

*äta (*ai*-tah) *v* *eat

ätbar (*ait*-baar) *adj* edible

ättling (*eht*-ling) *c* descendant

även (*aiv*-ern) *adv* also; even; likewise; ~ **om** although; though

äventyr (*ai*-vayn-tēwr) *nt* adventure

Ö

ö (ūr) *c* island

öde (*ūrd*-er) *nt* fate; destiny, fortune; *adj* desert; waste

*ödelägga (*ūr*-day-leh-gah) *v* wreck; ruin

ödeläggelse (*ūr*-day-leh-gerl-ser) *c* ruination

ödesdiger (*ūr*-derss-dee-gerr) *adj* fatal

ödmjuk (*ūrd*-mᵞoōk) *adj* humble

öga (*ūr*-gah) *nt* (pl ögon) eye

ögla (*ūrg*-lah) *c* loop

ögonblick (*ūr*-gon-blik) *nt* moment; second, instant

ögonblickligen (*ūr*-gon-*blik*-li-ern) *adv* instantly

ögonblicksbild (*ūr*-gon-bliks-*bild*) *c* snapshot

ögonbryn (*ūr*-gon-brēwn) *nt* eyebrow

ögonbrynspenna (*ūr*-gon-brēwns-peh-nah) *c* eye-pencil

ögonfrans (*ūr*-gon-frahns) *c* eyelash

ögonlock (*ūr*-gon-lok) *nt* eyelid

ögonläkare (*ūr*-gon-lai-kah-rer) *c* (pl ~) eye specialist, oculist

ögonskugga (*ūr*-gon-skew-gah) *c* eye-shadow

ögonvittne (*ūr*-gon-vit-ner) *nt* eye-witness

öka (*ūr*-kah) *v* increase; raise

öken (*ūr*-kern) *c* (pl öknar) desert

ökning (*ūrk*-ning) *c* increase

öl (ūrl) *nt* beer; ale

öm (urm) *adj* tender; sore

ömsesidig (urm-say-*seed*-i) *adj* mutual

ömtålig (urm-tōā-li) *adj* delicate; perishable

önska (*urns*-kah) *v* wish; desire, want

önskan (*urns*-kahn) *c* (pl -kningar) wish; desire

önskvärd (*urnsk*-væærd) *adj* desirable

öppen (*ur*-payn) *adj* open

öppenhjärtig (*ur*-pern-ᵞær-ti) *adj* open-hearted, frank

öppna (*urp*-nah) *v* open

öppning (*urp*-ning) *c* breach, gap; opening

öra (*ūr*-rah) *nt* (pl öron) ear

örfil (*ūrr*-feel) *c* slap; blow; ***ge en** ~ smack

örhänge (*urr*-hehng-er) *nt* earring

örlogsfartyg (*ūrr*-logs-faar-tēwg) *nt*

man-of-war

örn (urrn) c eagle

örngott (*urrn*-got) nt pillow-case

örsprång (*urr*-sprong) nt earache

ört (urrt) c herb

öst (urst) east

öster (*urss*-terr) c east

österrikare (*urss*-terr-ree-kah-rer) c (pl ~) Austrian

Österrike (*urss*-terr-ree-ker) Austria

österrikisk (*urss*-terr-ree-kisk) adj Austrian

östra (*urst*-rah) adj eastern

öva (*ūrv*-ah) v exercise; ~ sig practise

över (*ūr*-err) prep over; across, adv over; *gå ~ cross, pass; över- upper, chief

överallt (ūr-verr-*ahlt*) adv everywhere; throughout

överanstränga (ūr-verr-ahn-strehng-ah) v strain; ~ sig overstrain, overwork

överdrift (ūr-verr-drift) c exaggeration

*överdriva (ūr-verr-dree-vah) v exaggerate

överdriven (ūr-verr-dreev-ern) adj excessive; extravagant

överdäck (ūr-verr-dehk) nt main deck

överenskommelse (ūr-verr-ayns-ko-mayl-ser) c settlement, agreement

överensstämma (ūr-verr-ayns-steh-mah) v correspond

överfart (ūr-verr-faart) c crossing; passage

överflöd (ūr-verr-flūrd) nt abundance; plenty; *finnas i ~ *be in plenty

överflödig (ūr-verr-flūrd-i) adj superfluous; redundant

överfull (ūr-verr-fewl) adj overfull, crowded

överföra (ūr-verr-fūr-rah) v transfer

*överge (ūr-verr-*Yāy*) v desert

övergång (ūr-verr-gong) c crossing,

change over, transition

övergångsställe (ur-verr-gongs-steh-ler) nt crossing; crosswalk nAm

överlagd (ūr-verr-lahgd) adj deliberate, premeditated

överleva (ūr-verr-lāy-vah) v survive

överlevnad (ūr-verr-lāyv-nahd) c survival

*överlägga (ūr-verr-lehg-ah) v deliberate

överläggning (ūr-verr-lehg-ning) c discussion, deliberation

överlägsen (ūr-verr-laig-sern) adj superior

överlämna (ūr-verr-lehm-nah) v deliver, hand ... over; commit

överlärare (ūr-verr-læææ-rah-rer) c (pl ~) head teacher

övermodig (ūr-verr-mōōd-i) adj presumptuous, reckless

överraska (ūr-verr-rahss-kah) v surprise

överraskning (ūr-verr-rahsk-ning) c surprise

överrock (ūr-verr-rok) c overcoat; topcoat

överrumpla (ūr-verr-rewmp-lah) v surprise

översida (ūr-verr-see-dah) c top side; top

översikt (ūr-verr-sikt) c survey; summary

överskott (ūr-verr-skot) nt surplus

*överskrida (ur-verr-skreed-ah) v exceed

överskrift (ūr-verr-skrift) c heading; headline

överspänd (ūr-verr-spehnd) adj overstrung

överste (ūr-verrs-ter) c colonel

översvallande (ūr-verr-svahl-ahn-der) adj exuberant

översvämning (ūr-verr-svehm-ning) c flood

översända (ūr-verr-sehn-dah) v *send, remit

***översätta** (ūr-verr-seh-tah) v translate

översättare (ūr-verr-seh-tah-rer) c (pl ~) translator

översättning (ūr-verr-seht-ning) c translation

***överta** (ūr-verr-taa) v *take over

övertala (ūr-verr-taa-lah) v persuade

överträffa (ūr-verr-trehf-ah) v exceed; *outdo

övertyga (ūr-verr-tēw-gah) v convince; persuade

övertygelse (ūr-verr-tew-gayl-ser) c conviction; persuasion

övervaka (ūr-verr-vaak-ah) v supervise; watch

övervikt (ūr-verr-vikt) c overweight

***övervinna** (ūr-verr-vin-ah) v *overcome

överväga (ūr-verr-vaig-ah) v consider; deliberate

övervägande (ūr-verr-vaig-ahn-der) nt consideration

överväldiga (ūr-verr-vehl-di-gah) v overwhelm

övning (ūrv-ning) c exercise

övre (ūrv-rer) adj upper; top

övrig (ūrv-ri) adj remaining; **för övrigt** moreover

Food

abborre perch
aladåb aspic
ananas pineapple
and wild duck
anka duck
ansjovis marinated sprats
apelsin orange
aprikos apricot
aromsmör herb butter
bakad baked
bakelse pastry, fancy cake
banan banana
barnmatsedel children's menu
betjäningsavgift service charge
biff beef steak
  ~ **à la Lindström** minced beef mixed with pickled beetroot, capers and onions. shaped into patties and fried
  ~ **Rydberg** fried diced beef and potatoes, served with a light mustard sauce
bit piece
björnbär blackberry
bladspenat spinach
blandad mixed, assorted
blini buckwheat pancake
blodpudding black pudding (US blood sausage)
blomkål cauliflower

blåbär bilberry (US blueberry)
bondbönor broad beans
bruna bönor baked brown beans flavoured with vinegar and syrup
brylépudding caramel blanc-mange (US caramel custard)
brynt browned
brysselkål brussels sprout
bräckkorv smoked pork sausage
bräckt sautéed, fried
bräserad braised
bröd bread
  ~ **och smör** bread and butter
bröst breast (of fowl)
buljong consommé.
bär berry
böckling smoked herring
böna bean
camembert soft, runny cheese with pungent flavour
champinjon button mushroom
choklad chocolate
citron lemon
dagens rätt dish of the day
dietmat diet food
dill dill
  ~ **kött** stewed lamb or veal served with a sour-sweet dill sauce

dricks tip
duva pigeon (US squab)
efterrätt dessert
enbär juniper berry
endiv chicory (US endive)
enrisrökt smoked over juniper
embers
entrecote sirloin steak, rib-eye
steak
falukorv lightly smoked pork
sausage
fasan pheasant
fastlagsbulle bun filled with al-
mond paste and cream, eaten
during Lent
fattiga riddare French toast;
bread dipped in batter and
fried, served with sugar and
jam
femöring med ägg small steak
topped with fried egg and
served with onions
filbunke junket
filé fillet (US tenderloin)
~ **Oscar** fillets of veal served
with bearnaise sauce (vinegar,
egg-yolks, butter, shallots and
tarragon), asparagus tips and
lobster
filmjölk sour milk, type of thin
junket
fisk fish
~ **bullar** codfish-balls
~ **färs** loaf, mousse
~ **gratäng** baked casserole
~ **pinnar** sticks
flamberad flamed (with liquor)
flundra flounder
fläsk pork
~ **med löksås** slices of thick
bacon served with onion sauce
~ **filé** fillet (US tenderloin)
~ **karré** loin
~ **korv** boiled sausage

~ **kotlett** chop
~ **lägg** boiled, pickled knuckle
~ **pannkaka** pancake with
diced bacon
~ **stek** roast
forell trout
franskbröd white bread
frasvåffla warm (crisp) waffle
frikadell boiled veal meat ball
friterad deep-fried
~ **camembert** deep-fried pieces
of *camembert* served with Arc-
tic cloudberry jam
fromage mousse, blancmange
frukost breakfast
~ **flingor** dry breakfast cereal,
cornflakes
frukt fruit
frusen grädde frozen whipped
cream
fylld stuffed, filled
fyllning stuffing, forcemeat
fågel fowl, game bird
får mutton
~ **i kål** Irish stew; mutton
(more usually lamb) and cab-
bage stew
fänkål fennel
färsk fresh, new
färska räkor unshelled fresh
shrimps
färskrökt lax slightly smoked sal-
mon
förrätt starter, first course
gelé jelly, aspic
getost a soft, rather sweet whey
cheese made from goat's milk
glace au four sponge cake filled
with ice-cream, covered with
meringue, quickly browned in
oven and served flaming (US
baked Alaska)
glass ice-cream
~ **tårta** ice-cream cake

grapefrukt grapefruit
gratinerad oven-browned
gratäng (au) gratin
gravad lax (gravlax) fresh salmon
  cured with sugar, sea salt,
  pepper and dill; served with
  mustard sauce
gravad strömming marinated
  Baltic herring
grillad grilled, broiled
grillkorv grilled sausage
gris pork
  ~ fötter pigs' trotters (US pigs'
  feet)
  ~ hals scrag
grodlår frogs' legs
grytstek pot roast
grädde cream
gräddfil sour cream
gräddmjölk light cream (half and
  half)
gräddtårta sponge layer cake with
  cream and jam filling
gräslök chive
grönkål kale
grönpeppar green peppercorn
grönsak vegetable
grönsakssoppa vegetable soup
grönsallad lettuce
gröt porridge
gurka cucumber, gherkin
gås goose
  ~ lever 1) goose liver 2) goose-
  liver pâté
gädda pike
gäddfärsbullar pike dumplings
gös pike-perch (US walleyed
  pike)
hackad minced, chopped
  ~ biff med lök hamburger
  steak with fried onions
hallon raspberry
halstrad grilled over open fire

haricots verts French beans
  (US green beans)
harstek roast hare
hasselbackspotatis sliced potatoes
  covered with melted butter,
  then roasted
hasselnöt hazelnut
havregryn oats
havregrynsgröt oatmeal (por-
  ridge)
havskräfta seawater crayfish,
  Dublin Bay prawn
helgeflundra halibut
helstekt roasted whole
hemlagad home-made
herrgårdsost hard cheese with a
  mild to slightly strong flavour
hjortron Arctic cloudberry
honung honey
hovdessert meringue with
  whipped cream and chocolate
  sauce
hummer lobster
husmanskost home cooking, plain
  food
hälleflundra halibut
hälsokost organic health food
hökarpanna kidney stew with
  bacon, potatoes and onions,
  braised in beer
höna boiling fowl
höns med ris och curry boiled
  chicken, curry sauce and rice
ingefära ginger
inkokt boiled and served cold
inlagd marinated in vinegar,
  sugar and spices
is ice
  ~ glass water ice (US sherbet)
  ~ kyld iced
islandssill Iceland herring
isterband coarse, very tasty pork
  sausage
Janssons frestelse layers of sliced

potatoes, onions and marinated sprats, baked with cream

jordgubbe strawberry

jordgubbstårta sponge cake with whipped cream and strawberries

jordnöt peanut

jordärtskocka Jerusalem artichoke

jordärtskockspuré purée of Jerusalem artichoke

julbord buffet of Christmas specialities

julskinka baked ham

jultallrik plate of specialities taken from the *julbord*

jägarschnitzel veal cutlet with mushrooms

järpe hazelhen

kaka cake, biscuit (US cookie)

kalkon turkey

kall cold

kallskuret cold meat (US cold cuts)

kalops beef stew flavoured with bay leaves

kalorifattig low calorie

kalv veal, calf

~**bräss** sweetbread

~**filé** fillet (US tenderloin)

~**frikassé** stew

~**järpe** meatball made of minced veal

~**kotlett** chop

~**lever** liver

~**njure** kidney

~**schnitzel** cutlet

~**stek** roast

~**sylta** potted veal

~**tunga** tongue

kanel cinnamon

~**bulle** cinnamon roll

kanin rabbit

kantarell chanterelle mushroom

kapris caper

karljohanssvamp boletus mushroom

kassler lightly smoked loin of pork

kastanj chestnut

kastanjepuré chestnut purée

katrinplommon prune

kaviar caviar

röd ~ cod's roe (red, salted)

svart ~ black caviar, roe from lumpfish

keso a type of cottage cheese

kex biscuit (US cookie)

knyte filled puff pastry (US turnover)

knäckebröd crisp bread (US hardtack)

kokad boiled, cooked

kokos grated coconut

~**kaka** coconut macaroon

kokt boiled, cooked

kolasås caramel sauce

kolja haddock

kompott stewed fruit

korv sausage

krabba crab

krasse cress

kronärtskocka artichoke

kronärtskocksbotten artichoke bottom

kroppkakor potato dumplings stuffed with minced bacon and onions, served with melted butter

krusbär gooseberry

krusbärspaj gooseberry tart/pie

krydda spice

kryddnejlika clove

kryddost hard semi-fat cheese with cumin seeds

kryddpeppar allspice

kryddsmör herb butter

kräftor freshwater crayfish boiled with salt and dill, served cold

(Swedish speciality available only during August and September)

kräm 1) cream, custard 2) stewed fruit or syrup thickened with potato flour

kummin cumin

kuvertavgift cover charge

kuvertbröd French roll

kyckling chicken
 ～**bröst** breast
 ～**lever** liver
 ～**lår** leg

kål cabbage
 ～**dolmar** cabbage leaves stuffed with minced meat and rice
 ～**pudding** layers of cabbage leaves and minced meat
 ～**rot** turnip

käx biscuit (US cookie)

körsbär cherry

körvel chervil

kött meat
 ～**bullar** meat balls

köttfärs minced meat
 ～**limpa** meat loaf
 ～**sås** meat sauce for spaghetti

lagerblad bay leaf

lake burbot (freshwater fish)

lamm lamb
 ～**bog** shoulder
 ～**bringa** brisket
 ～**kotlett** chop
 ～**sadel** saddle
 ～**stek** roast

landgång a long, open sandwich with different garnishes

lapskojs lobscouse; casserole of potatoes, meat and vegetables

lax salmon
 ～**pudding** layers of flaked salmon, potatoes, onions and eggs, baked

laxöring salmon trout

legymsallad blanched vegetables, served in a mayonnaise sauce

lever liver
 ～**korv** sausage
 ～**pastej** paste

limpa rye bread; loaf

lingon lingonberry, small cranberry
 ～**sylt** lingonberry jam

lutfisk specially treated, poached stockfish, served with white sauce (Christmas speciality)

låda casserole

lättstekt underdone (US rare)

löjrom vendace roe often served on toast with onions and sour cream

lök onion

lövbiff thinly sliced beef

majonnäs mayonnaise

majs maize (US corn)
 ～**kolv** corn on the cob

makaroner macaroni

makrill mackerel

mandel almond
 ～**biskvi** almond biscuit (US cookie)

marinerad marinated

marmelad marmalade

marsipan marzipan, almond paste

maräng meringue

marängsviss meringue with whipped cream and chocolate sauce

matjessill marinated herring fillets, served with sour cream and chives

matsedel bill of fare

mejram marjoram

meny menu, bill of fare

mesost whey cheese

messmör soft whey cheese

middag dinner

mixed grill pieces of meat, onions, tomatoes and green peppers grilled on a skewer
mjukost soft white cheese
morkulla woodcock
morot (pl **morötter**) carrot
mullbär mulberry
munk doughnut
murkelstuvning creamed morel mushrooms
murkelsås morel mushroom sauce
murkla morel mushroom
muskot nutmeg
mussla mussel, clam
märg marrow
  ~**ben** marrow bone
njure kidney
nota bill (US check)
nypon rose-hip
  ~ **soppa** rose-hip soup (dessert)
nässelsoppa nettle soup
oliv olive
olja oil
orre black grouse
ost cheese
  ~**bricka** cheese board
  ~**gratinerad** oven-browned, with cheese topping
  ~**kaka** kind of curd cake served with jam
  ~**stänger** cheese straws
ostron oyster
oxbringa brisket of beef
oxfilé fillet of beef (US tenderloin)
oxjärpe meatball of minced beef
oxkött beef
oxrulad beef olive; slice of beef rolled and braised in gravy
oxstek roast beef
oxsvanssoppa oxtail soup
oxtunga beef tongue
paj pie, tart
palsternacka parsnip
panerad breaded

pannbiff hamburger steak with fried onions
pannkaka pancake·
paprika (grön) (green) pepper
parisare minced beef with capers, beetroot and onions served on toast, topped with a fried egg
pastej pie, patty, pâté
peppar pepper
  ~**kaka** ginger biscuit (US ginger snap)
  ~**rot** horseradish
  ~**rotkött** boiled beef with horseradish sauce
persika peach
persilja parsley
persiljesmör parsley butter
piggvar turbot
pilgrimsmussla scallop, coquille St. Jacques
pirog Russian pasty; stuffed pasty (caviar, cheese, fish or vegetables)
plankstek a thin steak served on a wooden platter (US plank steak)
plommon plum
  ~**späckad fläskkarré** roast loin of pork flavoured with prunes
plättar small, thin pancakes
pommes frites chips (US French fries)
potatis potato
  färsk ~ new potatoes
  ~**mos** mashed potatoes
pressgurka marinated sliced, fresh cucumber
pressylta brawn (US head cheese)
prinsesstårta sponge cake with vanilla custard and whipped cream, covered with green almond paste
prinskorv cocktail sausage, small frankfurter

pudding mould, baked casserole
purjolök leek
pyttipanna kind of bubble and squeak; fried pieces of meat, sausage, onions and potatoes, served with an egg-yolk or a fried egg and pickled beetroot
päron pear
pölsa hash made of boiled pork and barley
rabarber rhubarb
raggmunk med fläsk potato pancake with bacon
rapphöna partridge
ren reindeer
  ~ **sadel** saddle
  ~ **skav** in thin slices
  ~ **stek** roast
revbensspjäll spare-rib
rimmad, rimsaltad slightly salted
ris rice
risgrynsgröt rice pudding served with milk and cinnamon
riven, rivna grated
rom roe
rosmarin rosemary
rostat bröd toast
rostbiff roast beef
rotmos mashed turnips
russin raisin
rysk kaviar caviar
rå raw
  ~ **biff** steak tartare: finely chopped raw beef with egg-yolks, capers, onions, pickled beetroot and seasoning
rådjur venison
rådjurssadel saddle of venison
rådjursstek roast venison
råkost uncooked shredded vegetables
rån small wafer
rårörda lingon lingonberry (small cranberry) jam preserved with-

out cooking
rädisa radish
räka shrimp
räkcocktail shrimp cocktail
rättika black radish
rödbeta beetroot
rödbetssallad beetroot salad
röding char (fish)
rödkål red cabbage
rödspätta plaice
rökt smoked
rönnbär rowanberry (mountain ashberry)
rönnbärsgelé rowanberry jelly
rött (pl röda) vinbär redcurrant
saffran saffron
saffransbröd sweet saffron loaf or rolls
sallad salad
salta biten salted boiled beef
saltad salted
saltgurka salt-pickled gherkin
sardell anchovy
  ~ **smör** anchovy butter
sardin sardine
schalottenlök shallot
schweizerost Swiss cheese
schweizerschnitzel cordon bleu; veal scallop stuffed with ham and cheese
selleri celery
  ~ **rot** celery root
senap mustard
serveringsavgift service charge
sik whitefish
  ~ **löja** vendace (small whitefish)
  ~ **rom** whitefish roe
sill herring
  ~ **bricka** board of assorted herring
  ~ **bullar** herring dumplings
  ~ **gratäng** baked casserole of herring, onions and potatoes

~ **sallad** herring salad with pickled beetroot and gherkins, apples, boiled potatoes, onions and whipped cream

~ **tallrik** portion of assorted herring

sirap treacle, molasses

sjömansbiff beef casserole with carrots, onions and potatoes, braised in beer

sjötunga sole

sjötungsfilé fillet of sole

skaldjur shellfish

skarpsås mayonnaise enriched with mustard and herbs

skinka ham

skinklåda ham-and-egg casserole

skinkomelett ham omelet

skiva slice

sky dripping, gravy

sköldpaddssoppa turtle soup

slottsstek pot roast flavoured with brandy, molasses and marinated sprats

slätvar brill

smultron wild strawberry

småfranska French roll

småkaka fancy biscuit (US fancy cookie)

småvarmt small hot dishes (on *smörgåsbord*)

smör butter

smörgås open sandwich

~ **bord** a buffet offering a wide variety of appetizers, hot and cold meats, smoked and pickled fish, cheese, salads, relishes, vegetables and desserts

sniglar snails

snöripa ptarmigan

socker sugar

~ **kaka** sponge cake

~ **ärter** sugar peas

solöga marinated sprats, onions,

capers, pickled beetroot and raw egg-yolk

soppa soup

sotare grilled Baltic herring

sparris asparagus

~ **knopp** asparagus tip

spenat spinach

spettekaka tall, cone-shaped cake made on a spit

spicken sill salted herring

spritärter green peas

spädgris suck(l)ing pig

stekt fried, roasted

~ **(salt) sill** fried (salt) herring

stenbitssoppa lumpfish soup

strömming fresh Baltic herring

strömmingsflundra fried double fillets of Baltic herring stuffed with dill or parsley

strömmingslåda baked casserole of Baltic herring and potatoes

stuvad cooked in white sauce, creamed

~ **spenat** creamed spinach

sufflé soufflé

supé (late) supper

sur sour

~ **kål** sauerkraut

~ **stek** marinated roast beef

~ **strömming** specially processed, cured and fermented Baltic herring

svamp mushroom

~ **stuvning** creamed mushrooms

~ **sås** mushroom sauce

svart (pl **svarta**) **vinbär** blackcurrant

svartsoppa soup made of goose blood

svartvinbärsgelé blackcurrant jelly

sveciaost hard cheese with pungent flavour

sylt jam
syltad 1) preserved (fruit)
  2) pickled (vegetables)
syltlök pickled pearl onion
sås sauce, dressing, gravy
söt sweet
T-benstek T-bone steak
timjan thyme
tjäder wood-grouse, capercaillie
tomat tomato
tonfisk tunny (US tuna)
torkad frukt dried fruit
torr dry
torsk cod
  ~**rom** cod's roe
tranbär cranberry
tryffel truffle
tunga tongue
tunnbröd unleavened barley
  bread
tårta cake
ugnsbakad baked
ugnspannkaka kind of batter
  pudding
ugnstekt roasted
vaktel quail
valnöt walnut
vanilj vanilla
  ~**glass** vanilla ice-cream
  ~**sås** vanilla custard sauce
varm warm
  ~**rätt** hot dish, main dish
vattenmelon watermelon
vaxbönor butter beans (US wax
  beans)
vilt game
vinbär currant (black, red or
  white)
vindruva grape
vinlista wine list
vintersallad salad of grated carrots,
  apples and cabbage
vinäger vinegar
vinägrettsås vinegar-and-oil

  dressing
vispgrädde whipped cream
vitkål cabbage
vitling whiting
vitlök garlic
våffla waffle
välling soup made of cereal,
  gruel
välstekt well-done
västerbottenost pungent, hard
  cheese, strong when mature
västkustsallad seafood salad
Wallenbergare steak made of
  minced veal, egg-yolks and
  cream
wienerbröd Danish pastry
wienerkorv wiener, frankfurter
wienerschnitzel breaded veal
  cutlet
ål eel
  inkokt ~ jellied
ägg egg
  förlorat ~ poached
  hårdkokt ~ hard-boiled
  kokt ~ boiled
  löskokt ~ soft-boiled
  stekt ~ fried
  ~**röra** scrambled
  ~**stanning** baked egg custard
äggplanta aubergine (US egg-
  plant)
älg elk
  ~**filé** fillet (US tenderloin)
  ~**stek** roast
äppelkaka apple charlotte, apple
  pudding
äppelmos apple sauce
äpple apple
ärter peas
  ~ **och fläsk** yellow pea soup
  with diced pork
ättika white vinegar
ättiksgurka pickled gherkin
  (US pickle)

Drinks

akvavit aquavit, spirits distilled
from potatoes or grain, often
flavoured with aromatic seeds
and spices
alkoholfri(tt) non-alcoholic
apelsinjuice orange juice
apelsinsaft orange squash
(US orange drink)
brännvin aquavit
1) **Absolut rent brännvin
(Renat)** unflavoured
2) **Bäska droppar** bitter and
flavoured with a leaf of worm-
wood
3) **Herrgårds Aquavit** flavoured
with herbs and slightly sweet
4) **O.P. Anderson Aquavit**
flavoured with aniseed,
caraway and fennel seeds
5) **Skåne Akvavit** less spicy
than *O. P. Anderson*
6) **Svart-Vinbärs-Brännvin**
flavoured with blackcurrants
choklad chocolate drink
kall ~ cold
varm ~ hot
exportöl beer with high alcoholic
content
fatöl draught (US draft) beer
folköl light beer
fruktjuice fruit juice
glögg similar to mulled wine,
served with raisins and al-
monds
grädde cream
Grönstedts French cognac bottled
in Sweden
husets vin open wine
härtappning imported wine
bottled in Sweden

julmust a foamy, malted drink
served at Christmas
julöl beer specially brewed at
Christmas
kaffe coffee
~ **med grädde och socker** with
cream and sugar
~ **utan grädde och socker**
black
koffeinfri(tt) ~ caffeine-free
Kaptenlöjtnant liqueur and
brandy
karaffvin wine served in a carafe
Klosterlikör herb liqueur
konjak brandy, cognac
kärnmjölk buttermilk
likör liqueur
lingondricka cranberry drink
läskedryck soft drink, lemonade
~ **med kolsyra** fizzy (US car-
bonated)
~ **utan kolsyra** flat (US non-
carbonated)
lättmjölk skim milk
lättöl beer with low alcoholic
content
mjölk milk
kall ~ cold
varm ~ hot
portvin port (wine)
punsch a yellow liqueur on a base
of arrack (spirit distilled from
rice and sugar) served hot with
pea soup or ice-cold as an
after-dinner drink with coffee
rom rum
saft squash (US fruit drink)
slottstappning produced and
bottled at the château
snaps glass of aquavit

sodavatten soda water
spritdrycker spirits
starksprit spirits
starköl beer with high alcoholic
content
te tea
~ **med citron** with lemon
~ **med mjölk** with milk
~ **med socker** with sugar
vatten water
is~ iced
mineral~ mineral
vin wine

mousserande ~ sparkling
röd~ red
stark~ fortified
sött ~ sweet
torrt ~ dry
vitt ~ white
vindrinkar wine cobblers, long
drinks on a wine base
äppelmust apple juice
öl beer
ljust ~ light
mörkt ~ dark
örtte infusion of herbs

Swedish Irregular Verbs

The following list contains the most common irregular Swedish verbs. Only one form of the verb is shown below as the form is conjugated the same for all persons within a given tense. There is a large number of prefixes in Swedish, like *an-*, *av-*, *be-*, *efter-*, *fram-*, *från-*, *för-*, *in-*, *med-*, *ned-*, *ner-*, *om-*, *und-*, *under-*, *upp-*, *ut-*, *vid-*, *åter-*, *över-*, etc. A prefixed verb is conjugated in the same way as the stem verb. The supine form is a special form of the past participle; the past participle itself is only used as an adjective. The perfect tense is formed by using the auxiliary *att ha* (to have) together with the supine.

Infinitive	Present	Imperfect	Supine	
be(dja)	ber	bad	bett	*ask, pray*
binda	binder	band	bundit	*bind, tie*
bita	biter	bet	bitit	*bite*
bjuda	bjuder	bjöd	bjudit	*offer; invite; bid*
bli(va)	blir	blev	blivit	*become; remain*
brinna	brinner	brann	brunnit	*burn*
brista	brister	brast	brustit	*burst*
bryta	bryter	bröt	brutit	*break*
bära	bär	bar	burit	*carry*
böra	bör	borde	bort	*ought to*
dra(ga)	drar	drog	dragit	*pull*
dricka	dricker	drack	druckit	*drink*
driva	driver	drev	drivit	*propel, drive*
dyka	dyker	dök/dykte	dykt	*dive*
dö	dör	dog	dött	*die*
dölja	döljer	dolde	dolt	*conceal*
falla	faller	föll	fallit	*fall*
fara	far	for	farit	*go away, leave*
finna	finner	fann	funnit	*find*
flyga	flyger	flög	flugit	*fly*
flyta	flyter	flöt	flutit	*float, flow*
frysa	fryser	frös	frusit	*be cold; freeze*
få	får	fick	fått	*get, may*
förnimma	förnimmer	förnam	förnummit	*perceive*
försvinna	försvinner	försvann	försvunnit	*disappear*
ge (giva)	ger	gav	gett/givit	*give*
gjuta	gjuter	göt	gjutit	*cast (iron)*
glida	glider	gled	glidit	*glide, slide*
glädja	gläder	gladde	glatt	*delight, please*
gnida	gnider	gned	gnidit	*rub*
gripa	griper	grep	gripit	*seize, grasp*
gråta	gråter	grät	gråtit	*weep, cry*
gå	går	gick	gått	*go, walk*
göra	gör	gjorde	gjort	*do, make*
ha	har	hade	haft	*have*
hinna	hinner	hann	hunnit	*have time, catch*
hugga	hugger	högg	huggit	*hew, cut*
hålla	håller	höll	hållit	*hold, keep*
kliva	kliver	klev	klivit	*stride, climb*

klyva	klyver	klöv	kluvit	*split*
knipa	kniper	knep	knipit	*pinch*
knyta	knyter	knöt	knutit	*tie*
komma	kommer	kom	kommit	*come*
krypa	kryper	kröp	krupit	*crawl, creep*
kunna	kan	kunde	kunnat	*can*
le	ler	log	lett	*smile*
lida	lider	led	lidit	*suffer*
ligga	ligger	låg	legat	*lie*
ljuda	ljuder	ljöd	ljudit	*sound*
ljuga	ljuger	ljög	ljugit	*tell a lie*
låta	låter	lät	låtit	*let; sound*
lägga	lägger	lade	lagt	*lay, put*
måste*	måste	—	—	*must*
niga	niger	neg	nigit	*curtsy*
njuta	njuter	njöt	njutit	*enjoy*
nypa	nyper	nöp	nupit	*pinch someone*
nysa	nyser	nös/nyste	nyst/nysit	*sneeze*
pipa	piper	pep	pipit	*chirp*
rida	rider	red	ridit	*ride*
rinna	rinner	rann	runnit	*run, flow*
riva	river	rev	rivit	*tear; demolish*
ryta	ryter	röt	rutit	*roar*
se	ser	såg	sett	*see*
sitta	sitter	satt	suttit	*sit*
sjuda	sjuder	sjöd	sjudit	*seethe*
sjunga	sjunger	sjöng	sjungit	*sing*
sjunka	sjunker	sjönk	sjunkit	*sink*
ska*	ska	skulle	—	*shall*
skina	skiner	sken	skinit	*shine*
skjuta	skjuter	sköt	skjutit	*shoot; push*
skrida	skrider	skred	skridit	*stride, stalk*
skrika	skriker	skrek	skrikit	*shout*
skriva	skriver	skrev	skrivit	*write*
skryta	skryter	skröt	skrutit	*boast*
skära	skär	skar	skurit	*cut*
slippa	slipper	slapp	sluppit	*not need to*
slita	sliter	slet	slitit	*wear out; tear*
sluta	sluter	slöt	slutit	*close*
slå	slår	slog	slagit	*beat; strike*
smita	smiter	smet	smitit	*slip away*
smyga	smyger	smög	smugit	*sneak, snuggle*
smörja	smörjer	smorde	smort	*grease*
snyta (sig)	snyter	snöt	snutit	*blow one's nose*
sova	sover	sov	sovit	*sleep*
spinna	spinner	spann	spunnit	*spin; purr*
spricka	spricker	sprack	spruckit	*burst, crack*
sprida	sprider	spred	spritt	*spread*
springa	springer	sprang	sprungit	*run*

---

* present tense

sticka	sticker	stack	stuckit	*sting*
stiga	stiger	steg	stigit	*rise*
stinka	stinker	stank	—	*stink*
stjäla	stjäl	stal	stulit	*steal*
strida	strider	stred	stridit	*fight*
stryka	stryker	strök	strukit	*iron*
strypa	stryper	ströp/ strypte	strypt	*strangle*
stå	står	stod	stått	*stand*
suga	suger	sög	sugit	*suck*
supa	super	söp	supit	*booze*
svida	svider	sved	svidit	*smart*
svika	sviker	svek	svikit	*betray, let down*
svälja	sväljer	svalde	svalt	*swallow*
svär(j)a	svär	svor	svurit	*swear; curse*
säga	säger	sa(de)	sagt	*say*
sälja	säljer	sålde	sålt	*sell*
sätta	sätter	satte	satt	*place, set*
ta(ga)	tar	tog	tagit	*take*
tiga	tiger	teg	tigit	*be silent*
tjuta	tjuter	tjöt	tjutit	*yell*
tvinga	tvingar	tvingade/ tvang	tvingat/ tvungit	*force*
umgås	umgås	umgicks	umgåtts	*associate with*
vara	är	var	varit	*be*
veta	vet	visste	vetat	*know*
vika	viker	vek	vikit/vikt	*fold*
vilja	vill	ville	velat	*want, will*
vina	viner	ven	vinit	*howl, whine (storm)*
vinna	vinner	vann	vunnit	*win*
vrida	vrider	vred	vridit	*twist, wrench*
välja	väljer	valde	valt	*choose; elect*
vänja	vänjer	vande	vant	*accustom, get used to*
äta	äter	åt	ätit	*eat*

Swedish Abbreviations

AB	*aktiebolag*	Ltd., Inc.
ank.	*ankomst, ankommande*	arrival, arriving
anm.	*anmärkning*	remark
avd.	*avdelning*	department
avg.	*avgång, avgående*	departure, departing
avs.	*avseende; avsändare*	respect; sender
bet.	*betydelse; betalt*	meaning; paid
bil.	*bilaga*	enclosure, enclosed
c./ca	*cirka*	approximately
doc.	*docent*	senior lecturer, associate professor
D.S.	*densamme*	the same (as above)
dvs.	*det vill säga*	i.e.
eftr.	*efterträdare*	successor (firm)
e.Kr.	*efter Kristus*	A.D.
el./elektr.	*elektrisk*	electrical
e.m.	*eftermiddag*	(in the) afternoon
f.d.	*före detta*	former, ex-
f.Kr.	*före Kristus*	B.C.
f.m.	*förmiddag*	(in the) morning
f.n.	*för närvarande*	at present
FN	*Förenta Nationerna*	UN
frk.	*fröken*	Miss
fr.o.m.	*från och med*	as of
f.v.b.	*för vidare befordran*	please forward
HKH	*Hans/Hennes Kunglig Höghet*	His/Her Royal Highness
hr	*herr*	Mr.
ind.omr.	*industriområde*	industrial area
inv.	*invånare*	inhabitants, population
JK	*justitiekansler*	Attorney General
JO	*justitieombudsman*	Ombudsman for the Judiciary and Civil Administration
KAK	*Kungliga Automobilklubben*	Royal Automobile Club
KF	*Kooperativa Förbundet*	Consumers' Cooperative Organization
kl.	*klockan; klass*	o'clock; class
K.M:t/ Kungl. Maj:t	*Kunglig Majestät*	His Royal Majesty (= the government)
kr.	*krona (kronor)*	crown(s) (currency)

LO	Landsorganisationen	Association of Swedish Trade Unions
moms	mervärdeskatt	VAT, value added tax
n.b.	nedre botten	ground floor (exit)
o.s.a.	om svar anhålles	please reply
osv.	och så vidare	etc.
p.g.a.	på grund av	because of
RÅ	riksåklagare	Director of Public Prosecutions
sa/s:a	summa	the sum, total
SAF	Svenska Arbetsgivar- föreningen	Swedish Employers' Confederation
sek.	sekund	second (clock)
sid.	sidan	page
SJ	Statens Järnvägar	Swedish National Railways
skr.	svenska kronor	Swedish crowns
SR	Sveriges Radio	Swedish Broadcasting Corporation
st.	styck	piece
STF	Svenska Turistföreningen	Swedish Tourist Association
t.h.	till höger	to the right
tim.	timme	hour
t.o.m.	till och med	up to (and including)
tr.	trappa (trappor)	stairs; floor
t.v.	till vänster; tills vidare	to the left; until further notice
UD	Utrikesdepartementet	Swedish Foreign Office
vard.	vardagar	working days
VD	verkställande direktör	managing director
v.g.	var god	please
v.g.v.	var god vänd	P.T.O., please turn over
ö.g.	över gården	across/in the courtyard
ö.h.	över havet	above sea level

Numerals

Cardinal numbers		Ordinal numbers	
0	noll	1:a	första
1	en/ett	2:a	andra
2	två	3:e	tredje
3	tre	4:e	fjärde
4	fyra	5:e	femte
5	fem	6:e	sjätte
6	sex	7:e	sjunde
7	sju	8:e	åttonde
8	åtta	9:e	nionde
9	nio	10:e	tionde
10	tio	11:e	elfte
11	elva	12:e	tolfte
12	tolv	13	trettonde
13	tretton	14	fjortonde
14	fjorton	15	femtonde
15	femton	16	sextonde
16	sexton	17	sjuttonde
17	sjutton	18	artonde
18	arton	19	nittonde
19	nitton	20	tjugonde
20	tjugo	21	tjugoförsta
21	tjugoen/tjugoett	22	tjugoandra
30	trettio	23	tjugotredje
31	trettioen/trettioett	24	tjugofjärde
40	fyrtio	25	tjugofemte
41	fyrtioen/fyrtioett	26	tjugosjätte
50	femtio	27	tjugosjunde
51	femtioen/femtioett	28	tjugoåttonde
60	sextio	29	tjugonionde
61	sextioen/sextioett	30	trettionde
70	sjuttio	31	trettioförsta
80	åttio	40	fyrtionde
90	nittio	50	femtionde
100	hundra	60	sextionde
101	hundraen/hundraett	70	sjuttionde
200	två hundra	80	åttionde
1 000	tusen	90	nittionde
2 000	två tusen	100	hundrade
1 000 000	en miljon	1 000	tusende
2 000 000	två miljoner	10 000	tiotusende

Time

Although official time in Sweden is based on the 24-hour clock, the 12-hour system is used in conversation.

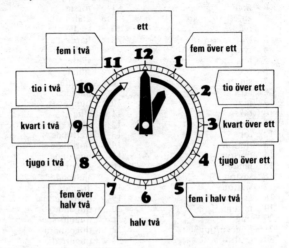

If you have to indicate that it is a.m. or p.m., add *på morgonen, på förmiddagen, på eftermiddagen, på kvällen, på natten.*

Thus:

klockan sju på morgonen	7 a.m.
klockan elva på förmiddagen	11 a.m.
klockan två på eftermiddagen	2 p.m.
klockan sju på kvällen	7 p.m.
klockan två på natten	2 a.m.

Days of the Week

söndag	Sunday	*torsdag*	Thursday
måndag	Monday	*fredag*	Friday
tisdag	Tuesday	*lördag*	Saturday
onsdag	Wednesday		

Anteckningar

Anteckningar

Anteckningar _____

Notes

Notes

BERLITZ TRAVEL GUIDES

* in preparation/○ country guides 192 or 256 p.